Elisabeth Heresch

NIKOLAUS II.

Elisabeth Heresch

NIKOLAUS II.

»Feigheit, Lüge und Verrat«

Leben und Ende des letzten Russischen Zaren

LANGEN MÜLLER

Die Transkription russischer Namen wurde nach der populären Schreibweise unter Berücksichtigung der Aussprache vorgenommen (z. B. Mogi-
lew wird Mogiljow gesprochen und daher hier so geschrieben oder Zarskoje Sjelo statt Carskoe Selo).
Die Daten sind bei russischen Zitaten nach dem russischen Kalender angegeben, der bis 1900 dem westlichen gregorianischen um zwölf, zwischen
1900 und 1917 um dreizehn Tage nachsteht; in den meisten Fällen sind dazu
die westlichen Daten angegeben; wenn von Ereignissen außerhalb Rußlands
die Rede ist, gilt das Datum nach dem westlichen Kalender. Ab dem
31.1.1918 (nach russischem Kalender) gilt in Rußland bzw. der Sowjetunion
der westliche Kalender.

© 1992 by Langen Müller
in der F. A. Herbig Verlagsbuchhandlung GmbH, München
Alle Rechte vorbehalten
Umschlagentwurf: Wolfgang Heinzel
Umschlagbild: Nikolaus II. als Gefangener in Zarskoje Sjelo (März 1917)
Herstellung: VerlagsService Dr. Helmut Neuberger
& Karl Schaumann GmbH, Heimstetten
Satz: Fotosatz Völkl, Puchheim
Gesetzt aus 10/12 Punkt Palatino
Druck und Bindung: Wiener Verlag, Himberg
Printed in Austria
ISBN-3-7844-2404-X

Ein starker Mann braucht die Macht nicht,
ein schwacher wird von ihr erdrückt

ZAR NIKOLAUS II.

INHALT

Am Tag des hl. Hiob geboren – Kindheit in Gatschina – Als Soldat in der russischen Armee – Zwischen Flirt und Liebe – Die Verlobung – Der Zar ist tot – es lebe der Zar

Das Vermächtnis von Alexander III. – Die Krönung in Moskau – Als Zar im Ausland – Kontinuität und Reformen – Nikolaus II. und Wilhelm II. – Fernziel Fernost – Allianzen und Abenteuer – Zwischen Krieg und Revolution – Das erste Parlament – Stolypin – Macht und Ohnmacht

Der erste Schuß gegen Rußland – Versuche, den Krieg zu verhindern – Wilhelm II.: Rat und Verrat – Erfolge und Mißerfolge – Nikolaus übernimmt das Oberkommando

An der Front statt in der Hauptstadt – Deutschland und Lenin: Meisterstück und Meisterschuld – Die Revolution von oben – Die Abdankung

VORWORT

Mai 1992: Die Skelette der 1918 ermordeten Zarenfamilie sind gefunden worden. Mit dieser Entdeckung rückt nicht nur der Tod, sondern auch das Leben des letzten Zaren von Rußland, Nikolaus II., neuerlich in das Bewußtsein der Öffentlichkeit, und mit ihm die letzte Phase des russischen Zarenreiches.

War der Zusammenbruch Rußlands unvermeidlich? Wer war der Mann an seiner Spitze, und wie sehr trifft ihn die Schuld?

Das Bild dieses Mannes war bisher wie auch die als Oktoberrevolution bekannten Ereignisse von 1917 nach dem Gesichtspunkt geformt, das sowjetische Regime nachträglich zu legitimieren. So konnte Nikolaus II. nur in düsteren Farben gezeichnet werden: als Mensch von schwachem Charakter und Geist, als gnadenloser Despot, der brutal mit Oppositionellen umging, als ungeeigneter Herrscher über ein morsches, nicht lebensfähiges Reich, das erst durch die Revolutionäre von Nikolaus' Regentschaft erlöst wurde.

Hier war kein Platz für die Wahrheit. Es konnte nicht zugegeben werden, daß Rußland unter der Regentschaft des letzten Zaren einen beispiellosen Aufschwung erlebte und ausländische Beobachter prophezeiten, es werde bald die anderen westlichen Mächte überflügeln. Es konnte nicht erwähnt werden, daß es Zar Nikolaus II. war, der bereits im Jahre 1898 die Initiative ergriff, zur Schlichtung internationaler Konflikte und zur Vermeidung von Kriegen eine Friedenskonferenz einzuberufen, die zur Gründung des Ständigen Schiedshofes führte. Und es mußte verschwiegen werden, daß die Revolutionäre weder auf demokratischem Weg noch durch eine »echte« Revolution an die Macht kamen, sondern durch einen perfekten Coup d'état, der am Ende jahrelanger Vorbereitungen und Finanzierung durch die kaiserliche Regierung Deutschlands stand.

Dieses Buch ist keine konventionelle Biographie, kein lückenloses Protokoll des letzten Zaren von Rußland. Hier werden jene Momentaufnahmen aneinandergereiht, aus denen sich im wesentlichen sein Schicksal und das seines Landes gestaltet hat. Auf dem Weg durch die historische Landschaft wird vor allem dort verweilt, wo die Ereignisse relevant waren für den Mechanismus, der dem Regenten die Macht entgleiten ließ und den Revolutionären in die Hand spielte, die nicht nur der Dynastie ein Ende bereiteten, sondern auch aus der reichen und stolzen Zivilisation Rußlands eine Ruine Europas werden ließen.

Die vorliegende Darstellung von Zar Nikolaus II. ergibt sich aus authentischen Quellen: aus Tagebüchern und Briefen des Zaren, aus den Erinnerungen derer, die ihn umgaben, aus Dokumenten des Moskauer Archivs der Oktoberrevolution und des Archivs des Außenamtes in Bonn, aus den Verhörprotokollen des Untersuchungsrichters, der die Ermordung der Zarenfamilie recherchierte – vor allem jedoch aus Berichten von Augenzeugen, die Nikolaus selbst gekannt haben und noch bis vor kurzem in ihrem Exil befragt werden konnten; das waren beispielsweise ehemalige Soldaten der russischen Armee, Offiziere des russischen Generalstabes während des Ersten Weltkriegs, Angehörige des Hofes und Bedienstete, Söhne oder Töchter von Ministern des Zaren, seines Leibarztes und andere. Sie alle konnte ich noch vor wenigen Jahren in ihrem französischen oder amerikanischen Exil ausfindig machen, als ich den Verlauf der Oktoberrevolution aus Augenzeugenberichten rekonstruierte (s.»Blutiger Schnee – Augenzeugenberichte der Oktoberrevolution«, 1987). Ergänzt werden ihre Erzählungen durch Aufzeichnungen von Erinnerungen jener Personen, die längst nicht mehr am Leben sind, darunter von historischen Persönlichkeiten wie beispielsweise dem Ministerpräsidenten der Provisorischen Regierung von 1917, Alexander Kerenskij.

Den Zustand des russischen Reiches, das in der Regentschaft des letzten Zaren kurz vor dem Zusammenbruch zu einer großen wirtschaftlichen und kulturellen Blüte gelangte, habe ich zuvor

10

in Bildern und Dokumenten dargestellt (s. »Das Zarenreich – Glanz und Untergang«, 1991). Es war nur eine logische Folge, nun auch den Verlauf dieses von außen ausgelösten Sturzes eines Reiches dokumentarisch zu erhellen, und mit ihm das Schicksal des Mannes, der an seiner Spitze stand.

Es mag bekannt sein, daß Deutschland bei der Machtergreifung Lenins seine Hände im Spiel hatte. Die langjährigen – und spannenden – Agentenaktivitäten der deutschen kaiserlichen Regierung, die den Zweck verfolgten, durch die Machtübernahme der Revolutionäre einen nach ihren Vorstellungen gestalteten Separatfrieden zu erreichen und das russische Reich als Machtfaktor auszuschalten, sind hier erstmals vollständig dokumentiert. Der deutsche Kaiser hegte nicht den geringsten Zweifel daran, Lenin »nach getaner Arbeit wieder loszuwerden« – eine Kurzsichtigkeit, deren Spätfolgen bis in die Gegenwart spürbar sind. Daß die Ermordung der Zarenfamilie, zu deren Mördern auch Imre Nagy als Kriegsgefangener und Gedungener der Tscheka gehörte, zeitlich mit durch den Wunsch Kaiser Wilhelms ausgelöst wurde, die Unterschrift des Exzaren Nikolaus unter den Brest-Litowsker Vertrag zu erlangen, war bisher ebenfalls nicht bekannt. Daß unter den lückenlos aus Aussagen und Funden rekonstruierten Umständen der Ermordung der Zarenfamilie niemand überleben konnte, setzt jedem weiteren Zweifel über die Authentizität einer Anastasia ein Ende.

Anläßlich der ersten Rußlandreise des kürzlich verstorbenen Thronerben der Romanow-Dynastie in der Gegenwart, des Großfürsten Wladimir von Rußland, im Herbst 1991 waren in der ehemaligen russischen Hauptstadt Petersburg nicht nur Monarchisten mit Bildern des letzten Zaren Nikolaus II. in der Hand zu sehen. Die gegenwärtige Zuwendung zur eigenen Vergangenheit in Rußland dürfte weniger Ausdruck einer Nostalgie als Frustration nach dem Ende eines politischen Experiments sein. Man stellt Dogmen in Frage, die sich als Trugbilder unter Ausnutzung des ewigen Traums von einer gerechten Gesellschaft und einer besseren Zukunft für alle erwiesen haben. Viele Russen fühlen sich nicht nur um die ihnen überlieferten Werte betrogen, sondern auch um ihre Geschichte.

Nicht nur für den russischen, auch für den westlichen Beobachter der Nachfolgestaaten des russischen und danach sowjetischen Imperiums ist die Kenntnis über dessen tatsächliche Vergangenheit Voraussetzung dafür, sein Potential in der Gegenwart und Zukunft einzuschätzen, denn das ist es, was die Gegebenheiten für die außenpolitische Kontinuität eines Landes ausmacht, gleichgültig, wer an seiner Spitze steht.

Das Bild des letzten Zaren zeigt einen Menschen, der eher zum vorbildlichen Familienvater und ritterlichen Kavalier geschaffen war und auch neigte als zum Herrscher aller Reußen. Nikolaus II. agierte als russischer Patriot und gläubiger Mensch, was auch seine stete Gelassenheit bestimmte. Er wußte, was er wollte, und handelte überlegt, jedoch zuwenig offensiv, um dem Ansturm der Ereignisse seiner Zeit entsprechend begegnen zu können. Das Informationsvakuum, das ihn umgab, zu durchbrechen, war ihm nicht gegeben; er wurde im Mechanismus von »Feigheit, Lüge und Verrat« – wie Nikolaus es selbst formulierte – zu Fall gebracht.

Die Verkettung von politischen und familiären Konstellationen wurde dem letzten Zaren eines mächtigen Reiches zum Verhängnis. Doch sie war in der Tat so erdrückend, daß man sich fragen muß: Wer hätte sich ihr entziehen können?

Wien, im Mai 1992

I. Ein junger Mann namens Nikolaus

St. Petersburg, 1./13. März 1881. Ein kurzer Konvoi von Kutschen rast durch die Stadt. Passanten jubeln dem Oberst in der grünen Uniform zu. Er sieht dem Zaren, Alexander II., täuschend ähnlich; doch dieser sitzt im zweiten, geschlossenen Wagen. Er befindet sich auf dem Weg zum Ministerrat: Ein Manifest soll unterzeichnet werden, durch das eine neue Verfassung erlassen und bürgerliche Rechte gesetzlich abgesichert werden.

Plötzlich ein dumpfer Knall. Die Pferde scheuen, die Menge schreit entsetzt auf. Die Kolonne kommt zum Stillstand. Der Oberst ist in sich zusammengesunken.

»Weiterfahren!« herrscht der Adjutant die Kutscher an. »Nein! Halt!« kommt es vom hinteren Wagen her. Zar Alexander II. steigt aus, will sich nach dem Befinden des von der Bombe Getroffenen erkundigen. »Hörst du mich noch, Fjodor Michajlowitsch?« fragt er, über den Schwerverletzten gebeugt. »Hörst du mich? Ich danke dir, Fjodor Michajlowitsch, ich danke dir ...«

Während Alexander II. noch den Kopf des Sterbenden hält, bahnt sich plötzlich ein zweiter Attentäter seinen Weg durch die Menge und schleudert eine weitere Bombe in Richtung des Zaren. Alexander bricht zusammen.

»Zum Palast, um zu sterben«, flüstert der Zar.

Im abgedunkelten Raum hat sich die Familie neben dem Sterbenden eingefunden. Die Gliedmaßen zerfetzt, harrt Alexander des erlösenden Todes. Am Fuß des Totenbetts steht fassungslos sein Sohn und Thronfolger – nun Alexander III., daneben dessen Frau Maria Fjodorowna, die Schlittschuhe in der Hand hält. Sie gehören dem blassen Dreizehnjährigen im dunkelblauen Matrosenanzug.

Es ist Nikolaus.

Nikolaus ist das älteste von fünf Kindern. Zar Alexander II. hatte anläßlich der Geburt seines ersten Enkels – des Thronerben seines Sohnes – eine weitreichende Amnestie erlassen, die auch politische Häftlinge betraf. Doch selbst seine umfangreiche Reformtätigkeit, zu der auch die Aufhebung der Leibeigenschaft gehörte (er wurde dafür der »Befreierzar« genannt), konnte Anarchisten nicht davon abhalten, ihm nach dem Leben zu trachten. Der tragische Tod dieses Zaren sollte die Haltung seines Sohnes und Nachfolgers, Zar Alexander III., entscheidend beeinflussen. Das dramatische Ereignis war zugleich die erste Begegnung des jungen Nikolaus mit der politischen Realität seiner Zeit.

Nikolaus war am 6./18. Mai 1868 in Petersburg zur Welt gekommen. Da sein Vater noch nicht Zar war, wurde er nicht in Purpur gehüllt – eine byzantinische Tradition, wonach Kinder regierender Kaiser mit dem Ritual auch das Attribut »purpurgeboren« erhielten. Der 6. Mai wird in der russisch-orthodoxen Kirche als Gedenktag des heiligen Hiob begangen. »Ich bin am Tag des leidenden Hiob geboren«, wird man Nikolaus später immer wieder sagen hören.

Nikolaus' Jugend ist dennoch unbeschwert, wenn auch gelegentlich von Unglücksfällen in der Familie überschattet. Der nach ihm geborene Bruder Alexander stirbt schon nach einem Jahr, doch dann kommen Georgij, Xenia, Michail und Olga zur Welt.

Nikolaus und sein um drei Jahre jüngerer Bruder Georgij sind von früher Kindheit an unzertrennlich – wie auch die jüngsten Geschwister Michail und Olga. Nikolaus bereitet Georgijs Heiterkeit so viel Vergnügen, daß er sich manchmal über dessen Streiche oder besonders komische Aussprüche Notizen macht. Beiden Brüdern macht es Spaß, nach der Natur zu zeichnen. Georgij scheint in mancher Hinsicht der begabtere der beiden zu sein. Manchmal erklärt Nikolaus, wenn ihm als Ältestem seine vorbestimmte Rolle als Thronfolger bewußt wird: »Nicht ich verdiene den Thron – du wärest viel geeigneter als ich, Zar zu werden!«

Schon in Jugendjahren muß sich Nikolaus von Georgij trennen,

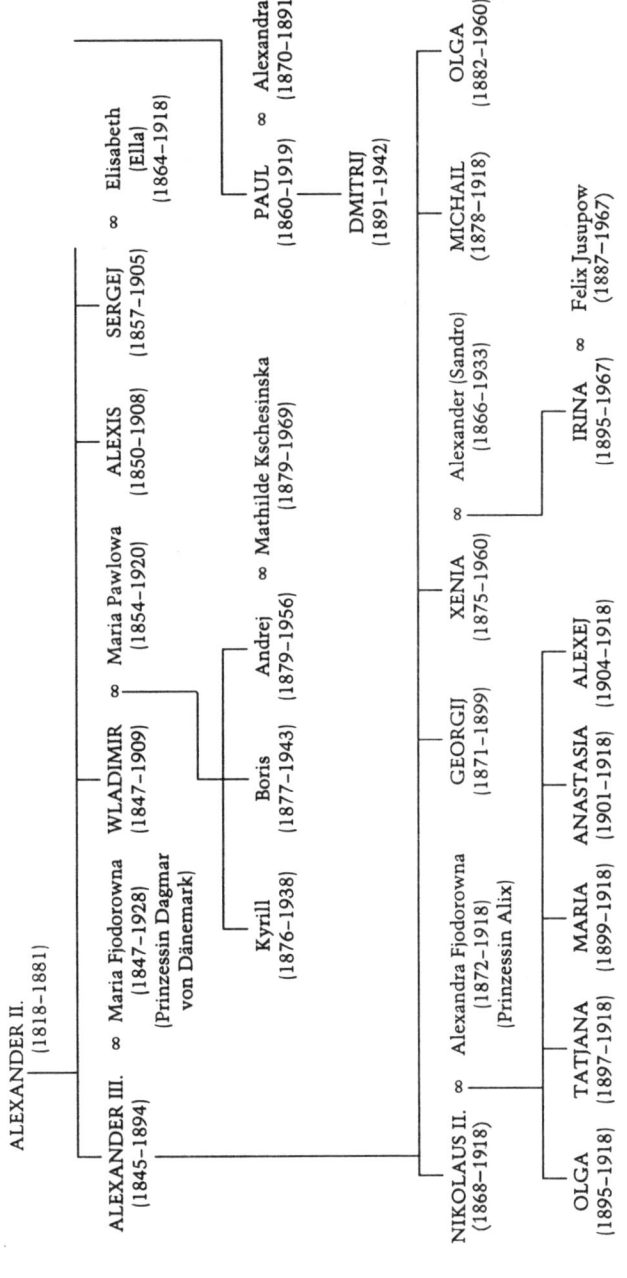

Abstammung von Nikolaus II.

Zeichnungen des 14 Jahre alten Nikolaus, Sign.: »NIKI 26. Feb. 1882«

Zeichnung von Nikolaus' jüngerem Bruder Georgij

der wegen einer beginnenden Tuberkulose immer öfter in den Kaukasus geschickt wird, wo er schließlich an dieser Krankheit stirbt, bevor er das dreißigste Lebensjahr erreicht.

Als Kinder sind die beiden auch beisammen, wenn es ihr Unterricht zuläßt – zum Beispiel in den Englischstunden. Doch bald beschwert sich der Lehrer, der soignierte Brite Sir Heath, über Georgijs ausgelassenes Betragen, das seiner Meinung nach den ohnehin unkonzentrierten und verträumten Nikolaus noch mehr ablenkt. Als auch noch Georgijs Papagei Sprechweise und Stimme des Briten bis zur Perfektion imitiert, reißt dem würdigen Herrn die Geduld. Er weigert sich, Nikolaus weiter in Georgijs Anwesenheit zu unterrichten.

Die Familie lebt in Gatschina, westlich von Petersburg. Erst einige Jahre nach der Regierungsübernahme durch Alexander III. wird die Residenz in das Anitschkow-Palais im Zentrum der Hauptstadt verlegt, dessen intime Atmosphäre Alexander dem Winterpalais vorzieht, wo er lediglich seine Regierungsgeschäfte ausübt. Im Palast von Gatschina mit seinen Hunderten Räumen leben die Kinder in einem eigenen Trakt getrennt von ihren Eltern. Während ihre Mutter, Maria Fjodorowna, die Kleinkinder in der ersten Zeit allein versorgt und nicht einmal eine Amme an sie heranläßt, legt sie deren Betreuung und Erziehung später in die Hände von Kinderfrauen. Die älteren und die jüngeren Kinder werden von je einer Nurse beaufsichtigt, die über deren geregelten Tagesablauf wacht.

Der Reichtum des Gatschina-Palastes, in welchem sich die Schätze und Kostbarkeiten mehrerer Generationen von Zaren angesammelt haben, findet in der Lebensweise der Kinder keine Entsprechung. Alexander, selbst von spartanischer Natur, läßt auch die Kinder nach seinen Prinzipien aufwachsen: in Einfachheit, Disziplin und Wahrung russischer Traditionen.

»Ich will ganz gewöhnliche russische Kinder haben, keine Glashauspflanzen«, erklärt er dezidiert. »Sie müssen gut lernen, die Gebote Gottes kennen und beten können, in Maßen spielen und lärmen. Seien Sie streng, und scheuen Sie auch vor Züchtigungen nicht zurück!« legt er den Erziehern ans Herz.

Die Kinder werden tatsächlich nicht verwöhnt. Sie schlafen wie ihr Vater auf harten Feldbetten und werden morgens kalt gebadet. Das Frühstück ist einfach, wie alle Mahlzeiten. Ihr Tagesablauf, der je nach Alter variiert, ist sorgfältig geplant. Einmal in der Woche dürfen sie andere Kinder einladen. Die Mahlzeiten sind ebenso wie die Unterrichtsstunden genau geregelt, zwischendurch zu naschen ist ihnen verboten und auch gar nicht möglich. Mit den Eltern essen die Kinder nur gelegentlich, und wenn sie zum Mittagstisch zu ihnen gerufen werden, bedeutet das meist eine Qual. Abgesehen vom Zwang, sich gut zu benehmen, bleiben sie meist hungrig. Da erst den Eltern und dann den Gästen serviert wird, bevor die Kinder an die Reihe kommen, ist der Vater schon mit dem Essen fertig, wenn die Kinder erst beginnen – doch nicht mehr weiteressen dürfen. Einmal ist Nikolaus so hungrig, daß er, kaum in sein Zimmer zurückgekehrt, sein Reliquienkreuz anknabbert, das er wie jedes der Kinder zur Taufe bekommen hatte. Den Geschwistern, die ihn mit aufgerissenen Augen anstarren, erklärt er, es schmecke »unmoralisch gut« – bald ein geflügeltes Wort unter den Mitwissern dieses wohlgehüteten Geheimnisses.

18

Die Kinder erhalten kein Taschengeld – was sollten sie auch damit anfangen? Aufgrund der Position ihrer Eltern ist es ihnen ohnehin nicht erlaubt, einkaufen zu fahren. Die Eltern erhalten für alles, was sie für die Familie benötigen, von Herstellern aus dem In- und Ausland ein Sortiment. Daraus wählen Eltern und Kinder auch ihre Geschenke für Verwandte, Freunde und Bedienstete aus. Den Kindern gehen aus Rußland und der ganzen Welt viele Geschenke zu; wenn es ihnen erlaubt gewesen wäre, beispielsweise alle Tiere zu behalten, die man ihnen geschickt hat, hätten sie einen Zoo mit Bären, indischen Tigern, exotischen Vögeln und Schlangen einrichten können. Aber sie dürfen nur Ponys, Pferde und Hunde behalten.

Alexander ist die Verkörperung eines patriarchalischen Familienoberhauptes. Von mächtiger Erscheinung, sieht man ihm seine starke Hand an, mit der er seine Familie – wie auch als Zar sein Reich – zusammenhält. Er ist diszipliniert, steht früh auf, kleidet sich nach seinem kalten Bad in ein schlichtes russisches Hemd – anders als vorangegangene Zaren, die schon am Schreibtisch ihre prächtigen Uniformen trugen – und geht an seine Arbeit. Manchmal unternimmt er vorher noch einen Spaziergang in den Wald und sammelt Pilze wie ein gewöhnlicher Russe – und nimmt dabei seine besonders geliebten kleineren Kinder mit.

So despotisch und streng Alexander sein mag, so sehr hängt er an seinen Kindern. Legt er bei Nikolaus, an den als künftigen Thronfolger besondere Ansprüche gestellt werden, wenig Nachsicht an den Tag, so begegnet er den jüngeren Kindern oft mit erstaunlicher Großzügigkeit. So kann nur Michail, der in der ganzen Familie besonders geliebt wird, es sich leisten, einem Diener, der würdig ein riesiges Teetablett trägt, das Bein zu stellen – und sein gefürchteter Vater wird schallend lachen, wenn er davon erfährt (was den Missetäter nicht vor seiner Strafe bewahrt); nur Olga, das jüngste Kind, genießt das Privileg, in den Morgenstunden unter dem Schreibtisch zu spielen, an dem ihr Vater bereits über Akten gebeugt sitzt. Nur ihr zeigt er – wie Olga in ihren Erinnerungen schildert – einmal heimlich, wofür er ohnehin im ganzen Land bekannt ist: mit einer Hand zerdrückt er eine Gabel. Während Olga gespannt die Demonstration seiner Bärenkräfte verfolgt, läßt ihr Vater die Tür nicht aus den Augen, um sicherzugehen, daß niemand hereinkommt – vor allem nicht seine Frau, die für solche Eigentümlichkeiten wenig übrig hat. Seine Kinder verehren Alexander abgöttisch, und wenn um drei Uhr nachmittags die Palastglocke läutet, herrscht große Begeisterung: Das bedeutet, daß der Vater für einen gemeinsamen Spaziergang oder eine Ausfahrt Zeit hat.

Und nicht selten hat ein Kammerdiener gesehen, wie Alexander, wenn er spätabends aus seinem Arbeitszimmer kommt, spontan zu den Zimmern seiner Kinder hinübereilt, sich über den längst schlafenden »Niki« beugt und ihn küßt.

Nikolaus' Mutter ist trotz ihres Kontrastes zu Alexander dessen ideale Ergänzung. Maria Fjodorowna – die anläßlich ihrer Heirat mit dem Thronfolger zur Orthodoxie konvertiert ist und diesen Namen angenommen hat – ist die gebürtige Prinzessin Dagmar von Dänemark, Tochter des dänischen Königs Christian IX. Von zierlicher Erscheinung und apartem dunklem Äußeren, versteht sie es, sich durch ihren liebenswürdigen Charme bei Hof und im Freundeskreis große Beliebtheit zu erwerben. Sie genießt – anders als Alexander – die Repräsentation und würde auf den Hofbällen – ganz Zarin und in prächtige Roben und ihre bevorzugten Perlenkaskaden gehüllt – endlos weitertanzen, ließe nicht der Zar die Lichter löschen und die Musiker wegschicken. Als einmal eine delikate Situation eintritt, findet Maria auf ihre Weise eine Lösung: Die Einladungen für den Eröffnungsball der Wintersaison, gesellschaftlicher Höhepunkt des Jahres in der russischen Hauptstadt Petersburg, sind bereits ausgesandt, als die Nachricht vom tragischen Tod des jungen österreichischen Thronfolgers Kronprinz Rudolf eintrifft. Nach russischer Etikette müßte der Ball abgesagt werden. Doch Maria Fjodorowna läßt kühl Zusatzkarten aussenden, auf denen die Soiree zum »Bal noir« (schwarzer Ball) erklärt wird – und alles tanzt in Schwarz.

Maria mit ihrer Perfektion als Repräsentantin und Dame der Gesellschaft läßt innerhalb der Familie mitunter mütterliche Wärme vermissen. Für Maria gilt auch innerhalb der Familie in erster Linie die Etikette. Als die jüngere Tochter ihrer englischen Gouvernante offenbar mehr Vertrauen schenkt als ihrer Mutter, beschließt Maria, diese zu entfernen – obwohl sie der einzige Mensch ist, von dem sich das Kind verstanden fühlt. Andererseits ist Maria für Nikolaus, zu dem sie offenbar ein innigeres Verhältnis hat, die wichtigste Bezugsperson in der Familie. Alles, was er nicht seinem Vater vorzutragen wagt, bringt Nikolaus seiner Mutter vor, und in ihr hat er die beste Fürsprecherin seines Anliegens – sofern sie es für vertretbar hält. Das ist auch später so, als Nikolaus mit seiner nicht standesgemäßen Freundin den Unmut seines strengen Vaters erregt und – bald darauf – seine Eltern (und sich selbst) mit einer ganz und gar unerwünschten Braut in Ratlosigkeit stürzt. Die Briefe an seine Mutter zeigen, daß sie die einzige Person in seiner Umgebung ist und bleibt, der er seine persönlichen und politischen Ansichten offen mitteilt und bei der er – als junger Zar – Rat sucht. Von ihr getrennt zu sein, ohne jeden Kontakt, wird Nikolaus nach seiner Abdankung als am schmerzlichsten empfinden.

Der Zusammenhalt der Familie ist für Nikolaus von seiner Kindheit an Vorbild und Halt, wie er ihn später auch in seinem eigenen Familienleben finden wird.

Nikolaus' Erzieherin ist neben anderen Frau Ollengrehn. Sein Unterrichts- und Ausbildungskonzept ist nach englischem Muster ausgearbeitet. Sprachlicher Ausbildung und sportlicher Betätigung wird Priorität vor allem anderen eingeräumt.

Nikolaus' bevorzugter Lehrer ist der erwähnte Mr. Heath, der ihm auch väterlicher Freund wird. Der Thronfolger spricht bald ein so perfektes Oxford-Englisch, daß er bei den gelegentlichen Familientreffen in Europa sogar manchmal mit seinem englischen Cousin George verwechselt wird, der ihm noch dazu wie ein Zwillingsbruder ähnlich sieht. Der junge Thronfolger scheint überhaupt sprachbegabt zu sein. Seine Französischkenntnisse sind hervorragend, auch die deutsche Sprache erlernt er leicht und nahezu perfekt, wie Erzählungen und Briefe, die Nikolaus schon in seiner Jugend zum Spaß in dieser Sprache schreibt, erkennen lassen.

Nikolaus' Unterrichtsprogramm ist vom Unterrichtsminister Grigorij Deljanow gestaltet und sieht um 1877/78, als der Schüler neun Jahre alt ist, so aus:

9–10 Uhr morgens: erste Unterrichtsstunde

10 Uhr 30 – 11 Uhr 30: zweite Unterrichtsstunde

11 Uhr 45 – 12 Uhr 45: Musik oder Gymnastik

13–14 Uhr: Mittagessen

14–15 Uhr: dritte Unterrichtsstunde

15–16 Uhr: Ausgang an die frische Luft

16–17 Uhr: vierte Unterrichtsstunde

Der Plan ist so erstellt, daß die Lernfächer, wie die naturwissenschaftlichen, durch Übungsfächer wie Zeichnen, Musik oder körperliche Betätigung ausgeglichen werden, wodurch nach Ansicht des Lehrers eine gezielte Konzentration ermöglicht wird. Insgesamt werden Nikolaus vierundzwanzig Unterrichtsstunden pro Woche erteilt, wobei Musik oder Zeichnen nicht zur Ausbildung gehören. Sie werden aufgeteilt in:

4 Stunden Russisch

4 Stunden Arithmetik

3 Stunden Englisch

3 Stunden Französisch

2 Stunden Religion

2 Stunden Naturkunde

2 Stunden Zeichnen

2 Stunden Schönschrift

In einer ausführlichen Analyse wird auf den systematischen Aufbau des Lehrplans hingewiesen: Den mathematischen und sprachlichen Unterricht sehen die Pädagogen in erster Linie als Grundlage zur Entwicklung systematischen und assoziativen Denkens und erst in zweiter Linie zur Vermittlung von Grundkenntnissen.

Sie empfehlen in diesem Programmvorschlag den Beginn des Deutschunterrichts erst »ab einem späteren Zeitpunkt, wenn das assoziative Gedächtnis bereits stark ausgebildet ist«, allmählich soll die Verschiebung zugunsten der Naturwissenschaften auf Kosten musischer Fächer erfolgen, »da letztere vor allem der Heranbildung des Sehens und Hörens dienen«. Nikolaus' Mu-

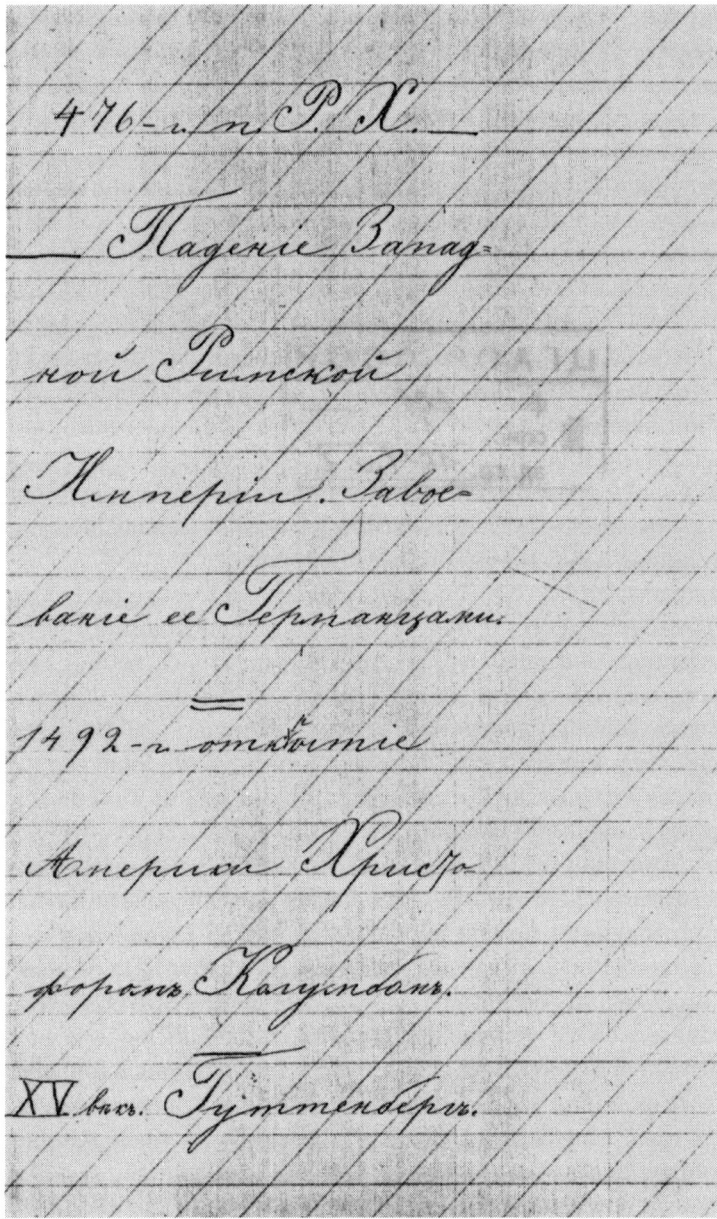

476 - u. n. P. X.

Паденіе Запад-
ной Римской
Имперіи. Завое-
ваніе ея Германцами.

1492 - г. открытіе
Америки Христо-
форомъ Колумбомъ.

XV. вѣк. Гуттенбергъ.

Aus Nikolaus' Übungsheft für Schönschrift (1879)

siklehrer ist der Komponist Glinka, der ihn auch im Klavierspiel unterrichtet; der später berühmte Komponist gilt als Vertreter der russischen Schule, und Alexander III. ist in jeder Hinsicht ein Förderer russischer Traditionen und deren Behauptung gegenüber ausländischen Einflüssen.

Der junge Thronfolger muß sich zum Unterschied von seinen Geschwistern auch mit der Schönschrift beschäftigen, weil man davon ausgeht, daß seine Unterschrift auch dann noch repräsentativen Charakter haben sollte, wenn es schon der dreihundertste Akt des Tages ist, den er später als Zar unterschreibt. Eigene Linien auf den Übungsblättern sorgen dafür, daß die Schreibschrift in einem bestimmten Winkel geneigt ist. Dabei lernt der Thronfolger gleich auch einige historische Daten auswendig; auf dem Übungsblatt heißt es:

»476 n. Chr. – Fall des Weströmischen Reiches – Eroberung durch die Germanen – 1492 – Entdeckung Amerikas durch Christoph Columbus – XV. Jahrhundert – Gutenberg ...«

Nikolaus ist nur ein durchschnittlicher Schüler, seine Lehrer haben wenig Lob für den zerstreuten jungen Mann übrig. So ordentlich und gewissenhaft, ja gehorsam er sich beträgt, aus den mustergültig gespitzten Bleistiften und säuberlich geführten Heften kommen wenig produktive Leistungen. Uninteressiert und verträumt sieht er zum Fenster hinaus, es sei denn, es geht um das Fach Geschichte und später um das Militär. Und da zeigen sich auch seine Begabungen.

Nikolaus schreibt 1880, mit zwölf Jahren, einige Kurzgeschichten in satirischer Form, die in zweifacher Hinsicht aufschlußreich sind. Einerseits für die bereits ausgeprägten Eigenheiten des introvertierten Schülers. Da sind sein verborgener Humor, seine Vorlieben und Antipathien und sein lakonischer Stil: Diese Neigung zur Kürze wird mit den Jahren immer deutlicher, wie man aus seinen Tagebüchern ersieht, und sollte später auch für seine Korrespondenz als Zar charakteristisch sein. Die seitenlangen Analysen und Berichte seiner Minister sollte er meist nur mit wenigen Sätzen beantworten.

Zum anderen spiegeln diese Geschichten ganz deutlich den historischen Hintergrund wider – das russisch-deutsche Verhältnis: In den Geschichten sind, wie schon ihr Titel ankündigt, »Zwei Deutsche« die Hauptfiguren, die Nikolaus »Kriegfried« und »Kopfschmerz« nennt. Diese deutschen Antitypen werden in den kurzen Szenen durch Dialoge und Situationen als übertrieben energisch, feige und tölpelhaft karikiert.

Um dieses Angriffsziel von Nikolaus' Spott zu verstehen, muß man sich das historische Umfeld in Erinnerung rufen: Zwei Jahre vor der Entstehung dieser Geschichten, 1878, war es nach dem Krimkrieg (1854–1856) auf dem Berliner Kongreß zu einer deutlichen Abkühlung des russisch-preußischen Verhältnisses gekommen, was eine Umorientierung der russischen Außenpolitik mit verstärkter Zuwendung zu Frankreich zur Folge hatte.

Diese Abwendung vom ehemaligen deutschen Verbündeten hatte sich in der russischen öffentlichen Meinung niedergeschlagen. So haben sich hier offenbar schon vor 1914 antideutsche Ressentiments festsetzen können, ungeachtet des traditionellen Respekts der Russen vor den Deutschen, die seit Jahrhunderten als Ärzte, Lehrer und Handwerker in Rußland willkommen waren und es bis zum Kriegsausbruch 1914 noch sind. Bismarck wurde nach dem Berliner Vertrag »Makler Europas« genannt. Seine Aufteilung der politischen Landkarte Europas (zu Rußlands Nachteil) war ihm in russischen Augen schlecht bekommen, und die Nichtverlängerung des deutsch-russischen Rückversicherungsvertrages wurde in Rußland Bismarck allein angelastet.

Wenige Jahre später verfaßt Nikolaus denn auch eine satirische Schrift – einen satirischen Brief in deutscher Sprache, der Bismarck »in die Feder gelegt« und mit »der Höllenfürst Bismarck« signiert ist (s. S. 102–108). Wieder wird der Deutsche als derber Biertrinker persifliert. Diese Ressentiments sind nicht zuletzt ein Erbe Alexanders, dessen politische Motive noch durch die Abneigung gegenüber Wilhelm II. verstärkt werden.

Offenbar ist Nikolaus nach Abschluß seiner schriftlichen Übungen – wie nach den meisten Unterrichtsstunden und Hausaufgaben – heilfroh, denn er vermerkt zum Schluß: »Ende – Hurra!«

Nach den Jahren der Grundausbildung erhält Nikolaus ab dem siebzehnten Lebensjahr speziellen Unterricht, so in Navigation

§ VII.

...е сочиненіе было сочинено мною Н. А. и напис...

въ Декабрѣ 1880 го года въ С Петербургѣ в...

Аничковскомъ дворцѣ въ нашей спальнѣ подъ Е...

(безъ всякаго посторонняго надзора и полно...

Конецъ.

и

Ура!

Schlußseite von Nikolaus' Kurzgeschichten-Zyklus »Zwei Deutsche«, den er 1880 als Zwölfjähriger schrieb; unter »Ende« steht »Hurra!«

Aus Nikolaus' Übungsheft zum Fach »Navigation« als 17jähriger

und Kriegsführung (Kriegsrecht, Strategie und Taktik der Kriegsführung, Militärstrafrecht), an den sich die zweijährige praktische Militärausbildung anschließt. Das ist der Bereich, in welchem sich Nikolaus am wohlsten fühlt und der ihn am meisten interessiert, während seine Tagebucheintragungen bezüglich anderer Unterrichtsfächer von gequälter Langeweile zeugen (»Lejer hat mich wieder fürchterlich gequält ...«) und in den Äußerungen der Lehrer ihre Entsprechung finden.

Die erhaltenen Notizen aus Nikolaus' Übungsheft sind der Definition der Kriegsstrategie, ihrer Aufgabenstellung (Vorbereitung der Mittel zur Kriegsführung und deren Gebrauch), Taktik und Strategie während der Kampfhandlungen innerhalb der speziellen und allgemeinen Lage eines Kriegsschauplatzes gewidmet. Ein Ausschnitt daraus liest sich so:

»Faktoren der Kampfhandlungen, die zu berücksichtigen sind: Stützpunkte, Ausgangspunkt der Kampfhandlungen, Kommunikationslinien und Nachschubwege, Notwendigkeit der zuverlässigen Versorgungsorganisation dieser Linien. (Napoleon ließ 1805 3/4 seiner Armee von 200.000 Mann in der Nachhut, 1806 behielt er von seinen 330.000 Mann fast 3/4 hinten).

Günstige geographische und politische Bedingungen (Hannibal ließ zu Beginn des Zweiten Punischen Krieges keinen einzigen Soldaten in der Nachhut, da er mit den verbündeten Galliern rechnete).

Schaffung einer zuverlässigen Basis: Alexander von Mazedonien unterwarf, bevor er seinen Feldzug gegen Kleinasien begann, erst die gesamte Westküste und nahm sich dafür drei Jahre Zeit; Gustav Adolf in Pommern vierzehn Monate. Daraus ist zu ersehen, welche Bedeutung große Strategen der Sicherung einer zuverlässigen Basis und der Kommunikationslinie beimaßen und dafür keine Opfer an Zeit und Kampfkraft scheuten.

Der Zusammenschluß der Etappenarmee mit dem Schlachtfeld stellt jenen Raum dar, der Theater der Kriegshandlungen genannt wird, deren Gesamtheit wiederum Theater des Krieges heißt.«

Nikolaus sollte im Ersten Weltkrieg, als er nach dem ersten Kriegsjahr im Sommer 1915 selbst das Oberkommando der russischen Armee und Flotte übernimmt, Gelegenheit haben, seine theoretischen Kenntnisse umzusetzen. Unter seiner Führung kommt es tatsächlich zu einer entscheidenden Verbesserung der Lage; in dieser Zeit können die Russen, zumindest kurzfristig, an der galizischen Front wieder Erfolge erringen.

Bei allem Interesse an militärischen Fragen blüht Nikolaus erst in der praktischen Ausbildung auf.

Er ist so froh, nicht mehr die Schulbank drücken zu müssen, daß er am Ende seiner Schulausbildung schreibt:

»Habe meine Ausbildung beendet – endgültig und für immer!«

Nikolaus ist nun in seiner praktischen Militärausbildung ab August 1887, als Neunzehnjähriger, voll in seinem Element. Er übersiedelt vom Anitschkow-Palais, wo die Familie seit der Regierungsübernahme des Vaters als Zar Alexander III. lebt (das Winterpalais wird hauptsächlich zur Ausübung der Regierungsgeschäfte benutzt), in die Kaserne des Truppenübungsplatzes nach Krasnoje Sjelo und lebt in jeder Hinsicht das Leben eines Soldaten und Offiziers.

Die militärische Ausbildung soll Nikolaus nach der Vorstellung seines Vaters nicht nur dem praktischen Drill der Armee unterwerfen, sondern ihn auch mit den unzähligen Regimentern und deren Aufgaben vertraut machen. Im ersten Jahr dient Nikolaus als gewöhnlicher Unteroffizier; er wird nach zwei Jahren Kommandant der Ersten und Zweiten Abteilung der Ersten Batterie der Artillerie der Gardekavallerie und dann zum Schwadronskommandanten der Gardehusaren des Regiments Seiner Majestät befördert; schließlich wird er Leutnant und dann Kompaniekommandant des Preobraschenskij-Infanterieregiments, der Elite der russischen Armee. In diese Uniform kleidet sich Nikolaus später bevorzugt bei besonderen Anlässen wie bei seiner Krönung zum Zaren oder an hohen Festtagen. Auf dem Papier war er schon ein Jahr früher, mit siebzehn Jahren, mit einem Rang ausgezeichnet worden: Der österreichische Kaiser Franz Joseph hatte ihn im Jahre 1885 per Dekret zum Oberst und Inhaber des 5. österreichisch-ungarischen Ulanenregiments ernannt. Am wichtigsten sollte Nikolaus jedoch zeitlebens der Oberstrang sein, mit dem ihn sein Vater ausgezeichnet hatte.

Nikolaus blüht in der Umgebung militärischer Ordnung und Kameradschaft auf. Sein schon früh stark ausgeprägter russischer Patriotismus wird angesichts des Zusammenlebens mit der russischen Armee, der Stütze des russischen Reiches, noch vertieft. Sie ist auch der Stolz Rußlands und wird dem Land – und später seiner Regierung – noch am längsten Loyalität erweisen.

Die russische Armee jener Jahre bietet auch wirklich einen stolzen Anblick und ist dazu angetan, die Größe, Macht und den Reichtum des russischen Reiches zu repräsentieren. Die Kaiserliche Garde ist innerhalb der gesamten Armee eine Armee für

Monsieur Mon frère et cousin.

Je nomme Votre Altesse Impériale colonel-propriétaire de Mon régiment d'uhlans N.o 5.

Je saisis cette occasion d'offrir à Votre Altesse Impériale l'assurance réitérée des sentiments d'amitié véritable et de considération distinguée avec lesquels Je suis,

Monsieur Mon frère et cousin
de Votre Altesse Impériale

le bon frère et cousin

François Joseph

Kremsier, le 25. août 1885.

A Son Altesse Impériale
le Grand-Duc Héritier de Russie
Monsieur Mon frère et cousin

Dekret von Kaiser Franz Joseph aus dem Jahre 1885: Der 17jährige russische Thronfolger Nikolaus wird zum Regimentsoberst des 5. Österreichischen Ulanenregiments ernannt.

sich. Der Patriotismus und die Loyalität gegenüber dem russischen Vaterland scheinen hier unerschütterlich.

Den Enthusiasmus der in der Garde dienenden Soldaten kann man sich anhand der Erinnerungen eines Angehörigen des Pawlower Regiments vergegenwärtigen, des späteren Generals und Chefs der Sicherheitsgarde, Alexander Spiridowitsch:

»Noch während meiner Ausbildung in der Militärschule hatte ich das erste Mal Gelegenheit, Zar Alexander III. zu sehen. Es war im Winter 1891 während einer Parade vor dem Winterpalais. Wir hatten schon zu früher Stunde begonnen, uns auf diese Parade vorzubereiten, unsere Beine warm gehalten, unsere Stiefel gewachst und unsere Knöpfe und Abzeichen blankgeputzt.

Nun also hatten wir auf dem Palastplatz Stellung bezogen. Unsere Schule nahm die rechte Flanke der Truppen ein, mit der rechten Schulter dem Palast zugewandt. Da kündigt die Musik die Ankunft des Herrschers an. Wir sehen, wie sich seine glänzende Formation nähert. An der Spitze dieser Gruppe reitet der Herrscher in seiner imposanten Statur. Er sticht mit seiner prachtvollen Montur hervor. Hier ist sie, die Stärke Rußlands! Hier ist es personifiziert, das große, mächtige Rußland!

Der Zar befindet sich wenige Schritte von uns entfernt. Er sieht uns aus seinen hellen, leuchtenden Augen direkt an, sein Lächeln für uns ist von unermeßlicher Liebenswürdigkeit. Wir sind wie betäubt vor Glück. Wir hören seine Worte: ›Seid gegrüßt, Pawlower!‹

Wir beantworten den Gruß mit einem enthusiastischen ›Hurra!‹ – und es kommt aus tiefster Brust. Die Hymne erklingt ›Gott schütze den Zaren ...‹, und wir schreien uns die Kehlen heiser, brüllen bis zur Ekstase. Unsere Hurrarufe werden von den anderen Truppen aufgenommen, und eine Welle des Begrüßungssturms geht über den ganzen Platz. Von allen Seiten ertönen die Klänge der Hymne, voll Kraft und Begeisterung ... Ein unbeschreiblicher Elan hat alle erfaßt, wir sind in diesem Augenblick zu allem bereit; der Herrscher hätte jetzt alles von uns verlangen können – und wenn er uns befohlen hätte, uns in die Newa zu stürzen, wir hätten ohne Zögern gehorcht, ohne auch nur einen Augenblick lang nachzudenken ...«

In einer anderen Szene ist eine ähnliche Atmosphäre zu spüren: »Es war auf dem Exerzierfeld in Krasnoje Sjelo. Der Herrscher kam während des Trainings unseres Bataillons. Langsam ritt er in stolzer Haltung mit seinem Kaskett*, auf der Brust das Georgskreuz, an uns heran. Das Bataillon stand völlig unbeweglich, wie erstarrt, Spalier.

Nach der Begrüßung verfolgte er einige unserer Übungen; dann dankte er dem Bataillon und näherte sich unserer Kompanie mit der Frage:

›Und wo ist der Kommandant?‹

Wie ein Blitz trat der Kompaniekommandant vor den Herrscher und blieb wie zur Statue erstarrt stehen. Der Herrscher salutierte, fragte ihn nach seinen Eltern, wo sie lebten, in welches Regiment er einzutreten beabsichtige, und wünschte ihm viel Erfolg in seinem Dienst.

All das ging wenige Schritte von mir entfernt vor sich. Ich habe den Herrscher genau angesehen. Ich erinnere mich an alle Details seiner Uniform, als stünde er jetzt vor mir. Welchen Eindruck der Stärke er machte!

Anschließend wünschte der Herrscher uns noch im Geschwindschritt zu sehen. Der Boden vibrierte unter den Schritten des Bataillons, als wir am Herrscher vorbeidefilierten.

›Danke, Pawlower!‹ hörten wir hinter uns, und unsere Antwort ›Glücklich, Eurer Kaiserlichen Hoheit zu dienen!‹ schallte über das ganze Feld.

Die Rufe gingen in Gesänge über, noch freier und enthusiastischer als eben zuvor. Ich glaube, an diesem Tag in Krasnoje Sjelo gab es keine glücklicheren Menschen als uns ...«

Diese Szenen sind nur Beispiele für zahllose ähnliche, wie sie Angehörige der russischen Armee, speziell der Garderegimenter, noch viele Jahre später in der Emigration mit unverminderter Begeisterung erzählt haben.

Der Kaiserlichen Garde gehören Brigaden aller drei Divisionen

---

* Militärische Kopfbedeckung

32

von Infanterie, Kavallerie und Artillerie an. Sämtliche Offiziere entstammen dem Hochadel. Darüber hinaus werden sie je nach Regiment und Einheit auch nach ihrer äußeren Erscheinung ausgewählt und entsprechend zugeteilt.

Der Militärdienst in der Garde ist sehr kostspielig, denn wer ihr angehört, muß die prächtigen Uniformen (die unter Alexander III. vereinfacht wurden) auf eigene Kosten anfertigen lassen. In der Gardekavallerie allein sind fünf verschiedene Uniformen für jeden Offizier vorgesehen. Am kostbarsten sind jedoch die Pferde, die nach strengsten Kriterien ausgewählt werden.

Korpsgeist, Kameradschaftssinn und Ehrgefühl werden besonders hochgehalten. Regimentsehre rangiert über persönlichem Interesse. Einzelverhalten wird vom Gesamtregiment mitverantwortet. Auch nach durchzechter Nacht hat ein Offizier der erste am Truppenübungsplatz oder in der Manege zu sein, will er sich nicht seiner Standesehre enthoben wissen. Der Dienst für den Zaren und die militärische Karriere rangieren vor dem Vergnügen, und zur Unterstützung der jungen Militärs sind deren Eltern in der Hauptstadt eifrig bemüht, die Karriere ihrer Sprößlinge voranzutreiben.

Die Offiziere sind in der Regel auch durch ihre Herkunft für ihren Aufstieg und ihre Zuordnung zum jeweiligen Regiment prädestiniert. Bevorzugt werden dabei jene, deren Väter, Großväter oder nahe Verwandte bereits im entsprechenden Regiment gedient haben. Regionale Unterschiede der Herkunft spielen eine weitere Rolle bei der Zuteilung zu einem Regiment. So müssen die Offiziere der Gardekavallerie russischer Abstammung sein, während bei den Lanciers am häufigsten baltische Offiziere aufgenommen werden. Bei den Gardesoldaten, die einer sorgfältigen optischen Auswahl unterzogen werden, finden bevorzugt blonde junge Männer im Semjonowskij-Regiment Aufnahme, großgewachsene, schlanke werden in der Gardereiterei eingesetzt, kleinere dunkelhaarige bei den Husaren.

In dieser Umgebung, fern der Verantwortlichkeit politischer Aufgaben, in einer Welt, in der Kameradschaft statt Intrigen herrscht, in der körperliche Aktivität, Geschicklichkeit, Ordnung und Disziplin und abends auch Spiel und Amüsement gepflegt werden, fühlt sich Nikolaus wohl. Peinlich genau nimmt er an allen Übungen und Manövern teil, läßt sich wie jeder gewöhnliche Soldat zum Wachdienst einteilen, akzeptiert keinerlei Bevorzugung und versucht nach Möglichkeit, durch kollegiales Verhalten seine Position als Thronfolger vergessen zu lassen. Seiner Mutter schreibt er:

»Ich bin jetzt glücklicher denn je und als ich es überhaupt ausdrücken kann; ich habe mich schon ganz an das Leben im Lager gewöhnt. Wir trainieren täglich zweimal – einmal am Morgen für Zielübungen und nachmittag Bataillondrill oder umgekehrt. Nach dem Abendessen gibt es entweder Drill für die Offiziere oder Billardspiel, Kegeln, Domino, Kartenspiel oder Roulette. Ich spiele am liebsten Kegeln, obwohl die Kegelbahn in miserablem Zustand ist ...«

Die Mahnungen der Zarin Maria Fjodorowna kommen postwendend:

»Du darfst nie vergessen, daß man auf Dich besondere Aufmerksamkeit richtet; Du mußt Dich immer gut benehmen und anderen ein Beispiel geben; sei jedem gegenüber freundlich, aber lasse Dich nie mit jemandem in Tratsch verwickeln ...«

Gelegentlich wird Nikolaus von Familienangehörigen besucht, was er mit Freude in seinem Tagebuch vermerkt. Es sind sein junger Onkel Alexander Michajlowitsch (»Sandro« genannt), der Nikolaus von Kindheit an nahesteht, seine Lieblingsschwester Xenia, die »Sandro« bald heiraten wird, und der joviale Mr. Heath.

Manchmal begleitet Nikolaus in Trainingspausen seinen Vater zum Fischen oder Jagen. Dann wird im Tagebuch Bilanz über die Abschüsse des Wildes gezogen. Auch über Besuche im Militärlager berichtet Nikolaus lakonisch, so im Sommer 1890: »Der deutsche Kaiser Wilhelm und sein Bruder Prinz Heinrich von Preußen kamen hierher; um halb acht aßen wir im großen Saal ...«

Abwechslung, die Nikolaus erste Erfahrungen und Erfolge als Charmeur bescheren sollte, bringen die Sommerspiele in Krasnoje Sjelo. Petersburger Theater besuchen das Militärlager und unterhalten Soldaten und Offiziere. Darunter ist die Balletttruppe mit Mathilde Kschesinska.

Es ist Sommer 1890, Nikolaus ist zweiundzwanzig Jahre alt, als er sich in Mathilde Kschesinska verliebt. Bisher haben Mädchen und Frauen für ihn keine Rolle gespielt; bei Bällen tanzte er ebenso pflichtbewußt wie verdrossen mit seinen obligaten Partnerinnen. In seinem Tagebuch findet er nur einmal eine Partnerin einer Bemerkung wert: »Habe mich amüsiert, aber die Griechin, Fürstin Urusowa, war viel zu anhänglich«, heißt es am 4. Februar dieses Jahres. Wesentlich mehr Begeisterung spricht hingegen aus Nikolaus' Notizen über Abende mit Freunden, besonders solchen mit Kabarettisten, Sängern oder russischen Zigeunermusikern; aber auch von gelungenen Opern-, Ballett- oder Theaterabenden zeigt sich Nikolaus angetan (angeblich hatte er in seinem Quartier in Krasnoje Sjelo einen Lautsprecher zur Übertragung aus dem Opernhaus installiert) – nur nicht von Frauen.

Es besteht kein Zweifel, daß Nikolaus nicht nur aufgrund seiner Rolle als Zarewitsch ein attraktiver junger Mann ist. Obwohl mit 1,72 Metern Körpergröße nicht sehr hochgewachsen, wirkt er elegant und sportlich, besonders starken Eindruck hinterlassen seine großen blauen Augen. Viele, die ihn auch nur einmal gesehen haben, sprechen von seinem »verträumten« oder »zärtlichen« Blick, allen – auch aus seiner männlichen Umgebung – ist er seines charmanten und einfachen Wesens wegen sympathisch; daß er ein guter Tänzer (und im übrigen auch Klavierspieler) ist, versteht sich von selbst.

Nur bisher hatte er sich lieber mit seinen Kameraden oder Cousins amüsiert, Roulette gespielt und Champagner getrunken als Damen den Hof gemacht. Beklagen männliche Beobachter des jungen Mannes seine »wenig herausragende Persönlichkeit und wenig stattliche Erscheinung« (andere Familienmitglieder waren viel größer als er), erfreut er sich beim weiblichen Geschlecht großer Beliebtheit.

Im Frühsommer 1890 findet eine Abschlußvorstellung von Eleven des vom Zaren geförderten Hoftheaters statt. Das Herrscherpaar und der Thronfolger wohnen ihr bei. Nach Ende der Vorstellung werden die Tänzerinnen dem Zaren vorgestellt und sind an dessen Tafel geladen. Die Kschesinska – so der eigentliche Name, (sie ist polnischer Abstammung und wird aufgrund ihrer älteren, ebenfalls tanzenden Schwester von den Russen »Kschesinska II.« genannt) – wird neben den Thronfolger gesetzt. Wenn er nicht schon durch ihren Tanz und ihre Leichtigkeit fasziniert war, so ist er es jetzt durch ihren fröhlichen Charme und ihre lebendigen dunklen Augen. Der Abend ist lang, die Unterhaltung der beiden scheint kein Ende nehmen zu wollen.

Daran erinnert sich die Kschesinska später: »Ich war auf der Stelle in den Zarewitsch verliebt – ich sehe noch heute seine großartigen Augen, seinen liebenswürdigen und sanften Blick vor mir –, er war von den ersten Worten an nicht mehr der Zarewitsch für mich, der Thronerbe, es war wie ein Traum. Er blieb den ganzen Abend an meiner Seite, und als wir uns trennten, war es, als hätten wir uns längst gekannt ...«

Demgegenüber hält Nikolaus in seinen täglichen Notizen von diesem Abend nur sachlich fest (nachdem er ausführlich die Manöver des Tages beschrieben hat): »Fuhren ins Theater, Kschesinskaja II. nimmt mich sehr positiv ein.«

Vorerst zieht die Begegnung nichts weiter nach sich, und erst als die Tänzerin mit ihrer Truppe im Sommertheater nach Krasnoje Sjelo, wo Nikolaus noch exerziert, auftritt, sucht er sie nach der Vorstellung hinter der Bühne auf und unterhält sich mit ihr. Obwohl sie ihm gefällt, unternimmt Nikolaus nichts. Am nächsten Tag notiert er: »Bin auf den Ball gegangen und habe lange getanzt«; fast zwei Wochen nach seiner ersten Begegnung mit Mathilde, am 17. Juli, heißt es dann unter anderen Informationen im Tagebuch: »Kschesinskaja II. gefällt mir ganz besonders gut.«

Verschweigt Nikolaus' Tagebuch auch sonst mehr, als es Auskunft gibt, gilt das erst recht für die persönlichen Angelegenheiten des Thronfolgers. Er berichtet nichts über die Rendezvous mit der Tänzerin. Eine Woche nach dem erwähnten Bekenntnis vom 17. Juli schreibt Nikolaus jedoch: »Hatte heute mit Papa ein Gespräch über das bekannte Problem ...« Gemeint ist die Affäre mit der Kschesinska.

Zar Alexander hält seinem Sohn vor, daß diese Verbindung nicht standesgemäß sei, und ermahnt Nikolaus, die Affäre aufzugeben. Nikolaus hält sich nicht daran, wie seine Kommentare im Tagebuch zeigen: »Unterhielt mich am Fenster mit Kschesinskaja« (am 30. Juli), am nächsten Tag: »Verabschiedete mich von Kschesinskaja«, und schließlich am darauffolgenden, ihr Ensemble hatte das Sommertheater verlassen: »Stand beim Theater mit Kschesinskaja.«

Nikolaus tut, was ihm Spaß macht. Doch Vorrang haben die Verpflichtungen seiner militärischen Ausbildung. Nach der Beförderung zum Oberst kann er ins Tagebuch schreiben: »In Rowno bei den großen Manövern erhielt ich den Orden des hl. Wladimir 4. Grades!!!«

Daß Nikolaus' Affäre mit der Kschesinska sich nicht dramatischer gestaltet, hat allerdings einen noch tieferen Grund als seine vorrangigen militärischen Interessen: Nikolaus hat sich schon seit Jahren eine andere Frau in den Kopf gesetzt, und er wartet nur auf den geeigneten Moment, seinen Wünschen und Plänen zur Verwirklichung zu verhelfen. Seine eigentliche Liebe gilt Alix, der Prinzessin von Hessen-Darmstadt, die er sechs Jahre zuvor zum erstenmal gesehen hat.

Damals, im Jahre 1884, war Nikolaus erst sechzehn und Alix erst zwölf Jahre alt. Er hatte sofort Gefallen an ihr gefunden. Die Brosche, die er ihr geschenkt hatte, erhielt er jedoch von dem schüchternen Mädchen am nächsten Tag wieder zurück, und gekränkt schenkte er sie seiner ahnungslosen Tante weiter. Drei Jahre später sahen sie sich wieder, und Nikolaus tanzte mit Alix bis in die Nacht. Nikolaus durfte bei der Hochzeit ihrer älteren Schwester Ella (Prinzessin Elisabeth von Hessen) mit seinem Onkel Großfürst Sergej Chauffeur sein. Bald darauf hatten er und Alix ihre Namen in eine Fensterscheibe geritzt. Nikolaus dazu in seinem Tagebuch, in Klammer: »(wir lieben uns nämlich)«.

Nun, im Sommer 1890, hält sich Alix gerade in Rußland zu Besuch bei Ella und Sergej Alexandrowitsch auf deren Gut in Iljinskoje bei Moskau auf.

Aber Nikolaus' Eltern haben längst das Interesse des Thronfolgers an Alix registriert und sind nicht daran interessiert, daß es zu einer ernsthaften Beziehung führt. Nikolaus darf jedenfalls nicht nach Moskau fahren.

Obwohl Nikolaus sich gerade in Mathilde Kschesinska verliebt hat, vertraut er in diesem Sommer, drei Wochen nach dem (vorläufigen) Abschied von der Tänzerin, seinem Tagebuch am 20. August an: »Mein Gott, wie gerne möchte ich jetzt nach Iljinskoje fahren, jetzt, da Victoria und Alix gerade dort sind; wenn ich sie nicht jetzt sehen kann, werde ich wahrscheinlich ein ganzes Jahr warten müssen, und das ist schwer!!!«

Nikolaus weiß bereits, daß er demnächst seiner Umgebung und seinen Wunschzielen für längere Zeit entzogen wird: Sein Vater hat eine längere Reise in den Nahen und Fernen Osten für ihn vorgesehen, und wenn das Privatleben des Zarewitsch schon nicht dafür ausschlaggebend war, kommt den Eltern die zwangsläufige Trennung ihres Sohnes von den beiden Mädchen sehr gelegen. Denn abgesehen davon, daß es nicht nur in den Herrscherhäusern Europas üblich ist, den Thronfolger auf Bildungs- und Kontaktreisen und zum Kennenlernen seiner späteren Partner (und Gegner) in der Außenpolitik auszuschicken, hofft Zar Alexander, daß Nikolaus dabei zwei Namen vergißt: Mathilde und Alix.

Obwohl die deutsche Prinzessin als standesgemäße Partnerin für den russischen Thronfolger zumindest zur Diskussion stünde – im Gegensatz zu Mathilde –, ist der russische Zar nicht an einer ernsthaften Verbindung seines Hauses mit der Dynastie von Hessen-Darmstadt interessiert. Nicht nur der geringe herzogliche Rang der Familie und der Mangel an politischem Gewicht lassen Alexander III. eine Verbindung seines Sohnes mit Alix als nicht wünschenswert erscheinen. Auch andere politische Erwägungen sprechen dagegen. Da wäre beispielsweise eine Verbindung mit der französischen Königsfamilie aus dem alliierten Frankreich für Alexander schon akzeptabler.

Der Sommer geht wie immer mit der Jagd auf dem Landsitz in Spala zu Ende. Nikolaus bereitet das Jagen an der Seite seiner Familienangehörigen großes Vergnügen, aber schon hier ist typisch für seinen Charakter, daß er nie weidwund schießt, um das Wild nicht leiden zu lassen.

Am 23. Oktober (russischer Zeitrechnung) des Jahres 1890 begibt sich Nikolaus auf der Yacht »Pamjatj Asova« auf die für ihn orga-

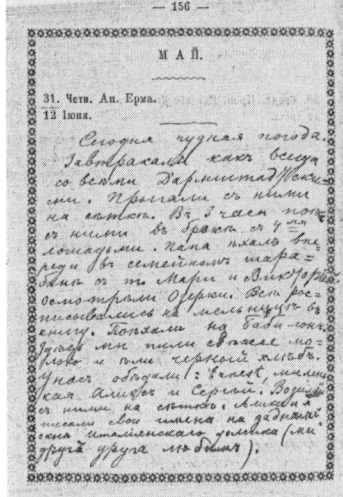
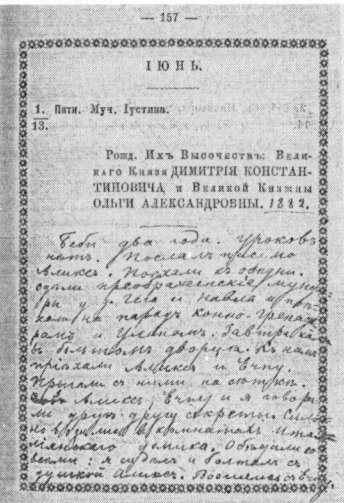

Tagebucheintragung des 16jährigen Nikolaus aus dem Jahre 1884 über die Begegnung mit Alix, seiner späteren Braut: »Wir ritzten unsere Namen in die Fensterscheibe des italienischen Pavillons (wir lieben uns nämlich).«

Fensterscheibe, in welche die Namen Alix und Nicky geritzt sind.

nisierte Reise nach Ägypten, Indien, Ceylon, Siam, Singapur und Japan. Mit von der Partie sind die Fürsten Barjatinskij, Uchtomskij, Wolkow, Kotschubej und der Kronprinz Georg von Griechenland sowie Nikolaus' Lieblingsbruder Georgij.

In Ägypten werden vom Nil aus die üblichen Sehenswürdigkeiten besichtigt. Nikolaus berichtet davon eher unbeeindruckt in seinem Tagebuch. Er interessiert sich mehr für die Bauchtänzerinnen, von denen er am ersten Abend allerdings enttäuscht ist: »Nichts Besonderes«, um einen Tag später zu bemerken: »Wir gingen heimlich wieder zu den Bauchtänzerinnen. Diesmal waren sie besser; sie zogen sich aus und bearbeiteten in verschiedener Weise Uchtomskij ...«

Von den weiteren Reflexionen von Nikolaus' Reise ist in Hinblick auf bereits vorhandene Sympathien und Antipathien aufschlußreich, daß er in der indischen Hauptstadt feststellt: »Unerträglich, wieder von diesen Engländern umgeben zu sein und überall diese roten Uniformen zu sehen!«

In Saigon wird Nikolaus am 16./28. März 1891 von der französischen Kolonie stürmisch begrüßt. Obwohl Angehörige einer Republik, bereiten sie dem Thronfolger des russischen Verbündeten einen begeisterten Empfang; er zieht durch den Triumphbogen ein, die Kolonialtruppen defilieren vorbei, für ihn werden Fackelzüge, Bälle sowie die Aufführung einer französischen Komödie veranstaltet. Schließlich erklärt Nikolaus dem Gouverneur begeistert, er fühle sich hier wie zu Hause und bedaure aufrichtig, daß er nicht noch länger bleiben könne.

In Japan ereignet sich jedoch der Zwischenfall, der einen vorzeitigen Abbruch der Reise und möglicherweise sogar die kritische Einstellung Nikolaus' gegenüber den Japanern zur Folge hat. Nach einem Aufenthalt in der alten Kaiserstadt Kyoto stürzt sich in Otsu plötzlich ein Japaner mit dem Ruf »Ich bin ein Samurai!« auf den in einer Rikscha vorbeifahrenden russischen Thronfolger, und nur das geistesgegenwärtige Eingreifen des griechischen Prinzen Georg kann im letzten Moment verhindern, daß der Attentäter noch ein zweites Mal mit seinem Schwert zustechen und den bereits am Kopf verletzten Nikolaus töten kann. Die Motive für diesen Anschlag sollten nie geklärt werden.

Nikolaus muß ins Krankenhaus eingeliefert werden; peinlich berührt besucht ihn der Tenno persönlich. Depeschen über seinen Gesundheitszustand werden nach Petersburg gesandt. Die Verletzung erweist sich als nicht so dramatisch wie befürchtet, doch als Folge der Wunde sollte Nikolaus zeitlebens von Migräne geplagt werden.

Die besorgten Eltern ordnen die unverzügliche Rückreise ihres Sohnes und seiner Begleitung an. Am Rückweg legt Nikolaus in Sibirien den Grundstein zur östlichsten Station der geplanten transsibirischen Eisenbahnlinie, Wladiwostok, und reist von dort über Omsk direkt nach St. Petersburg zurück. Von nun an bezeichnet Nikolaus, der den Attentatsversuch auf sein Leben und die Verletzung an sich mit Gelassenheit aufgenommen hatte, die Japaner in seinem Tagebuch als »Affen«. Offenbar hat das Erlebnis auch tatsächlich die Einstellung des russischen Thronfolgers gegenüber den Japanern beeinflußt.

Der erste Weg Nikolaus', als er im August 1891 wieder in Sankt Petersburg ist, führt ihn nach Krasnoje Sjelo. Er läßt sich zu jenem Sommertheater fahren, wo Mathilde Kschesinska wieder gastiert. Nach der Vorstellung meldet sich Nikolaus an Kschesinskas Haustür unter dem Namen seines Freundes, des Husaren Wolkow, an, um Einlaß zu finden: Er hatte nämlich erfahren, daß sie an diesem Abend keinen Besuch empfängt, da sie eine Verletzung kuriert. Der Trick gelingt. Mathilde ist völlig überrascht und überwältigt: »Ich traute meinen Augen nicht«, schreibt sie später, »und doch wurde dieses unverhoffte Treffen so märchenhaft und so glücklich, daß ich es nie mehr vergessen werde ...«

Nikolaus kommt von nun an fast täglich. Der Klatsch in der Stadt beginnt. Die Eltern Mathildes stellen sich ahnungslos. Nikolaus beschenkt seine Freundin mit einem kostbaren Brillantarmband, auf dem ein Riesensaphir prangt. Blumen füllen ihre Künstlergarderobe, und Liebesbriefe, lakonisch, wie es Nikolaus' Stil ist, flattern in ihr Haus.

Schließlich beschließt Mathilde, eine eigene Wohnung zu suchen. Nach ihren Erinnerungen reagieren ihre Eltern besorgt: »Du weißt, daß er dich nie heiraten wird«, geben sie ihrer Tochter zu bedenken. Mathilde zeigt sich gegen Enttäuschungen gewappnet: »Ich weiß. Aber bis dahin nehme ich mir so viel von meinem Glück, wie es hergibt«, lautet ihre Antwort.

Nikolaus beschenkt sie zum Einstand in ihr Haus mit einer Garnitur edelsteinbesetzter Wodkagläser. Zu ihrer Unterhaltung bringt er öfter Freunde mit, manchmal Sänger und Musiker. Nikolaus ist dreiundzwanzig, die Kschesinska neunzehn Jahre alt. Nikolaus verbringt lange Abende bei ihr. Zu oft sieht man die beiden in seiner Trojka durch den Winter jagen, Nikolaus den Weg vom Anitschkow-Palais zum Anglijskij Prospekt (»Englischer Boulevard«) nehmen.

Doch Nikolaus' Besuche werden immer seltener. Immer öfter verreist er. Seine Pflichten als künftiger Zar bringen ihn zu verschiedenen familiären Anlässen in europäische Städte und Königshäuser. Manchmal erhofft er sich ein Wiedersehen mit Alix. So verliebt Nikolaus in Mathilde Kschesinska sein mag, seine Liebe gilt Alix.

Im Dezember 1891, Nikolaus ist dreiundzwanzig Jahre alt, erwähnt er in seinem Tagebuch ein Gespräch mit seinen Eltern. Sie hatten ihn zu sich zitiert: es sei höchste Zeit für ihn zu heiraten. Aber wen?

»Abends haben wir bei Mama die Familienfrage aufgeworfen und unwillkürlich die empfindlichste Saite meines Herzens berührt«, schreibt Nikolaus, »das Gespräch berührte jenen Traum und jene Hoffnung, mit denen ich von Tag zu Tag lebe. Es sind schon eineinhalb Jahre her, seit ich mit Papa über dieses Thema gesprochen habe, und seitdem hat sich nichts verändert, außer daß ich Alix noch mehr und tiefer liebe, seit sie 1889 für einige Wochen hier gewesen ist. Ich habe mich lange meinen Gefühlen widersetzt, mir klarzumachen versucht, daß dieser Traum unerfüllbar ist. Zwischen uns steht das Hindernis der Religion, nachdem nun Eddy abgewiesen ist.* Außer dieser Hürde steht nichts zwischen uns – und ich bin fast sicher, daß die Gefühle gegenseitig sind! Alles ist in der Hand Gottes.Ich beuge mich seiner Güte und blicke ruhig in die Zukunft ...«

---

* Eduard, späterer König von England

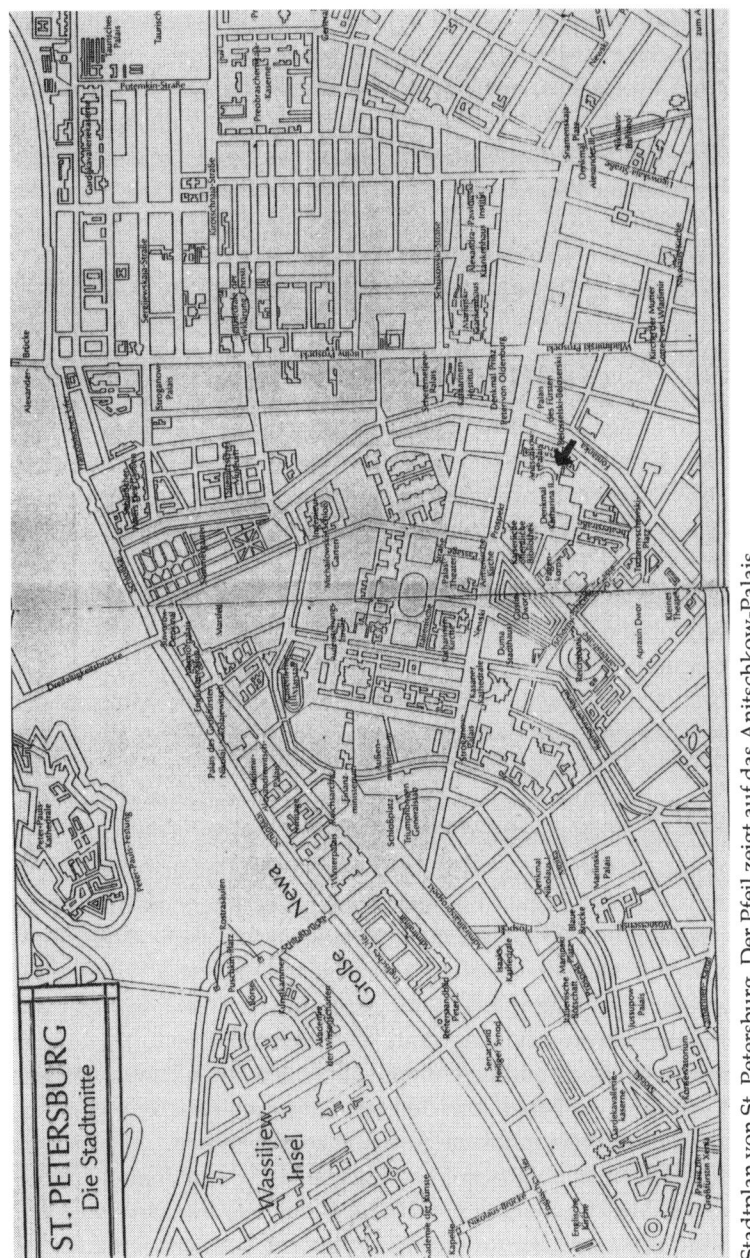

Stadtplan von St. Petersburg. Der Pfeil zeigt auf das Anitschkow-Palais

Um so quälender nach einem Monat bereits das neuerliche Mahnen seiner Mutter:

»Im Gespräch hat mir Mama heute morgen einige Anspielungen gemacht, und zwar betreffend Hélène d'Orléans, die Tochter des Grafen von Paris, was mich in eine schwierige Lage versetzt: Ich bin an einer Wegkreuzung angelangt – selbst möchte ich in die eine Richtung gehen, aber Mama möchte offenbar, daß ich dem anderen Weg folge! Wie wird das ausgehen?«

Nikolaus' Eltern sehen ein, daß der Zeitpunkt für eine baldige Entscheidung offenbar nicht reif ist. Sie geben ihm noch zwei Jahre Zeit. Bis dahin hoffen sie, wird er von Alix abkommen und vielleicht eine bessere Wahl treffen.

Es ist Dezember 1891, und Nikolaus' Wille ist klar definiert: »Mein Traum ist, Alix zu heiraten«, schreibt er in sein Tagebuch. Die Wartezeit, die Zar Alexander seinem Sohn Nikolaus noch als Junggeselle gewährt, vergeht schnell. Nikolaus genießt die von ernsthaften Pflichten noch freie und unbeschwerte Phase. Er muß zwar mehrmals wöchentlich Sitzungen des Ministerrats beiwohnen und hin und wieder Delegationen und Abordnungen empfangen, aber sein Vater erspart ihm vorläufig, an der Last des Regierens mitzutragen. Während seine Minister der Ansicht sind, daß es an der Zeit sei, den Thronfolger allmählich mit den Regierungsgeschäften vertraut zu machen, ist Alexander anderer Meinung: »Haben Sie schon einmal ein ernst zu nehmendes Gespräch mit ihm geführt?« soll er Minister Witte gefragt haben, der den Thronfolger als Präsidenten des Komitees der Transsibirischen Eisenbahn oder Vorsitzenden für andere Gremien und Organisationen vorgeschlagen hatte. »Nein, Eure Majestät, ich hatte noch nicht das Vergnügen«, war Wittes bissige Antwort. Und dabei bleibt es. Im übrigen ist Alexander um 1890 erst fünfundvierzig Jahre alt, regiert seit neun Jahren das russische Reich und geht davon aus, noch lange genug Zeit zur Verfügung zu haben, um den erst langsam erwachsen werdenden Thronfolger auf seine Aufgabe vorzubereiten.

Aus Briefen Nikolaus' an Freunde wie den (zweifelhaften) Publizisten Meschtscherskij geht hervor, daß Zar Alexander seinen Sohn nicht nur als unreifes Kind ansieht, sondern ihn auch als solches behandelt. Er läßt ihm wenig Freiraum, selbständig zu agieren. Als Nikolaus zum Beispiel für eine seiner Kompanien eigenmächtig Gewehre bestellt, wird er von seinem Vater veranlaßt, die Aktion rückgängig zu machen. Diese Behandlung verletzt das ohnehin nicht allzu stark ausgeprägte Selbstbewußtsein Nikolaus', er resigniert lieber, als sich bei anderen Gelegenheiten wieder eine Abfuhr zu holen.

Nikolaus' Problem ist das aller Söhne mit übermächtigen Vätern, denen sie zwangsläufig nicht gewachsen sind. Manchmal fragt er sich in seinem Tagebuch, ob es überhaupt sinnvoll sei, seinen Vater um Erlaubnis um etwas zu bitten – und wenn es nur darum geht, an einem Manöver seines Husarenregiments teilnehmen zu dürfen.

Nikolaus seinerseits hat es nicht eilig, an der Verantwortung eines Zaren, die er sehr wohl einzuschätzen weiß, früher als nötig mitzutragen. Hat er nicht oft genug schon als Kind geäußert, er fühle sich nicht geeignet, einmal Zar zu sein? Wird er nicht anläßlich des vorzeitigen Todes seines Vaters und der plötzlichen Übernahme der gefürchteten Rolle seinen Vertrauten Sandro verzweifelt daran erinnern, daß er nie Zar werden wollte? Und wenn nicht das Amt es ist, das ihn so einschüchtert, so ist es dessen Verkörperung durch seinen Vater, diese in jeder Hinsicht so starke Persönlichkeit, vor der ein so gegensätzlicher junger Mann wie Nikolaus nur kapitulieren kann. Wird er doch niemals auch nur annähernd so sein wie Alexander.

Kaum ein Erlebnis hatte Nikolaus diese Erkenntnis deutlicher bewußtgemacht als jenes zwei Jahre zuvor: Der Zug war entgleist, in welchem die ganze Familie von Norden kommend in Richtung Livadia unterwegs war. Es war in Borki, unweit von Charkow, als es knallte – und der Zug aus dem Gleis sprang; offenbar war ein Attentat verübt worden. Die Waggons, darunter der Speisewagen, in dem sich Zar Alexander mit seiner Frau und den fünf Kindern gerade aufhielt, kamen erst am Fuße eines Abhangs zum Stillstand. Die Decke gab ächzend nach und drohte über dem Wageninneren zusammenzustürzen. Alexander richtete sich in seiner ganzen hünenhaften Körpergröße auf und stemmte sich mit voller Kraft so lange gegen die sich senkende

Wagendecke, bis sämtliche Familienmitglieder ins Freie gelangt waren. Diesem Übermenschen, mußte sich Nikolaus fragen, soll ich einmal nachfolgen?

Damals ahnte niemand, daß gerade dieses Ereignis und die inneren Verletzungen, die sich Alexander dabei zugezogen hatte, die baldige Erkrankung des Zaren verursachen und damit fatalerweise genau den Augenblick näher bringen würden, den Vater und Sohn erst in ferner Zukunft wähnten: die Übergabe der Krone.

Noch stürzt sich Nikolaus unbeschwert ins Vergnügen der eleganten Hauptstadt. Noch ist er der junge, strahlende Star der glanzvollen »Saison« zwischen Neujahr und Fastenzeit in Petersburg, das »Venedig des Nordens« genannt wird. Noch tanzt er auf den Bällen nicht nur in den Zarenpalais Rastrellis, sondern auch in anderen Häusern mit ihrer stolzen italienischen Architektur; am »Weißen Ball« mit den Debütantinnen, am »Rosenball« der arrivierten Petersburger Gesellschaft, noch tobt er sich zwischen seinen Verpflichtungen beim Eislaufen aus oder rast mit Höllentempo im Schlitten oder zu Pferd durch die Winterlandschaft; noch leert er ein Glas Champagner nach dem anderen an der Seite seiner blendend aussehenden Cousins oder bevorzugten Kameraden aus der Militärzeit in ihren dekorativen Uniformen, raucht bei Bakkarat und Billard eine Zigarette nach der anderen, unterhält sich und seine Gesellschaft mit Mathilde Kschesinska, soupiert und tanzt bis in die Morgenstunden und genießt die Theatersaison.

Es ist die Zeit, da manche Opern und Ballette Tschajkowskijs (etwa »Eugen Onegin« oder »Der Nußknacker« und »Dornröschen«) erst uraufgeführt werden (Tschajkowskij stirbt 1893), und der Meister selbst überwacht noch als Korrepetitor am Klavier die Einstudierung mancher seiner Werke. Der Ballerina Kschesinska, die durch ihr hervorstechendes Talent – gefördert durch ihre allgemein bekannte Beziehung mit dem Thronfolger – immer wichtigere Hauptrollen erhält, gratuliert der Komponist höchstpersönlich nach der Premiere in ihrer Garderobe.

Es ist die glanzvolle Zeit einer Hauptstadt, die den Reichtum des russischen Reiches in sich zu vereinen scheint, wenn an einem

Abend funkelnde Juwelen und reiche Uniformen mit Orden und goldglänzenden Epauletten an den Stätten gesellschaftlicher Veranstaltungen konzentriert sind.

Nikolaus genießt die Rolle, die einem Thronfolger in seiner Wartezeit auf Amt und Ehestand zugeteilt ist. Da er noch keine Aufgabe in der Führung der Staatsgeschäfte zu erfüllen hat, widmet er sich lediglich repräsentativen und karitativen Verpflichtungen. In den Hungerjahren der Mißernte Anfang der neunziger Jahre ruft Nikolaus zum Beispiel Fonds zur Unterstützung der Hungernden ins Leben, sammelt hohe Beträge und stockt sie aus seinem Privatvermögen auf.

In seinem Tagebuch zeigt sich Nikolaus nicht nur als Genießer der Vergnügen der Stadt oder der Jagdzeit auf dem Land, sondern auch weich, verletzlich, leicht reizbar, zum Beispiel wenn er sich von unfairem Verhalten oder Ungerechtigkeit betroffen sieht. In jedem Fall – und das unterscheidet ihn vermutlich von vergleichbaren jungen Männern in westlichen Ländern – kommt seine Religiosität dabei zum Ausdruck, die seiner Einstellung zu betrüblichen Ereignissen einen fatalistischen Zug verleiht (den man dem späteren Zaren mitunter als Apathie auslegt).

Im Herbst 1891 waren gleich mehrere Todesfälle in Nikolaus' näherer Umgebung zu beklagen. Besonders erschüttert den Dreiundzwanzigjährigen der Tod seiner Tante Alix, Frau seines Onkels Pawel Alexandrowitsch, die mit einundzwanzig Jahren stirbt.

»Seit dem 1. März 1881 [dem Tag der Ermordung des Großvaters Alexander II.] habe ich keinen solchen Tag mehr erlebt. Als ich am Morgen zu Papa und Mama hinaufging, erfuhr ich die furchtbare Nachricht, daß die liebe, unvergeßliche Alix in der Nacht von uns gegangen ist! Ich konnte mir einfach nicht vorstellen, daß das alles wirklich geschehen ist, es schien mir einfach wie ein böser Traum. Mein Gott! Was müssen Onkel Willi, Tante Olga und vor allem der arme Onkel Pavel empfinden, wie müssen erst sie darunter leiden! Ich konnte nicht einmal ohne Tränen Georgie, Niki und Mina in die Augen schauen. Ja! Es ist zu Ende! Grausam hat Gott seinen Zorn gezeigt. Aber im übrigen geschehe sein heiliger Wille! ... Den ganzen Tag sind wir wie Schatten durch die Zimmer und den Garten geschlichen. Der kleine Italiener* kam so ungelegen und hat sich gleich wieder zurückgezogen ...«

Zwei Monate später heißt es:

»Ein sehr trauriger Tag. Heute um 3 Uhr haben wir einen unserer besten Freunde und den Papa und Mama am allermeisten ergebenen Menschen verloren – Obolenskij. Ein schwerer, unersetzlicher Verlust! Ich kann gar nicht sagen, wie groß mein Schmerz und meine Trauer waren, als ich davon erfahren habe! ... Im Laufe des Tages haben wir noch mehr traurige Nachrichten bekommen. Und wie nicht ärger ungelegen kam aus Odessa der junge Prinz Albrecht von Württemberg mit der Nachricht vom Tod des alten Königs und von der Thronbesteigung des neuen; meint er, ohne ihn würden wir es nicht erfahren?«

Ende 1891, Anfang 1892 häufen sich die Todesfälle in ungewöhnlicher Weise. Anfang des neuen Jahres erfährt Nikolaus, daß sein englischer Cousin Eddy (Eduard), seinerzeit abgewiesener Bewerber von Alix, an Lungenentzündung gestorben ist.

»Die Form und der rasche Verlauf der Krankheit erinnern an den Tod Obolenskijs auf der Krim. Wenige Tage zuvor war Eddy noch Bräutigam! Man weiß nicht mehr, was man denken soll – wir sind alle in Gottes Hand!«

Bei aller Trauer hofft Nikolaus, daß er nicht zu dessen Begräbnis nach London fahren muß, was ihm auch erspart bleibt; ein Verwandter vertritt die Familie. Seine Gedanken schweifen immer öfter zur hessischen Prinzessin Alix. Sie war Jahre zuvor nach Petersburg eingeladen worden – und hatte allgemein mißfallen. Sie galt als unelegant, plump, unroutiniert, errötete andauernd verlegen, war schüchtern, wußte sich in der Gesellschaft der Metropole nicht passend zu verhalten und reagierte entsprechend auf die Kühle, die ihr entgegengebracht wurde, was ihr wiederum als Arroganz ausgelegt wurde. Alexander, so erinnert sich Minister Witte, »wollte sie auf keinen Fall als Schwieger-

* Der spätere König von Italien, der besonders klein von Wuchs war

tochter haben, und seine Frau Maria Fjodorowna ebensowenig!« Nikolaus' Mutter beginnt nun immer wieder von Hélène d'Orléans und sogar von Margarete von Preußen zu sprechen. Wenn auf sie die Rede kommt, erklärt Nikolaus kategorisch: »Bevor ich diese Bohnenstange heirate, werde ich lieber Mönch!« 1893 reist Nikolaus in Vertretung seines Vaters zur Hochzeit seines Cousins Georg, des Herzogs von York und späteren Königs Georg V., mit Prinzessin Mary von Teck. Er zeigt sich begeistert von der jungen Braut (»sie sieht viel hübscher aus als auf den Photographien!«) und amüsiert sich darüber, daß ihm von seinem britischen Onkel sofort ein Schneider, ein Hutmacher und ein Schuhmacher geschickt werden und man ihn britisch einkleidet. Noch komischer aber sind für ihn die ständigen Verwechslungen mit Georg, der ihm wie ein Zwillingsbruder ähnelt. Einmal wird Georg gefragt, ob er nur nach London gekommen sei, um der Hochzeit beizuwohnen, oder ob er auch andere Geschäfte zu erledigen habe, ein andermal wird Nikolaus ersucht, zu »seiner« Trauung am nächsten Tag pünktlich zu erscheinen.

Es ist bemerkenswert, daß die beiden Cousins auch in nahezu gleicher Weise ihr Tagebuch führen. Die bloße Aneinanderreihung von Terminen und zusammenhanglosen Feststellungen mit ausführlicher Beschreibung des Wetterberichts sind bei Nikolaus und Georg nahezu identisch. Während jedoch die Nachwelt Georgs seiner knappen Präzision in seinem Tagebuch Bewunderung zollte, war genau das Ansatz zu Kritik an Nikolaus, dem man Apathie, Desinteresse, Gefühlsarmut und Mangel an Temperament und überhaupt an menschlichen Regungen vorwerfen sollte.

Alix von Hessen war nicht nach London gekommen – wegen Nikolaus: Sie wußte, daß es ihr schwerfallen würde, seinen Avancen zu widerstehen. Aber sie wußte auch von der Sorge ihres Vaters, daß (nach ihrer älteren Schwester Ella) eine weitere Tochter nach Rußland gehen und zum russischen Glauben konvertieren würde. Alix verhält sich zunächst gehorsam und respektiert den Wunsch ihres Vaters – obwohl er nicht mehr am Leben ist.

Anfang des Jahres 1894 verschlechtert sich der Gesundheitszustand von Zar Alexander III. rapide. Der robuste Herrscher will seinen Zustand zunächst nicht zur Kenntnis nehmen. Doch insgeheim beunruhigt ihn der Gedanke, daß er ernstlich erkranken könnte – und Nikolaus noch nicht verheiratet ist, was dessen ordnungsgemäßer Thronbesteigung im Ernstfall im Wege stehen würde.

Jetzt gibt Alexander nach: Er läßt Nikolaus zur Brautwerbung nach Hessen-Darmstadt reisen. Möglicherweise hat auch der Einfluß der klugen und angesehenen älteren Schwester von Alix, Elisabeth, dabei eine Rolle gespielt. Diese (im Gegensatz zu Alix) auch in Rußland sehr beliebte deutsche Prinzessin ist mit Nikolaus' Onkel Sergej verheiratet; durch ihre liebenswürdige Art, aber auch durch ihr Wirken im sozialen Bereich, das sie nahezu geheim und ohne Aufhebens betreibt, genießt sie hohes Ansehen.

Also heißt es jetzt, nach Jahren, plötzlich: »Meinetwegen, besser die kleine Prinzessin Alix von Hessen-Darmstadt als überhaupt keine Ehefrau für Nikolaus ...«

Nikolaus ist begeistert. Er verspricht seinem Vater, nur den Versuch zu unternehmen, Alix zur Konvertierung (vom protestantischen zum russisch-orthodoxen Glauben) zu bewegen, und wenn sie ablehne, dann endgültig von ihr zu lassen (Hélène d'Orléans und Margarete von Preußen hatten ihrerseits mitgeteilt, daß sie nicht zu konvertieren gedächten, was Nikolaus nur recht sein konnte).

Äußerer Anlaß als Vorwand für die Reise Nikolaus' ist eine Hochzeit. Im April 1894 soll Alix' ältester Bruder, Großherzog Ernst Ludwig, Nachfolger des Großherzogs Ludwig von Hessen, die Prinzessin von Edinburgh, Melitta Victoria (»Ducky«), in Coburg heiraten. Das Aufgebot an Verwandtschaft aus mehreren Königshäusern ist groß. Königin Victoria, Großmutter des Bräutigams, bemüht sich trotz ihrer fünfundsiebzig Jahre aus London nach Darmstadt, und Kaiser Wilhelm kommt aus Berlin.

Nikolaus reist mit drei Onkeln, Cousins, einem Priester seiner Eltern für die Besprechung von Glaubensfragen, einer Lehrerin

für die russische Sprache und Adjutanten mit dem Zug am 2./14.
April ab.

Weiter berichtet Nikolaus selbst in seinem Tagebuch:

»5. April. Mein Gott! Was heute für ein Tag war! Nach dem Kaffee, ungefähr um 10 Uhr morgens, gingen wir zu Tante Ella in die Zimmer von Erni und Alix. Sie ist sehr schön geworden, sah aber außerordentlich betrübt aus. Man ließ uns allein, und nun begann zwischen uns jenes Gespräch, das ich mir schon so lange gewünscht und zugleich gefürchtet hatte. Wir haben bis 12 Uhr geredet, aber ohne Erfolg, denn sie sträubt sich immer noch gegen einen Religionsübertritt. Meine Ärmste weinte sogar. Als wir uns trennten, war sie schon etwas ruhiger.«

Nach Schilderung sämtlicher Zeremonien, Programmpunkte und Paraden endet Nikolaus in seinem Tagebuch erschöpft mit der Bemerkung: »Ich bin heute psychisch müde.«

Am nächsten Tag läßt Nikolaus Alix mit ihrer Entscheidung in Ruhe. Offenbar fällt es der Zweiundzwanzigjährigen, die tief ihrer protestantischen Religion und dem ihr eigenen Hang zu Mystizismus verhaftet ist, schwer, sich von ihren Vorstellungen zu lösen und sich in die Welt der Orthodoxie versetzen zu lassen (wie es die Rolle einer künftigen Zarin erfordern würde). Nikolaus, der sich bereits am Vortag bemüht hatte, ihr den Reichtum der Riten seiner Religion in den prächtigsten Farben nahezubringen, taktiert jetzt damit, die Eindrücke in ihr arbeiten zu lassen. Die Umgebung der engeren Verwandtschaft verhält sich teilweise abwartend, teils versucht sie, Alix von ihren einengenden Vorstellungen zu befreien, die sie offenbar an ihrem persönlichen Glück hindern. Bald steht nicht mehr die Hochzeit im Mittelpunkt der Aufmerksamkeit, sondern die Frage, ob nun die Verlobung zwischen dem künftigen Zaren von Rußland und der Prinzessin von Hessen-Darmstadt zustande kommt oder nicht. Nikolaus verbringt die Wartezeit nach der ersten Unterredung mit Besichtigungen und Besuchen.

»6. April. Stand früh auf und ging zu Fuß mit Onkel Wladimir auf jenen Berg mit der Burg, die im Museum für alte Waffen dargestellt ist. Kamen gegen 1/2 10 zurück und tranken im allgemeinen Gästezimmer Kaffee. Dann kam Alix, und wir haben wieder gesprochen, aber diesmal ohne die Frage von gestern zu berühren; aber es ist schon gut, daß sie bereit war, mich überhaupt wieder zu sehen und das Gespräch fortzusetzen ...«

Indessen bereitet man sich auf die Ankunft Wilhelms vor: »Zogen preußische Uniformen an und fuhren zum Bahnhof, um Wilhelm zu treffen.«

Wie der Thronfolger in den folgenden Tagen in seinem Tagebuch feststellt, kommt er aus seinen Uniformen gar nicht mehr heraus, auch nicht bei gesellschaftlichen Anlässen wie Theater und Konzerten, »denn Wilhelm trägt nie Zivil«, und ihm haben sich offenbar alle anderen anzupassen.

Am darauffolgenden Tag, dem 7./19. April, findet endlich die Hochzeit von Alix' Bruder Ernst Ludwig statt.

»Ich mußte allein wie ein Hahn der Hochzeitsgesellschaft vorangehen, bis zum Platz vor der Kirche«, berichtet Nikolaus über seine unfreiwillige Rolle. Die Trauungszeremonie erlebt er unter dem Aspekt seiner eigenen – in Frage stehenden – Verbindung mit Alix, wie aus seinen Tagebucheintragungen zu sehen ist:

»Der Pastor hat eine ausgezeichnete Predigt gehalten, deren Inhalt erstaunlich gut den Kern meines eigenen Problems trifft. Jetzt würde ich gerne Alix in ihr Herz schauen können ...«

Am 8./20. April fällt in Nikolaus' Angelegenheit die Entscheidung. Er berichtet selbst darüber:

»Ein wunderbarer, unvergeßlicher Tag in meinem Leben – der Tag meiner Verlobung mit meiner lieben, schönen Alix. Nach 10 Uhr morgens kam sie zu Tante Miechen, und nachdem sie mit ihr gesprochen hatte, gaben wir einander unser Jawort. Gott, was für eine Last ist von meinen Schultern gefallen! Den ganzen Tag verbrachte ich wie in Trance, ich weiß selbst nicht, was mit mir geschehen ist. Wilhelm war die ganze Zeit im Nebenzimmer gesessen und hatte mit den Onkeln und Tanten das Ende unseres Gespräches abgewartet. Ich ging sofort mit Alix zur Königin Victoria* und dann zu Tante Marie, wo sich die ganze Familie ein fröhliches Stelldichein gab. Danach gingen wir zu einem Dankesgebet in die Kirche. Später wurde ein Ball veranstaltet, aber

---

* Großmutter von Alix, deren Eltern nicht mehr am Leben sind

mir war nicht nach Tanzen zumute, ich hielt mich lieber mit meiner Braut im Garten auf! Ich kann noch gar nicht glauben, daß ich eine Braut habe ...«

Kaiser Wilhelm stellt in seinen Erinnerungen die Szene anders dar und schlüpft in seiner Schilderung in die Rolle des Vermittlers. Danach hatte er dem schüchternen Nikolaus entschlossen einen Strauß Blumen direkt aus einer Vase mit den Worten in die Hand gedrückt: »Jetzt nimm das in die Hand, zieh deine Uniform mit dem Säbel an und mach ihr deinen Heiratsantrag!« Auch wenn diese Version nicht der Wahrheit entspricht und am tatsächlichen Problem der Konfessionsfrage vorbeigeht, bleibt die Tatsache, daß Wilhelm an der Ehe Nikolaus' mit der hessischen Prinzessin interessiert war, da er hoffte, durch diese Verbindung den künftigen Zaren und die russische Politik leichter beeinflussen zu können.

Die verbleibenden Tage in Coburg sind ein einziges Fest für das junge Brautpaar. Schon am frühen Morgen werden die Brautleute vom Schlagen der Hufe exerzierender Ehrenformationen geweckt. Während sie sich einem ständig anwachsenden Berg von Telegrammen aus aller Welt gegenübersehen, treffen weitere Glückwünsche und Geschenke ein. Nikolaus verfaßt eifrig Antwortschreiben, die Braut nimmt unablässig Blumensträuße entgegen. Vor ihren Fenstern haben indessen nicht nur Einheiten der großherzöglichen Garden Aufstellung genommen, die von Ulanen der britischen Hofkavallerieregimenter abgelöst werden, sondern auch eilig aus Rußland angereiste Ehrengarden zarischer Regimenter, die dem jungverlobten Thronfolger aufspielen. Abends speist man schon als offizielles Paar bei der Königin (Victoria), »im Frack«, wie Nikolaus im Tagebuch festhält, »denn Wilhelm ist abgereist«.

Sosehr sich Zar Alexander und Maria Fjodorowna Nikolaus' beharrlichem Wunsch, Alix als seine Frau nach Rußland zu holen, widersetzt hatten, so wohlwollend stehen sie jetzt ihrem Sohn zur Seite. Als erstes hatte Nikolaus in Windeseile die Zustimmung seiner Braut mitgeteilt:

»Ich habe ihr Euren Brief gegeben, und danach hat sie ihren Widerstand aufgegeben ... Die ganze Welt ist für mich verändert:

Abstammung von Zarin Alexandra, der geborenen Prinzessin Alix von Hessen

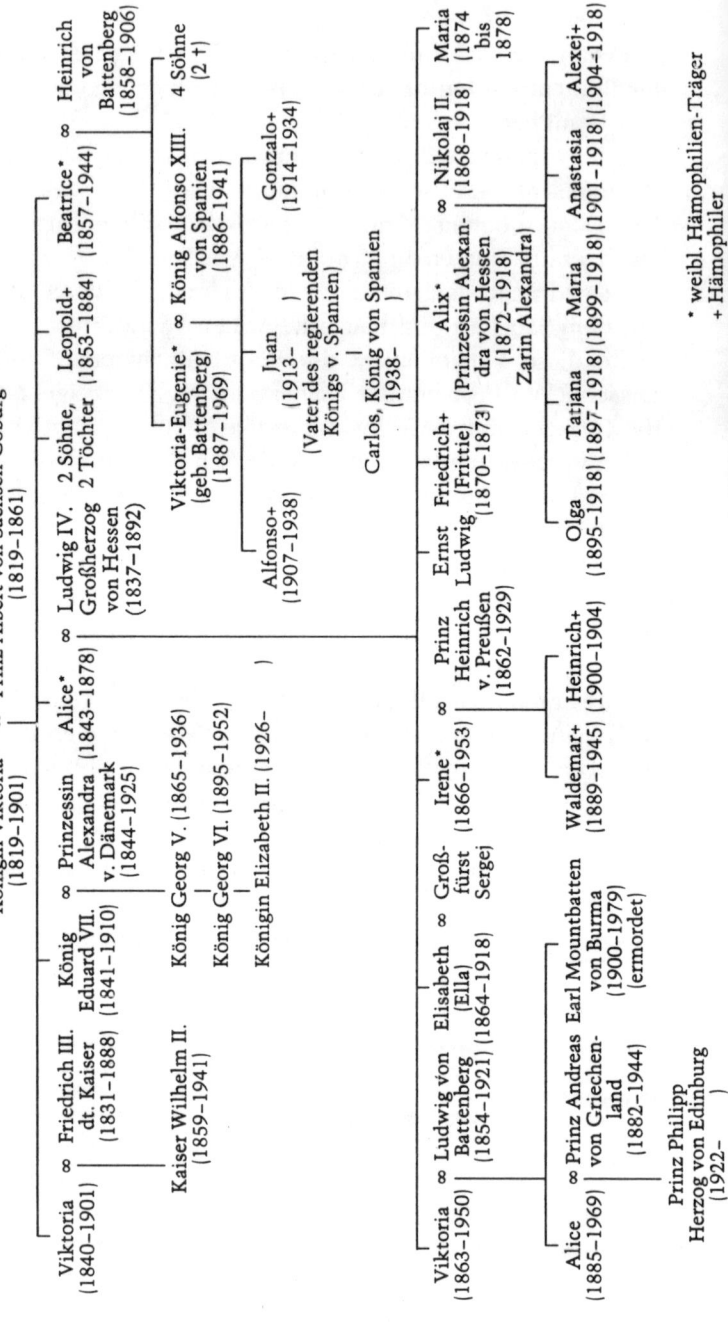

* weibl. Hämophilien-Träger
+ Hämophiler

Natur, Menschen, alles sehe ich jetzt mit anderen Augen und freue mich daran ...«

Die Zarin reagiert prompt. Welche Steine Alix besonders liebe, will sie in ihrem Glückwunschtelegramm an Nikolaus wissen. Ohne die Antwort abzuwarten, sendet sie auch schon ein erstes Geschenk für die Braut: Es ist ein Smaragdarmband und ein Fabergé-Osterei, dessen unzählige Edelsteine in der Frühlingssonne funkeln.

Familienphotos, Kutschenfahrten, Termine, von einem Festessen zum nächsten – und die Stunde des Abschieds ist gekommen. Alix reist als erste ab, zunächst in Richtung Darmstadt, dann weiter nach England zu ihrer Großmutter. Es wäre nicht Nikolaus, wenn der junge Bräutigam nicht am Rückweg vom Bahnhof elegisch verträumt im Geist für Alix ihre Lieblingsblumen pflückte und ihr gleich einen Brief schriebe:

PALAIS EDINBURG   *Diesen traurigen Mittwoch*
   COBURG $\dfrac{20.\,April}{2.\,Mai}$ *1894*

Mein süßer Liebling, geliebte Alix!

Es war schrecklich, so adieu zu sagen, vor so vielen Leuten, die von allen Seiten zusahen! Ich werde nie den traurigen und doch lächelnden Ausdruck in Deinem Engelsgesicht am Fenster vergessen, als sich der Zug in Bewegung setzte! Zu wissen, daß Du 9 Stunden in diesem kleinen Coupé fast allein verbringen mußtest, war für mich grausam, besonders, daß ich nicht helfen konnte! Es war mehr als unerfreulich, allein zurückzukehren, und als ich mich in meinem Zimmer wiederfand, konnte ich meine Tränen nicht zurückhalten. Aber dann – was für eine herrliche Überraschung –, auf meinem Tisch im Schlafzimmer lagen Zeilen von Dir, meinem geliebten kleinen Mädchen. Ich danke Dir und danke Dir für die tröstenden Worte, die Du hineingelegt hast. Wie gut mir diese vier Zeilen getan haben! Gewiß, mein Liebling, ich werde mit Papa über diese Frage sprechen, und ich bitte Dich, immer daran zu denken, daß in allem, wo ich Dir helfen kann, Du sicher sein sollst, daß ich an Deiner Seite sein werde und daß ein innig liebendes und dankbares Herz, wo es auch immer ist, immer mit Deinem schlagen wird, meine Süße!

All diese Tage war ich überwältigt von Freude und Glücksgefühl, an der Seite meiner Liebsten zu sein, so daß ich Dir nicht einmal ein Hundertstel von dem zu sagen imstande war, was ich sagen wollte. Wenn ich sehr tief fühle, kann ich keine Worte finden; es ist dumm und lästig, aber so ist es eben. Ich hoffe, daß diese Scheu, oder was immer es ist, vorbeigehen wird, und das nächste Mal, wenn wir uns sehen, werden wir mehr voneinander wissen als am Anfang. Wie ungeduldig ich auf den Augenblick warte, da ich meinen Mund auf Dein süßes, weiches Gesicht drücken kann! Alix, mein Liebling, Du weißt nicht, wie sehr Du mich verändert hast, indem Du mir Deine stolze Hand gereicht und mich an Deine Seite erhoben hast – als Symbol von reiner Liebe und Vertrauen! Nein, ich glaube nicht, daß das leere Worte sind, sie kommen von ganz innigen Gefühlen, Verehrung, Glauben und Liebe, mit denen Du mich erfüllt hast.

Ich muß die gleichen Worte wiederholen, die ich Dir schon gesagt habe, mein teures kleines Mädchen, am Tage unserer Verlobung – daß mein ganzes Leben schon immer Dir gehört hat und daß ich Dir nie genug werde danken können, meine Liebste, für alles, was Du für mich getan hast, tust und tun wirst! Möge Gott Dir helfen und Dich beschützen auf dem schwierigen Weg, der vor Dir liegt! Meine Gebete, mein Segen und meine Gedanken sind stets bei Dir, mein liebes Kleines!

Sie sind natürlich alle nach Rosenau gefahren, und ich bin beim Rest hängengeblieben. [...] Das Wetter war zu schön für den Anlaß, die Sonne schien hell, aber ich fühlte mich so einsam!!!! – Ich hoffe, Deine Reise war angenehm und meine süße kleine Eule hat nicht gelitten und ist nicht zu müde von ihrer Reise. Gib meine herzlichsten Grüße an Granny. Und jetzt adieu, mein geliebter Schatz Alix. Gott segne Dich noch einmal! Mein Liebes!

Für immer und ewig, Dein Dich innig liebender und
dankbarer Nicky

Während Nikolaus im Speisewagen seines Zuges, der ihn nach St. Petersburg zurückbringt, das Bild seiner Braut betrachtet und darüber nachdenkt, wie ungewohnt der neue Ring auf seinem Finger ist, begrüßen ihn schon in Luga, auf russischem Territorium, die ersten Abordnungen von Offizieren seines Regiments. In Gatschina steigen seine Eltern und Geschwister zu (Georgij ist

This was Wednesday. Apr. 20 / may 2 1894.

My sweet darling beloved Alix!

N: 1.

Oh! it was too awful saying good-bye like that, with a lot of people looking on from all sides! I shall never forget the sweet sad & yet smiling expression of your angelic face looking out of the window as the train was beginning to move! To know that you had to spend 9 hours in *that* small compartment nearly by yourself — was cruel to me & especially the

stream, looked at the grotto, found these primroses on the side of the hill — and felt suddenly that I loved *that* place dearly. The weather was too fine for the occasion, the sun was bright but I was so lonely...! — I do hope the passage was a smooth one & that my sweet little owl did not suffer & is not too much tried by her journey. Give my best love to Granny. And now good-bye my own darling beloved Alix. God bless you once more! + [Russian]

Ever & for ever your own deeply loving & thankful Nicky

Anfang und Schluß des Liebesbriefes, den Nikolaus seiner Braut Alix unmittelbar nach der Verlobung schrieb (Mai 1894) durch Sandro vertreten), um den frisch verlobten Nikolaus in Empfang zu nehmen.

Bleibt dem Bräutigam, sich von seiner Freundin Mathilde Kschesinska zu verabschieden. Das offizielle Kommuniqué der Verlobung hatte die Mitteilung vorweggenommen und ihm das persönliche Geständnis erspart. Nikolaus schreibt Mathilde zum Abschied:

»Was auch immer in meinem Leben geschehen wird, die Tage, die ich in Deiner Nähe verbracht habe, werden mir als die strahlendsten Erinnerungen an meine Jugendzeit im Gedächtnis bleiben.«

Einmal sehen die beiden einander noch. Die letzte Begegnung findet auf dem weiten Exerzierfeld von Krasnoje Sjelo statt. Nikolaus kommt direkt von einem Manöver zu Pferd, Mathilde entsteigt ihrer Kutsche.

»Die Worte blieben uns im Hals stecken – wie immer, wenn man sich zuviel zu sagen hat«, erinnert sie sich später.

Tränen schnüren den beiden die Kehle zu, sie sehen einander nur stumm an. Nikolaus entfernt sich als erster. Mathilde sieht ihm nach, bis der aufgewirbelte Staub die Umrisse von Pferd und Reiter einhüllt und am Horizont verschwinden läßt.

»Unser Ende war abzusehen, unausweichlich«, gesteht die Kschesinska ein, »und doch war mein Schmerz grenzenlos...«

»Ohne Leid in der Liebe wirst du deine Rollen nicht gut tanzen können«, klopft Marius Petipa der Verzweifelten auf die Schulter. Die Karriere der Tänzerin blüht in der Tat auf, und an Trost mangelt es nicht. Mit Großfürst Sergej bleibt Mathilde in der Familie der Romanows und erhält von ihrem neuen Freund ein Landhaus am Meer; schließlich liiert sie sich mit dem jüngeren Großfürsten Andrej, dem sie einen Sohn schenkt und später in Cannes angetraut wird. Bis ins hohe Alter leitet sie eine Ballettschule in Paris, wo sie erst 1971 stirbt.

Nikolaus plant bereits seine nächste Reise, die ihn zu seiner Braut nach England führen soll. Im Juni läuft seine Yacht »Poljarnaja swesda« (Polarstern) Richtung Nordsee aus. Ein entspannender Sommermonat, umgeben von zahlreichen Verwandten am englischen Königshof, steht ihm bevor.

Nikolaus überreicht Alix bei seiner Ankunft das offizielle Verlobungsgeschenk seines Vaters: ein Perlensautoir von Fabergé, mit dem Wert von 250.000 Rubel der größte Einzelauftrag, den der Hofjuwelier je erhalten sollte. Nikolaus selbst beschenkte seine Braut mit einem rosa Perlencollier und einem rosa Perlenring.

Der Bräutigam wird in der englischen Familie wohlwollend aufgenommen. Nikolaus kommt gerade zurecht, als seinem Cousin Georg und dessen jungen Frau Mary (genannt May) ein Sohn geboren wird. Es ist Edward, der künftige Herzog von Windsor und spätere König Edward VIII., der aus Liebe zu Wallis Simpson auf seine Krone verzichten sollte. Auf Georgs Bitte hin übernehmen Nikolaus und Alix die Taufpatenschaft für den kleinen Edward.

Vor dem Frühstück reitet Nikolaus am liebsten aus, um bei seiner Rückkehr die Regimenter der britischen Infanterie, Kavallerie und berittenen Artillerie zu seinen Ehren exerzieren zu sehen. Er nimmt ihre Reverenz in seiner Gardehusarenuniform entgegen. Doch die Einladungen zum Offiziersessen lehnt er – ganz entgegen seiner Gewohnheit und Sympathie für militärische Gesellschaft – ab: Seine Braut beansprucht ihn voll und ganz.

Sobald Alix festgestellt hat, daß Nikolaus regelmäßig Tagebuch führt, macht sie es sich zur Angewohnheit, es mit Bemerkungen, Gedichten oder enthusiastischen Liebesbezeugungen zu beschreiben; dabei kündigen sich schon ihr besitzergreifendes Wesen und ihre Neigung an, ihren künftigen Ehemann zu belehren. Als ihr Nikolaus von seiner früheren Affäre mit der Kschesinska erzählt, »verzeiht« Alix ihm auf ihre Art: »Wir werden alle versucht in dieser Welt, und wenn wir jung sind, können wir uns nicht immer gegen die Versuchungen wehren, doch solange wir bereuen, wird uns Gott vergeben ...« Alix wird sich auch später als Zarin nicht aus der Enge ihrer puritanischen Welt befreien können.

Als Nikolaus nach Rußland zurückkehrt, geht es Alexander gesundheitlich schlecht. Dennoch bemüht sich der Zar, der keine Erkrankung akzeptieren will, die herbstliche Jagdgesellschaft nicht zu enttäuschen, doch seine Kräfte nehmen rapide ab. Bald müssen Ärzte zu Rate gezogen werden; der berühmte Professor Leyden kommt aus Wien. Diagnose: Nierenentzündung. Der Arzt verordnet sofort Ruhe und den Aufenthalt in einem warmen Klima. Zar Alexander begibt sich auf die Reise nach Korfu. Es ist Oktober des Jahres 1894 geworden. Doch während der langen Reise in den Süden wird sein Zustand akut. Sie muß abgebrochen werden, man bettet ihn in seinen Sommerpalast in Liwadia auf der Krim. Die Mittel zur Linderung oder gar Heilung der Krankheit sind noch sehr begrenzt.

Die Familie sammelt sich um den Schwerkranken, dessen Gesundheitszustand trügerisch schwankt. Nikolaus ist so nervös, daß er nicht einmal wagt, sich durch Spaziergänge vom Haus zu entfernen. Schließlich wird nach seiner Braut gesandt.

Alix kommt nach Rußland, und vergessen von den überforderten Adjutanten des Zaren reist sie ohne Geleit in einem öffentlichen Zug auf die Krim.

Als der Thronfolger sie im offenen Wagen vom Bahnhof zum Sommersitz fährt, jubeln die Menschen auf der Straße dem jungen Paar zu; manche waren darauf vorbereitet, das künftige Zarenpaar zu sehen, und warten mit Salz und Brot, andere werfen Blumen.

Die fröhliche Stimmung in der heiteren Herbstsonne könnte nicht stärker kontrastieren mit der Atmosphäre im Zarenpalast. Abgedunkelte Räume, leises Flüstern, hektisches Bemühen um den Kranken; der Priester mit den angeblich wundersamen Kräften, Johannes von Kronstadt, ist aus Petersburg gekommen und murmelt im Zimmer des Kranken unablässig seine Gebete.

Alexander war in Erwartung seiner künftigen Schwiegertochter trotz seines Zustandes aufgestanden und hatte sich in seine Uniform gekleidet. Wie anders hätte ein Zar seines Formats die künftige Frau seines Sohnes und Thronfolgers begrüßen können?

Es sollten zehn Tage vergehen, die im Auf und Ab des wechselnden Krankheitsverlaufs zwischen Hoffnungen und Enttäuschungen die versammelte Familie in Bann halten. Alix, neben den Vorbeihastenden allein gelassen, wenn sich Nikolaus nicht um sie kümmern kann, schreibt ihrem Bräutigam belehrend in sein Tagebuch, wie er ihrer Ansicht nach schon jetzt seine Rolle als künftiger Zar zu spielen habe: »Du mußt dafür sorgen, daß die Ärzte Dir zuerst sagen, wie es um Deinen Vater steht, und sich nur mit Dir beraten, denn Du bist der künftige Zar ...« Daneben finden sich Nikolaus' eigene tägliche Aufzeichnungen. Neben der sorgfältigen Registrierung der Ereignisse des Tages, die ganz im Zeichen des Zustandes von Zar Alexander stehen, kommt Nikolaus' Verzweiflung zum Ausdruck, in der er Gott um Hilfe für seinen Vater bittet.

Dazwischen liest Nikolaus bereits Berichte der Minister. Und notiert, wie lange Alexander geschlafen hat.

Während der erst neunundvierzigjährige Zar den letzten Kampf kämpft, ist sein Geist hellwach. Alexander hat noch Zeit, seinem Sohn in Worten weiterzugeben, was er in den dreizehn Jahren seiner Regentschaft in Taten vorgelebt hat. Zwei Tage vor seinem Tod ruft er Nikolaus zu sich und legt ihm seine Ratschläge und sein politisches Vermächtnis ans Herz.

Der Zar erhält die Sakramente. Voller Verzweiflung schreibt Nikolaus in sein Tagebuch:

»Mein Gott, mein Gott, was für ein Tag! Der Herr hat unseren vergötterten, teuren, heißgeliebten Papa zu sich berufen. Mein Kopf ist ganz wirr, ich will es nicht glauben – so unwahrscheinlich ist diese schreckliche Wirklichkeit.

Den ganzen Vormittag haben wir an seiner Seite verbracht! Sein Atem wurde schwer, man mußte ihm Sauerstoff geben.

Um 1/2 3 Uhr hat er die heiligen Sakramente bekommen; dann haben Krämpfe eingesetzt, und bald kam sein Ende! Vater Johannes stand noch über eine Stunde neben ihm und hielt ihm das Haupt. Das war der Tod eines Heiligen! Mein Gott, hilf uns in diesen schweren Tagen! Meine arme Mama!«

Nikolaus umarmt den ihm seit seiner Kindheit nahestehenden Sandro und verläßt mit ihm das Zimmer. Als die beiden Hand in Hand die Treppe des Hauses hinuntergehen, bricht es aus Nikolaus hervor:

»Sandro, Sandro, was soll ich tun? Was wird jetzt aus mir, aus dir, aus Xenia, aus Mama – aus ganz Rußland? Ich bin nicht vorbereitet, Zar zu sein! Ich wollte nie einer werden! Ich verstehe nichts vom Regieren. Ich weiß nicht einmal, wie man mit den Ministern umgeht ...«

Der angesprochene Alexander Michajlowitsch erinnert sich weiter: »Ich sah die Tränen in seinen blauen Augen. Er umarmte mich, er wollte sprechen, aber er war ganz durcheinander. In diesem Augenblick konnte er nicht klar denken. Jetzt war er Kaiser – und unter dieser Last brach er zusammen.«

Als Nikolaus aus dem Palast tritt, schreckt er auf. Von Jalta her donnern Salutschüsse. Sie verabschieden den verstorbenen Zaren: Weit unten, am Hafen, sind jetzt auch Standarten zu sehen und Männerstimmen von dort zu vernehmen:

Es ist der Treueeid auf den neuen Zaren Nikolaus II.

II. Die Bürde der Krone

Nikolaus sollten die Worte noch lange im Gedächtnis bleiben, die Zar Alexander III. zwei Tage vor seinem Tod an ihn gerichtet hatte:

»Dir steht bevor, die schwere Bürde der Staatsmacht von meinen Schultern zu nehmen und sie bis an Dein Grab so zu tragen, wie ich sie getragen habe und unsere Vorfahren. Ich übergebe Dir ein Reich, das mir von Gottes Gnaden in die Hand gelegt wurde. Ich habe es vor dreizehn Jahren von meinem verblutenden Vater übernommen.

Dein Großvater hat von seinem Thron aus wichtige Reformen durchgeführt, die auf das Wohl des russischen Volkes gerichtet waren. Als Belohnung dafür hat er von russischen Revolutionären eine Bombe und den Tod erhalten …

An jenem tragischen Tag stellte ich mir die Frage: Welchen Weg soll ich gehen? Denjenigen, auf den mich die sogenannte fortschrittliche Gesellschaft stieß, die von den liberalen Ideen des Westens infiziert war, oder den, den mir meine eigene Überzeugung wies, meine höchste heilige Pflicht als Herrscher und mein Gewissen. Ich wählte den meinen. Die Liberalen verurteilten ihn als reaktionär. Für mich zählten jedoch nur das Wohl meines Volkes und die Stärke Rußlands. Ich strebte danach, inneren und äußeren Frieden zu schaffen, damit sich der Staat frei und ruhig entwickeln, gut gedeihen, reich werden und glücklich leben konnte.

Die Selbstherrschaft macht die historische Individualität Rußlands aus. Wenn die Autokratie zusammenbricht, was Gott verhüten möge, bricht mit ihr auch Rußland zusammen.

Wenn die russische Macht in ihrer althergebrachten Form fällt, wird eine nicht enden wollende Ära der Wirren und Bürgerkriege einsetzen.

Ich erlege Dir mein Vermächtnis auf, alles zu lieben, was dem Wohl, der Ehre und der Würde Rußlands dient. Bewahre die Autokratie, und sei Dir immer dessen eingedenk, daß Du die Verantwortung für das Schicksal Deiner Untertanen vor dem allerhöchsten Richter trägst. Möge der Glaube an Gott und an die Heiligkeit Deiner zarischen Pflicht für Dich die Grundlage Deines Lebens sein.

Sei stark und mutig und zeige keine Schwäche. Höre alle an, das ist keine Schande, doch gehorche nur Dir selbst und Deinem Gewissen.

In der Außenpolitik halte eine Position der Unabhänghängigkeit. Denke daran – Rußland hat keine Freunde. Man fürchtet die Größe unseres Reiches. Vermeide Kriege. In der Innenpolitik schütze vor allem die Kirche. Nicht nur einmal hat sie in schweren Jahren Rußland gerettet.

Festige die Familie, denn sie ist die Grundlage jedes Staates.«[*]

Immer wieder wird, wer dieses politische Vermächtnis von Alexander III. an Nikolaus vor Augen hat, in der Regentschaft des jungen Zaren an diese Worte erinnert werden. Kaum ein anderer hat sich in posthumem Gehorsam so sehr an den Auftrag seines Vaters und Vorgängers gehalten wie Nikolaus.

Das russische Reich ist so groß, daß an seiner östlichen Grenze schon das Morgenlicht aufsteigt, während die Sonne an seiner Westgrenze bereits versinkt. Diese Größe und Vielfalt und die seit jeher Byzanz verbundene Tradition spiegeln sich in der Krönung des Zaren wider, in der sich Nikolaus zum erstenmal vor der Öffentlichkeit als Zar präsentiert.

Das Trauerjahr nach dem Tod von Zar Alexander III. ist vorbei. Nikolaus hat dessen Nachfolge im Grunde nach dessen Tod, im November 1894, angetreten. Noch auf dem Sommersitz in Liwadia, als Zar Alexander III. im Sterben lag, war Nikolaus' Braut Alix zur Orthodoxie konvertiert und per Dekret zur Großfürstin Alexandra Fjodorowna ernannt worden. Nach langer Reise des Trauerzuges von der Krim durch mehrere russische Städte nach

---

[*] E. E. Alferew: »Imperator Nikolaj II. kak tschelowjek silnoj woli« Moskau, Rurik, 1991, S. 23 (»Kaiser Nikolaus II. als Mann starken Willens«)

Stammtafel der Romanows

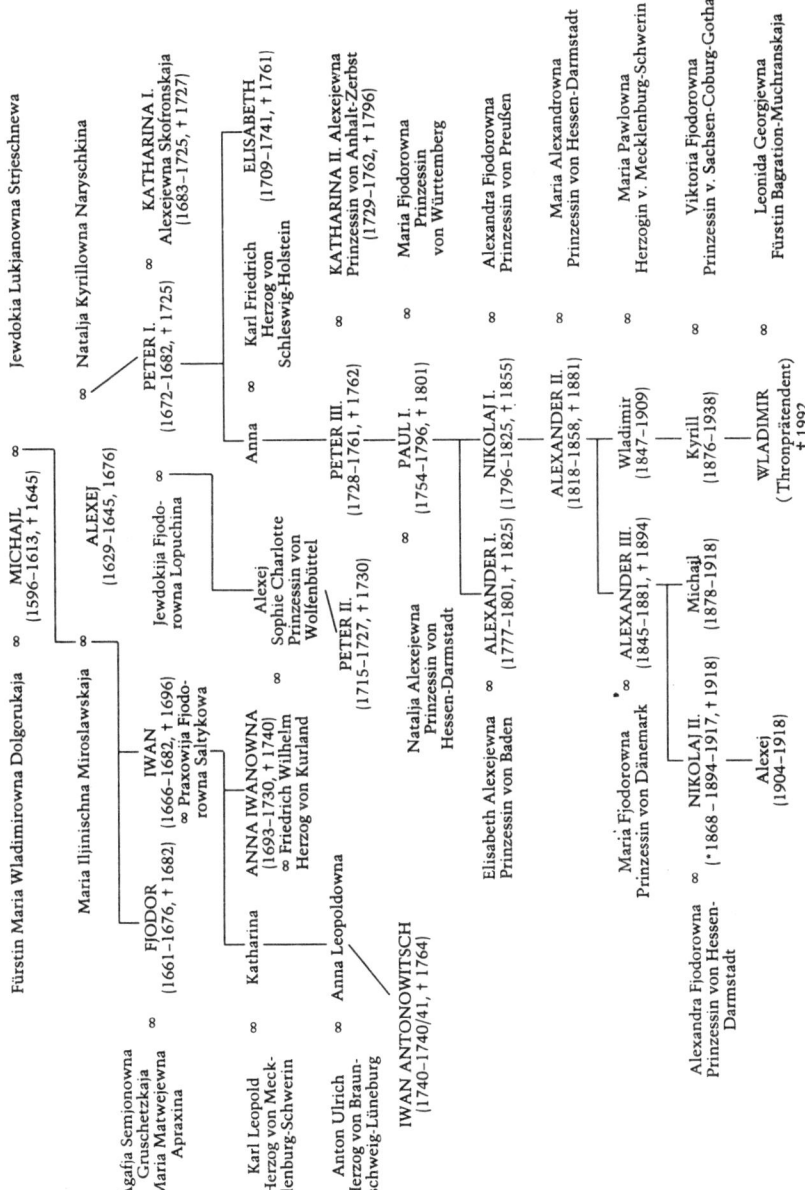

Der russische Doppeladler mit dem Wappen des hl. Georg im Zentrum in der Form seit Zar Alexander III.

Kundmachungsblatt der Krönung von Nikolaus Alexandrowitsch zum Zaren im Mai 1896

Petersburg – unterwegs wurden Totenmessen gelesen und der Sarg im Moskauer Kreml aufgebahrt – war dann der einbalsamierte Leichnam Alexanders in der traditionellen Gruft der Romanows in der Peter-und-Pauls-Festung in Petersburg beigesetzt worden.

Am 14./27. November, als die Trauer für einen Tag, den Geburtstag von Alexanders Witwe Maria Fjodorowna, unterbrochen wurde, schlüpfte Alexandra Fjodorowna vom schwarzen in ein weißes, silberbesticktes Kleid; in schlichter Zeremonie, ohne nachfolgenden Empfang oder Ball, wurde sie mit Nikolaus (in Husarenuniform) in der Kapelle des Winterpalais getraut. Im Anitschkow-Palais erwartete die Zarenmutter, die Alexandra zuvor die diamantene Brautkrone aufgesetzt hatte, das Paar mit Brot und Salz.

Nikolaus nimmt nun seine Staatsgeschäfte noch in einem improvisierten Arbeitszimmer im Anitschkow-Palast im Zentrum von Petersburg auf, da seine neue Residenz erst fertiggestellt werden muß. Hier trifft er seine ersten Entscheidungen und setzt seine ersten Unterschriften unter Dokumente, die den Briefkopf »Wir, Nikolaj II., Kaiser und Selbstherrscher von ganz Rußland, Zar von Polen und Großfürst von Finnland« tragen.

Die Krönung ist für den 14./26. Mai 1896 angesetzt. Den Traditionen entsprechend, findet sie in Moskau statt, wo dreihundertfünfzig Jahre zuvor Iwan der Schreckliche als erster den russischen Titel »Zar von ganz Rußland« angenommen hatte. Peter der Große hatte den westlichen Titel »Imperator« (Kaiser) für den Zaren eingeführt, doch Nikolaus hält, wie sein Vater Alexander III., in jeder Hinsicht an der russischen Tradition fest. So auch an Moskau als Krönungsstätte.*

Nikolaus will die alte, verhältnismäßig schlichte Krone wählen, die acht Jahrhunderte zuvor Wladimir Monomach getragen hatte und außerdem kaum ein Kilo schwer ist, archaisch mützenförmig und mit Zobelrand. Doch die Zeremonienmeister bestehen auf der prächtigen Krone, die 1762 für Katharina die

---

* Es ist nicht richtig, wie in der Biographie »Nikolaus II« von Marc Ferro behauptet, daß dies aus »bewußtem Zurückdrängen Petersburgs« geschieht.

Große angefertigt wurde: hoch geformt, einer bischöflichen Mitra ähnlich, ein mächtiges Diamantenkreuz mit einem großen Rubin in der Mitte, mit vierundvierzig großen und zahllosen kleineren Diamanten sowie achtunddreißig rosa Perlen jeweils auf beiden Seiten der Krone, wiegt sie mehrere Kilo.

Nikolaus und Alexandra ziehen am 9. Mai, dem Namenstag des hl. Nikolaus des Wundertäters (und Schutzpatrons Rußlands), in Moskau ein und halten sich in einem Kloster außerhalb der Stadt zu Gebet und Meditation auf. Am Morgen des 14./26. Mai läuten die »vierzig mal vierzig« Kirchenglocken der Stadt den Krönungstag ein.

Menschen aus dem ganzen Land drängen sich auf den Straßen. Heißt es nicht im Volksmund, Kranke würden gesund, Schwache würden stark, wenn sie einen gekrönten Zaren, den »von Gott Gesalbten« sehen?

Die Krönungszeremonie, durch die weihevollen Riten ein mystisches Erlebnis, geht nach byzantinischen Mustern und Symbolen vor sich. Noch nie, auf keinem Königshof, hätten sie eine derartige Prachtentfaltung wie in Rußland gesehen, berichten Repräsentanten anderer Herrscherhäuser und Fürstenhöfe, die zu der Zarenkrönung nach Moskau geladen waren.

Auf der kilometerlangen Einzugsstraße zum Kreml stehen auf beiden Seiten je zwei Reihen Militär – in der vorderen Nikolaus' Gardehusaren – Spalier, hinter dem die Massen in Zaum gehalten werden. Erst reiten Eliteregimenter ein, um den Festzug anzukündigen. Ihnen folgt die Kavallerie der Kaiserlichen Garde, danach die Kosakengarde. Dahinter ziehen der Adel und die Abgesandten der verschiedenen Gebiete dieses Reiches vorbei, dessen Weite sich in der bunten Vielfalt der exotischen Gewänder und Kopfbedeckungen widerspiegelt. Nun kommt die Hofmusikkapelle, gefolgt von den Gardejägern – und schon kündigen Würdenträger, Hofminister und -adjutanten das Kommen des neuen Zaren an.

Aus der Menge brausen Jubelrufe auf: Da reitet Nikolaus in langsamem Schritt auf seinem weißen Apfelschimmel ein, dessen Zügel er lose nur mit der linken Hand hält, die rechte immer wieder zum Salut erhoben. Anders als seine Vorreiter mit dem

Farbenspiel ihrer prächtigen Uniformen und den in der Sonne glänzenden Epauletten und Orden ist der junge Zar in die schlichte Uniform des Preobraschenskij-Regiments, der Eliteeinheit der russischen Armee, gekleidet und trägt nur den Andreas-Orden. Nikolaus wird von den Großfürsten und einer Reiterformation gefolgt, hinter denen die Monarchen anderer Länder, Botschafter und dann die Goldkarosse mit der Mutter des Zaren, die in der russischen Tradition den Vorrang vor dessen Frau genießt, und der Zarin selbst vorbeiziehen. Der Anblick der beliebten Zarenmutter Maria Fjodorowna löst wiederum Begeisterungsstürme aus.

Der Zug kommt vor der Uspenskij-Kirche* im Kreml zum Stillstand. Über den Stufen ist ein roter, blumenübersäter Teppich ausgebreitet. Der Metropolit empfängt den festlichen Zug. Für Nikolaus und Alexandra sind zwei Throne in der vorderen Mitte der Kirche aufgestellt – für Nikolaus der diamant- und edelsteinbesetzte Thron von Alexej Romanow, für Alexandra der elfenbeinerne Thron der »purpurgeborenen«** Prinzessin Sophie Paléologue aus Byzanz. Die Zarenmutter nimmt seitlich auf einem dritten Thron Platz. Die Kirche ist von Kerzen erhellt, in ihrem Schein glänzen die satten Farben der Ikonostase – und nun setzt brausend der Chor mit seinen berauschenden Harmonien ein, eine eindrucksvolle Besonderheit der russisch-orthodoxen Kirche, wo die Stimmen der Chöre die Orgeln der Westkirche ersetzen. Während der Zeremonie begibt sich der Zar durch die sogenannte Zarenpforte, die nur vom Priester und vom Zaren während der Krönungszeremonie durchschritten werden darf, ins Allerheiligste hinter der Ikonostase.

Hier wird er gesalbt. Der Metropolit überreicht nun vor allen Anwesenden dem Zaren die Krone mit den Worten:

»Dieses sichtbare Zeichen ist das Symbol der unsichtbaren Krone, die dir als Oberhaupt von ganz Rußland von unserem Herrn Jesus Christus, dem glorreichen König, mit Seinem Segen

---

* Wörtlich: »Entschlafens«-Kirche, gemeint ist Mariä Himmelfahrt
** Als Kind eines regierenden Herrschers geboren

verliehen ist, um dir die souveräne und höchste Macht über dein Volk zu verleihen.«

Daraufhin kniet der Zar nieder und spricht laut sein rituell vorgegebenes Gebet:

»Auserwählt als Zar und höchster Richter über Deine Untertanen, neige ich mich vor Dir, Herr, und bitte Dich, mich in meinem großen Auftrag mit Deiner Weisheit zu führen und zu leiten.«

Nun knien die Anwesenden zu einem Gebet für den Zaren nieder, der als einziger stehen blieb. Schließlich leistet Nikolaus den Treueeid auf die Herrschaft des Reiches und die Bewahrung der Autokratie als »Zar und Selbstherrscher von Ganz Rußland«. Nach dem Empfang der Krone nimmt Nikolaus sie selbst wieder ab, um sie Alexandra einen symbolischen Augenblick lang aufzusetzen und anschließend gegen eine kleinere auszutauschen. »Wie zart er sie ihr aufgesetzt hat!« berichtet später seine Schwester Olga, »und als er sich wieder aufrichtete, sah er einen Moment lang mit seinen ernsten blauen Augen zu mir herüber …«

Darauf folgt der liturgische Teil der Feier. Die Zeremonie dauert mehrere Stunden. Als sie zu Ende ist, kommen erst die Mutter des Zaren und dann die anderen Anwesenden mit ihren Glückwünschen auf das gekrönte Paar zu. Schließlich ziehen alle feierlich aus der Kirche. An der Pforte verneigen sich der Zar und die Zarin dreimal vor der draußen versammelten Menschenmenge. In diesem Augenblick setzt ein stürmisches Läuten aller Glocken ein, nur noch übertönt von den Salutschüssen, die die Kunde von der Krönung des neuen Zaren über die Stadt hinaus tragen. Die unübersehbare Menschenmenge jubelt, brüllt Hurrarufe, und unter den Gesängen der Zarenhymne bahnt sich der Festzug langsam seinen Weg.

Der Krönungsmantel des Zaren aus goldenem Brokat mit Hermelinbesatz ist übersät von den Emblemen des Romanow-Adlers. Fabergé hat detailgetreu nach diesem Muster sein goldemailliertes Krönungsei gestaltet, das eine herausklappbare Kutsche – ein Miniaturmodell der Krönungskutsche – enthält.

Die russische Zarenhymne »Gott schütze den Zaren«

Nikolaus' vollständiger Titel lautet nun offiziell: »Kaiser und Selbstherrscher von Ganz Rußland, Zar von Moskau, Kiew, Wladimir, Nowgorod, Kasan, Astrachan, Polen, Sibirien, Taurisch Cherson, Georgien, Pskow, Großfürst von Smolensk, Litauen, Wolhynien, Podolien und Finnland, Fürst von Estland, Livland, Kurland und Semigalien, Samogorien, Bialystock, Karelien, Twer, Juguria, Perm, Wjatka und anderen Ländern; Herrscher und Großfürst von Nischnij Nowgorod, Tschernigow, Rjasan, Polotsk, Rostow, Jaroslaw, Bjelosensk, Udoria, Obdoria, Kondja, Witebsk, Mstislaw und des ganzen Nordens, Herr und Herrscher von Iweria, Kartalinia, Karbadinia und den Provinzen von Armenien, Herrscher der zis- und transkaukasischen Fürstentümer, Herr von Turkestan, Erbe von Norwegen, Herzog von Schleswig-Holstein, Storman, Ditmars, Oldenburg, usw. usw.«
Mit der Krönung ist der Zar zugleich Oberhaupt der russisch-orthodoxen Kirche.
Das festliche Krönungsessen ist für siebentausend Personen vorbereitet. Unter der Hofgesellschaft, den Diplomaten und Königen anderer Länder, befindet sich ein stiller Ehrengast: Es ist der Nachkomme des Bauernburschen Iwan Susanin, der sich in der Geschichte der Romanow-Dynastie verdient gemacht hatte. Als

die Polen Anfang des 17. Jahrhunderts den russischen Zaren-
thron zu usurpieren versuchten und zu diesem Zweck erst den
rechtmäßigen Thronfolger Michail (den ersten Zaren der Romanow-Dynastie) aus dem Weg räumen wollten, hatte Iwan Susan-
sin dies verhindert. Er hatte sich selbst unter Folter geweigert zu
verraten, wo sich Michail versteckt hielt, und ihm so das Leben
und der Romanow-Dynastie den Thron gerettet.*

Eines der Festmenüs besteht aus Schildkrötensuppe, Piroggen,
eingesalzenem Fisch in Krebssauce, Rinderfilet mit Wurzel-
gemüse, kalter Platte mit Haselhuhn und Gänseleber, Truthahn
und Junghühnern, Salat, Karfiol und Schoten, und zum
Abschluß gibt es heiße Ananas mit Früchten und einem Eisdes-
sert.

Der Festspielplan der Theater jener Tage ist ebenfalls ganz der
russischen, nicht westlicher Tradition verpflichtet: Es werden
Glinkas »Ruslan und Ludmilla«, dessen national-patriotische
Oper »Ein Leben für den Zaren« und »Jermak Timofejitsch oder
die Eroberung Sibiriens« sowie Ballett- und Zirkusvorstellungen
gegeben.

Das am nächsten Tag angesetzte Volksfest sollte jedoch zu einem
tragischen Omen für den eben erst gekrönten Zaren werden.

Das Chodynka-Feld außerhalb von Moskau ist für die Belusti-
gungen der Allgemeinheit vorgesehen. Auf dem riesigen Areal,
auf dem wenige Jahre zuvor eine Weltausstellung stattgefunden
hatte, sind nun hundertfünfzig Baracken für Imbiß und Getränke zur freien Verköstigung errichtet. Auf dem Terrain hat man
Läden und Kioske, Theater-, Konzerttribünen und Zirkuszelte
aufgebaut. Jeder Besucher soll eine Gedenkmünze mit dem Pro-
fil des neuen Zaren erhalten.

Schon seit Mitternacht stehen die Wartenden Schlange. Am Morgen begehrt bereits eine halbe Million Menschen Einlaß – ein
Mehrfaches des erwarteten Ansturms. Als sich die Eröffnung
ankündigt, durchbrechen die Massen den Cordon des vorgese-
henen Weges und stürmen die Baracken. Sie drängen über

---

* Dieser in Legenden überlieferten Episode haben Mussorgskij und Glinka in
  ihren Opern ein Denkmal gesetzt.

Planken, die nicht zugeschüttete Gruben nur mangelhaft abdecken. Das Unglück ist vorprogrammiert: Mit der vollen Wucht des Ansturms Nachdrängender brechen die Bretter unter der Last zusammen. Die am Boden Liegenden werden von den Nachkommenden erdrückt, zertrampelt. Am Ende zählt man zweitausend Tote und mehrere hundert Verletzte.

Als der Zar davon erfährt, will er sofort alle weiteren Programmpunkte streichen und sich zum Gebet für die Opfer in ein Kloster begeben. Doch seine Umgebung, vor allem seine drei Onkel, die ihn seit Beginn seiner Regierung beraten und beeinflussen, bringen ihn davon ab: Erstens seien solche Unglücksfälle auch schon bei anderen Krönungen passiert, in England habe es noch viel mehr Todesopfer gegeben – und niemand habe sich darum gekümmert. Und zweitens sei es aus Gründen der Staatsräson erforderlich, daß Nikolaus dem Empfang der französischen Gesandtschaft am Abend beiwohne. Frankreich – derzeit der einzige Verbündete Rußlands – hatte große Vorbereitungen für dieses Fest getroffen: Wertvolle Tapisserien und Berge von Silber waren nach Rußland gebracht worden, die Provence hatte Hunderttausende Rosen gesandt.

Nikolaus gibt nach. Anlaß genug für Kritiker, über die planmäßige Fortsetzung sämtlicher Programmpunkte den Kopf zu schütteln; es folgen weitere Bälle, die von der britischen und der deutschen Gesandtschaft und anderen Repräsentanzen veranstaltet werden.

Die kritischen Stimmen, die Augenzeugenberichten zufolge erst nachträglich laut werden, sehen in der Katastrophe entsprechend der russischen Neigung zu Mystizismus und Aberglauben ein böses Omen, das ihrer Meinung nach wie ein Schatten über der Regierungszeit von Nikolaus II. liegen sollte.

Nikolaus zieht aber auch Konsequenzen. Er spendet der Familie jedes Opfers aus eigener Tasche – also nicht aus der der Staatskasse – tausend (manche Angaben sprechen von viertausend) Rubel und übernimmt die Bestattungskosten für die Toten, die sonst in einem Massengrab gelandet wären. Über die Ursachen des Unglücks ordnet er eine Untersuchung an. Verantwortlich gemacht für die Organisation des Volksfestes werden der Hofminister Woronzow-Datschkow und Großfürst Sergej Alexandrowitsch, Nikolaus' Onkel, in seiner Eigenschaft als Gouverneur von Moskau.

Der Zar beschließt deren Entlassung. Doch kaum wird seine Absicht bekannt, erklären die übrigen (der Zarenfamilie verwandten) Großfürsten, ebenfalls von ihren Posten zurückzutreten, wenn Sergej nicht in seinem Amt verbliebe. Nikolaus gibt dem Druck nach. Es bleibt lediglich bei Konsequenzen für Woronzow-Datschkow.

An diesem Ereignis zeigt sich, wie sehr der nun Achtundzwanzigjährige am Beginn seiner Regierung unter dem Einfluß seiner älteren Familienmitglieder steht – um so mehr, als es sich um Brüder seines Vaters handelt. Sie zu bestrafen würde das ehrende Andenken an Alexander verletzen.

Der junge Zar und seine Frau bewohnen in Petersburg zunächst das relativ kleine Anitschkow-Palais gemeinsam mit Maria Fjodorowna. Während Nikolaus noch häufig den Rat seiner Mutter sucht, wird für Alexandra die Nähe der Schwiegermutter zur Belastung. Die Zarenmutter macht von dem ihr nach russischem Zeremoniell zustehenden Vorrecht vor der jungen Zarin in vielen Belangen Gebrauch, auch wenn es um das Tragen der Kronjuwelen geht. Nikolaus, seit dem Tod seines Vaters im Herbst 1894 bereits von der Regierungsarbeit beansprucht, gerät dadurch manchmal in einen persönlichen Zwiespalt. Das bessert sich erst, als das junge Paar in Zarskoje Sjelo Residenz nimmt. Die reservierte Haltung der Schwiegermutter gegenüber der jungen Zarin wird auch von der Hofgesellschaft geteilt und führt dazu, daß sich Alexandra allmählich trotzig zurückzieht und selbst gesellschaftliche Verpflichtungen und Hofbälle unter dem Vorwand gesundheitlicher Gründe einschränkt. Das mündet in eine Kluft zwischen dem Herrscherpaar und der Gesellschaft, was in kritischen Zeiten seiner Regierung auch Nikolaus zu spüren bekommen sollte.

Daß sich die junge Zarin manchmal tatsächlich nicht wohl fühlt, hat eine reale Ursache – sie erwartet ihr erstes Kind. Es kommt 1895 zur Welt und ist eine Tochter, die auf den Namen Olga getauft wird.

Die Freude über das erste Kind ist groß, und Nikolaus empfindet sie nicht als Zar, als der er einen männlichen Thronerben erhofft hatte, sondern als glücklicher junger Vater. Von der Geburt Olgas an widmet Nikolaus die Aufzeichnungen in seinem Tagebuch mehrere Tage lang nichts anderem als diesem Ereignis und dem Befinden von Kind und Mutter:

»3. [15.] November [1895], Freitag. Ein Tag, der mir ewig in Erinnerung bleiben wird, an dem ich viel, viel gelitten habe! Um ein Uhr nachts setzten bei Alix Schmerzen ein, die sie nicht mehr schlafen ließen. Den ganzen Tag über blieb sie im Bett und hatte schrecklich zu leiden – die Arme: Es war unerträglich, zusehen zu müssen. Um 2 Uhr kam die liebe Mama aus Gatschina. Zusammen mit Ella [Alexandras älterer Schwester] blieben wir ständig bei Alix. Um genau 9 Uhr hörten wir den Schrei des Kindes und konnten erleichtert aufatmen! Gott hat uns eine Tochter gesandt, und wir tauften sie in dankbarem Gebet auf den Namen OLGA. Nachdem die Sorge von uns genommen war und die schrecklichen Schmerzen nachgelassen hatten, waren wir nur mehr selig über all das, was geschehen war! Gott sei Dank hat Alix die Geburt gut überstanden und fühlte sich am Abend wieder kräftiger. Habe erst spätabends mit Mama gegessen und bin, kaum im Bett, sofort eingeschlafen!«

»4. November, Samstag. Obwohl Alix nachts wenig geschlafen hat, ging es ihr schon besser. Heute war ich dabei, als unsere Tochter gebadet wurde. Sie ist ein großes Kind, 10 Pfund schwer und 55 Zentimeter lang. Es ist nicht zu fassen, daß wir ein Kind haben! Gott, was für eine Freude!!! Um 12 Uhr kamen alle Verwandten zum Dankgottesdienst. Ich aß aber allein mit Mama zu Mittag. Alix lag den ganzen Tag in ihrem mauve room [lila Boudoir, bevorzugtes Zimmer der Zarin] wegen der besseren Luft. Es ging ihr schon gut, dem kleinen Liebling auch. Eine Unmenge von Telegrammen!«

»5. November, Sonntag. Die Nacht war ausgezeichnet verlaufen, kein Fieber mehr. Nach dem Bad unserer Tochter ging ich spazieren. Es war herrlich warm – 10°. Aß bei Mama Mittag. Alix verbrachte den Tag wieder in ihrem zweiten Zimmer, das Kind lag bei ihr. Heute wurde die erste Stillprobe gemacht, und Alix gelang es bestens, zu stillen [...]«

»6. November, Montag. Am Morgen spielte ich mit unserer wundervollen Tochter. Sie wirkt gar nicht wie ein Neugeborenes, weil sie so groß ist und schon so viele Haare auf dem Kopf hat. Aber das Kind will nicht von der Brust trinken, man mußte die Amme holen.«

Nach der Krönung begibt sich das Kaiserpaar auf Reisen, um anderen Monarchen Antrittsbesuche abzustatten: erst Kaiser Franz Joseph in Wien, dessen Thronfolger fünf Jahre zuvor in Petersburg gewesen war, dann Kaiser Wilhelm II. in Breslau, anschließend dem Hof in Dänemark (Nikolaus' Mutter ist die Tochter von König Christian IX.) und schließlich dem großen Freund und seit 1892 Verbündeten Rußlands, Frankreich.

Das Verhältnis Nikolaus' zu seinen Gastgebern spiegelt sich unmißverständlich in der Dauer seiner Aufenthalte und sogar in der Länge bzw. Kürze seiner Ansprachen wider.

So ist es lediglich ein Satz, mit dem Nikolaus am 15. August 1896 in Wien (in französischer Sprache, obwohl er vorzüglich deutsch spricht) sein Glas auf den österreichischen Kaiser – und Erzfeind Rußlands auf dem Balkan – erhebt:

»Indem ich Eurer Majestät meine Dankbarkeit für den liebenswürdigen Empfang zum Ausdruck bringe, den Sie uns bereitet haben, erhebe ich das Glas auf die Gesundheit Eurer Majestäten, den Kaiser von Österreich und König von Ungarn und die Kaiserin und Königin.«

Zehn Tage später erwidert der Zar die Rede des deutschen Kaisers Wilhelm, seines Vetters und Beraters in seinen frühen Jahren, dem Nikolaus von Anfang an ambivalent gegenübersteht:

»Ich danke Eurer Majestät für die soeben ausgesprochenen Worte wie auch für den Empfang, der uns in Breslau bereitet wurde. Ich kann Sie versichern, Monsieur, daß ich von den gleichen traditionellen Gefühlen getragen bin wie auch Eure Majestät. Ich trinke auf die Gesundheit Eurer Majestät und die Ihrer Majestät, der Kaiserin, Hurra!«

Zwar steht Nikolaus' lakonischer Stil auch in seiner Korrespondenz von Natur aus in krassem Gegensatz zur ausufernden

Schreibweise des deutschen Kaisers, aber seine folgenden aus-
führlicheren Reden in Frankreich spiegeln das echte freundschaftliche Verhältnis des russischen Zaren gegenüber dem –
obwohl republikanischen – französischen Verbündeten wider.

Allerdings stehen die offiziellen Äußerungen des russischen
Zaren während seines Besuches in Frankreich im Oktober 1896
sichtlich auch unter dem Eindruck des triumphalen Empfangs,
den Frankreich dem neuen russischen Zaren bereitet: Die Regierung sendet dem russischen Gast eine Abordnung ihrer Marine
entgegen, von der feierlich eskortiert die kaiserliche russische
Jacht in Cherbourg einläuft. Nikolaus ist übrigens neben König
Ludwig XVI. das einzige gekrönte Haupt, das je den Hafen der
französischen Marine besuchte, und Abergläubische wollen später darin auch ein Omen sehen, das eine Verbindung der Schicksale beider Herrscher herstellt.

Nikolaus, in russischer Admiralsuniform, spricht in Cherbourg
sichtlich bewegt seinen ersten Dank an die französischen Gastgeber aus:

»Ich bin gerührt von dem liebenswürdigen und herzlichen Empfang, der uns hier in Cherbourg bereitet wurde. Ich habe mich
außerordentlich über das Geschwader der Eskorte gefreut und
bin auch von Ihrem Admiralsschiff Hoche sehr beeindruckt, das
uns bei unserem Eintritt in französische Hoheitsgewässer zum
Geleit entgegengekommen ist. Ich teile die Gefühle, die Sie mir
zum Ausdruck gebracht haben, Herr Präsident, und erhebe das
Glas zu Ehren der französischen Nation, der französischen Flotte und ihrer tüchtigen Besatzung. Ich danke dem Präsidenten der
Republik für die uns hier erwiesene Begrüßung.«

Die Ankunft in Paris gestaltet sich zu einem Triumphzug, wie er
nicht nur einmalig im Leben des russischen Zaren sein sollte,
sondern wie ihn auch Paris »seit der Rückkehr unserer Armee
von Solferino und Magenta nicht mehr gesehen hat« (wie der
französische Botschafter Maurice Bompard formuliert). Nach
den Begeisterungsstürmen von seiten der Bevölkerung zu
schließen, die sich entlang der mit französischen und russischen
Fahnen geschmückten Straßen drängte, um den Gast im Sechs-
spänner, eskortiert von der republikanischen Garde, Kürassie-

ren und Dragonern, zu sehen, steht die Bevölkerung dem Repräsentanten des russischen Verbündeten mit großer Sympathie gegenüber. Die in einer eigenen Kutsche mitgeführte einjährige Tochter Nikolaus' verfehlt ebenfalls nicht ihre Wirkung. Anläßlich der Vorstellung in der Comédie Française, wo Nikolaus nach dem Vorbild von Peter dem Großen eine »gewöhnliche« Aufführung sehen will, werden dem russischen Gast in üppiger Poesie Lorbeerkränze geflochten.

Freilich bleiben anläßlich des Besuches und seiner Hintergründe auch kritische Stimmen nicht aus, die den Sinn der von Frankreich im großen Rahmen zugestandenen Kredite an Rußland in Frage stellen. Wenige Beobachter können voraussehen, daß Rußland diesem Bündnis seine Schuldigkeit erweisen wird, als es zwei Jahrzehnte später an seiner Westfront so viele deutsche Truppen in den Kämpfen bindet, daß von der deutsch-französischen Front Nachschub angefordert werden muß und damit Frankreich vor der Niederwerfung durch Deutschland bewahrt wird. Nikolaus legt noch – ganz im Geist des russisch-französischen Bündnisses als Erbe seines Vaters Alexander III. – den Grundstein zur Seinebrücke, die noch heute »Pont Alexandre« heißt, ehe er sich zu den Manövern nach Chalon-sur-Marne und von dort nach Rußland begibt.

»Schrecklich ist es«, bemerkt er während der Zugreise in seinem Tagebuch, »nun wieder die düsteren deutschen Uniformen zu sehen«; die frankophilen und germanophoben Gefühle sind es, die nun die Außenpolitik des Zaren mit beeinflussen werden.

Zunächst übt Nikolaus seine Tätigkeit im Anitschkow- und im Winterpalais aus, ehe er sich zunehmend in die nun nach seinen und Alexandras Vorstellungen gestaltete Residenz nach Zarskoje Sjelo zurückzieht, wo er auch seine täglichen Arbeiten erledigt und die Minister zu ihren Berichten empfängt.

Ab 1897 residiert die Familie nahezu ständig dort. Innerhalb des großen Komplexes hatten Nikolaus und Alexandra das im Verhältnis zum Katharinen-Palast relativ intime Alexander-Palais in Zarskoje Sjelo in Gebrauch genommen. Die Räumlichkeiten, die der Zar und seine Familie als Arbeits- und Wohnstätte benützen, liegen hinter der an den berühmten (und auch noch erhaltenen)

Meldezettel von Zar Nikolaus II. und Zarin Alexandra mit der Tochter Olga
für Zarskoije Sjelo vom 28. Jänner 1897

28. Januar   Meldezettel
1897   FORMULAR B

ERSTER ALLGEMEINER MELDEZETTEL
der Bevölkerung des russischen Reiches
aufgrund der von Allerhöchster Stelle bestätigten Verordnung

Gouvernement: Bezirk:

St. Petersburg   Zarskoje Sjelo

Stadt: Zarskoje Sjelo   Palast: Alexander-Palast

Familienname, Vorn., Vatersname u. a.	Geschl.	Stand	Alter	Fam.-stand	Titel	Beruf
1 Romanow Nikolaj Alexandrowitsch	m.	Vater	28	verh.	Kaiser von ganz Rußland	Herr d. russ. Erde
2 Romanowa Alexandra Fjodorowna	w.	Ehefrau	24	verh.	Kaiserin von ganz Rußland	Herrin d. russ. Erde
3 Romanowa Olga Nikolajewna	w.	Tochter	1	–	Groß-fürstin	–

Glauben: orthodox
Lesekundig: ja
Schule: zu Hause
Nebeneinkünfte: Gutsbesitz

Unterschrift des Ausfüllenden: Nikolaj

Ausgefüllt persönlich von Seiner Kaiserlichen Hoheit in Zarskoje Sjelo
                                                    Der Innenminister Gorjomkin

80

Porträtsaal angrenzenden Bibliothek im linken Flügel des im 18. Jahrhundert von Giacomo Quarenghi erbauten Palais. Es gibt zwei Zugänge zum Eingang in diesen Flügel von außen, von denen einer nur Mitgliedern der kaiserlichen Familie vorbehalten ist. Dort sind ständig Kosaken aus dem Leibgarderegiment des Zaren postiert.

Die Einrichtung des Zaren ist nicht mehr erhalten, jedoch der Schilderung seines Sicherheitchefs Spiridowitsch zu entnehmen. Das Wartezimmer vor dem Arbeitskabinett des Zaren ist mit der Standarte des persönlichen »Infanterieregiments Seiner Majestät« auf der einen und, neben einem Gemälde von Lewitan, mit einer Darstellung seines Preobraschenskij-Regiments auf der anderen Seite ausgestaltet.

Nikolaus' Arbeitszimmer ist in Mahagoni gehalten, auf dem Schreibtisch befindet sich eine Lampe mit grünem Schirm, die Fauteuils sind lederbezogen. Neben einem großen runden Besprechungstisch steht zwischen der mit Sammelstücken gefüllten Vitrine noch ein Diwan; an den Wänden hängen einige kleinere Gemälde, Zeichnungen, vor allem jedoch Photographien, darunter eine, die Alexander III. an seinem Arbeitstisch zeigt. Das alles wird von einem großen Kristalluster mit Kerzen beleuchtet.

Hier pflegt der Zar Besuche zu empfangen, Besprechungen abzuhalten, Berichte anzuhören. Eine Unmenge von Dokumenten lagert sorgfältig aufeinandergeschichtet im offenen Aktenschrank. Nikolaus arbeitet zum Erstaunen seiner Umgebung ohne Sekretär. Er ist der Meinung, daß er nur dann die Übersicht über alle Angelegenheiten bewahren und, »wenn es sein muß, auch mitten in der Nacht im Dunkeln blind auf einen Griff den nötigen Akt finden« kann. Offenbar ist aber mehr dahinter – nämlich der Wunsch, nichts seiner Kontrolle entgleiten zu lassen, und ein gewisses Mißtrauen gegenüber den Ministern, deren persönlichem Ermessen (und Interesse) Nikolaus so wenig wie möglich überlassen möchte.

An das Büro angeschlossen ist Nikolaus' Badezimmer, von wo aus auch das Schwimmbecken des Zaren zu erreichen ist. Außer mit täglichem Schwimmen hält sich Nikolaus mit Gymnastikgeräten fit, die er auch in seinem Zug installiert hat. Im Ankleideraum hängt eine Gebetsikone; auf einem runden Tisch steht immer eine Karaffe mit Milch bereit, aus der sich Nikolaus regelmäßig bedient.

In der anschließenden Garderobe hält sich ständig ein Kammerdiener auf. Dieser Raum ist mit einem großen Zimmer verbunden, dem zweiten Arbeitszimmer des Zaren. Hier pflegt er Delegationen zu empfangen. Das Zimmer ist von einem großen runden Tisch im Zentrum dominiert; Schreibtisch, Schrank des Zaren und Sitzmöbel sind wiederum in Mahagoni und mit Lederbezügen aus der Zeit Peters des Großen gefertigt. Hinter dem Tisch befindet sich ein Safe, in dem unter anderem das Tagebuch des Zaren aufbewahrt wird – das bei aller detaillierten Aufzählung von Terminen und Besuchern selten Aufschluß über den Inhalt der Unterredungen enthält. Am anderen Ende des Raumes steht ein Billardtisch. Später, nach seiner Abdankung, sollte sich Nikolaj in diesem Refugium einschließen und, statt wie früher zu spielen, tagelang über ausgebreiteten Frontkarten stehen und sie sinnlos studieren.

Ein weiteres Zimmer, voll von privaten Erinnerungsstücken und Photographien, dient als Empfangsraum für Familienmitglieder, dort unterhält er sich abends mit seinen Kindern oder spielt mit ihnen. Dieser Trakt ist mit dem Stiegenhaus und dem privaten Zugang vom Park her verbunden.

Die Räume der Zarin – die ebenfalls über zwei Arbeitszimmer verfügt, von denen eines für ihre Audienzen bestimmt ist – sind in hellem Holz gehalten. Die Zarin widmet sich hauptsächlich karitativen Aufgaben und in den Kriegsjahren auch der Organisation des Roten Kreuzes, der Lazarette und Spitäler. Am liebsten liegt sie lesend, stickend, schreibend auf einem Diwan in ihrem »mauve room« – selbst wenn sie Freunde empfängt; die meisten privaten Photos zeigen Alexandra in dieser Pose. Vor dem Diwan steht ein runder Tisch mit den obligaten fliederfarbenen Blumen; am Teetisch nimmt die Familie jahrelang täglich um fünf Uhr ihren Tee ein, während Nikolaus in seinen Zeitungen blättert; auch ein Klavier steht in Alexandras Zimmer. Daran schließt sich das in Palisander und roten Seidenstoffen gehaltene Speisezimmer der Familie an, das zum offiziellen Salon der Zarin führt.

Im gemeinsamen Schlafzimmer hängen Photographien von Nikolaus, Alexandra und von deren Vater, dem Großherzog Ludwig von Hessen. Über dem Bett befinden sich Ikonen, gruppiert um die Geburtsikone von Nikolaus, die der Tradition nach anläßlich seiner Geburt genau in der Größe des Neugeborenen angefertigt worden war. Hier kommen 1895 Olga, 1897 Tatjana, 1899 Maria, 1901 Anastasia und 1904 endlich ein Sohn, Alexej, zur Welt.

Hinter dem zweiten Salon der Zarin befindet sich die große Bibliothek – Stolz und Seele der russischen Zaren. Literatur und Lektüre spielen im Leben jedes Russen seit jeher eine besondere Rolle. Manchmal Ersatz und Scheinwelt, manchmal Ventil, manchmal auch spitze Waffe im Kampf gegen repressive Regierungen, ist die russische Literatur nicht nur geistige Nahrung, sondern auch ein aktiver Faktor, manchmal sogar Katalysator in der Gesellschaft. Der Zar läßt sich einmal in der Woche über Neuerscheinungen informieren und bestellt sofort alles, was ihm an russischer oder fremdsprachiger Literatur interessant erscheint.

Manche der großen Klassiker der russischen Literatur sind noch Nikolaus' Zeitgenossen.* Seine bevorzugten Schriftsteller sind Leskow, Gogol und Turgenjew, dessen »Aufzeichnungen eines Jägers« meist zum unverzichtbaren Bestandteil von Nikolaus' Reisegepäck gehören.

Viele Kommentare hat das Gemälde, das den zweiten Salon der Zarin beherrscht, provoziert: Außer einem Schlachtengemälde, »Rückkehr der Kosaken«, und einem Porträt der Zarin von Kaulbach enthält dieser im Stil von Ludwig XVI. gestaltete Raum einen Gobelin nach dem Bild »Marie-Antoinette und ihre Kinder« von Vigée-Lebrun. Beobachter sehen in der Präsenz des Bildes ein Omen. Die reservierte Haltung der Zarin gegenüber dem späteren Parlamentspräsidenten Rodsjanko (begründet in ihrer

---

* Dostojewskij und Turgenjew waren erst Anfang der achtziger Jahre verstorben, Tolstoi lebt noch bis 1910, Tschechow bis 1904

kategorischen Ablehnung aller demokratischen Institutionen, schen Institutionen, die die autokratische Herrschaft beschneiden könnten) läßt manche Parallelen zu Maria-Antoinette und deren Einstellung gegenüber Lafayette sehen. Diese Analogie finden sie dann auch in dem tragischen Tod, den Alexandra gemeinsam mit dem Zaren als letzte Konsequenz der Revolution erleiden sollte, nachträglich bestätigt. So gilt in ihren Augen das Gemälde als Symbol für die ähnlichen Schicksale der beiden Herrscherfamilien.

Nikolaus beginnt seinen Tag um sieben Uhr morgens. Nach einem Gebet pflegt er zwanzig Minuten zu schwimmen, ehe er sein Frühstück – Tee mit Milch und Gebäck – einnimmt. Danach empfängt er erst den diensthabenden Adjutanten, den ersten Hofmarschall (während seiner Regierungszeit ist das Graf Benckendorff) und schließlich den Palastkommandanten, der auch für die Sicherheit des Zaren verantwortlich ist.

Ab 1905 ist dies der an der Spitze der Sicherheitsgarde stehende Oberst Spiridowitsch, der später über den Alltag des Zaren sowie dessen Reisen innerhalb und außerhalb Rußlands erzählen kann. Denn er und einer der Kammerdiener von Nikolaus, Wolkow, gehören zu den wenigen, die dem Zaren bis zum Ende seiner Regierungszeit und darüber hinaus dienen und dennoch 1918 der Exekution durch die Bolschewiken entgehen sollten (Wolkow gelingt es, der Erschießung im nächtlichen Wald bei Jekaterinenburg in letzter Sekunde zu entkommen).

Bis gegen Mittag empfängt der Zar Minister. Wenn er ans Fenster tritt, gilt dies als Zeichen dafür, daß er die Audienz zu beenden wünscht, selbst wenn er noch so teilnahmsvoll zuhört, und das wird allen Neulingen eingetrichtert. Vor dem Mittagessen unternimmt er meist einen kurzen Spaziergang mit seinen zahlreichen schottischen Hunden, probiert auf dem Rückweg des öfteren die Kost der diensthabenden Soldaten und Bediensteten, was er später seinem Sohn überträgt, und ißt anschließend selbst mit seiner Familie zu Mittag. Das Gericht, am Vorabend aus mehreren Menüvorschlägen von der Zarin ausgewählt, besteht mittags aus drei, abends aus fünf Gängen. Mittags sind meist

Gäste, manchmal Minister, Berater oder Freunde der Familie zu Tisch geladen.

Nikolaus bevorzugt die typisch russische Küche und läßt sich manchmal eigens Borschtsch oder Kascha zubereiten. Kaviar meidet er, seit er sich damit einmal den Magen verdorben hat. Er trinkt manchmal ein Glas Portwein, sonst keinen Alkohol, und macht nur eine Ausnahme, wenn er auf das Wohl eines seiner Regimenter trinkt, denn nach Paraden oder Manövern pflegt er mit ihnen in der Offiziersmesse gemeinsam zu speisen.

Nachmittags setzt der Zar seine Arbeit fort, unterbricht sie zu einem Spaziergang, trifft seine Familie zum Fünfuhrtee, empfängt bis acht Uhr weitere Delegationen oder Minister und arbeitet nach dem Abendessen noch bis etwa elf Uhr. Höhergestellte Berater wie den Premierminister (in den früheren Jahren Witte, später Stolypin, schließlich Kokowzow, zuletzt Golyzin) oder den Duma-Präsidenten Rodsjanko pflegt er in diesen späten Abendstunden zu empfangen.

An freien Abenden liebt es Nikolaus, seiner Familie aus russischer, aber auch französischer oder englischer Literatur laut vorzulesen.

An keinem Abend unterläßt Nikolaus seine mit militärischer Disziplin geführten Tagebucheintragungen, in denen wie erwähnt fast nie Inhalte von Begegnungen oder Besprechungen vermittelt werden, sondern nur Namen und Zeitpunkte; selten spiegeln sich Emotionen wider; nur in außergewöhnlichen Situationen finden Gefühle ihren Niederschlag; Freude (über militärische Erfolge oder über die Geburt eines Kindes) und Trauer, Ärger oder Bestürzung wie etwa nach militärischen Mißerfolgen, politischen Unruhen oder Todesfällen. Lieber machte er sich über jemanden lustig – die Opfer sind meist Diplomaten oder Kaiser Wilhelm II., mit dem er in regelmäßigem Kontakt steht. Beim Vergleich dieser Aufzeichnungen mit wichtigen Entscheidungen oder nachfolgenden Ereignissen kann man daraus nur den Schluß ziehen, daß das Tagebuch als Gedächtnisprotokoll und sicher nicht als Information für Außenstehende konzipiert war. Tagebuch zu führen war in jenen Jahren in Europa üblich und wurde von Nikolaus als anerzogene Pflicht empfunden, die er gehorsam erfüllte. Auch sein Vater hatte diese Tradition gepflegt, und während Alexanders persönliche Erlebnisberichte der jungen Jahre entsprechend lebhaft ausfielen, änderte sich das abrupt, nachdem er als Zar Alexander III. zur offiziellen Person geworden war. Dasselbe gilt für Nikolaus und gab später immer wieder Anlaß zu Rätselraten und Interpretationsversuchen über sein Wesen, die nur selten der Realität entsprachen. Im übrigen liest sich das Tagebuch von Nikolaus' Cousin, König George V. von England, fast deckungsgleich und ähnlich trocken; diesem hat jedoch kaum jemand »Phantasielosigkeit und Gefühlskälte« vorgeworfen, wie das beim russischen Zaren der Fall war (und noch ist).

Augenzeugen und Minister seiner Regierungszeit stellen Nikolaus als sehr einfach in seinem Wesen dar, freundlich und höflich (was oft irreführend war, denn er war es auch zu jenen, die unmittelbar nach ihrer Audienz von ihrer Absetzung erfuhren) und immer als gelassen und die Ruhe selbst. Einmal nur dringt ein Ehekrach nach außen, der offenbar mit Alexandras häufiger Einmischung in Regierungsangelegenheiten in Zusammenhang stand.

Nikolaus' Gelassenheit erscheint vielen unerklärlich, zumal er sie auch in dramatischen Situationen an den Tag legt. Von Gleichgültigkeit, Apathie oder Fatalismus bis zu Resignation reicht das Register der Versuche, das Verhalten Nikolaus' zu interpretieren, mit dem er es versteht, seine Empfindungen zu verbergen.

Demgegenüber erweist sich die Regierungszeit Nikolaus' als reich an Initiativen, auch wenn es Jahre dauert, bis sich der junge Zar profiliert. Zuerst agiert er noch ganz im Rahmen des ihm von Alexander erteilten Auftrags, den er für sein Erbe und seine heilige Pflicht gegenüber dem verstorbenen Vater hält. Und es dauert Jahre, bis er sich aus dieser Umklammerung vorgegebener Richtlinien zu lösen beginnt, um zwischen Kontinuität und Anpassung an neue Gegebenheiten einen Mittelweg zu finden. Bald verfolgt der junge Zar entschlossener seine Zielvorstellungen, als es die Minister und Berater angesichts seines wenig energischen, anfangs sogar schüchternen Wesens von ihm erwartet hatten oder sogar für wünschenswert halten.

Die Kontinuität der Politik seines Vaters, Alexander III., wird in den ersten Regierungsjahren von Nikolaus II. selbst durch die Minister gefördert, die der junge Zar übernommen hat. In den wesentlichen Bereichen sind es Außenminister Giers und vor allem Finanzminister Witte, der zunehmend auch Einfluß auf außenpolitische wie innenpolitische Entscheidungen nimmt.

Im Bereich der Innenpolitik hört Nikolaus noch weitgehend auf den Rat des bereits ergrauten Juristen Pobedonoszew, zugleich weltlicher Repräsentant des Zaren beim Klerus. Er gilt als kompromißloser Reaktionär und versucht Nikolaus mit allen Mitteln und Argumenten davon abzuhalten, Zugeständnisse durch Abtreten politischer Mitverantwortung an die Semstwo (Selbstverwaltung auf dem Lande) durch die Adels- und Standesvertretung zu machen. »Parlamente dienen nur dem persönlichen Karrierestreben der Abgeordneten und nicht dem Staat«, ist Pobedonoszews Argument.

Im Januar 1895 hält der Zar seine erste öffentliche Rede. Offenbar auf Pobedonoszews Einfluß hin erteilt Nikolaus kurz nach seiner Regierungsübernahme jenen Kreisen eine Absage, die dem Regierungswechsel mit Hoffnungen entgegengesehen hatten. Nikolaus war vor diesem Auftritt und seiner ersten politischen Rede ziemlich nervös gewesen, wie er in seinem Tagebuch eingesteht:

»17. Januar 1895. War sehr aufgeregt, bevor ich in den Nikolajewskij-Saal ging, um vor den Abgeordneten der Adelsversammlung der Semstwo und der Städtevertretungen zu sprechen. Dann begann der Empfang der einzelnen Abgeordnetendelegationen.«

Nikolaus hält den Text seiner Rede im Säbeletui seiner Uniform bereit und liest herunter:

»Ich freue mich, die Repräsentanten aller Gesellschaftsschichten zu sehen, die hierhergekommen sind, um mich ihrer Loyalität zu versichern. Ich glaube an die Ehrlichkeit dieser Gefühle, wie sie seit jeher jedem Russen eigen sind. Aber es ist mir auch bekannt, daß in letzter Zeit bei Landesversammlungen Stimmen von

Abgeordneten laut wurden, die sich sinnlosen Träumen von der Mitregierung in Staatsangelegenheiten durch die Semstwo-Versammlung hingeben. Es mögen alle wissen, daß ich, der ich all meine Kräfte dem Wohl des Volkes widme, den Grundsatz der Autokratie ebenso hart und unbeugsam bewahren werde wie mein unvergeßlicher verstorbener Vater.«

Die Reaktionen sind stürmisch. Hatte in der Versammlung kaum jemand offen zu protestieren gewagt, treffen nun von allen Seiten Protestbriefe ein, und nicht nur für die – in verschiedene ideologische Lager zersplitterten – Liberalen, sondern erst recht für die Revolutionäre im Untergrund ist diese Abfuhr an demokratische Grundsätze Öl ins Feuer. Auch von politischen Emigranten im Ausland werden Pamphlete und offene Briefe in die russische Hauptstadt gesandt, um über deren Zeitungen auch die öffentliche Meinung zu beeinflussen. Nikolaus bleibt jedoch unbeeindruckt und in seinen ersten Regierungsjahren weiter diesem Grundsatz verpflichtet, mit dem es seinem Vater gelungen war, durch zentralistische Lenkung die Zügel der Regierungskontrolle fest in der Hand zu behalten.

Der junge Zar kümmert sich vorerst nicht weiter um innenpolitische Spannungen. Sein Land tritt in eine Reformphase ein, die wirtschaftliche Maßnahmen in innen- und außenpolitische Zielsetzungen einbindet. Die Verkörperung dieser Reformen und ihrer Koordination ist Finanzminister Witte.

Er ist es, der in den Jahren bis 1903, solange er sein Amt bekleidet, die Grundlage für einen in der Geschichte Rußlands unerreichten wirtschaftlichen und industriellen Aufschwung legt.

Witte ist liberal in seiner Gesinnung und ein Musterbeispiel dafür, daß für Zar Nikolaus persönliche Sympathien und Antipathien keine Rolle spielen, wenn es um die Interessen des Landes geht. So betraut er auch ihm wenig nahestehende wenn nicht unsympathische Persönlichkeiten (im gegebenen Fall beruhen die Gefühle auf Gegenseitigkeit) mit Regierungsaufgaben, wenn er sich ihrer Fähigkeiten bewußt ist und sie in den Dienst seines Landes stellen kann. Umgekehrt entläßt er, auch wenn es ihm persönlich schwerfällt, andere Minister wie später Kokowzew, den loyalen Ministerpräsidenten, wenn ihre Zeit »abgelaufen«

ist, sie von ihr eingeholt wurden oder ihre Aufgabe erfüllt haben.

Witte erkennt, daß die Voraussetzung für die Prosperität Rußlands ein starker wirtschaftlicher Impuls ist. Er nimmt sich vor, den industriellen Aufschwung und die Verbesserung der Agrarlage zu stimulieren. Er sorgt für forcierten Export der Agrarprodukte; Getreide wird schon bald in dreifacher Menge des vorangegangenen Jahrzehnts (vor allem nach Deutschland und England) ausgeführt. Zugleich schützt der Finanzminister die heimische Wirtschaft durch Importzölle. Statt Industriegüter zu importieren, baut er die eigene Industrie mittels ausländischen Investitionskapitals aus. Um 1900 existieren bereits zweihundertsiebzig ausländische Aktiengesellschaften mit französischem, belgischem, deutschem und englischem Kapital.

Zur Jahrhundertwende sind drei Millionen von hundertfünfzig Millionen Russen in der Industrie beschäftigt; zwei Drittel der Bevölkerung stellen allerdings noch die Bauern. Dieses Frühstadium der Industrialisierung unterstützt Witte mit sozialen Begleitmaßnahmen wie Begrenzung der Arbeitszeit und Versicherungsschutz für Arbeitnehmer.

Noch vor der Jahrhundertwende ist die russische Handelsbilanz aktiv. Es erfolgt der Übergang zur goldgedeckten Rubelwährung. Das weckt wiederum Interesse ausländischer Investoren an der russischen Währung und Wirtschaft.

Wittes Währungsreform beruht auf dem Prinzip der Deckung durch Goldreserven bei Vermeiden defizitärer Handelsbilanz. Der Rubel wird konvertierbar, und das Vertrauen in diese Währung zieht ausländisches Kapital an. Nikolaus erläßt nicht nur das Gesetz zur Einführung des Goldrubels, sondern auch das Recht zur Ausschüttung von Kreditscheinen von dreihundert Millionen Rubel ohne Deckung durch Goldreserven durch die Staatsbank, wovon diese nie Gebrauch machen muß: Im Gegenteil, die Deckung übersteigt bis zum Krieg 1914 den Währungsumlauf des Rubels im In- und Ausland bei weitem.

Das ermöglicht die Finanzierung jenes gigantischen Unternehmens, das Nikolaus aus innen- und außenpolitischen Erwägungen am wichtigsten ist: der Ausbau der Transsibirischen Eisenbahn. Das Projekt war schon 1891 in Angriff genommen worden. Nikolaus selbst hatte auf dem Rückweg von seiner Fernostreise den Grundstein für die östlichste Station gelegt. Der Bau war gleichzeitig von Wladiwostok und von Tscheljabinsk aus begonnen worden.

Dieses Projekt ist in mehrfacher Hinsicht bedeutungsvoll – für die Belebung der innerrussischen Wirtschaft (Aufschwung der Industrialisierung, Stahlproduktion und Kohle- sowie Erdölförderung), die Erleichterung des Güteraustausches in diesem weiten, bisher infrastrukturell schwachen Gebiet, für die Besiedlung der sibirischen und fernöstlichen Territorien und schließlich für den Aufschwung des Chinahandels. Die Transsibirische Eisenbahn ist jedoch auch Instrument einer strategischen Zielsetzung in Hinblick auf den Fernen Osten.

Daß China und Korea zu diesem Zeitpunkt – vor der Jahrhundertwende – den Mächten im Westen noch nicht ebenbürtig sind und damit einladende Ziele für Expansions- und Kolonisationspolitik bieten, war auch schon England und Frankreich aufgefallen (von Deutschland ganz zu schweigen).

Doch Rußland hatte sich den territorialen Weg zu diesem Ziel bereits erarbeitet: Seit Mitte des 19. Jahrhunderts nahm Rußland den Norden von Sachalin in Besitz, gründete die Stadt Chabarowsk und eignete sich von China das Küstengebiet zwischen Amur und Usuri an. 1881 hatte Rußland darüber hinaus von China vertraglich Chinesisch-Turkestan erhalten. Korea war nun ein Objekt der politischen Begierde geworden, das für das kleine, dichtbesiedelte Japan als Verbindung zu China interessant war, für Rußland jedoch zur Sicherung seiner Interessen im pazifischen Raum Bedeutung hatte. Alexander III. hatte um 1884 den »König von Korea« – ein Marionettenregime Chinas – mit einem Handelsvertrag umworben und diesen durch eine russische diplomatische und konsularische Repräsentanz besiegelt.

Nicht zufällig hatte Zar Alexander III. seinen Thronfolger am Ende seiner Ausbildung um 1890/91 auf Fernostreise geschickt, um ihm das Potential dieses Raumes vor Augen zu führen. Nun, an der Schwelle zur Jahrhundertwende, gilt es, das Erreichte durch entsprechende infrastrukturelle Begleitmaßnahmen zu sichern und wirtschaftlich nutzbar zu machen – bevor es als Ausgangspunkt für weitere politische Ziele dienen kann.

Die energische Fortsetzung des Bahnbauprojektes, wie Nikolaus sie in einer Rede vor dem Baukomitee der Transsibirischen Eisenbahn fordert, kommt nicht zu früh: Gerüchte über englische Projekte für eine Eisenbahnlinie durch die Mandschurei waren laut geworden. Das hätte nicht nur die wirtschaftlichen Pläne Rußlands gestört, sondern auch die damit verbundenen strategisch-politischen Absichten.

Der Zar kann seine Fernostpolitik auf soliden Voraussetzungen aufbauen: Rußland hatte schon im chinesisch-japanischen Krieg zwischen 1894 und 1895 entschieden, auf welche Seite es sich schlagen wollte. Für Japan Partei zu ergreifen konnte einen eisfreien Hafen in Korea in Aussicht stellen; auf seiten Chinas zu sein bot die Chance, auf die Mandschurei wirtschaftlich und damit auch politisch Einfluß zu nehmen.

Rußland entschied sich für das zweite. Damit hatte es sich die Voraussetzungen für die Kontrolle über dieses Gebiet geschaffen, für die der Bau einer Eisenbahnlinie nur ein äußers Zeichen sein sollte.

Es war dem russischen Zaren – gemeinsam mit Deutschland und Frankreich – nämlich gelungen, dem Sieger des chinesisch-japanischen Krieges, Japan, die diesem zugefallene Halbinsel Liaotung (mit dem eisfreien Hafen Port Arthur), Formosa und das unabhängige Korea abzufordern; China erhielt hingegen von Rußland vierhundert Millionen Rubel für die Finanzierung seiner Kriegsentschädigung an Japan (dazu wurde eigens in Petersburg die Russisch-chinesische Bank gegründet). Dafür war China bereit, im gleichen Jahr mit Rußland ein Defensivbündnis einzugehen und dem Zaren das Vorrecht für den Bau der »Chinesischen Ostbahn« durch die Mandschurei von Tschita bis Wladiwostok und 1898 auch für die »Südmandschurische Eisenbahn« von Harbin nach Dalnyj (Dairen) zu gewähren.

Mit dem Pachtvertrag mit China über die Halbinsel Liaotung auf fünfundzwanzig Jahre hatte Nikolaus nun etwas erlangt, was schon Wunschziel seiner Vorgänger war: den eisfreien Hafen Port Arthur.

Damit verfügt der Zar über eine Operationsbasis im Fernen Osten.

Während dieser Ereignisse bezeugen die Tagebucheintragungen das Engagement Nikolaus' im Fernen Osten – die einzigen Notizen politischen Inhalts.

Vor den Gebietsabtretungen der chinesischen Halbinsel Liaotung durch die Japaner an Rußland schreibt der Zar am 4./16. April 1895:

»Um halb drei hatte ich Beratungen mit Onkel Alexej, Lobanow, Wanowskij, Tschichatschew und Witte betreffend die Ereignisse im Osten. Beschlossen: energisch auf der Räumung der südlichen Mandschurei und von Port Arthur durch die Japaner zu bestehen. Wenn sie nicht gehorchen, dann muß man sie dazu zwingen. Wenn es uns nur nicht in einen Krieg hineinzieht!«

Am 24. Juli desselben Jahres heißt es dann erleichtert: »Erfuhr die lang erhoffte Nachricht von unserem Abkommen mit China, das dank der lieben Intrige der Engländer und der Deutschen in Peking so lange nicht möglich war.«

Nikolaus ist sich nicht bewußt, daß die Japaner sich von den russischen Aktivitäten provoziert und in ihrer Interessensphäre beeinträchtigt sehen. Vor allem, daß sie in aller Ruhe am Ausbau ihrer Flotte arbeiten, die indessen weit moderner ist als die russische und so ein geeignetes Instrument abgeben kann, die russische Expansion in die Schranken zu weisen.

Das Engagement in Asien hält Nikolaus von Aktivitäten auf dem Balkan ab, wo Rußland zu diesem Zeitpunkt ohnehin nur den Status quo aufrechterhalten muß, nachdem die von der Ideologie des Panslawismus getragene russische Außenpolitik in den vorangegangenen Jahren unglücklich verlaufen war. Der nach dem Dreikaiservertrag (mit Österreich-Ungarn und Deutschland) geschlossene Rückversicherungsvertrag zwischen Rußland und Deutschland war trotz der Warnung Bismarcks an den deutschen Kaiser nicht verlängert worden. Mit Österreich-Ungarn hatte der Zar eine Abgrenzung der Interessensphären vollzogen, die 1903 zwischen dem russischen und dem österreichischen Kaiser bestätigt wird. Auch durch die Krisensituation des Jahres 1898/1899 läßt sich Nikolaus von seinen Militärs, die eine günstige Gelegenheit sehen, die Türkei einzunehmen, nicht in eine kriegerische Auseinandersetzung verwickeln. Nikolaus beschränkt sich seit Beginn seiner Regierung darauf, die Lage auf dem Balkan sorgfältig zu beobachten. Am 23. März 1895 hatte er in sein Tagebuch notiert: »Am Nachmittag empfing ich Protasow und unseren Militäragenten in Wien, Woronin. Letzterem war es gelungen, einen detaillierten Plan für Mobilisierung und Konzentration der österreichischen Armee an unserer Grenze mitzubringen.« Nikolaus möchte Ruhe an seiner Westgrenze. Er traut jedoch weder seinem deutschen und noch weniger seinem österreichischen Nachbarn, obwohl er mit diesem 1897 eine Art Stillhalteabkommen geschlossen hatte, das sechs Jahre später duch eine »Bestätigung des Status quo« erneuert wird. Um jedoch sicherzugehen, in dieser Region den Frieden, den sein Vater während seiner dreizehnjährigen Regierungszeit halten konnte, weiter zu bewahren, entschließt sich Nikolaus zu einer Initiative.

Im Sommer 1898 erläßt der Zar in einer Note an die Regierungen aller Länder der Welt einen Appell zu »Abrüstung und weltweitem Frieden«, der zur Gründung des Schiedsgerichtshofes in Den Haag führt. Unter Hinweis »auf die wirtschaftlichen, finanziellen und moralischen Folgen des Wettrüstens« schlägt der Zar darin eine internationale Konferenz vor, in der das Problem erörtert werden soll.

Nikolaus mag angesichts der gerade in Aufrüstung begriffenen Artillerie der anderen europäischen Staaten und des Wissens um die russische Unterlegenheit besorgt gewesen sein. Inspiriert wurde der Zar zu seiner Initiative jedoch vom russischen Publizisten Johann Bloch, der soeben in einer umfangreichen Untersuchung die verheerenden Folgen eines Weltkrieges aufgezeigt und damit den Zaren beeindruckt hatte.[*]

Europa ist von Nikolaus' Initiative überrascht. Einige Regierungen schlagen sich begeistert auf die Seite des russischen Zaren, schon ist von »Nikolaus dem Friedensstifter« die Rede. Andere,

---

[*] Das umfangreiche Werk dieses Autors, »Der Zukunftskrieg, vom technischen und politischen Standpunkt aus betrachtet«, war 1892 erschienen.

allen voran England und Deutschland (zufällig auch Rußlands Rivalen am Bosporus und in Fernost), haben dafür nur ein Lächeln übrig. »Der größte Unsinn, den ich je gehört habe«, äußert sich der Prince of Wales. Der deutsche Kaiser läßt seinem Temperament freien Lauf, als er klarmacht, daß für ihn keine Friedenskonferenzen gelten, sondern nur militärische Aspekte zählen: »Sich nur einen Monarchen vorzustellen«, telegraphiert Wilhelm über die Abrüstungsidee indigniert an Nikolaus, »der seine von Hunderten Jahren Tradition geweihten Regimenter auflöst und seine Städte damit womöglich Anarchisten und der Demokratie überläßt! …« Damit erteilt Wilhelm Nikolaus' pazifistischer Initiative eine Abfuhr, und Abrüstung findet nicht statt. Und doch zeigen sich, wenn auch vielleicht weniger aus Überzeugung denn aus Respekt gegenüber dem russischen Zaren, zwanzig europäische Staaten bereit, an der Seite der Vereinigten Staaten von Amerika, Mexikos, Japans, Chinas, Siams und Persiens an der Konferenz teilzunehmen, die am Geburtstag des Zaren im Mai 1899 in der vorerst »Kammer des Internationalen Schiedsgerichts« genannten Institution in Anwesenheit internationaler Völkerrechtler nach Den Haag einberufen wird. Nikolaus hatte die Hauptstadt der Niederlande gewählt, weil ihm dieses Land »neutraler als alle anderen neutralen Staaten« zu sein schien. Zwar fällt der russische Vorschlag, den internationalen Rüstungsstand auf dem derzeitigen Niveau einzufrieren, durch, doch es kommt zu einer Konvention über Regeln der Kriegsführung* (Schutz ziviler Bevölkerung und Objekte, Giftgasverbot usw.). Nun ist immerhin der »Ständige Schiedshof« in Den Haag zur Klärung zwischenstaatlicher Streitfragen ins Leben gerufen, der bis in die gegenwärtige internationale politische Realität existiert und täglich neu seine Existenzberechtigung unter Beweis stellt.

1907 findet die Zweite Internationale Friedenskonferenz statt, die Ergänzungen zu den Statuten von 1899 einbringt. Die Konvention wird diesmal von vierundvierzig Staaten unterzeichnet. In der dritten Kommission wird der entscheidende Schritt zur

---

* Begründung der »Haager Landkriegsordnung«

Verwirklichung von Nikolaus' Initiative gesetzt, als die Konvention zur friedlichen Schlichtung internationaler Konflikte unterzeichnet und damit die Basis für internationale Schiedsgerichte und Vermittlerdienste neutraler Staaten im Kriegsfall geschaffen wird. Das diesbezügliche von den Teilnehmerstaaten unterzeichnete Statut lautet: »Um in den internationalen Beziehungen die Anwendung von Gewalt soweit wie möglich zu vermeiden, verpflichten sich die Signatarmächte, alle ihre Bemühungen anzuwenden, um die Schlichtung internationaler Streitigkeiten durch friedliche Mittel herbeizuführen.« Damit ist die Einsetzung eines Schiedsgerichtes sowie von Vermittlungs- oder Untersuchungskommissionen gemeint.

Die Begründerin der deutschen, österreichischen und ungarischen Friedensbewegung, Bertha von Suttner, ist so euphorisch über Nikolaus' Initiative, daß sie eine Postkarte mit dem Friedensmanifest und dem Porträt des Zaren drucken und versenden läßt. Auch andere namhafte Persönlichkeiten wie der Begründer des Roten Kreuzes, Henri Dunant, knüpfen an die Initiative des Zaren große Hoffnungen.

Postkarte mit dem Friedensmanifest von Nikolaus II. (1898/99)

Nikolaus selbst sollte sich zweimal an diese von ihm gegründete Institution wenden, einmal 1905 und dann 1914: Vor Kriegsausbruch bittet er Wilhelm, als »Vermittler« den österreichisch-serbischen Konflikt in Den Haag zur Schlichtung vorzulegen, weshalb sein russischer Gesandter sich in Wien auch nachdrücklich um Verlängerung des österreichischen Ultimatums an Serbien bemüht. Doch Wilhelm sollte kein Interesse an dieser Form der Schlichtung zeigen.

Im großen Sitzungssaal des Haager Gerichtshofes erinnert noch heute ein überdimensionales Gemälde an Nikolaus als den Gründer dieser Institution. Es blieb in diplomatischer Rücksichtnahme gegenüber den sowjetischen Delegationen seit 1917 jedoch diskret hinter einem Vorhang verborgen und wurde Besuchern nur auf Wunsch gezeigt. Deutlich sichtbar ist aber eine Gedenktafel, auf welcher der Gründungsgedanke und der Name seines Urhebers, Nikolaus II., festgehalten sind: Sie befindet sich in den Räumen der Liga der Vereinten Nationen in New York.

Für die Gestaltung der Außenpolitik von Nikolaus II. und der politischen Landschaft Europas ist das Verhältnis zwischen dem deutschen Kaiser Wilhelm II. und seinem russischen Vetter von entscheidender Bedeutung. Sollte doch in den zwei Jahrzehnten zwischen 1894 und 1914 in erster Linie von diesen beiden Kaisern die Grundlage für die internationale Lage vor dem Ersten Weltkrieg gelegt werden.

Wilhelm ist durch das russisch-französische Bündnis irritiert; er sieht seine Interessen in Europa, aber auch im Fernen Osten durch eine potentielle Gegnerschaft Rußlands und Englands gefährdet. So setzt er vom Augenblick der Regierungsübernahme Nikolaus' seinem Temperament entsprechend alles daran, den ihm an Raffinesse unterlegenen Nikolaus mit allen Mitteln zu beeinflussen. Eine Darstellung der beiden Herrscher in ihrem Verhältnis zueinander ist daher aufschlußreich.

Als Nikolaus im Jahre 1894 den russischen Thron besteigt, ist er sechsundzwanzig, Wilhelm ist fünfunddreißig Jahre alt und bereits seit sieben Jahren Kaiser.

Nikolaus' Vater, Zar Alexander III. (1845-1894)

2

2 Alexander III. mit
Maria Fjodorowna,
Nikolaus (links), Xenia
und Georgij

3 Nikolaus als Drei-
zehnjähriger 1881
in Husarenuniform

4 Zar Alexander II.
auf seinem Sterbebett
(1881)

3

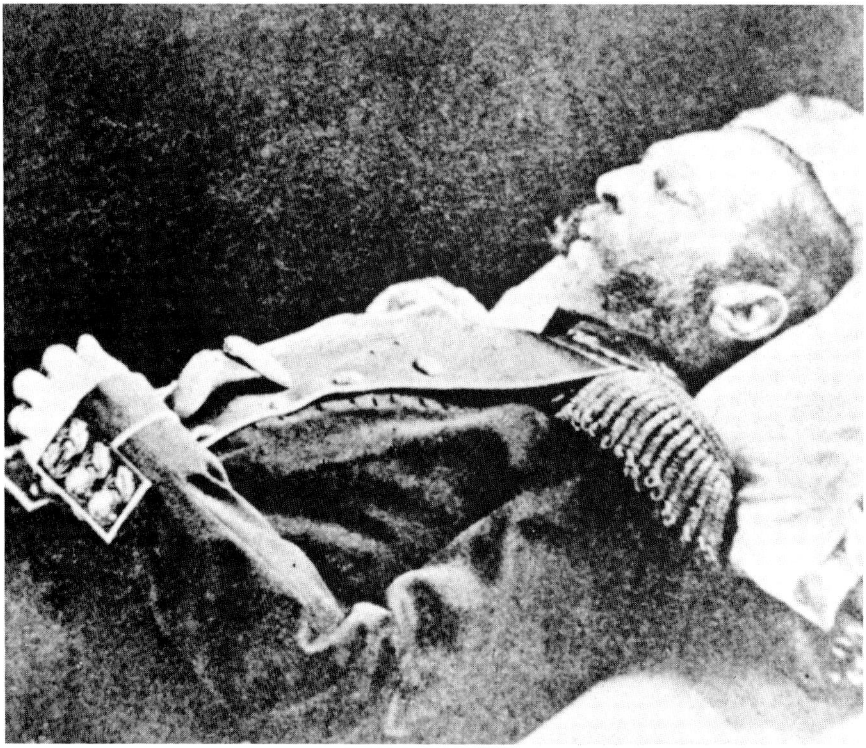

4

5 Petersburg, die Hauptgeschäftsstraße Newskij Prospekt

6 Nikolaus (rechts) mit seinem Lieblingsbruder Georgij

7 Nikolaus alsThron-
folger in Japan, Früh-
jahr 1891, kurz vor
dem Attentat, das auf
ihn verübt wurde

8 Nikolaus als 26jähri-
ger auf der Jagd in
Bjelowesch, 1894

9 Nikolaus' erste Freun-
din, die Ballerina
Mathilde Kschesinska
(in Rußland genannt
Kschesinskaja II.)

10 Nikolaus als Kom-
mandant der berittenen
Gardeartillerie um 1892
(als 24jähriger)

11/12 Nikolaus und Alix als Verlobte im Jahre 1894

13 Eine der letzten Aufnahmen von Zar Alexander III. (Mitte halbrechts) auf der Jagd im Herbst 1894, wenige Wochen vor seinem Tod

Zeitzeugen, die beide Kaiser selbst kannten, stimmen weitgehend überein. Durch die subjektiven Darstellungen entsteht zuweilen der Eindruck der Schwarzweißmalerei, aber die Grundzüge sind allen Berichten gemeinsam.

So beschreibt Erzherzog Ernst Ludwig von Hessen, älterer Bruder von Nikolaus' Ehefrau Alix, Wilhelm und Nikolaus so: »Wilhelm war der geborene Intrigant. Er war in Jugendjahren in meine Schwester Ella verliebt, und seit sie den russischen Großfürsten Sergej, Onkel von Nikolaus II., geheiratet hatte, verfolgte er Sergej mit Gehässigkeit und Verleumdung. Er liebte Intrigen, war wankelmütig, unüberlegt und rücksichtslos und konnte auch taktlos sein. Das bezog sich nicht nur auf Sergej, sondern auch zum Beispiel auf die Engländer, die er nicht mochte. Er liebte die Pose; sein Auftreten war das eines Mächtigen und Starken; tatsächlich aber war er nicht sehr widerstandsfähig, moralisch feig, konnte Negatives schwer verkraften und neigte zu Eifersucht. Er war von momentanen Stimmungen geleitet, die sich auch auf Sympathien zu anderen Menschen bezogen, und konnte in seiner Zu- oder Abneigung rasch umschwenken. Er war jedoch sehr intelligent, konnte rasch reagieren und war ein hervorragender Rhetoriker.

Nikolaus waren Intrigen fremd. Seine Güte war ihm in seinen großen tiefen Augen wie die eines treuen Jagdhundes anzusehen; dazu konnte er sehr charmant sein, trotz seines bescheidenen Wesens. Dadurch hatte meine Schwester [Alix] auch ein sehr schönes Familienleben. Er war die personifizierte Pflichterfüllung, ein für Russen ebenso untypischer Zug wie seine Ehrlichkeit und Selbstlosigkeit. Obwohl er klug war, handelte er vorsichtig und erst nach langen Überlegungen, deren Ergebnisse oft zu spät kamen. Dadurch erschien er oft unentschlossen und wankelmütig. An ein Beispiel seines Fleißes und seines Bemühens um Gerechtigkeit erinnere ich mich, als ich ihn einmal um ein Uhr nachts im Jagdhaus über den Personalien seiner Hetmans sitzen sah. Er sei sich nie sicher, ob auch die fähigsten Männer an der richtigen Stelle säßen, erklärte er. Auf meinen Einwand, dazu seien doch andere da, das zu beurteilen, meinte er: ›Wenn ich sie nur durchschauen könnte, welche wirklich ehrlich sind.‹

Er war eigentlich ein konstitutioneller Monarch und für seine Zeit nicht der richtige Mann ...«

Nikolaus' Außenminister Iswolskij:

»Der Temperamentsunterschied der beiden war frappierend. Wilhelm wirkte mit seinem ungestümen Charakter auf den Zaren ein, der diesem in seinem Wesen nicht gewachsen war. Dabei durchschaute der Herrscher die komödiantische Manier von Wilhelms Auftreten. Und doch war er immer nervös, sobald Wilhelm in der Nähe war.«

Der langjährige französische Botschafter in Petersburg, Maurice Paléologue, hatte ausreichend Gelegenheit, beide Kaiser – vor allem den russischen – zu beobachten:

»Wilhelm war größer und wirkte stattlicher als Nikolaus. Wilhelm liebte imposantes Auftreten, die theatralische Pose. Für jeden Anlaß war diese im vorhinein sorgfältig geplant. Er liebte imponierende Aufmachung und Pomp überhaupt und neigte zu Prahlerei. Er war von bestechender Intelligenz und verfügte über eine glänzende Rhetorik. Zugleich war er jedoch impulsiv, konnte hitzig und streitsüchtig werden. Er liebte Militärparaden, Festivitäten aller Art und Sport als Abwechslung und Gelegenheit, sich immer in anderer Kostümierung zu zeigen.

Nikolaus war – obwohl nicht sehr groß – athletisch gebaut. Seine Liebe zu Sport wie Wandern, Segeln, Tennis, Reiten, Radfahren, Schwimmen galt der Freude an körperlicher Betätigung, kein Pomp, keine Aufmachung spielten dabei eine Rolle. Nikolaus blendete nicht. Er trug am liebsten die einfache Oberstuniform mit dem Rang, den ihm sein Vater verliehen hatte. Er war in seinem Äußeren wie in seinem Wesen bescheiden, ruhig, einfach, gewissenhaft, eher schüchtern, konnte aber, wenn er jemanden gut kannte, sehr geistvoll und charmant, manchmal auch boshaft sein. Er war intelligent und offen, jedoch ohne großen Weitblick und Originalität. Es hat den Anschein, als konnte er seine geistigen Fähigkeiten nicht zur Entfaltung bringen.«

Während Wilhelm sich sehr vielseitig interessiert zeigt und mühelos auch über alle Bereiche der Kunst plaudern kann, ist Nikolaus hauptsächlich an Geschichte und militärischen Belangen interessiert. Beide Herrscher sind religiös. Nikolaus' Religiosität jedoch ist die tiefe, von Mystik durchdrungene Gläubigkeit der Orthodoxie, die andere Religionen zwar respektiert, jedoch die orthodoxe als einzige »rechtgläubige« anerkennt. Die Religiosität bedingt auch seinen Hang zu Fatalismus, sein Bewußtsein, alles liege in Gottes Hand und Gott wache unablässig über seine Pflichterfüllung.

Wilhelm dagegen ist toleranter gegenüber anderen Religionen, selbst der des Islam, und auch gegenüber den Juden, mit denen er sich im Kreis von Künstlern und Intellektuellen gerne umgibt. In Wilhelms und Nikolaus' Auffassung von ihrer Rolle herrscht lediglich Übereinstimmung in bezug auf die »von Gottes Gnaden« erteilte Macht der Autokratie. Während Wilhelm nicht müde wird, diese möglichst oft zu betonen, ist sie für Nikolaus so selbstverständlich, daß sie im Alltag gar nicht der Erwähnung wert ist. Dabei ist die Autokratie Wilhelms fiktiv: Seine Reichstagsverfassung mit Parteiensystem führt die Gleichstellung der deutschen und der russischen Autokratie ad absurdum. Außerdem ist die Rolle des Kaisers gegenüber den Königen von Bayern, Sachsen und Württemberg sowie den Großherzögen von Hessen, Mecklenburg und Baden die eines Primus inter pares – und die der letzteren keineswegs die von Vasallen des Königs oder Kaisers von Preußen.

Beide verbindet jedoch ein gewisser Hang zur Mystik, wie er der russischen Mentalität an sich näherliegt als der deutschen. Wie einem Rasputin Glauben geschenkt werden kann als einem mit überirdischen, »göttlichen« Gaben Ausgestatteten, hält sich auch Wilhelm einen Berater, der sich mit Okkultismus und Inkarnation beschäftigt und von anderen der »Cagliostro des deutschen Kaisers« genannt wird. Während dieser jedoch wenigstens 1908 vom deutschen Hof entfernt werden kann, ist der Schaden, den Rasputin anrichtet, bis er 1916 ermordet wird, nicht mehr gutzumachen.

Erstaunlich ist die Verschiedenheit der Arbeitsweise der beiden Kaiser, deren Position doch einen ähnlichen Umfang an Arbeitspensum vermuten läßt. Wilhelm pflegt, wenn man den Berichten seines Kammerherrn von Zedlitz glauben darf, lange zu schlafen, stundenlang zu frühstücken, danach zwei Stunden

Berichte zu hören und findet am Nachmittag noch einmal Zeit, sich zum Schlaf hinzulegen.

Nikolaus steht dagegen früh auf und arbeitet bis spät in die Nacht, und es sind täglich einige hundert Akten, die er durchzusehen und zu unterschreiben hat, nachdem seine Minister und andere Besucher gegangen sind. Kein Wunder – hängt doch auch die kleinste Entscheidung im hundertfünfzig Millionen Seelen zählenden Zarenreich vom Zaren allein ab. Dennoch zeigen die Tagebuchaufzeichnungen, daß er durchaus Zeit für regelmäßige Spaziergänge oder Ausritte findet, allerdings nicht für Schlaf während des Tages.

Am deutlichsten wird der Unterschied zwischen den beiden Herrschern in deren Korrespondenz sichtbar. Wilhelms Briefe sind meist mehrere Seiten lang, ausufernd und voll Überschwenglichkeit, ob es sich nun um Glückwünsche, Beileidskundgebungen oder Beschwörungen und kritische Äußerungen über andere handelt. Nikolaus' Antworten an Wilhelm (wie die an die eigenen Minister) fallen dagegen kurz und lakonisch aus, und ihr Umfang erreicht selten eine volle Seite. Nur persönliche Briefe, zum Beispiel an Alix in den ersten Jahren der Verbindung oder an seine Mutter, sind etwas länger.

Nikolaus hatte seine Einstellung gegenüber Wilhelm II. bereits von seinem Vater übernommen, der seinen Neffen nicht ausstehen konnte. Alexander III. hatte dem jungen deutschen Kaiser gegenüber einmal anläßlich seines exzentrischen Verhaltens zugerufen: »Genug, genug, sieh dich doch einmal im Spiegel an, du siehst ja aus wie ein tanzender Derwisch!«*

Obwohl Wilhelm, der seinerseits von Alexander III. als »barbarischem Muschik sprach« (nicht ohne später in seinen Erinnerungen zu bemerken, »auf ihn konnte man sich im Gegensatz zu Nikolaus wenigstens verlassen!«), schrieb er an Nikolaus anläßlich des Todes von dessen Vater und der bevorstehenden Thronbesteigung in schmeichelndem Tonfall:

---

* Zit. bei Paléologue (s. Quellen)

»Mein lieber Nicky! Neues Palais, 8.XI. 1894

Die schwere und verantwortungsvolle Aufgabe, für welche Dich
die Vorsehung ausersehen hat, ist Dir durch den so unerwarte-
ten und vorzeitigen Tod Deines lieben, tiefbetrauerten Vaters mit
der Plötzlichkeit der Überraschung zugefallen ... Sein plötzli-
cher Hingang war dem meines eigenen teuren Papas so ähnlich,
mit dessen Charakter und Herzensgüte der verstorbene Zar
soviel Ähnlichkeit hatte. Unaufhörlich bete ich zu Gott für Dich
und Dein Glück. Die Teilnahme und der echte Schmerz, der in
meinem Lande über das vorzeitige Ende Deines tiefbeklagten
Vaters herrscht, wird Dir bewiesen haben, wie stark der monar-
chistische Instinkt ist und wie Deutschland für Dich und Deine
Untertanen empfindet ...«
Nikolaus' Haltung gegenüber Wilhelm fügt sich in seine – teilweise anerzogene, teilweise von historischen Ereignissen
bestimmte – Einstellung gegenüber Deutschland. Sie äußert sich
in Nikolaus' satirischem Brief, der auf Bismarck gemünzt ist:
Die folgende Serie der Korrespondenz zwischen den beiden Kaisern entspinnt sich in englischer Sprache. Der Beginn des neuen
Jahres 1895 bietet die nächste Gelegenheit für Wilhelm, Nikolaus
in überschwenglicher Weise seiner Freundschaft und Sympathie
zu versichern. Zunächst hatte der deutsche Kaiser Nikolaus ein
kostbares Porzellanservice zur Hochzeit geschenkt, für das sich
Nikolaus ausführlich bedankt. Mitte des Jahres trifft Wilhelm
mit Familie und Ministern selbst zu seinem Besuch in Sankt
Petersburg ein. Aus Nikolaus' Tagebuchnotizen kann man seine
Einstellung gegenüber Wilhelm ersehen:
»30. August. Empfing Fürst Hohenlohe, den deutschen Kanzler.
Empfing den Flügeladjutanten des Kaisers, Moltke, mit einem
Brief und einer Gravur für mich vom langweiligen Herrn Wilhelm« – eine Bezeichnung, die Nikolaus des öfteren für den deutschen Kaiser findet. Nikolaus ist offenbar irritiert und verunsichert durch seinen deutschen Cousin.
»18. September. Abends kam Onkel Wladimir zum Tee, sprachen über den Inhalt des Briefes, den ich von Wilhelm erhalten
hatte!«

Anfang und Schluß des satirischen Essays, von Nikolaus im Jahre 1895 in
deutscher Sprache geschrieben. Er ist aus den geschichtlichen Ereignissen
zu verstehen.

Satirischer Essay von Nikolaus II., den er um 1896 in Briefform,
Bismarck in den Mund gelegt, in deutscher Sprache verfaßt hat
(hier die wörtliche Wiedergabe)

»Wenn Seine Majestaet Kaiser Wilhelm II. den Fuersten Bismarck durch einen energischen Offizier, der sich vor dem Teufel nicht fürchtet, einen großen Bogen Pergamentpapier mit
dem […] Befehl vorlegen läßt, zum ersten Mal in seinem Leben
die reine Wahrheit zu gestehen, so wird der Fürst, richtig
behandelt, wörtlich also schreiben:
Ich, Fürst Otto Bismarck, der ich schon, als ich auf der Univer-
sität Göttingen Biersaufen und Rempeln studierte, eine rothe
Mütze trug, um der Welt zu zeigen, dass ich ein rother Republikaner sei, bekenne hiermit, daß ich kein irdischer Fuerst, sondern der Hoellenfuerst in eigener Person bin.
Im Moment, als ein uebermuethiger preussischer Junker im

103

Begriff stand, einem Sohn das Leben zu geben, befahl mir die hoehere Gewalt, der ich gehorchen muss, in diesen Junker zu fahren und mit junkerlicher Unverschaemtheit Weltgeschichte im grossartigsten Maßstabe zu machen.

Mit Vergnuegen gehorchte ich dem Befehl, schwindelte mich, nachdem ich die Welt schon so oft an der Nase herumgefuehrt hatte, am 1. April 1815 unter dem Namen Bismarck als April-scherz in die Wiege eines alten preussischen Adelsgeschlechts und spaeter, nicht ohne feine Ironie, in eine preussische Uni-form mit schwefelgelbem Kragen, verluderte, indem ich den Junker mit verzweifelter Natuerlichkeit spielte, die Monarchie nach besten Kraeften und rempelte alles um, was mir in den Weg kam, auch die Koenige von Gottes Gnaden, die ich hasse und verachte, aber gerade als ich den Hohenzollern und alle anderen Throne umrempeln und die Welt an allen vier Ecken in Brand stecken wollte, erwischte mich der ehemalige preussi-sche Leutnant Goerdeler in New York, dessen fromme Frau, das treue Minchen, in ihrer deutschen Bibel gelesen hatte, wer ich sei, und lieferte mich Seiner Majestät Kaiser Wilhelm II. durch des Kaisers treuen Freund, den Zaren Nikolaus II. von Russland, mit der Meldung aus, er habe nur Komoedie gespielt, um den alten Spitzbuben zu fangen, und sei, obgleich amerika-nischer Bürger geworden, im Herzen noch immer ein guter Deutscher und dem glorreichen Hohenzollerhause treu zuge-than. Ich ergebe mich jetzt auf Gnade und Ungnade.

Zum ersten Mal in meinem Leben will ich die reine Wahrheit sagen, in der Erwartung, daß man mich anständig behandelt.

Ich werde offen eingestehen, wie ich als Judas Ischariot den Herrn um 30 Silberlinge verriet, als König Nero Rom in Brand steckte, und die Christen verfolgte, als Papst Gregor VII. die Kirche verluderte, mit Kaiser Heinrich IV. Schindluder spielte und mich mit viel Humor als Statthalter Christi etablierte, als König Gambrinus den Germanengeschmack am Bier, dem schädlichsten und gemeinsten aller berauschenden Getränke, beibrachte, das meine lieben Freunde, die Bierbrauer, nicht nur aus Hopfen und Malz, sondern auch in Amerika z. B. aus

Eichenrinde, Salz, [...] und anderen schönen Sachen brauen, als Cardinal Richelieu den Bourbonenthron unterminierte und die französische Revolution vorbereitete, der 5 Milliarden wegen, die Deutschland nicht zum Segen gereicht sind, das schöne Paris in Brand schießen, Kaiser und Könige, darunter den Zaren Alexander II., ermorden und [...] auf den alten Wilhelm feuern ließ, wie ich dem Hochstapler Heinrich Hilgard alias Henry Villard gegen bare Bezahlung erlaubte, das biedere deutsche Volk mit Schwindel [...], vor dem Richard Goerdeler mich nach seinem Austritt aus den Diensten der Northern Pacific Eisenbahngesellschaft als wohlüberlegten Betrug gewarnt hatte, um den Schweiß seiner Arbeit zu betrügen, wie ich ebenfalls gegen bare Bezahlung 5 große amerikanische Lebensversicherungsgesellschaften, die keine deutsche Konkurrenz in Amerika dulden, gestattete, den deutschen Gesellschaften die Butter vom Brote zu nehmen und Deutschland mit Tantiemen und anderem, echt amerikanischen Schwindel auszupfänden [...], wie ich die beiden Brüder Goerdeler, die sich im Herzen noch wie echte Brüder lieben, aneinander hetzte, bis Richard der Ältere, der amerikanischer Bürger geworden war, in der Hitze des Gefechtes listig wenn nur gereizt, Kaiser Wilhelm II. zum Duell herausforderte und ich dann den schlechten Rath gab, ihn ins Irrenhaus zu Schwetz zu sperren, durch ein preußisches Gericht für blödsinnig erklären und beinahe 29 Monate lang mit teuflischer Grausamkeit foltern zu lassen, in der Erwartung, er werde sich, freigekommen, dafür am Kaiser rächen.

Das war ein Irrthum.

Im Irrenhaus zu Schwetz kam Richard zur Erkenntnis, daß er als ehemaliger preußischer Offizier kein Recht gehabt habe, den Kaiser zu fordern, dessen Herr Großvater ihm immer ein gnädiger, gerechter und gütiger König gewesen, kein Recht, von Hause fortzulaufen, ohne für Frau und Kinder zu sorgen; im Irrenhaus zu Schwetz sah er ein, welchen Schatz er an seiner treuen Frau habe, die vom Tage an, da sie die Schrecksekunde erhielt, man habe ihren Mann wie ein wildes Thier eingesperrt, vergaß, daß er sie nicht geliebt hatte, wie sie geliebt zu werden verdient, und wie er sie zu lieben versprochen, als er sie am Weihnachtstage 1878 in der Stadt New York zum köstlichsten Weihnachtsgeschenk erhielt und unermüdlich, wie keine andere Frau, sicher keine Amerikanerin es für ihn gethan haben würde, von früh bis spät, Tag und Nacht, für seine Befreiung kämpfte, bis es ihr gelungen, ihn den Klauen seiner Peiniger zu entreißen; im Irrenhaus zu Schwetz lernte er beten und als er nach langem, heißen Kampf, den Satan aus seinem Herzen weggebetet und allen seinen Feinden, selbst mir vergeben hatte, da instruicrte ich dummer Teufel seinen liebenswürdigen Verwandten, sie hätten nichts mehr von ihm zu befürchten und gab den perfiden Rath, ihn wieder zu seiner Familie nach Amerika zurückkehren zu lassen, weil ich, meines treuen Dieners des Präsidenten Grour Eberland, sicher, keine Gefahr für mich persönlich mehr für möglich hielt und mich riesig auf den Spaß freute, wenn er, vom Boden der Republik aus Kaiser Wilhelm II. und den Herren, die das große preußische Staatsexamen gemacht haben, allerlei Verlegenheiten bereiten würde. Mein treuer Diener Grour Eberland hat den in ihn gesetzten Erwartungen durchaus entsprochen, denn er hat sich geweigert, die Berliner Regierung um Genugthuung für das einem amerikanischen Bürger zugefügte Unrecht zu ersuchen obgleich zwei hochangesehene amerikanische Ärzte, Dr. A. H. Goelet und Dr. John H. Girdner, in New York Herrn Richard Goerdeler nach eingehender Untersuchung für vollkommen geistig gesund erklärt haben. Seine Bezahlung erhielt dieser große Patriot, der sein Amt benützt, um zu machen, was gemacht werden kann und der an den vier ohne Erlaubnis des Kongresses von ihm eigenmächtig aufgenommenen Staatsanleihen schweres Geld verdient hat, von dem Schwindler Villard, mit dem sich Amtsgerichtsrath und Landschafts-Syndikus Goerdeler in Marienwerder, Westpreußen, gleich nachdem er seinen Bruder ins Irrenhaus gesteckt, in Verbindung setzte und durch den dieser geniale Jurist das Thier an der Leine hat, von dem es in der Offenbarung Johannes XIX, 20, heißt, daß es mit dem falschen Propheten in den Schwefelpfuhl geworfen werden soll.

Der falsche Prophet ist der Mann mit dem falschen Namen, dem falschen Haar, dem falschen Blick, der falschen Zunge und dem falschen Herzen, der Schwindler Villard, der im Sommer 1892 prophezeite und durch seinen Spießgesellen Carl Schurz [deutscher Revolutionär] in endlosen Broschüren beweisen ließ, die Erwähnung des großen Reformheiligen Grover Cleveland [US-Präsident] auf freihändlerischer Basis werde eine solche Aera der Prosperität inaugurieren, wie Amerika sie noch gar nicht gekannt habe, und der als gleich nach Präsident Cleveland's Amtsantritt die Furcht vor einer Überschwemmung Amerikas mit billigen ausländischen Waren alle Geschäfte lähmte, die schlechten Zeiten zum Vorwand nahm, um die mit deutschem Kapital erbaute Northern Pacific zu verkrachen und der jetzt wieder einen neuen Raubzug gegen Deutschland mit frischem Schwindelpapier geplant hat, an dem mein treuer Diener Grover Cleveland durch seinen Bankier J. Pierpont Morgan viel Geld zu verdienen hofft.

Amerika hat die Prosperität dick, die den nur seine theoretischen Leidenschaften fröhnenden und seine Taschen mit ungerechtem Mammon füllenden Präsident Cleveland ihm gebracht hat und wird Hallelujah jauchzen, wenn es die Plage los ist.

Richard's Frau, das treue Minchen, hat in ihrer deutschen Bibel von dem schwarzen Ungeheuer gelesen, das dem Könige eine Grube gegraben hat, und ihr Mann, der nicht auf den Kopf gefallen ist, hat sofort gerathen das sei ich, den er, damals Leutnant im Magdeburgischen Fuselier Regiment Nr. 36, schon im Frühling des Jahres 1864 dabei abfaßte wie ich lange, nachdem die Sklaverei abgeschafft war, den amerikanischen Bürgerkrieg in Gang hielt, indem ich von Deutschland aus den Norden mit Geld und Soldaten und den Süden hinter dem Rücken des Königs mit preußischen Gewehren versorgte und Geld in beide Taschen steckte.

Das treue Minchen, das ich dafür bitter gehaßt und grausam verfolgt habe, hat die Heilige Schrift allein recht ausgelegt: der

Krieg, von dem sie im Propheten Jesaia XXX, 33, gelesen, daß ihm die Grube gerichtet sei, ist, wie sie gleich richtig geahnt hat, Kaiser und König Wilhelm II., von dem ihr echt deutsches Herz ihr gesagt hat, daß er ein guter König sei, der keinen anderen Wunsch habe, als das Deutsche Volk glücklich zu machen, wie es zu werden verdient. Das schwarze Ungeheuer, das diesem guten Könige eine Grube gegraben, bin ich, und ich sehe ein, daß ich Strafe verdient habe, aber da mein lieber Freund Richard Goerdeler, mit dem ich manch schönes Geschäft gemacht habe, ein echter Christ und Gentlemen ist, auch weiß, daß der Teufel nicht so schlecht ist, wie man ihn gewöhnlich hinstellt, und daß der alte Bismarck viele gute Eigenschaften hat, um deren Willen ihn alle Welt liebt, so hoffe ich, daß er mich, ohne kleinliche Rache, wie einen Cavalier behandelt und mir standesgemäßen Abzug verschafft. Ich bin ein Fürst, wenn auch kein indischer Fürst und da ich auch Standesehre habe, so erwarte ich, daß man mich mit fürstlichen Ehren in mein Reich zurückkehren läßt.

Festung Spandau, den April 1896

Der Höllenfürst Bismarck

»15. Oktober. Onkel Mischa kam aus dem Ausland zurück und brachte mir wieder einen Brief von Wilhelm!«

»24. Oktober. Nach dem Tee arbeitete ich und bemühte mich, eine schwarze Antwort an Wilhelm abzufassen. Eine unerträgliche Beschäftigung, wenn man so viele eigene Angelegenheiten zu erledigen hat, die auch noch wichtiger sind.«

Warum Wilhelm so häufig an Nikolaus schreibt, wird aus seinen außen- und innenpolitischen Interessen deutlich, die ihm Rußland als wünschenswerten, wenn nicht sogar unentbehrlichen Partner erscheinen lassen. Und dazu hat er viele Gründe.

Wilhelms innenpolitische Motivation ist das Bewahren der autokratischen Ordnung, auch wenn sie in seinem Land durch die deutsche Reichsverfassung nicht mehr voll in diesem Sinne gültig ist. Für Wilhelm bietet die zarische Autokratie jedoch eine Mitgarantie für die eigene. Wilhelm ist auch einer der wenigen, der Nikolaus nach der vielkritisierten Rede vor der Semstwo-Versammlung mit der Zurückweisung von deren Mitbestimmung gratuliert hatte: »… mit einem Wort, überall soll das principe de la monarchie in seiner ganzen Stärke gezeigt werden. Deshalb freut mich Deine großartige Rede, die Du kürzlich vor den Abgeordneten als Antwort auf gewisse Reformvorschläge gehalten hast. Sie hat direkt ins Schwarze getroffen und überall großen Eindruck gemacht …«

Das Prinzip der gegenseitigen Unterstützung in der Erhaltung der beiden gemeinsamen Staatsform ist nicht neu; war doch früher auch einmal – 1849 – ein Zar dem österreichischen Kaiser zu Hilfe gekommen, um den Ungarnaufstand niederzuschlagen und damit die absolutistische Staatsform nicht in Frage zu stellen. Diesen Beistand hatte Österreich-Ungarn Rußland nicht gedankt, wie man aus Österreichs Verhalten gegenüber Rußland im Krimkrieg ersehen kann; daß Dankbarkeit keine politische Kategorie ist, hatte Metternich allerdings gleich klargestellt: »Die Russen werden noch sehen, wie undankbar wir sein können!« lautet sein berühmt gewordener Ausspruch.

Außer diesen Aspekten sieht Wilhelm in Nikolaus, solange dieser sein Reich als Zar zusammenhält, einen Protektor des Westens vor der vielbeschworenen »gelben Gefahr« – ein Begriff, der schon seit 1894, dem Regierungsbeginn des jungen Nikolaus, gleich einer Horrorvision durch die Briefe Wilhelms an Nikolaus geistert.

Nicht zuletzt fördert der deutsche Kaiser im jungen Zaren dessen bereits latent vorhandene Interessen am fernöstlichen Abenteuer. Rußlands Engagement im Fernen Osten kann für Deutschland nur von Interesse sein: Behauptet sich Rußland, ist es für einige Zeit im Osten gebunden und vom Westen abgelenkt. Unterliegt es der aufkommenden Macht (der Japaner), ist es zu schwach, um sich auch noch im Westen zu engagieren. Diese Erkenntnis Wilhelms teilt auch Kaiser Franz Joseph, der um die Jahrhundertwende, als Rußland bereits voll im asiatischen Abenteuer stecken sollte, seiner Militärvertretung in China die

Order gibt: »Nur unterstützen, das lenkt den Zaren vom Balkan ab!«

Diese realpolitische Erwägung weiß der deutsche Kaiser raffiniert in jene Form zu gießen, für die sein russischer Gesprächspartner empfänglich scheint; denn für Intrigen, beispielsweise gegen England oder Frankreich, zeigt Nikolaus taube Ohren: So appelliert Wilhelm an Nikolaus' christliche Haltung und sein »von der göttlichen Macht« auferlegtes Missionsverständnis.

So stellt die vorhin in Nikolaus' Tagebuch erwähnte Gravur, die er vom deutschen Kaiser wohl zur Inspiration erhalten hatte, eine nach Wilhelms Entwurf ausgeführte Zeichnung – eine Art Resümee der Visionen – dar, die der deutsche Kaiser dem russischen schmackhaft machen will. Nikolaus beschreibt sie in seinem Tagebuch vom 6. Juni 1894 genau:

»Darauf sind die europäischen Mächte dargestellt, und zwar jede in einem Symbol für ihren Geist. Der Erzengel Michael als Abgesandter des Himmels ruft sie alle zusammen, auf daß sie sich zur Verteidigung des Kreuzes gegen Buddhismus, Heidentum und Barbarei vereinigen. Dazu Wilhelms Worte von der ›Heiligen Mission, von Gott auferlegt, das Kreuz und die alte europäisch-christliche Kultur vor dem Einfall der Mongolen und des Buddhismus zu verteidigen ...‹ Doch dieser Kampf bedeutet hier für ihn zugleich einen Kampf ›gegen unsere gemeinsamen inneren Feinde: Anarchismus, Republikaner und Nihilismus‹ ...«

Dafür verspricht Wilhelm Nikolaus in nachfolgenden Briefen (z. B. am 26.4.1895) auch, ihn »vor möglichen Angriffen in Europa« zu schützen, ist »gerne bereit, zugunsten Rußlands die Frage möglicher territorialer Annexionen lösen zu helfen«, und bringt die Hoffnung zum Ausdruck, daß der Zar »wohlwollend« zulasse, daß Deutschland seinerseits »ebenfalls einen Hafen irgendwo, wo es Dich nicht stört«, bekäme ...

Wichtigstes Motiv Wilhelms für seine Avancen ist die Tatsache, daß ihm die russisch-französische Partnerschaft im Hinblick auf sein Verhältnis zu Frankreich ein Dorn im Auge ist. Frankreichs potentielle Möglichkeit, Elsaß-Lothringen mit russischer Hilfe im Rücken zurückzuerobern, ist ein Schreckgespenst für den deutschen Kaiser. Hier wirkt das Bismarcksche Prinzip weiter: Alles, nur kein Zweifrontenkrieg! Daher läßt der deutsche Kaiser kaum eine Gelegenheit in seinen häufigen Briefen ungenutzt, Nikolaus an die »republikanische Gefahr« des französischen Verbündeten zu erinnern, um den Wert dieses Bündnisses in Frage zu stellen. So zum Beispiel in seinem Schreiben vom 25. Oktober 1895, in welchem Wilhelm vor der »Gefahr der Intimität mit der Republik« warnt, denn »in unseren Ländern sind Republikaner doch de natura Revolutionäre, und mit ihnen muß man dementsprechend umgehen ...«.

Außerdem ist dem deutschen Kaiser daran gelegen, unter allen Umständen eine russisch-englische Verständigung zu vermeiden; in England sieht er seinen Hauptfeind: England ist der potentielle Beistand Frankreichs in einem möglichen Konflikt mit Deutschland; England teilt das Interesse an der Kontrolle über die Meerenge am Bosporus; England ist der Konkurrent in kolonialen Interessengebieten und in Fernost – und Englands Flotte ist gefürchtet.

»Englands Position in Afrika und in der Türkei wird immer verdächtiger«, heißt es daher im Brief Wilhelms vom 25. Oktober 1895, »außerdem scheint sich eine englisch-japanische Verständigung anzubahnen« – womit Wilhelm tatsächlich recht hat –, »der zufolge sich Japan so starrköpfig gegenüber Rußland benimmt ...«

Die Konsequenz aus dieser Anglophobie – ein deutsch-russisches Bündnis.

Wilhelm hatte schon 1896 anläßlich eines Besuches von Manövern in Deutschland und Österreich-Ungarn dem als Gast anwesenden russischen General Obruchtin gegenüber den Wunsch nach einem deutsch-russischen Bündnis gegen England geäußert. Nun wird diese Idee weiter ventiliert.

All die erwähnten Hintergründe, die quasi die Antriebsfedern sind für Wilhelms ständige Versuche, auf Nikolaus einzuwirken, verbirgt er geschickt in psychologischen Lenkungsmanövern: So bringt der deutsche Kaiser seine Vorstellungen wohldosiert ein, oft nur nebenbei oder überhaupt nur in Form einer Mitteilung

Neues Palais
4/I 1898

Dearest Nicky

The new Year has just opened or the old Year has closed. But I cannot let it close without a glance at those lovely & brilliant days of August, when I was able to embrace You & Alix, & without thanking you for your kind, splendid even loving hospitality to Victoria & me. With deep feelings of gratitude do I remember the pleasant hours I was able to spend with You, exchanging intercourse showing that we were of one opinion in the principles we follow in the fullfillment of the task, which has been set us by the Lord of all Lords. Each of us tries to do his best for his countrys development & welfare as is his duty! But in community we seek to procure to our countr[y] the blessings of Peace!

May this New Year be a happy one for you dear Alix & the whole of your house or country May the plans, which you mature be fullfiled for the welfare of your people. Henry's mission is one of the steps I have taken for the help or countenance of your lofty ideals — without which no sovereign can exist — in promoting civilisation i.e. Christianity in the Far East! Will you kindly accept a drawing I have ehht[?] for you, showing the Symbolising figures of Russia & Germany as sentinels at the Yellow Sea for the proclaiming of the Gospel of Truth & Light in the East I drew the sketch in the Xmas week under the blaze of the lights of the Xmas trees! — Also an Album of photographs representing the Review on Your birthday at Wiesbaden before the new Standard of your Kiew Regiment & the swearing in of the Recruits of your fine Alexander Regiment as well as a scene from its barrackyard.

Schreiben von Wilhelm II. an Nikolaus II. vom 4. Jänner 1898; die Korrespondenz zwischen den beiden Kaisern wurde in englischer Sprache geführt von – nicht selten übertriebenen – Fakten, aus denen der Empfänger des Schreibens zwangsläufig von selbst die von Wilhelm gewünschten Schlüsse ziehen muß.

Schon kurze Ausschnitte aus den langen Ausführungen Wilhelms illustrieren Methode und Argumentationstaktik, die der deutsche Kaiser bei seiner Einflußnahme auf den jungen Zaren anwendet. In seinem erwähnten (gegen Frankreich und England Stimmung machenden) Schreiben vom 25. Oktober 1895 nimmt Wilhelm sogar Zuflucht zu rassistischen Ideen, wenn er auf Frankreich zu sprechen kommt, und verbindet seine Warnung vor dem französischen Bündnispartner damit, beim Zaren innenpolitische Ängste zu schüren:

»Deine und meine Untertanen sind langsamer im Denken, nüchterner und ruhiger in ihren Urteilen als z. B. die südlichen Völker oder die Franzosen. Die romanische und gallische Rasse ist leichter bereit, Schlüsse zu ziehen, und wenn sie einmal erst in Flammen steht, dem Frieden gefährlicher als die teutonische und russische Rasse. In England wiederum ist die Presse eher das Mundstück der öffentlichen Meinung als auf dem Kontinent und tritt mehr für die Interessen ihres Landes ein. [...] Wir können gute Beziehungen zur R. F. [République Française] unterhalten, aber niemals intim mit ihr sein. Ich fürchte immer, daß meine Leute bei Aufenthalten in Frankreich republikanische Ideen einsaugen. Ein Bekannter von mir war Zeuge eines Gesprächs in einem Pariser Salon: Auf die Frage eines französischen Generals, ob Rußland die deutsche Armee zerschmettern werde, antwortete der befragte russische General: ›Oh, wir werden auf der Stelle geschlagen sein, aber was macht das schon – dann werden wir auch eine Republik!‹ Das ist es, was ich für Dich fürchte, lieber Nicky! Sorge dafür, daß Deine Generäle die R. F. nicht zu gerne haben ...«

Doch solche Anspielungen, die gegen Nikolaus' befreundeten französischen Verbündeten gerichtet sind und die stolze russische Armee in Frage stellen, ziehen bei ihm nicht. Sie sind eher dazu angetan, die von seinem Vater übernommene Abneigung gegen Wilhelm zu vertiefen, als seine Bündnistreue aufzuweichen.

Wilhelms Bemerkung betreffend die Engländer wiederum zielt darauf ab, den Zaren zu beunruhigen und vor ihnen als möglichen Partnern zu warnen:

»Interessant war, was Lobanow mir über die Türkei erzählte: Er hätte Grund zum Verdacht, daß England hinter den Dardanellen her sei; ich war selbst davon überrascht. Zweifellos ist Englands Politik [...] höchst geheimnisvoll und unverständlich, und die seltsame Art, wie die englische Flotte bei den Dardanellen umherschleicht, zeigt, daß da etwas vorgeht. Wenn sie etwas tun, verletzen sie den Berliner Vertrag [Abgrenzen der Interessensphären], und das dürfen sie nicht, denn die anderen Signatarmächte werden nie ihr Einverständnis geben; aber es scheint, daß sie ihre Politik im Mittelmeer ändern wollen [...]. Frankreich weiß von Englands Plänen, Afghanistan zu nehmen und Persien aufzuteilen. Ich teile Lobanows Befürchtung, daß Japan eine Art Übereinkommen mit England hat. Ich habe ihm aber gesagt, daß ich es als meine Pflicht ansehe, daß ich, wenn Rußland im Fernen Osten angegriffen wird, Dir den Rücken freihalte gegen irgend jemanden in Europa ...«

Und nun schlägt Wilhelm zur Stärkung von Nikolaus' Vertrauen vor, eine Kontaktperson über die diplomatischen Vertreter hinweg einzusetzen:

»Meinst Du nicht, wir sollten die Tradition unserer Vorfahren wieder aufleben lassen und einen persönlichen Adjutanten beiderseits ernennen, der unseren Stäben angegliedert ist? Willst Du Moltke haben? Ich werde mit Vergnügen jemanden, dem Du wahrhaft vertraust, in meine Maison militaire nehmen ...«

Es sollte nicht General Moltke sein, sondern Generalleutnant von Chelius, der später, zu Kriegsausbruch 1914, als Adjutant Wilhelms dem Zaren zugeteilt wird, aber natürlich nicht Nikolaus, sondern seinem deutschen Kaiser wertvolle Dienste als Informant über die Stimmung am russischen Hof leisten wird.

So beeindruckt der Zar von den Ausführungen seines überaus intelligenten Vetters sein mag, von seiner Bündnistreue zu Frankreich vermag dieser ihn nicht abzubringen. Abgesehen davon, daß Nikolaus von dessen Richtigkeit überzeugt ist, betrachtet er dieses Bündnis als unverletzliche Klausel des Testaments seines Vaters und somit als ein heiliges Vermächtnis. 1896, ein Jahr nach dem letztgenannten Schreiben, findet Nikolaus' offizieller Besuch als neuer Repräsentant des russischen Zarenreiches in Frankreich statt, um persönlich den Pakt zu bekräftigen, und der begeisterte französische Empfang bestätigt ihn in seiner Überzeugung.

Der deutsche Kaiser sieht das nur ungern. Er unternimmt bald darauf mit Familie und größerem Gefolge einen Besuch bei Nikolaus in Petersburg, um ihn wieder für sich einzunehmen. In Wilhelms Brief an seinen Freund Graf Eulenburg, den deutschen Botschafter in Wien, gleich nach der Rückkehr aus Rußland im August 1897, stellt sich dieser Besuch nachträglich als Versuch dar, Nikolaus als Freund auf seine Seite zu ziehen und für seine politischen Pläne zu gewinnen:

»Der Besuch ist über die Erwartungen hinaus gut verlaufen, und ich habe mich vollkommen über alle großen politischen Fragen mit Nicky geeinigt, so daß wir sozusagen über die Welt disponiert haben! Eine Rückgabe der Reichslande an Frankreich mit russischer Hilfe ist absolut, glatterdings ausgeschlossen, daher ein Krieg zwischen Gallien und mit Rußland nicht zu befürchten, Nicky hat sich verpflichtet, Frankreich mitzubringen. Die Kontinentalsperre gegen Amerika und eventuell England ist beschlossene Sache. An Dir wird es liegen, Wien von London zu trennen. Wir sind als zärtliche Freunde geschieden ...«

Bei Nikolaus stellt sich das anders dar. Aus den Äußerungen gegenüber seinem Onkel, seinen Tagebuchnotizen und dem Bericht des französischen Botschafters Paléologue ist ersichtlich, wie wenig der Zar darin übereingestimmt hatte, daß die Frage Elsaß-Lothringen als erledigt zu betrachten sei. Er hatte vielmehr darauf hingewiesen, daß das russisch-französische Bündnis nicht dazu da sei, einem möglichen deutschen Angriff die Spitze zu bieten, wie dies in der Militärkonvention von 1892 klar formuliert worden war. Nikolaus hatte lediglich versucht, Wilhelm zu beruhigen, indem er versprach, »darüber zu wachen, daß die Franzosen nicht über die Stränge schlagen«.

Auch von einer »Disposition über die Welt« war auf seiten Nikolaus' nicht die Rede. Er hatte Wilhelms Ausführungen die ganze

Zeit über höflich zugehört, war sichtlich eingeschüchtert, aber Zustimmung bezog Wilhelm lediglich aus Nikolaus' Schweigen und seiner Enthaltung, dem Redner zu widersprechen.

Als Wilhelm abgereist war, atmete Nikolaus auf. Seinem Onkel Alexej gegenüber äußerte er, »wie unangenehm und peinlich die endlosen Gespräche mit diesem langweiligen Herrn Wilhelm« gewesen seien. »Ich kann nicht verstehen«, hatte er geklagt, »daß er sich erlaubt, derartige Fragen anzuschneiden, ohne mir das vorher mitgeteilt zu haben und mir Gelegenheit zu geben, mich hinsichtlich der zu erteilenden Antworten mit meinen Ministern zu verständigen. Daher habe ich ihm nur ganz unverbindlich geantwortet ...«

Ein Photo, das Wilhelm vor seiner Abreise in gönnerhafter Pose mit seiner Hand auf Nikolaus' Schulter machen ließ, um es als Postkarte verschicken zu lassen, hatte Nikolaus anschließend sofort vernichten lassen – die Photoplatten inklusive. Er fühlte sich durch das Benehmen Wilhelms gedemütigt.

Nikolaus scheint Wilhelm nicht gewachsen zu sein, aber auch nicht wirklich unterlegen, da er dessen Persönlichkeit und manche hinter den Gebärden verborgene Ziele durchschaut. Allerdings nicht alle. In einem Punkt beispielsweise sieht er in Wilhelms Argumentation keinerlei Hintergedanken, denn die Idee leuchtet ihm ein.

Es ist das Abenteuer im Fernen Osten.

»Ich zweifle nicht daran«, hatte Wilhelm feierlich erklärt, »daß Gott Dir vorbehalten hat, das Kreuz des Erlösers an den Ufern des Stillen Ozeans zu errichten; ich hoffe, Du verstehst die ganze Bedeutung und die Heiligkeit der herrlichen Mission, die sich Dir darbietet ...«

Auch wenn Nikolaus die Gestik seines deutschen Ratgebers übertrieben scheinen mag – auf dessen gemorsten Abschiedsgruß nach einem Treffen zur See »Auf Wiedersehen, Herrscher des Pazifik« hatte Nikolaus nur ein nüchternes »Good bye« erwidert –, besticht ihn der Gedanke, seine Position im pazifischen Raum auszubauen, denn er ist bereits auf dem Weg dazu.

Es sind wie meist die Militärs, die ihrem Herrscher mit der Erfüllung ihrer Pläne in den Ohren liegen. 1897 waren sie bei Nikolaus abgeblitzt, als sich Rußland ihrer Meinung nach unter Ausnutzung des griechisch-türkischen Krieges seinem Wunschziel am Bosporus hätte nähern können; statt eines Krieges einigte sich Rußland jedoch mit Österreich-Ungarn in einem friedlichen Abkommen auf die Respektierung des Status quo auf dem Balkan. Jetzt laufen die Generäle offene Türen ein, als es um die militärische Vollendung der strategisch und politisch bereits vorbereiteten Expansion im Fernen Osten geht.

Seit 1895 hat Rußland in Port Arthur einen eisfreien Hafen, ein Defensivbündnis mit China und dessen Zustimmung zur Ostbahnlinie, praktisch zur Kontrolle über die Mandschurei. Rußland verfügt über die gepachtete Halbinsel Liaotung und gerät damit in die Interessensphäre Japans, gegen das auch das russisch-chinesische Verteidigungsbündnis von 1896 gerichtet ist. Seit 1897 besitzt Rußland auch Einfluß und Stützpunkte in Korea, Finanz- und Militärberater in Seoul und unterhält dort auch eine militärische Schutztruppe.

Die Ereignisse nehmen wie von selbst ihren Lauf. 1897 werden zwei deutsche Emissäre ermordet, woraufhin Kaiser Wilhelm Kiao-Tschao okkupiert. Rußland reagiert darauf mit einer Besetzung der Bucht vor Port Arthur und Talienwan (russ. Daliewan, Dalnij) und holt die chinesische Erlaubnis zur Fortsetzung der russischen Bahnlinie bis zu diesem Zielpunkt ein; Port Arthur wird zum Handelshafen ausgebaut, wo sich auch russische Handelsgesellschaften niederlassen. Indessen gesellen sich England mit einem Hafen in Wei-Hai-Wei am Gelben Meer und Frankreich im südchinesischen Kwan-Tschoi zu den bereits anwesenden Kolonisatoren.

1900 reißt den Chinesen die Geduld. Ein Aufstand gegen die europäischen Okkupanten bricht aus – der sogenannte »Boxeraufstand«. Der Zorn entlädt sich in der Besetzung des Diplomatenviertels in Peking, die aber von den unverzüglich herangeführten Interventionstruppen aufgehoben wird. Unter dem Druck von Amerika, England und Japan muß Rußland die Mandschurei (außer dem Territorium seiner Eisenbahnlinie und

Harbin als Verwaltungszentrum) an China zurückgeben und wird zur Räumung von Korea verpflichtet.

Rußland läßt sich Zeit, der letztgenannten Aufforderung nachzukommen. Japan pocht weiter auf diese Forderung und stellt die Anerkennung der russischen Vorherrschaft in der Mandschurei für den Abzug der russischen Truppen von dort und das Zugeständnis der Bewegungsfreiheit der Japaner in Korea in Aussicht. Das wird von Rußland abgelehnt. 1902 schließt Japan, wie von Wilhelm richtig prophezeit, ein Bündnis mit England und rüstet zum Krieg. Verschärft wird die Situation noch dadurch, daß der Zar mit General Alexejew einen Generalgouverneur in die koreanische Ostprovinz Quantun entsendet und General Besobrasow als Verwalter in Nordkorea einsetzt. Japanische Proteste verhallen ungehört.

Das ist 1903. Zu Beginn dieses Jahres hatte Zar Nikolaus in sein Tagebuch geschrieben: »Jetzt fange ich an, Kräfte zu sammeln.« Witte hatte ihn gewarnt, sich in Abenteuer einzulassen. Doch da sind Generäle wie Kuropatkin, Besobrasow und andere, die den Zaren in der Überzeugung wiegen, er könne sich auf eine starke Militärmacht stützen.

Laut Witte, einem Kritiker der zarischen Außenpolitik, habe Nikolaus gegenüber Kuropatkin keinen Zweifel daran gelassen, daß er »für Rußland die Mandschurei, die Einverleibung Koreas, später die Vorherrschaft in Tibet, die Einnahme Persiens und dann noch den Bosporus und die Dardanellen« erträume. Er vertraue lieber den Ratgebern, die sich in dieser Region auskennten und militärische Erfahrung besäßen, als seinen Ministern.

Besobrasow, der sich an die Spitze des ehrgeizigen Unternehmens stellt und dessen Protektor beim Zaren niemand anderer als Kaiser Wilhelm selber ist, gelingt es, Finanzminister Witte als Gegner der Fernostpläne auszuschalten und seine Entlassung zu erwirken. Nun agiert Nikolaus nicht nur an seinem bisher fähigsten Berater Witte, sondern auch an seinem eigenen Außenminister Lambsdorff vorbei. Für den Empfang der japanischen Delegation, die in Petersburg vorsprechen will, hat er »keine Zeit«.

Anläßlich des Abbruchs der Verhandlungen mit Japan betref-

fend Korea – die Japaner hatten soeben ihren Botschafter aus Petersburg abgezogen – schlägt Abasa – Konteradmiral und Vorsitzender des Komitees für den Fernen Osten – in einem Brief an den Zaren vom 25.1.1904 zwei Alternativen vor und ersucht um Bestätigung für eine von diesen – je nachdem, ob der Zar einen Präventivangriff gegen Japan unternehmen will oder nicht:
»Nach der Veröffentlichung des Abbruchs der diplomatischen Beziehungen in den Regierungsnachrichten ›Prawitelstwennyi Wjestnik‹ fürchte ich, daß Alexejew* in Schwierigkeiten gerät, wenn er nicht von Eurer Majestät ein Telegramm in Hinblick auf die Landung der Japaner in Südkorea erhält.
Daher erlaube ich mir, zwei Vorschläge zu unterbreiten; einen in meinem Namen und einen im Namen Eurer Majestät, für den Fall, daß Eure Majestät einen der Telegrammentwürfe abzusenden geruhen. Mir sind unsere Verhandlungen oder Abkommen mit den Großmächten nicht bekannt, und daher weiß ich nicht, wieweit England sich unseren Kriegshandlungen in Korea oder in dessen Territorialgewässern anschließen kann, um sagen zu können, ob Rußland im Bund mit Korea gegen Japan kämpft und folglich England kraft seiner Vertragsbedingungen mit Japan auf seiten des letzteren bleibt, weil es sich mit *zwei* Nationen im Krieg befindet.
In meinen Zweifeln halte ich es für meine Pflicht, die Entscheidung dem Allerhöchsten Gutdünken zu überantworten.
Der zutiefst Untergebene der Kaiserlichen Suite
Eurer Kaiserlichen Hoheit
Konteradmiral Alexej Abasa

Vorschlag Nr. 1
Telegramm Seiner Kaiserlichen Hoheit an den Generaladjutanten Alexejew aus Sankt Petersburg vom … Januar 1904:
Angesichts des Abbruchs der diplomatischen Beziehungen seitens Japans ist der Landung der Japaner in Korea in Aufhebung

---

* General E. I. Alexejew, Admiral und Generaladjutant, ist von 1903–1905 Statthalter im russisch okkupierten Gebiet im Fernen Osten und Oberkommandierender der Armee im russisch-japanischen Krieg, nicht identisch mit Michajl W. Alexejew, Chef des russischen Generalstabs im Ersten Weltkrieg

meines Telegramms vom 14. Januar Einhalt zu gebieten, wenn
Sie es für erforderlich halten.

Vorschlag Nr. 2
Telegramm des Konteradmirals der Suite Seiner Majestät Abasa
an den Generaladjutanten Alexejew aus Sankt Petersburg
vom ... Januar 1904:
Angesichts des Abbruchs der diplomatischen Beziehungen seitens Japans geruhte Seine Majestät der Kaiser mir zu befehlen,
Ihnen mitzuteilen, daß die im Telegramm Seiner Kaiserlichen
Hoheit an Sie vom 14. Januar dargelegte Lage nun aufgehoben ist
und Sie, wenn Sie es für erforderlich halten, Maßnahmen zur
Behinderung der Landung der Japaner in Südkorea ergreifen
können.«

Diese Anfrage um Entscheidung und Handlungsvollmacht entscheidet Nikolaus nach einer Beratung negativ – im Sinne
militärischer Zurückhaltung (was Behauptungen widerlegt, der
Zar hätte einen Krieg mit Japan nicht gescheut).
In der Nacht auf den 27. Januar 1904 greifen japanische Torpedoboote die russische Flotte bei Port Arthur an.
Nikolaus in seinem Tagebuch:
»26. Januar. Hatte am Morgen Beratungen wegen der japanischen Frage. Es wurde beschlossen, daß wir nicht selbst anfangen ... Erhielt abends ein Telegramm von Alexejew mit der
Nachricht, daß japanische Torpedos die äußere Reede unserer
Flotte, die Zesarewitsch, Retwisan und Pallada attackiert und sie
leckgeschossen haben – und das ohne Kriegserklärung. Möge
uns der Herr helfen!«
Der weitere Verlauf der Ereignisse spiegelt sich in den Notizen
des Zaren wie folgt:
»27. Januar. Am Morgen kam ein neues Telegramm mit der
Nachricht von der Bombardierung Port Arthurs durch 15 japanische Schiffe und Kämpfen mit unserem Geschwader. Gering-
fügig beschädigt sind die Poltawa, Diana, Askold und No-
wik.
Unbedeutende Verluste. Nachmittags zur Bittmesse in die Kir-

Manifest über den Kriegszustand zwischen Rußland und Japan vom 27.1.1904

che gefahren. Am Rückweg Hurrarufe! Überhaupt – überall rührende Äußerungen einer einmütigen patriotischen Stimmung und des Unmuts über die Frechheit der Japa-ner ...«

»28. Januar. Ohne Nachrichten aus dem Fernen Osten. In der Stadt Gerüchte, darunter auch über eine angebliche Vernichtung der japanischen Flotte. Nachmittags Seekadetten zu Offizieren befördert ...«

»29. Januar. Heute nur eine Nachricht, und die war betrüblich:
Der Minentransporter Jenisej, bei Talienwan vor Anker, ist auf eine Seemine aufgelaufen und gesunken, wobei der kommandierende Kapitän Stepanow, 3 Offiziere und 29 Matrosen umkamen. Ein furchtbares Unglück!«

Die Bevölkerung reagiert scheinbar zustimmend:
»30. Januar. Am Vormittag eine Masse von Studenten, die mit Fahnen zum Winterpalais marschiert sind und die Hymne gesungen haben [...] Eine rührende Äußerung der Gefühle der Leute, und das alles so geordnet und diszipliniert ...«

»1. Februar. [...] Noch ganz unter dem furchtbaren Eindruck der gestrigen Nachricht [der russische Kreuzer Bojarin war auf eine Mine aufgelaufen und auf Grund gegangen]; nicht nur schmerzlich für unsere Flotte, sondern auch für das Ansehen Rußlands!«

»2. Februar. Erhielt von Alexejew Telegramm, daß unsere Kreuzer nach Wladiwostok zurückgekehrt sind und dabei einen großen Sturm überstanden haben.«

»8. Februar. Alexejew teilt mit, daß er Arthur verlassen und sich nach Mukden zurückgezogen hat.«

»11. Februar. Erfreuliche Nachricht über abgewehrten Versuch der Japaner, unsere Einfahrtsschiffe vor Port Arthur mit Brandern* zu versenken. Unser Retwisan hat mit seinem Brander vier Dampfer vernichtet und die ihn angreifenden Torpedoboote verjagt. Es gab keine Verluste.«

»12. Februar. Erhielt kurzes Telegramm über mehrmalige Angriffe der Japaner auf Port Arthur und deren erfolgreiche Abwehr.«

---

* Dampfer mit Brandwerfern, früher häufig bei Seeschlachten eingesetzt

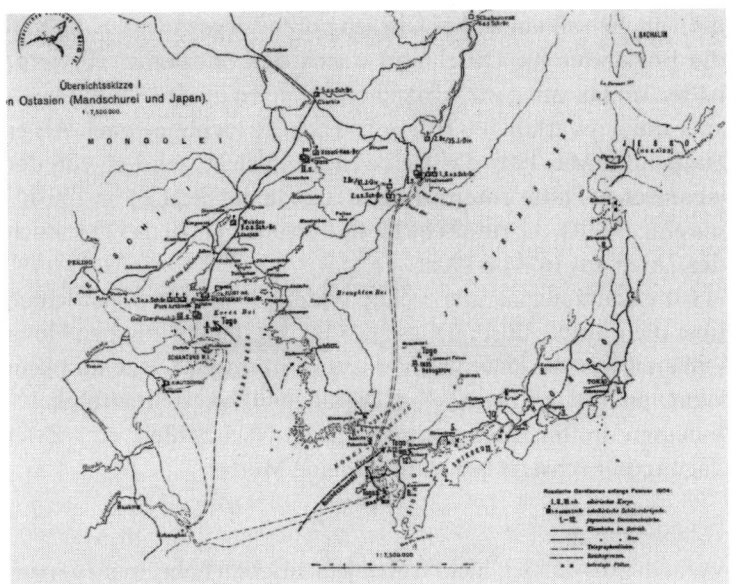

Kriegsschauplätze im Russisch-Japanischen Krieg 1904–1905

Eine Zeitlang treffen keine Nachrichten ein. Dann eine Hiobsbotschaft nach der anderen. Die Japaner können sich aufgrund der Überlegenheit ihrer modernen Flotte gegenüber den veralteten, noch kohlebeheizten und mit starren Geschützen ausgestatteten russischen Schiffen durchsetzen und gelangen bis Korea: Port Arthur ist gefallen, der japanische Keil kann tiefer in die russischen Stellungen geschlagen werden.

Nikolaus notiert zu Jahresbeginn 1905:

»1. Januar 1905. Möge der Herr das anbrechende Jahr segnen, möge Er Rußland ein siegreiches Ende des Krieges gewähren, einen dauerhaften Frieden und ein ruhiges, stilles Leben! …«

In der Mandschurei, wo nun General Kuropatkin Oberkommandierender ist, entsteht eine fünfundsechzig km lange Front; dreihundertzehntausend Russen stehen ebenso vielen Japanern in der größten Landschlacht vor dem Ersten Weltkrieg gegenüber. Die russische Seite wird geschlagen und verliert ein Drittel ihrer Armee, die japanische erleidet nur geringe Verluste.

Indessen kommt Admiral Roschdestwenskij mit zwei Geschwadern an. Er war ein halbes Jahr lang unterwegs gewesen, da ihm die Engländer die Durchfahrt durch den Suezkanal verwehrt hatten und er um ganz Afrika herumfahren mußte: Dazu waren aber die schwerfälligen russischen Schiffe nicht geeignet. Als er endlich im Mai 1905 das Gelbe Meer erreicht, wird er von der japanischen Flotte unter Admiral Togo in der Straße von Tsushima eingekreist, die russische Flotte versenkt. Dazu das Tagebuch des Zaren am 16. Mai 1905:

»Heute kamen einander völlig widersprechende Nachrichten über die Kämpfe unserer Geschwader mit der japanischen Flotte – überall war die Rede von Verlusten auf unserer Seite und kein Wort von Schäden beim Feind. Die Ungewißheit ist unerträglich.«
Indessen treffen niederschmetternde Nachrichten ein. Zwei Tage später schreibt Nikolaus an seine Mutter:

»Liebe Mama,   18. Mai 1905
Verzeih mir, daß ich nicht früher geschrieben habe, mein ganzer Abend gestern war mit Audienzen für Bulygin* und Trepow** ausgefüllt.
Die Reise des armen Mischa nach Berlin bereitet mir zur Zeit wenig Freude – unter uns gesagt.
Ein Aufenthalt im Ausland kann in diesen Tagen für einen Russen nur eine reine Qual sein, um so mehr, wenn er an irgendeiner Zeremonie teilnehmen muß. Aber das muß man eben als mühsame Pflicht sehen. Kaiser Wilhelm – dessen bin ich sicher – wird alles tun, um Mischa seine Rolle leichtzumachen. Aber es ist leider nicht möglich, seine Abreise zu verschieben, denn ich hatte gestern angekündigt, daß Mischa am selben Tag ankommt wie Onkel Wladimir.
Keine Neuigkeiten von dort [Japan] bis jetzt, nicht einmal betreffend Roschdestwenskij. Es scheint, wir müssen den Becher bis zum Grund leeren.
Gott schütze Dich, liebe Mama.
                                    Dein Dich sehr liebender Niki.«

---

* Neuer Innenminister
** Verkehrsminister und Vorsitzender des Ministerrates

Einen Tag später gibt es keinen Zweifel (und keine Hoffnung) mehr, und der Zar schreibt in sein Tagebuch:
»19. Mai, Donnerstag. Jetzt sind endgültig die furchtbaren Meldungen über den Untergang beinahe des gesamten Geschwaders in der zweitägigen Schlacht bestätigt worden. Sogar Roschdestwenskij ist verwundet und in Gefangenschaft!«
Es gibt verschiedene Versionen darüber, auf welche Weise der Zar die Hiobsbotschaft aufgenommen hat. Einmal hat er das Telegramm mit der Nachricht während des Tennisspiels empfangen, gelesen, in die Hosentasche gesteckt und weitergespielt; nach einer anderen Version soll Nikolaus im Paddelboot unterwegs gewesen sein, als er die Nachricht erhielt, und seine Bootsfahrt unbeeindruckt fortgesetzt haben. Beide sind in Hinblick auf Nikolaus' Persönlichkeit und seine Einstellung zu seiner Armee und Rußlands Ansehen eher unwahrscheinlich; Nikolaus' Schwester Olga war anwesend, als der Zar die Nachricht von der Niederlage erhielt:
»Ich war in dieser Zeit des öfteren abends bei meinem Bruder, wenn die Minister und Oberkommandierenden seiner Armeen gegangen waren. Ich bin sicher, daß mein Bruder diesen Krieg nie gewollt hat, sondern von der sogenannten Kriegspartei aus Politikern und Generälen hineingetrieben wurde, die an einen schnellen und glorreichen Sieg glaubten, um in erster Linie sich selbst und dann der Krone Ruhm zu bringen. Ich war im Palast, als das Telegramm kam. Alicky und ich waren in seinem Zimmer. Plötzlich wurde er aschgrau, taumelte und faßte nach seinem Stuhl. Alicky begann zu weinen. Der ganze Palast war an diesem Tag in Trauer.«
Reaktion des österreichischen Kaisers Franz Joseph auf den Fall von Port Arthur: Er ließ die Festung Pola verstärken, »damit uns nicht auch ein Port Arthur passiert!«
Bei den Friedensverhandlungen nimmt Zar Nikolaus das Vermittlungsangebot der Vereinigten Staaten unter Roosevelt an. Für die zähen Verhandlungen mit den Japanern in Portsmouth (New Hampshire) wird der zuvor entlassene Minister Witte, dem in der Zwischenzeit Kokowzow als Finanzminister gefolgt war, reaktiviert.

Witte erreicht erstaunliche Bedingungen, welche die Japaner allerdings erst nach seiner mehrmaligen Drohung, die Verhandlungen zu verlassen – neben der strikten Weigerung, von seinen Positionen abzugehen –, annehmen. Zwar fällt die Pacht der Halbinsel Liaotung an Japan, ebenso die südliche Mandschurei und Südsachalin, die Russen müssen Korea räumen und dieses Gebiet als politische, militärische und wirtschaftliche Interessensphäre Japans anerkennen. Aber Rußland muß keine Reparationen bezahlen, behält seine Position in der nördlichen Mandschurei mit der chinesischen Ostbahnlinie – und somit das Gleichgewicht gegenüber seinem japanischen Rivalen im Fernen Osten.

Dem glimpflichen Ausgang folgen bald friedliche Wirtschafts-, Handels- und Kooperationsverträge sowohl mit Japan als auch mit China und die Zuerkennung der Äußeren Mongolei als russische Einflußsphäre, die noch durch die chinesische Revolution um 1911 gestärkt wird. Die Folge: Autonomiestatus in der Äußeren Mongolei mit Ausbeutungsrechten hinsichtlich der Bodenschätze durch Rußland, was einer nominalen Souveränität Chinas, jedoch einem faktischen Protektorat Rußlands gleichkommt.

In Nikolaus' Tagebuch spiegelt sich die Spannung dieser Tage wider:

»17. August, Mittwoch. Nachts kam ein Telegramm von Witte mit der Nachricht, daß die Friedensverhandlungen zu einem Ende gekommen sind. Den ganzen Tag war ich wie betäubt davon ...«

»18. August, Donnerstag. Heute habe ich begonnen, mich mit dem Gedanken anzufreunden, daß Frieden geschlossen wird, und das ist sicher gut so, denn so soll es sein. Habe daraufhin einige Glückwunschtelegramme erhalten.«

»25. August, Donnerstag. Bin nachmittags zum Dankgottesdienst für den Friedensschluß gefahren. Ich muß gestehen, daß ich mich beim besten Willen nicht wirklich freuen konnte ...«

Das Prestige Rußlands ist trotz der geringen realen Einbußen angeschlagen. Die unglücklichen Kriegsereignisse, die schon ab 1904 von innenpolitischen Krisen begleitet sind, waren für den

БОЖІЕЮ МИЛОСТІЮ

МЫ НИКОЛАЙ ВТОРЫЙ,

ИМПЕРАТОРЪ И САМОДЕРЖЕЦЪ

ВСЕРОССІЙСКІЙ,

ЦАРЬ ПОЛЬСКІЙ, ВЕЛИКІЙ КНЯЗЬ ФИНЛЯНДСКІЙ.

И ПРОЧАЯ, И ПРОЧАЯ, И ПРОЧАЯ.

Объявляемъ всѣмъ вѣрнымъ НАШИМЪ подданнымъ:

Въ 30-й день сего Іюля Любезнѣйшая Супруга НАША, ГОСУДАРЫНЯ ИМПЕРАТРИЦА АЛЕКСАНДРА ѲЕОДОРОВНА благополучно разрѣшилась отъ бремени рожденіемъ НАМЪ Сына, нареченнаго А л е к с ѣ е м ъ.

Пріемля сіе радостное событіе, какъ знаменованіе благодати Божіей на НАСЪ и Имперію НАШУ изливаемой, возносимъ вмѣстѣ съ вѣрными НАШИМИ подданными горячія молитвы ко Всевышнему о благополучномъ возрастаніи и преуспѣяніи НАШЕГО Первороднаго Сына, призываемаго быть Наслѣдникомъ Богомъ врученной НАМЪ Державы и великаго НАШЕГО служенія.

Манифестомъ отъ 28 Іюня 1899 года призвали МЫ Любезнѣйшаго Брата НАШЕГО Великаго Князя Михаила Александровича къ наслѣдованію НАМЪ до рожденія у НАСЪ Сына. Отнынѣ въ силу основныхъ Государственныхъ Законовъ Имперіи, Сыну НАШЕМУ Алексѣю принадлежитъ высокое званіе и титулъ Наслѣдника Цесаревича, со всѣми сопряженными съ нимъ правами.

Данъ въ Петергофѣ въ 30-й день Іюля въ лѣто отъ Рождества Христова тысяча девятьсотъ четвертое, Царствованія же НАШЕГО въ десятое.

На подлинномъ Собственною ЕГО ИМПЕРАТОРСКАГО ВЕЛИЧЕСТВА рукою подписано:

„НИКОЛАЙ".

Печатано въ С.-Петербургѣ, при Сенатѣ.　　Іюля 30 дня 1904 года.

Manifest über die Geburt des Sohnes und Thronfolgers Alexej am 30. Juli 1904

Zaren durch einen persönlichen Lichtblick erhellt worden: Er war endlich Vater eines Sohnes geworden:

»30. Juli, Freitag. Ein großer, unvergeßlicher Tag für uns, an dem sich die Güte Gottes so großartig offenbarte: Um 1 Uhr 15 nachmittags hat Alix einen Sohn geboren, der auf den Namen Alexej getauft wurde! Es gibt keine Worte, die ausreichen würden, Gott für den Trost zu danken, den er uns in diesem Jahr der schweren Prüfungen gesandt hat ...«

Sommer 1905 – das ist der Augenblick, auf den der deutsche Kaiser Wilhelm gewartet hat, um den russischen Zaren zu dem Schritt zu bewegen, den er schon seit Jahren angestrebt hatte: ein russisch-deutsches Bündnis.

Was Wilhelm in den zahlreichen Briefen und Begegnungen der beiden seit der Thronbesteigung von Nikolaus im Jahre 1894 mit Warnungen (vor den Plänen der Engländer in russischen Interessengebieten), Intrigen (gegen die Franzosen und ihre »Unzuverlässigkeit mit Ansteckungsgefahr wegen ihrer republikanischen Ideen«), mit beschwörenden Appellen an den christlichen Monarchen in Nikolaus (»Gott hat Dir eine Mission übertragen«) und mit den zärtlich-freundschaftlichen Formeln ähnlich einem werbenden Liebhaber (»... wir haben uns die Hände gereicht, Dein Dich liebender Freund Willy«) nicht zuwege gebracht hatte, fällt ihm nach dem russischen Desaster in Japan wie von selbst in den Schoß.

Nach dem tatenlosen Zusehen Frankreichs in Port Arthur und der Haltung des mit Japan verbündeten England bedarf es keiner Hinweise Wilhelms mehr darauf, daß England Rußlands Erzfeind sei, wo immer in der Welt die beiden Mächte einander begegnen mochten. Wenn nun Wilhelm sein Bündnis mit Nikolaus, das dieser bisher in Rücksicht auf Frankreich gescheut hatte, besiegeln will, genügt es, die Vorteile einer gegen England gerichteten kontinentalen Allianz anzupreisen.

War der Gedanke eines deutsch-russischen Bündnisses bereits zuvor auch auf russischer Seite aufgekommen (Witte war daran interessiert gewesen, allerdings zum Unterschied von Kaiser Wilhelm in Anlehnung an und nicht gegen Amerika), erscheint er jetzt mehr denn je plausibel. Hatte dies seinerzeit die russische Seite zur Absicherung gegen Deutschland ventilieren wollen (für Witte ging von Deutschland die Hauptgefahr aus, es stellte in seinen Augen den Faktor der Macht gegenüber dem französischen Faktor des Geldes dar), ist nun Deutschland der Partner, den die Sorge vor England und die Absicherung vor einer schützenden russischen Hand über Frankreich im Falle einer Auseinandersetzung zu einem Bund mit Rußland treiben. Im übrigen war es ja früher die Weigerung von deutscher Seite gewesen, den alten deutsch-russischen Vertrag zu verlängern, die Zar Alexander III. 1892 zu einem Bündnis mit Frankreich bewogen hatte.

»Laß uns doch ganz leger zusammenkommen«, schlägt Wilhelm Nikolaus in einem Telegramm vor, das diesen vor seinem sommerlichen Aufbruch in die finnischen Fjorde erreicht. »Ohne Minister, ohne Adjutanten, ohne Etikette und Uniformen …« Diese Idee besticht den jungen Zaren. Am 27. Juli 1905 steuert Wilhelm seine Jacht »Hohenzollern« auf die russische »Poljarnaja swesda« zu.

Wilhelm hatte sich gut auf die Begegnung vorbereitet, galt es doch, die letzten Bedenken in Nikolaus zu zerstreuen, das angestrebte Bündnis verletze den Geist der russisch-französischen Allianz oder könne vom französischen Bündnispartner als illoyal angesehen werden.

»Wilhelm trat bei jeder Begegnung mit Nikolaus immer in einer anderen Rolle auf«, erzählte später der russische Außenminister Iswolskij, »aber welche auch immer es gerade war, sie war immer im voraus sorgfältig studiert und an die speziellen Umstände des Augenblicks angepaßt.«

Man besichtigt, wie Nikolaus in seinem Tagebuch begeistert berichtet, gemeinsam Abordnungen der deutschen und russischen Flotten; die Atmosphäre ist entspannt und freundschaftlich. Erst kurz vor beider Abreise zieht Wilhelm en passant ein Stück Papier aus der Tasche. Es ist der Entwurf für die deutsch-russische Koalition.

»Frankreich«, versucht Wilhelm Nikolaus zu beruhigen, »kann ja ruhig beitreten, und ich bin sicher, daß du deinen Bündnispartner dazu bewegen wirst.«

Kaiser Wilhelm hat diese von ihm selbst mit so viel Spannung erwartete Szene in einem Brief beschrieben, den er kurz darauf an Kanzler Bülow richtete. Die Situation ergab sich offenbar in der Kabine, die früher Zar Alexander bewohnt hatte und die Nikolaus als ein Heiligtum betrachtete, wie es Wilhelm vorkam. Und weiter verlief alles nach seiner Erinnerung so:

»Ich zog das Kuvert mit dem Entwurf aus der Tasche, entfaltete das Blatt auf dem Schreibtisch Alexanders vor dem Bild der Kaiserin-Mutter und legte es vor den Zaren hin. Er las es einmal, zweimal, dreimal. Ich betete ein Stoßgebet zum lieben Gott, Er möge jetzt bei uns sein und den jungen Herrscher lenken.

Es war totenstill; nur das Meer rauschte, und die Sonne schien fröhlich und heiter in die trauliche Kabine, und gerade vor mir lag leuchtend weiß die ›Hohenzollern‹, und hoch in den Lüften flatterte im Morgenwind die Kaiserstandarte auf ihr; ich las gerade auf deren schwarzem Kreuz die Worte ›Gott mit Uns‹ – da hörte ich des Zaren Stimme neben mir: ›That is quite excellent. I quite agree!‹ – Mein Herz schlug so laut, daß ich es hörte; ich raffte mich zusammen und sagte so ganz nebenhin: ›Should you like to sign it? It would be a very nice souvenir of our entrevue!‹

Er überflog noch einmal das Blatt. Dann sagte er: ›Yes, I will.‹ Ich klappte das Tintenfaß auf, reichte ihm die Feder, und er schrieb mit fester Hand ›Nikolaus‹, dann reichte er mir die Feder, ich unterschrieb, und als ich aufstand, schloß er mich gerührt in seine Arme und sagte: ›I thank God and I thank you, it will be of most beneficient consequences for my country and yours‹ … Mir stand das helle Wasser der Freude in den Augen – allerdings rieselte es mir auch von Stirn und Rücken herab –, und ich dachte, Friedrich Wilhelm III., Königin Luise, Großpapa und Nikolaus I., die sind in dem Augenblick wohl nahe gewesen? Herabgeschaut haben sie jedenfalls, und gefreut werden sie sich alle haben. […] So ist der Morgen des 24. Juli 1905 zu Bjoerkoe ein Wendepunkt in der Geschichte Europas geworden, dank der Gnade Gottes, und eine große Erleichterung der Lage für mein teures Vaterland, das endlich aus der scheußlichen Greifzange Gallien-Rußland befreit werden wird.«

Wilhelm hatte ausdrücklich ein Treffen »ohne Minister und Hof-

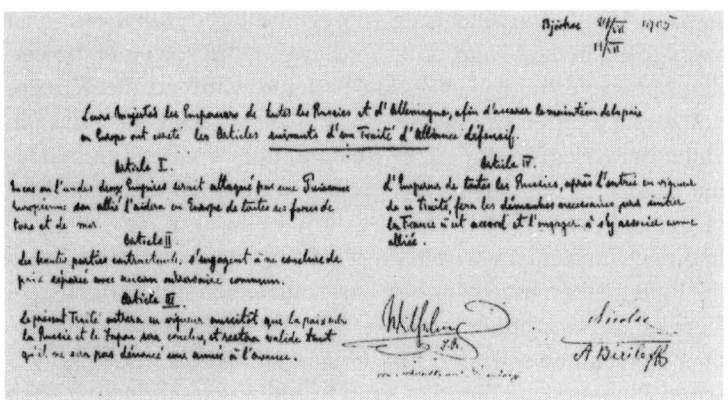

Handschriftlischer Vertragstext für ein deutsch-russisches Bündnis, aufgesetzt von Kaiser Wilhelm II. in Björkö, Juli 1905. Er trägt die Unterschrift Nikolaus' und seines Konteradmirals Biriljew neben der Wilhelms

staat« vorgeschlagen. Aber jetzt möchte er doch Nikolaus' Unterschrift durch eine weitere bestätigt haben. Der deutsche Kaiser hatte seinen Adjutanten unter sich unterschreiben lassen. Nun bleibt Nikolaus nichts anderes übrig, als seinem Marineminister diese ungewohnte Aufgabe zu übertragen. Biriljew gehorcht. Der deutsche Kaiser hatte bewußt den letzten Augenblick vor dem Abschied gewählt, damit Nikolaus es sich nicht anders überlegen konnte. Er weiß warum: Kaum nach Petersburg zurückgekehrt, zeigen sich die Minister des russischen Zaren über das Schriftstück bestürzt.

Die Vertragspunkte lauten:

»Artikel I. Falls eines der beiden Kaiserreiche von einer europäischen Macht angegriffen werden sollte, wird sein Verbündeter mit allen seinen Streitkräften zu Lande und zur See ihm beistehen. Vorkommendenfalls werden die beiden Verbündeten ebenso gemeinsame Sache machen, um Frankreich zur Beachtung der Verbindlichkeiten aufzufordern, die es nach dem Wortlaute des französisch-russischen Bündnisvertrages übernommen hat.

Artikel II. Die beiden hohen Parteien verpflichten sich, keinen Separatfrieden mit irgendeinem gemeinsamen Feind zu schließen.

Artikel III. Die Verpflichtung zu gegenseitiger Hilfeleistung ist auch gültig in dem Falle, daß Handlungen, die von einer der beiden hohen vertragschließenden Parteien während des Krieges vollzogen worden sind, wie z. B. die Lieferungen von Kohlen an einen der Kriegführenden, zu Reklamationen seitens einer dritten Macht als angebliche Verletzungen des Neutralitätsrechtes führen sollten.«

In einem Zusatz ist von der Verpflichtung des russischen Zaren die Rede, seinen französischen Verbündeten zum Beitritt zu dem Vertrag zu bewegen.

Das Abkommen soll nach Abschluß des Friedensvertrages zwischen Rußland und Japan in Kraft treten. Doch schon kurz nach Nikolaus' Rückkehr nach Petersburg unternehmen sein Außenminister Lambsdorff und der wieder im Amt befindliche Minister Witte alles, um den Vertrag zu annullieren (unter anderem mit der Begründung, der geplante Beitritt Frankreichs verzögere sich u. a.). Berlin reagiert nicht, weder Kaiser Wilhelm noch sein Minister Osten-Sacken antworten auf die diesbezüglichen Schreiben; später appelliert Wilhelm an Nikolaus' »Gewissen« und »Freundschaft« in der für ihn typischen Form (»Gott war unser Zeuge, unterschrieben ist unterschrieben« ...); irgendwann gibt jedoch auch der deutsche Kaiser die Hoffnung auf, daß eine unüberlegte Unterschrift reale Konsequenzen haben wird, wenn der entsprechende Fall eintritt, und die deutsch-russischen Kontakte brechen für eine Weile ab.

Indessen hat Nikolaus mit den innenpolitischen Begleitumständen der russischen Niederlage in Japan zu kämpfen, die sich Revolutionäre zunutze machen, um zum Angriff auf das zarische Regime anzusetzen.

Anders als der Eindruck von patriotischen Demonstrationen glauben machte, war der Krieg mit Japan nicht in allen Kreisen populär gewesen. Die russische Niederlage bietet nun Anlaß genug, das Faß sozialer Unzufriedenheit durch geschicktes Eingreifen Oppositioneller zum Überlaufen zu bringen.

So stürmisch der industrielle Aufschwung seit dem Amtsantritt von Zar Nikolaus II. und die glänzenden wirtschaftlichen Erfolge seines Finanzministers Witte ausgefallen waren, so wenig konnten die Arbeitsbedingungen der in der Industrie und der Landwirtschaft Beschäftigten trotz sozialer Verbesserungen mit dieser Entwicklung Schritt halten. Die sozialen Forderungen des neuen Industrieproletariats werden nun von den intellektuellen Wortführern oppositioneller Kreise in politischen Zündstoff umfunktioniert.

Das russische Versagen in Japan bietet ideale Argumente gegen ein diskreditiertes Regime, und die seit 1902 formierte Partei der Sozialrevolutionäre (mit Terror als erklärtem Mittel ihres politischen Kampfes) wird zum Sammelbecken und Organisationszentrum für revolutionäre Aktivitäten.

Es hatte mit Arbeiterunruhen in den neuen Industriezentren im Süden des Landes, Baku, Rostow am Dom, Tiflis, Kiew und Odessa, begonnen. Nun, im Frühsommer des Jahres 1904, regt sich Unmut unter der Besatzung der geschlagenen Flotte, die von den ersten Niederlagen in Japan zurückgekommen war und die durch Eisensteins Film »Panzerkreuzer Potemkin« berühmt werden sollte. Im Tagebuch des Zaren läßt sich der Verlauf der Aufstände nachvollziehen:

»15. Juni: Erhielt die erschütternde Nachricht aus Odessa, daß die Besatzung des gerade angekommenen Panzerkreuzers Taurisch Potemkin rebelliert, Offiziere umgebracht und das Kommando über das Schiff übernommen hat; es besteht die Gefahr, daß die Unruhen auf die Stadt übergreifen. Es ist nicht zu glauben!«

»20. Juni. Der Teufel weiß, was bei der Schwarzmeerflotte los ist. Vor drei Tagen hat sich die Besatzung des Georgij Pobjedonosez dem Potemkin angeschlossen, sich dann aber besonnen, alles bereut und 67 Anstifter ausgeliefert. Potemkin ist heute vor Konstanzia in Rumänien aufgetaucht. Auf der Prud gab es ebenfalls Unruhen, die aber beim Eintreffen eines Transporters in Sewastopol aufhörten. Wenn es nur gelingt, die anderen Besatzungen der Flotte zurückzuhalten! Dagegen wird man die Anführer und vor allem die Aufständischen hart bestrafen müssen ...«

Drei Tage später:

[Handschriftliche Tagebuchnotiz in russischer Kursivschrift]

Nikolaus' Tagebuchnotizen zu den Unruhen innerhalb der Schwarzmeerflotte vom 15.6.1905

»Gebe Gott, daß diese schlimme und schmachvolle Geschichte
schnellstens zu einem Ende kommt …«

Doch die Unruhen kommen nicht so bald zu einem Ende. Indessen schließen sich, von Revolutionären aufgehetzt, auch die Bauern im Süden des Landes den Aufständischen an. Kurz bevor der
neue Innenminister Stolypin sich ihrer Anliegen durch weitreichende Reformen annehmen kann, regt sich wieder die

Schwarzmeerflotte. Das trifft Nikolaus in seinem Stolz auf seine Marine und seine Armee.

Der Zar schreibt an seine Mutter, die sich zu dieser Zeit in Dänemark bei ihrem Vater (König Christian IX.) aufhält:

»Zarskoje Sjelo   17. November 1905
Liebe, teure Mama,
Noch eine schwere Woche ist vergangen.

Die Bauernunruhen dauern weiter an, und wenn sie in der einen Gegend aufhören, flackern sie anderswo wieder auf. Ich kann sie schwer zum Stillstand bringen, denn ich habe nicht genug Truppen oder Kosaken zur Verfügung, um sie überall hinzuschicken. Aber am schlimmsten von allem ist der neue Aufstand in Sewastopol unter der Besatzung der vor Anker liegenden Flotte und in einigen Teilen der Garnisonen. Das ist in einem solchen Maße schmerzlich und schmachvoll, daß ich keine Worte mehr finde. Gestern hat wenigstens General Meller-Sakomelskij energisch den Aufstand zum Stillstand gebracht; die Marinekasernen sind vom Brester Regiment genommen worden, und der Kreuzer Otschakow hat sich nach Beschuß von seiten der Rostislaw und der Artillerie vom Ufer her ergeben. Ich weiß schon gar nicht mehr, wie viele Todesopfer und Verletzte es wieder gegeben hat. Allein der Gedanke ist furchtbar, daß das alles die eigenen Leute sind!

Ein von seinem Dienst verjagter Offizier – ein ehemaliger Leutnant namens Schmidt* – hat sich selbst zum Kommandanten der Otschakow ausgerufen, ist aber nach dem Gefecht als Matrose verkleidet geflohen und später gefaßt worden. Man wird ihn natürlich erschießen müssen!

Wahrscheinlich wäre nichts passiert, wenn die Besatzung des Potemkin bestraft worden und nicht im Ausland ungeschoren geblieben wäre.

In letzter Zeit wird besonders verstärkt Propaganda unter den Truppen betrieben, und damit fertigzuwerden ist nur möglich,

---

*   Später Held des prorevolutionären Romans »Leutnant Schmidt«, der in der Sowjetunion verfilmt wurde

wenn man alle sorgfältig unter Beobachtung hält und die Offiziere aufmerksam gegenüber den Soldaten sind, wie das in der Garde der Fall ist.

Ich möchte mir hier der Reihe nach die Regimenter ansehen und fange beim Semjonowskij-Regiment an. Der Georgstag wird hier auch begangen, allerdings in gekürzter Form, nur mit einem größeren Essen.

Ich habe keine Zeit mehr zum Schreiben, liebe Mama. Ich umarme Dich innig und auch den teuren Großpapa. Gott sei mit Dir! Von ganzem Herzen, Dein

Niki«

Während der erwähnten Bauernaufstände wird auch General Sacharow, Adjutant des Zaren, in Saratow umgebracht. Als Sacharow gerade im Hause des Gouverneurs frühstückt, meldet der Diener den Besuch einer Dame, die Sacharow zu sprechen wünsche. Die Unbekannte überreicht ihm ein »Empfehlungs-

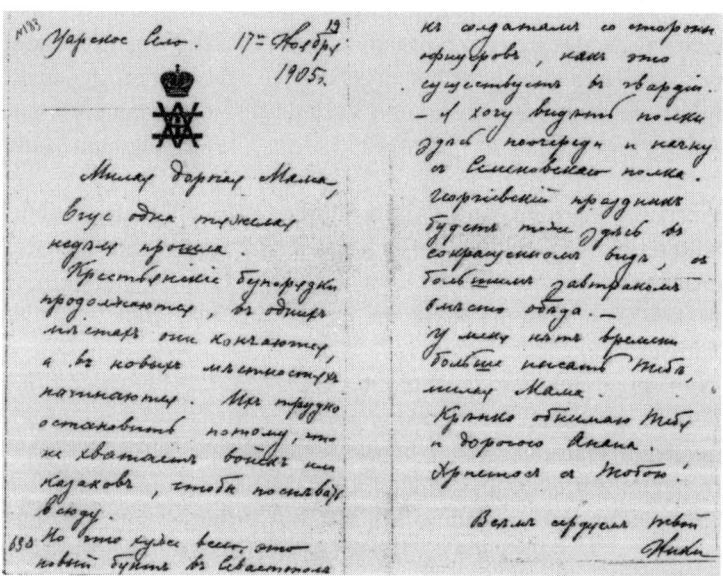

Brief Nikolaus' an seine Mutter vom 17.11.1905 über neuerliche Aufstände auf dem Panzerkreuzer »Potemkin«

136

schreiben«. Er beginnt zu lesen – da zieht sie auch schon ihre Pistole und erschießt ihn.

Die Lage mag sich vorübergehend beruhigen, aber die Unruheherde schwelen weiter. Abgeordnete der Semstwo, der seit langem nach einer offiziellen Form der bürgerlichen Mitbestimmung strebenden Selbstverwaltungen auf dem Land, werden bei Nikolaus vorstellig und erinnern ihn daran, daß es nunmehr an der Zeit sei, ein Grundgesetz für Mitbestimmung und bürgerliche Freiheiten zu erlassen. Mit den Worten »Ich versichere euch meines unerschütterlichen Willens, des Willens des Zaren, zur Gewährung einer gesetzgebenden Körperschaft zu meiner Unterstützung« entläßt Nikolaus die Delegation.

Der Zar trägt sich tatsächlich mit dem Gedanken, eine Verfassung zur Gewährung einer beratenden Körperschaft aus gewählten Vertretern des Volkes zu erlassen. Das Bewußtsein, daß er durch die Einberufung einer solchen Instanz den bei seiner Krönung geschworenen Eid auf die uneingeschränkte Selbstherrschaft – und das Vermächtnis seines Vaters – verletzt, läßt den Zaren jedoch schwanken. Von seinen Beratern, hinter denen Rechts- und Linksgruppierungen stehen, einmal verunsichert, dann wieder bestärkt, läßt sich Nikolaus erst unter dem Druck einer weiteren Welle von Unruhen zu einer Entscheidung zwingen.

Das wird unvermeidlich, als am 19. Dezember 1904 die Nachricht vom Fall Port Arthurs eintrifft. Aufstände und Protestkundgebungen sind die Folge. Mit Gewaltmaßnahmen allein sind nun Ruhe und Ordnung nicht auf Dauer wiederherzustellen. Innenminister Plewe, in den Augen Aufständischer Symbolfigur eines Polizeistaates, wird ermordet, kurze Zeit später der Gouverneur von Moskau, Großfürst Sergej Alexandrowitsch, Nikolaus' Onkel.

Sergej selbst hatte Nikolaus um Lockerung der rigorosen Maßnahmen gegen Streikende und Demonstranten ersucht und Ablehnung erfahren. Seine Witwe Ella, die ältere (und beliebte) Schwester der Zarin Alexandra, hatte den Attentäter im Gefängnis besucht und nach seinen Motiven befragt. Es war »blinder Haß auf die Obrigkeit«, den die Besucherin in diesem Mann vorfand; anschließend bittet die Großfürstin den Zaren um Begnadigung für den Mann, der die Bombe geworfen hatte, in der Meinung, das Beispiel werde die Aufständischen gegenüber der Regierung versöhnlich stimmen. Nikolaus lehnt ab, da dies seiner Ansicht nach nur andere Anarchisten ermuntern würde.

Tatsächlich ist nur ein Teil der Unruhen »echt«, der Großteil des Aufruhrs jedoch »hausgemacht«: Es sind Agitatoren am Werk, die die ärmere Bevölkerung gegen die Regierung aufhetzen. So werden die sozialen Anliegen durch Revolutionäre für ihre eigenen Interessen benützt, doch ihr tatsächliches Ziel ist der Sturz der Staatsmacht. Ein General hatte Nikolaus nach seiner Rückkehr aus dem Fernen Osten berichtet, daß unmittelbar nach der ersten Niederlage mehrere Agitatoren gekommen seien und aufhetzende Reden an die Soldaten gerichtet hätten. Im Programm für einen politischen Massenstreik, das ein Jahrzehnt später aufgestellt werden sollte, findet sich nachträglich ebenfalls die Bestätigung dafür, daß eine Reihe von Revolutionären in dieser Hinsicht auch schon zwischen 1903 und 1905 tätig war, Agitation betrieb und die Unruhen anzettelte. Ihre Geldmittel beschafften sie sich durch Bank- und Raubüberfälle (im wohlhabenden Süden, etwa in Georgien, hatte sich Dschugaschwili/Stalin daran beteiligt). Später, 1917, sollten sie sich die Erfahrungen von 1905 für eine perfekte Strategie zunutze machen. Tatjana Botkina, Tochter des Hofarztes, berichtet ebenfalls, daß unbekannte Leute jungen Burschen in der Stadt ein paar Rubel in die Hand gedrückt hätten, damit sie Fensterscheiben einschlügen und Unruhe stifteten. So wurden Unruhen simuliert – und stimuliert. Der Fall von Port Arthur im Dezember 1904 treibt nun nach den Matrosen von Tsushima auch die Arbeiter in Massen auf die politische Bühne. Anfang des Jahres 1905 legen Streiks der Eisenbahner weite Teile des Verkehrsnetzes lahm. Am 9. Januar bewegt sich ein Demonstrationszug aus Arbeitern unter der Führung des Priesters Gapon mit Transparenten und Zarenporträts auf das Winterpalais zu. Sie wollen ihre sozialen Forderungen zu ihrem Zaren tragen. Sie wissen nicht, daß dieser gar nicht da ist. Die Polizei reagiert kopflos und schießt in die Menge. Die Opferbilanz ist verheerend.

P 8624 vor 2 März 1915 for

Abschrift.

(Parvus)

Vorbereitung eines politischen Massenstreiks in Russland.

Es soll für den Frühling ein politischer Massenstreik in Russland vorbereitet werden unter der Losung : Freiheit und Frieden. Das Centrum der Bewegung wird Petersburg sein; hier wiederum die Obuchowschen, Putilowschen und Baltischen Werke. Der Streik soll die Eisenbahnverbindungen Petersburg-Warschau, Moskau - Warschau und die Süd-West-Eisenbahn erfassen. Der Eisenbahnstreik wird vor allem in den grossen Centralen mit starker Arbeiterschaft, den Eisenbahnwerkstätten etc. durchgeführt werden. Zum Zwecke einer Verallgemeinerung werden überall womöglich die Eisenbahnbrücken gesprengt, wie dies auch bei der Streikbewegung 1904/1905 der Fall war.

Konferenz russischer sozialistischer Führer.

Dieses Werk kann nur unter der Leitung der russischen Sozialdemokratie zustande kommen. Der radikale Teil der letzteren ist bereits in Aktion getreten. Es ist notwendig, dass sich auch die gemässigte Minoritätsfraktion anschliesse. Bis jetzt waren es zumeist die Radikalen, die eine Einigung verhinderten. Der Führer des letzteren, Lenin, hat aber vor zwei Wochen selbst die Frage nach einer Einigung mit der Minorität aufgeworfen. Eine Einigung auf einer mittleren Linie im Sinne der Notwendigkeit, die durch den Krieg geschaffene Schwächung des administrativen Apparates im Innern des Landes zur Einleitung einer energischen Aktion gegen den Absolutismus auszunützen, dürfte sich herbeiführen lassen. Es ist zu bemerken, dass der gemässigte Teil stets am stärksten unter dem Einfluss der deutschen Sozial-demokratie

Städte des schwarzen Meeres durch den Seekrieg stark beunruhigt sein
werden, so macht sie das besonders empfänglich für eine politische Agitation. Es muss besonders darauf hingewirkt werden, dass die revolutionären Organisationen in Odessa, gestützt auf die Arbeiter, sich, wie 1905,
der Stadtverwaltung bemächtigen,, um der Not der ärmeren Klassen, die
unter dem Krieg furchtbar leiden, abzuhelfen. Auch dies hätte zum Zweck,
der allgemeinen revolutionären Bewegung einen neuen Anstoss zu geben.
Sollte es zu einem Aufstand in Odessa kommen, so könnte dieser von der
türkischen Flotte unterstützt werden.

Die Aussichten für einen Aufstand der schwarzen Meer-Flot-
te können nur festgelegt werden, nachdem man mehr Fühlung mit Sebasto-
pol genommen haben wird.

In Baku und der Petroleum-Gegend lässt sich ein Streik ver-
hältnismässig ohne besondere Schwierigkeiten herbeiführen. Nicht ohne
Bedeutung ist auch, dass ein grosser Teil der Arbeiter Tartaren, also
Muselmanen, sind. Kommt es zum Streik, so wird versucht, werden, wie 1905
die Naftaquellen und die Petroleumdepots in Brand zu setzen. Streiks
sind auch möglich, im Bergbaugebiet des Donets. Besonders günstig sind
die Verhältnisse im Uralgebiet. Dort hat die sozialistische Majoritäts-
partei eine starke Anhängerschaft. Politische Streiks unter den Bergar-
beitern lassen sich dort leicht durchführen, wenn einiges Geld zur Verfügung ist; denn die Bevölkerung ist sehr arm.

Sibirien.

Eine besondere Beachtung ist Sibirien zu widmen. Man kennt
es in Europa nur als das Land der Verbannung. Es lebt aber längs der
grossen sibirischen Trecen, an der Eisenbahn und den Flüssen ein starker Bauernstand, von stolzem, unabhängigem Sinn, der am liebsten von der
                                                                Central

Programm der Revolutionäre von 1905, in welchem sie sich auf ihre Strategien und Erfahrungen während der Unruhen von 1904/5 beziehen; es sollte erst 1917 erfolgreich sein.

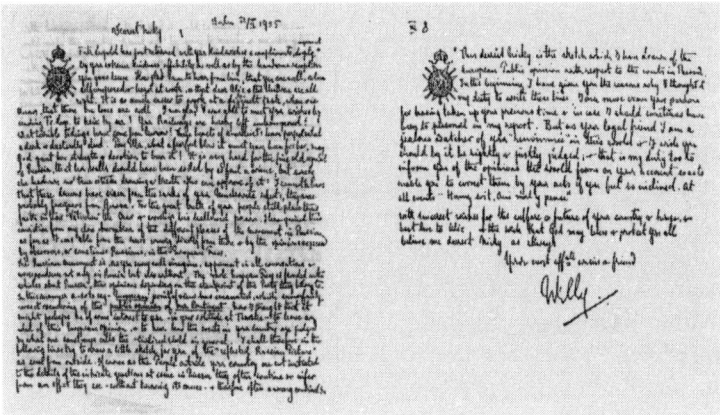

Brief von Wilhelm II. an Nikolaus II. vom 21. Februar 1905 mit Anregungen zu Reformen in Rußland

Nikolaus, in Zarskoje Sjelo, erfährt erst nachträglich davon und ist erschüttert. In den Augen der Bevölkerung trägt freilich er die Verantwortung.

Der Tag geht als »Blutiger Sonntag« in die Geschichte der zarischen Herrschaft ein. Die Kluft zwischen dem Herrscher und »seinem« Volk wird tiefer. Mit der Nachricht verbreiten sich zugleich Wut und Verbitterung über das Land, in der angeheizten Atmosphäre flackern auch in anderen Städten neuerlich Unruhen auf.

Minister Witte spricht beim Zaren vor: »Eure Majestät haben zwei Alternativen: eine Diktatur oder eine parlamentarische Monarchie mit der allseits geforderten Verfassung.« Selbst Wilhelm rät Nikolaus in einem Schreiben zu Zugeständnissen.

Nikolaus zieht sich noch einmal zu Beratungen zurück. In seinem Tagebuch ist zu lesen:

»17. Oktober [1905], Montag. Jahrestag der ersten Unruhen. Fuhren in die Kaserne zum Swodno-Gardebataillon anläßlich des Regimentsfeiertags, daher zelebrierte Vater Johann eine Feldmesse. Wartete dann mit Nikolascha* auf Witte. Unterschrieb

---

* Großfürst Nikolaus Nikolajewitsch, Onkel und Berater des Zaren

das Manifest um 5 Uhr. Danach wurde mir der Kopf schwer, und die Gedanken gingen mir wirr durcheinander. Herr, hilf uns, bringe Rußland Ruhe und Frieden.«

Noch am gleichen Tag, dem 17./30. Oktober 1905, erscheint das Allerhöchste Manifest, in welchem der »unerschütterliche Wille« des Zaren zur Gewährung einer Verfassung und einer gesetzgebenden Körperschaft, bürgerlicher Rechte, der Aufhebung der Zensur etc. kundgemacht wird. Das Ende der unbeschränkten Autokratie ist gekommen.

Wahlen der Abgeordneten zu der Duma, dem russischen Parlament, werden vorbereitet; im Februar 1906 findet die Wahl statt, im April wird die erste Duma feierlich eröffnet. Bunt und kontrastreich ist das Bild der Versammelten, die sich da im Thronsaal des Winterpalais zusammendrängen. Arbeiterkittel neben Uniformen, seidene Anzüge des Adels neben glänzenden Orden der Minister. Strahlende Gesichter neben trotzigen, hoffnungsvolle Mienen neben mißtrauischen. Am Tag des demokratischen Bekenntnisses, an dem der Zar das Wort »uneingeschränkt« aus dem Vokabular der russischen Autokratie streicht, ist von Einheit wenig zu spüren.

»27. April, Donnerstag, ein bedeutender Tag«, beginnt die Tagebucheintragung des Zaren nach diesem Ereignis. »Empfang des Staatsrates und der Staatsduma und offizielle Bestätigung der Existenz der letzteren. [...] Um ein Uhr zogen wir in den Georgssaal ein. Nach dem Gottesdienst hielt ich eine Grußansprache. Der Staatsrat stand zur Rechten, die Staatsduma zur Linken des Thrones. Kehrten in der gleichen Ordnung in den Malachitsaal zurück. [...] Abends arbeitete ich sehr lange, aber mit erleichtertem Herzen nach dem guten Abschluß der vorangegangenen Feierstunde.«

Doch die von Nikolaus erhoffte und im Gebet erflehte Ruhe bleibt aus. In der Duma sind von Anarchisten, Sozialdemokratischer Arbeiterpartei des rechten (menschewistischen) und maximalistischen linken (bolschewistischen) Flügels, deren Anführer Lenin und Martow schon jetzt die Diktatur des Proletariats fordern, über die intellektuelle Partei der Sozialrevolutionäre bis zu den Kadetten (konstitutionelle Demokraten), den Monarchisten und dem Bauernbund alle Richtungen vertreten.

БОЖІЕЮ МИЛОСТІЮ

МЫ НИКОЛАЙ ВТОРЫЙ

ИМПЕРАТОРЪ И САМОДЕРЖЕЦЪ ВСЕРОССІЙСКІЙ, ЦАРЬ ПОЛЬСКІЙ

ВЕЛИКІЙ КНЯЗЬ ФИНЛЯНДСКІЙ и пр. пр. пр.

Объявляемъ всѣмъ вѣрнымъ НАШИМЪ подданнымъ:

Благо Россіи и избраніе правильныхъ путей къ дости-
женію и обезпеченію устройства Государства и счастія подданныхъ всегда составляли первѣйшую заботу Царственныхъ
помысловъ НАШИХЪ. Признавъ своевременнымъ установить въ
законѣ порядокъ участія выборныхъ отъ населенія въ законодательныхъ трудахъ, МЫ утвердили Учрежденіе Государственной Думы, сохранивъ за СОБОЮ починъ въ дальнѣйшемъ
усовершенствованіи этого закона сообразно потребностямъ
времени и благу Государства.

Широкая возможность предоставленная НАМИ всей мысля-
щей Россіи обсудить безъ стѣсненій силу и значеніе этого закона открыло передъ НАМИ многостороннія пожеланія
НАШИХЪ подданныхъ, к. *ими, которыя* многіе изъ *таковыхъ* назвали
вражденны ко всякому порядку, *а потому* НАМИ должны быть *отвергнуты*, другія несомнѣнно проникнути стреи-
леніемъ къ благу Родины *и заслуживаютъ особаго*
вниманія и уваженія.
Въ твердомъ рѣшеніи исполнить и впредь Царственный
долгъ НАМЪ подавленіемъ смуты, препятствующей НАМЪ въ
трудахъ, направленныхъ къ благоденствію народа, МЫ вмѣстѣ съ тѣмъ глубоко и молитвенно вникнувъ въ *разумное*
и благомыслящее народа, *настроеніе*, и усматривая въ немъ
указаніе на истинныя нужды Россіи, повелѣваемъ въ не-
зыблемую основу подлежащихъ внесенію въ Государственную

Eine gemeinsame Sprache zu finden ist für ein so vielfältiges Gremium nicht leicht, der nötige Konsens der Zweidrittelmehrheit eine Seltenheit. Die Verteilung der Sitze in der auf fünf Jahre gewählten Institution sieht in der konsolidierten Phase der Zweiten Duma* zwei Jahre später, 1907, so aus: 98 – Zentrumspartei der Kadetten, 65 – Sozialdemokraten, 16 – Sozialrevolutionäre, 104 – Arbeiterpartei, 54 – gemäßigte Oktobristen, 46 – Polen, 30 – Mohammedaner, 7 – Kasachen, 50 – Parteilose. Zu diesem Zeitpunkt war die Kompetenz der Duma vom »gesetzesberatenden« zum« gesetzgebenden« Status gediehen.

Doch den Konservativen ist das Manifest zu großzügig in der Abgabe von Machtbefugnissen der Autokratie an das neue Gremium der Mitbestimmung; den Progressiven wieder bietet es zuwenig verbriefte Zugeständnisse und Vollmachten. Außerdem ist der Duma nach englischem Vorbild als oberste Kammer der Staatsrat zur Seite gestellt – genauer: überstellt –, der Gesetzesvorlagen des Parlaments gutheißen und dann dem Zaren zur Unterschrift vorlegen muß. Seine Zusammensetzung besteht, anders als in den Standesvertretungen der Duma, zu je 98 Sitzen aus vom Zaren ernannten Personen, darunter auch Vertretern der orthodoxen Geistlichkeit, zur anderen Hälfte aus frei Gewählten.

So schlägt nun, ungeachtet dieses historischen Schritts in der Innenpolitik, das Pendel in beide Richtungen aus und ist kaum mehr in den erhofften Ruhezustand zu bringen. Die Unruhen, wenn nun auch weniger heftig, kommen nicht zum Stillstand; Nikolaus scheint zu resignieren. Diesen Eindruck jedenfalls vermittelt er Augenzeugen, unter denen sich Iswolskij, in diesen Jahren vom Botschafter zum Außenminister avanciert, an eine markante Szene erinnert:

»Es war im Juni oder Juli des Jahres 1906, am Morgen der Wiederauflösung der Ersten Duma. Zarskoje Sjelo liegt nur ungefähr dreizehn Kilometer von Kronstadt entfernt. Während wir sprachen, waren Kanonenschüsse zu hören, die von Aufständischen des baltischen Geschwaders, die die Festung beschlos-

_____
* Die Erste Duma war vorzeitig aufgelöst worden.

144

sen, aus Kronstadt herüberkamen. Jeder Schuß war deutlich zu hören. Als der Kaiser mir mit ungestörter Ruhe zuhörte, konnte ich mein Staunen nicht verbergen. Ich fragte den Herrscher, ob wir das Gespräch nicht abbrechen sollten; er sah mich jedoch nur an und sagte: ›Nein, nein, sprechen Sie ruhig weiter – warum sollte ich mich in Verwirrung bringen lassen? Ich glaube aus tiefster Überzeugung, daß mein Schicksal und das Rußlands einzig vom Willen Gottes abhängen, der mir die Stellung zugewiesen hat, in der ich mich befinde. Wie die Prüfungen auch sein mögen, die er mir vorbehält, ich nehme sie unterwürfig an …‹«

Nikolaus gibt sich gelassen. Die getroffenen politischen Maßnahmen, glaubt er, würden zwangsläufig zu einer Beruhigung der Lage führen. Nach seiner sommerlichen Kreuzfahrt in den finnischen Fjorden schreibt er an seine Mutter:

»Meine liebe, teure Mama,   Peterhof, 27. September 1906
Jetzt ist es schon wieder eine ganze Woche her, daß wir von unserer herrlichen Seereise auf der wundervollen ›Standart‹ zurückgekehrt sind!
Jetzt, da wir wieder zu Hause sind und das Wetter weiter so warm ist, muß ich gestehen, daß wir uns umsonst so mit der Rückkehr beeilt haben, um so mehr, als es keine dringenden Angelegenheiten gibt und wir ruhig noch hätten bleiben können. Aber das Pflichtgefühl oder die verfluchte Schuldigkeit, wie der liebe Papa zu sagen pflegte, war der Grund unserer Rückkehr.
Es macht sich deutlich eine Abkühlung der Lage bemerkbar, die Tendenz geht in Richtung Ordnung und gegen die Richtung derer, die Unruhen wollen.
Freilich werden sich vereinzelt Überfälle von Anarchisten wiederholen, aber das gab es auch schon früher, und damit wird gar nichts erreicht …«

Die Arbeit der Duma gestaltet sich schleppend. Ihr Mechanismus und die so verschiedenen Interessen ihrer Abgeordneten blockieren eher die Annahme und Realisierung vorgelegter Gesetzesentwürfe, als daß sie diese vorantreiben. Dennoch gelingen zwei überragenden Ministern der Periode zwischen 1906

27" Сентября. Петергофъ.
1906.

Моя милая дорогая
Мама,

Вотъ уже уже недѣли,
что мы вернулись изъ
чуднаго плаванія и ску-
чаемъ ужасно по милому
Штандарту!

Теперь, что мы опять
дома и что теплая
погода продолжается, я
долженъ сознаться, что
мы напрасно вернулись
такъ рано, тѣмъ болѣе
675

Brief von Nikolaus an seine Mutter vom 27.9.1906

und 1912 dank ihrer energischen Persönlichkeit wichtige Reformen. Es sind das der Innenminister und ab 1907 Ministerpräsident Stolypin und der Finanzminister Kokowzow.

Beide sind von ihrer Weltanschauung her liberal, agieren jedoch – anders als Minister vor, neben und nach ihnen, die lieber das monarchische System diskreditiert sehen wollten – in Loyalität zur zarischen Regierung und festigen nicht nur deren Ansehen, sondern auch die Position Rußlands innerhalb der Großmächte jener Zeit.

Die Finanzpolitik Wittes hatte die Grundlage zu einer gestärkten wirtschaftlichen Basis mit dem Ansatz sozialer Begleitmaßnahmen gelegt. Der Rubel ist gefestigt, seit der Jahrhundertwende verfügt Rußland über gedeckte Währungsreserven mit einer halben Milliarde Rubel Überschuß; die Leicht- und Schwerindustrie sowie die Erdölproduktion hatten einen bedeutenden Aufschwung erfahren, die Zucker-, Baumwoll- und Papierindustrie sowie die Getreideproduktion rückten auf vordere Ränge in der weltweiten Ausfuhr. Eigene Institutionen waren zu wissenschaftlicher Erforschung, Lehre und Anwendung neuer Züchtungs- und Anbaumethoden gegründet worden. Große Mittel stehen auch für die Modernisierung der Landwirtschaft zur Verfügung.

Die Arbeitsgesetzgebung hatte Neuregelungen erfahren, die damals europaweit als fortschrittlich gelten konnten. Die Arbeitszeit ist längst gesetzlich geregelt, ebenso das Mindestalter von Arbeitskräften und das Nachtarbeitsverbot für Jugendliche unter siebzehn Jahren sowie für Frauen; Jugendlichen unter siebzehn Jahren muß außerdem ein Mindestumfang an täglichen Schulstunden eingeräumt werden. Arbeitsunfälle werden von Unternehmern bzw. deren obligatorischer Versicherung getragen. Lohnzettel sollen korrekte Bezahlungsmodalitäten sicherstellen; Fabriksinspektionen überwachen die Einhaltung der Bestimmungen und sind zur Ahndung von deren Übertretungen berechtigt. Das Streikrecht ist lediglich für Produktionsstätten von nationalem Interesse eingeschränkt.

Für Pjotr Stolypin scheint aus volkswirtschaftlichen wie auch innenpolitischen Erwägungen die Stärkung des Bauernstandes eine vordringliche Aufgabe. War dieser seit der »Bauernbefreiung« von der Leibeigenschaft und den Reformansätzen seit Zar Alexander II. vernachlässigt worden, erfährt er nun durch den energischen vierundvierzigjährigen Ministerpräsidenten in kürzester Zeit entscheidende Veränderungen.

Stolypin sieht in der Bindung des Bauern an die Obschtschina, den Gemeindebesitz (einen Archetyp der Kolchose), einen Bremsfaktor für die wirtschaftliche Entwicklung mangels individueller Leistungs- und Entfaltungsmöglichkeit. Er geht daran, die gesetzlichen und materiellen Voraussetzungen für die Befreiung des einzelnen Bauern aus diesem Verband zu schaffen. Erlässe zur Landfreigabe werden durchgesetzt, statt der obligaten (und nur für wenige erschwinglichen) Freikäufe regeln Bauernbanken den Übergang zu Eigentumsbildung und Selbständigkeit. Wer kein Bauer mehr sein will, kann sich auch mit dem Ablösebetrag – statt bisher mit einem Bündel Armseligkeiten auf dem Rücken – auf Arbeitssuche in eines der neuentstandenen Industriezentren oder die Städte begeben.

Die Reform des bäuerlichen Status ist mit gesetzlicher Gleichstellung dieses Standes und anderen verbrieften Rechten verbunden. Im Erbrecht gibt Stolypin dem Individuum vor der Gemeinschaft für den Familienbesitz den Vorzug.

Die Ideen und Konzepte Stolypins sind je nach landschaftlichen Gegebenheiten verschieden realisierbar. Der drohenden Polarisierung und Vertiefung der Gegensätze zwischen sehr wohlhabenden und verarmten Bauern begegnet Stolypin mit einem Plan für Umsiedlungen in Neulandgebiet. Er bietet brachliegendes Land in Mittelasien und hinter dem Ural zu begünstigten Bedingungen Bewohnern dichtbesiedelter Gebiete, wo Land knapp geworden ist. Viele ergreifen diese Chance und finden damit nicht nur eine neue, gesicherte Existenz, sondern führen zugleich bisher unbebauten Boden volkswirtschaftlichem Nutzen zu.

Als wenige Jahre nach Einsetzen von Stolypins Reformen ausländische Delegationen Rußland besuchen, können sie ihr Staunen über die rasanten Fortschritte dieses bis zur Jahrhundertwende noch relativ rückständigen Landes kaum verbergen. Der französische Ökonom Edouard Thiéry schreibt: »Wenn sich die

Entwicklung innerhalb Europas so fortsetzt wie zwischen 1900 und 1912, so wird Rußland in der Mitte des Jahrhunderts Europa in politischer, wirtschaftlicher und finanzieller Hinsicht dominieren.« Eine deutsche Wirtschaftsdelegation kommt um 1910 von einer Reise nach Rußland zurück und berichtet der kaiserlichen Regierung: »Wenn das so weitergeht wie bisher, ist Rußland in zehn Jahren unbesiegbar.« Kaiser Wilhelm hatte bereits im Jahre 1905, als ihm Stolypin vorgestellt wurde und »mit seiner Größe und charismatischen Ausstrahlung alle Anwesenden in seinen Bann zog« (wie der Augenzeuge Spiridowitsch berichtet), Nikolaus gegenüber geäußert: »Wenn ich einen solchen Mann hätte, könnte ich ganz Europa besiegen!«

Stolypin kennt seine Gegner. Sie kommen von ganz links und wenden sich gegen seine eigentumsfördernde Philosophie, mit der er einen soliden Bauern- und Mittelstand schaffen will. Die Sozialrevolutionäre opponieren gegen alle Verbesserungen, da sie ihnen den Boden für ihre revolutionäre Propaganda entziehen. Ihnen ruft er in einer tumultreichen Sitzung zu: »Sie brauchen große Erschütterungen – wir brauchen ein großes Rußland! Gebt dem Land fünfundzwanzig Jahre Ruhe im Inneren wie im Äußeren, und ihr werdet es nicht wiedererkennen ...« Schon gegen den »Befreier« Zar Alexander II.* hatte es Scheinopposition aus dem extremistischen Milieu gegeben. Und gerade als er sich im Jahre 1881 auf dem Weg zur Unterzeichnung einer demokratischen Verfassungsform befand, wurde er von einer Bombe zerrissen.

Stolypins Gegner sitzen aber auch rechts, da er durch seine umfassenden Maßnahmen auch Privilegien des Adels, der Gutsbesitzer und die Eigenmächtigkeit von Gouverneuren und hohen Beamten der Verwaltung beschneidet.

Gefürchtet und gehaßt ist Stolypin schließlich in anarchistischen Kreisen. Denn anders als der Urheber seiner Reformpolitik, Alexander II., agiert der Ministerpräsident, der zugleich das Ressort des Innenministers führt, rigoros gegenüber Unruhestiftern.

---

* Beinamen, den Zar Alexander II. aufgrund seiner Reformtätigkeit erhielt, zu der auch die Aufhebung der Leibeigenschaft 1861 gehörte

Drakonisch geht er gegen revolutionäre Aktivisten und Aufständische vor. Er will sich beim Aufbau einer soliden Basis für das Land nicht durch Destabilisierung der Ordnung stören lassen.

Doch geht es dem Minister nicht nur darum, die Symptome des Widerstands gegen ein autoritäres Regime zu zügeln. Er versucht, neben seiner Reformtätigkeit auch die psychologischen Wurzeln der Unruhe zu beseitigen.

Der Großteil revolutionärer Agitatoren stammt aus jüdischen Kreisen. Die Juden waren in ihren bürgerlichen Rechten gegenüber anderen ethnischen und konfessionellen Minderheiten benachteiligt. Sie waren mit Einschränkungen hinsichtlich der Ortswahl in bestimmten Gebieten (zum Schutz der weniger geschäftstüchtigen russischen Einheimischen) und der Berufswahl belegt. In der Hauptstadt Petersburg beispielsweise wurden sie nicht zum Studium der Rechte zugelassen.

Stolypin setzt zunächst die Gleichstellung ihrer Rechte durch. Er bemüht sich auch um die Eindämmung von Pogromen. Wenn nach Terroraktionen der Ausnahmezustand in ihren Besiedlungszentren gilt, setzt er sich für dessen Aufhebung ein. Darüber gerät er in Meinungsverschiedenheit mit dem Zaren, der gegenüber den Juden eine unnachgiebige Haltung an den Tag legt. Besonders nach Unruhen oder Attentaten, die in dieser Zeit auf der Tagesordnung stehen, ist Nikolaus immer wieder geneigt, bereits zugestandene Erleichterungen wieder zurückzunehmen (in Stolypins Augen ein taktischer Fehler, da dies seiner Meinung nach noch schärfere Reaktionen aus dem Untergrund provoziert). Einmal verläßt der Minister resigniert das Kabinett des Zaren mit den Worten: »Majestät, Majestät, Sie vergewaltigen mein Gewissen!«

Die unnachgiebige Einstellung des Zaren gegenüber den Juden steht nicht nur mit deren Rolle in den revolutionären Aktivitäten in Zusammenhang (diese bestätigte sich übrigens im Oktoberputsch von 1917 und der Zusammensetzung der ersten bolschewistischen Regierung und des Mordkommandos der Zarenfamilie). Die mangelnde Toleranz Nikolaus' gegenüber dem Judentum entspringt einer tieferen Grundlage, dem religiösen Selbstverständnis des Zaren. Der französische Diplomat Maurice Paléologue, der den Zaren gut kannte und frei von Idealisierung, Vorurteil oder Ressentiments beurteilte, analysiert Nikolaus' diesbezügliche Haltung so:

»Der Zar war erfüllt von den Grundsätzen des offiziellen Katechismus der Orthodoxie und ließ nichts anderes gelten. Was die heilige orthodoxe Kirche, die Apostelkirche und Kirche der sieben ökumenischen Konzile lehrte, war für ihn absolute Wahrheit. Er hätte daran nie im geringsten zweifeln können. Nichts war seinem Geiste fremder, als sich einen individuellen Glauben zu schaffen, und sein fügsamer Geist stellte in bezug auf die heiligen Dogmen keine indiskreten Fragen.

Auch der muselmanischen Religion verweigerte er nicht seine Hochachtung, wenn auch ohne die bewundernde Sympathie Wilhelms II., denn solange sich nicht das Kreuz des Erlösers auf der Kuppel der Hagia Sophia erhob und die Ungläubigen im Besitz von Golgatha und des Heiligen Grabes waren, kannte er hinsichtlich des Islam keine Nachsicht.

Ebenso war seine Einstellung den Juden gegenüber. Konnte er vergessen, welche Stellung sie innerhalb der ewigen Wahrheit einnahmen? Konnte er vergessen, daß Gott sie Jahrhunderte hindurch mit seinem Fluch belegt hatte? Und konnte der Zar und Selbstherrscher vergessen, daß seine Polizei gezwungen war, ihm unablässig Kenntnis von Verschwörungen zu geben, die im Dunkel der Ghettos angezettelt wurden, und daß der jüdische Bund sich sogar zu rühmen wagte, den terroristischen Organisationen die fanatischesten Anhänger zu stellen?«

Es ist nicht allgemein bekannt, daß schon seit der Regentschaft von Nikolaus' Vater Alexander III. Versuche im Gange waren, das Problem der revolutionär tätigen Juden in Rußland zu lösen. Alexander wußte, daß die russische revolutionäre Bewegung schon im 19. Jahrhundert von ihren Gesinnungsgenossen im Ausland (vor allem in Amerika, Frankreich und England) unterstützt wurde. Der Zar suchte den Ausweg aus dem Problem nicht nur durch Reformen, sondern auch durch Verhandlungen. In einem Banksafe des Kanzleidirektors der Kreditabteilung des Finanzministeriums neben dem Winterpalais in Petersburg lagerte lange Zeit ein Akt, dessen Inhalt Aufschluß über

Bemühungen der zarischen Regierung gibt, die revolutionäre jüdische Bewegung auf dem Verhandlungsweg zum Stillstand zu bringen. Vom Inhalt dieses Aktes berichtet der ehemalige leitende Bankangestellte Artur D. Rafalowitsch* in seinen erst im Jahre 1958 in New York veröffentlichten Erinnerungen.

Alexander III. hatte in einer Unterredung mit seinem Finanzminister und Vertrauten Witte, der mit einer Jüdin verheiratet war, die Rolle der Juden in der revolutionären Bewegung besprochen. Er ging davon aus, daß sie den permanenten Kampf gegen das zarische Regime betrieben und dabei von Finanzquellen aus dem Ausland unterstützt wurden.

Da Alexander jedoch noch weniger als sein Nachfolger Nikolaus und dessen Minister Stolypin zu liberalen Maßnahmen bereit war, beschloß er, Witte zu Verhandlungen mit den Sponsoren der revolutionären jüdischen Bewegung ins Ausland zu schicken. Das mußte in strenger Geheimhaltung sowohl gegenüber dem Innen- als auch dem Außenministerium geschehen.

Auf Empfehlung Wittes nahm sein russischer Kontaktmann in Paris Verhandlungen mit einem führenden Mitglied der Familie Rothschild auf. Dieses stand dem Ansinnen zwar wohlwollend gegenüber, verwies jedoch auf die Zuständigkeit der Rothschilds in London. Unschwer zu erraten, daß auch diese keine Entscheidung treffen wollten, ohne auf den in letzter Instanz für diese Frage zuständigen Bankier Schiff in New York, den Präsidenten des Amerikanischen Jüdischen Komitees, zu verweisen. Das russische Finanzministerium verfügte auch dort über den idealen Kontaktmann, G. A. Wilenkin, der mit einer Verwandten der Familie Schiff, Frau Seligmann, verheiratet war. Wilenkin konnte sich davon überzeugen, daß tatsächlich hier die Kanäle für die russisch-jüdische revolutionäre Bewegung zusammenliefen und von hier aus die Mittel weiter nach Rußland geleitet wurden. Als Wilenkin sich jedoch als Vermittler für Verhandlungen zwischen Schiff und der russischen Regierung anbot und die Zustimmung haben wollte, daß es keine weiteren

---

* Rafalowitsch war eine Bankiersfamilie, die von Odessa über Petersburg bis Paris verzweigt war.

Unterstützungen für russische Revolutionäre geben werde, lehnte Schiff ab: Die Angelegenheit sei schon zu weit fortgeschritten, Wilenkin komme zu spät. Und überhaupt: ein Frieden mit den Romanows käme nicht in Frage.

Ebenso erging es einer neuerlich diskret engagierten Vermittlerin des russischen Finanzministeriums in Paris: Nach ihrer diesbezüglichen Unterredung mit Baron Maurice de Rothschild, in der sie Verhandlungen mit der zarischen Regierung zur Diskussion stellte, brach dieser das Gespräch mit den Worten ab: »Trop tard, Madame, et jamais avec les Romanoff!« (»Zu spät, Madame, und niemals mit den Romanows!«)*

1906 wird das erste Attentat auf Stolypin unternommen. Seine Villa wird zerstört, die Bombenexplosion hatte sechsunddreißig Todesopfer und zahlreiche Verletzte, darunter Kinder des Ministers, gefordert. Stolypin selbst hatte sich nicht in seinem Haus aufgehalten.

Der Zar notiert erleichtert: »Gott sei Dank ist er unversehrt!« Alarmiert von der Gefahr, in der sich Stolypin permanent befindet, weist Nikolaus ihm eine Wohnung im gutbewachten Winterpalais zu.

1911 reist der Zar mit Stolypin und Kokowzow nach Kiew. Es soll ein Denkmal von Zar Alexander II. enthüllt werden – des Großvaters von Nikolaus und Stolypins Vorbild, der das Reformwerk des Zaren fortgesetzt hatte.

Während der Galavorstellung in der Kiewer Oper fällt ein Schuß. Stolypin ist tödlich getroffen; bevor er zu Boden stürzt, wendet er sich noch zur Zarenloge um. Mit dem Blick auf den Zaren gerichtet, formt er mit seiner rechten Hand ein Kreuz; die Worte, die er dabei murmelt, sind kaum noch zu verstehen: »Gott schütze den Zaren …«

Die Maßnahmen seines Sicherheitschefs, Kosaken in der ganzen Stadt sichtbar bereitzuhalten, läßt der Zar abblasen; er will vermeiden, daß ihre Anwesenheit provozierend wirkt; man rechnet

---

* Die Erinnerungen an diese Verhandlungsversuche sind im Buch von Olga Davidoff festgehalten, die das Material ihres Vaters, der 1955 starb, 1982 in Paris bei Albatros herausgab (Alexandre Davidoff, »Mémoires«).

mit einer scharfen Gangart, da der Mörder Bagrow jüdischer Abstammung ist. So kommt es zu keinen weiteren Zusammenstößen.

Stolypin wird ein Denkmal errichtet, das später von den Bolschewiken zerstört wird. Doch als Stolypins Sohn Arkadij Petrowitsch viele Jahre später im Pariser Exil stirbt, kommen junge Sowjetbürger angereist, um seinen Sarg zu tragen und russische Erde auf sein Grab zu schütten.

Stolypin war nicht nur ein energischer und weitblickender Reformer gewesen, sondern auch die wertvollste Stütze des Zaren. Nikolaus hatte ihm vertraut, wie er selten einem Minister sein Vertrauen schenkte.

Stolypin war der einzige gewesen, dem gegenüber Nikolaus auf seine Warnungen, der Hof werde durch die Kontakte mit Rasputin diskreditiert, offen und ehrlich reagiert hatte. Rasputin war für die Zarin unentbehrlich geworden, nachdem er offenbar durch Naturheilkräfte und – nach Augenzeugenberichten – mittels Hypnose den bluterkranken Thronfolger Alexej schon mehrmals gerettet hatte. Um den Ruf des eher irdischen Freuden zugeneigten »Mannes Gottes«, der er in Alexandras Augen war, kümmerte sie sich wenig. Immer wieder mußte sich der Zar Gerüchte über den Lebenswandel des zweifelhaften Mannes anhören; erfolglos war sein Erlaß geblieben, ihn nach Sibirien zurückzuschicken – die Zarin fürchtete, ohne seine Anwesenheit wäre Alexej hilflos.

»Ich bin ganz Ihrer Meinung«, antwortete Nikolaus, als Stolypin ihn wieder einmal auf Rasputin ansprach, »aber lieber zehn Rasputins als ein hysterischer Anfall der Zarin ...«

Der tödliche Schuß auf Stolypin wird oft als erster Schuß gegen Rußland bezeichnet. Mit ihm fällt auch die Hoffnung auf die »innere Ruhephase«, die Stolypin für Rußland postuliert hatte, als er dabei war, es mit seiner starken Hand in den Zustand der Stabilität zu führen. Nun bedarf es nur noch des Stoßes von außen, der das noch nicht stabile russische Imperium ins Wanken bringen sollte.

Am Vorabend des Ersten Weltkrieges kann der russische Zar auf zwei Jahrzehnte relativ erfolgreicher Regentschaft zurückblicken. Die solide Grundlage der wirtschaftlichen Prosperität und die Dominanz einiger hervorragender Minister hatten auch den Erschütterungen des Krieges mit Japan und der mächtigen Welle von Unruhen zwischen 1904 und 1906 standgehalten. Mit dem materiellen Aufschwung war auch das kulturelle Leben zu einer bisher unerreichten Blüte und Vielfalt gelangt und fand durch das übernationale Niveau auch im Ausland Anerkennung. Das liberale politische Klima seit der teilweisen Aufhebung der Zensur spiegelt sich in vielen tausend Zeitungen und Zeitschriften wider, über die auch künstlerische Diskussionen ausgetragen werden. Die Periode der Jahrhundertwende bis zum Kriegsausbruch wird in Rußland »das silberne Zeitalter« genannt (analog zum »goldenen« zu Lebzeiten Puschkins, der als größter russischer Dichter verehrt wird). In den verschiedenen Sparten der Kunst existieren mehrere Richtungen nebeneinander; in der Architektur und der bildenden Kunst sowie im Kunstgewerbe hat sich ein russisches Pendant zum westeuropäischen Jugendstil entwickelt. Im Theater wie in Literatur und Musik wird mit verschiedenen Mitteln experimentiert, Kubismus (bei Regisseur Tairow) hat neben Bewegungschoreographie mit symbolisch eingesetztem Beleuchtungsspiel (bei Regisseur Meierhold) auf der Bühne Einzug gehalten. Rußland hatte sich den westlichen Einflüssen ganz geöffnet (Werke Picassos wurden schon vor 1910 in Moskau ausgestellt, um 1912 wurde der russische Futurismus proklamiert) und hatte doch eigene Formen künstlerischen Ausdrucks gefunden, die nachträglich als Avantgarde gelten können; allerdings war diese revolutionäre Avantgarde der politischen Revolution zuvorgekommen und nicht von dieser erst geschaffen worden – obwohl sich manche Künstler später vor deren propagandistischen Karren spannen ließen. Auch in der Literatur wird nach neuen Wegen gesucht, um sich von den Traditionen des vorangegangenen Jahrhunderts wie zum Beispiel von der des epischen Realismus in das neue Jahrhundert zu begeben. Tschechow hat beispielsweise mit seinen Kurzgeschichten das Genre der alten epischen Formen verlassen und mit dem psychologischen Element, das auch in seinen Stimmungsdramen vor dem Aktionselement dominiert, einen neuen Akzent gesetzt. In der Dichtung wird mit Lauteffekten oder graphisch gestalteten Versschöpfungen (wie bei Burljuk zum Beispiel) experimentiert, und in der Musik bilden die kühnen Harmonien des jungen Prokofjew ein Pendant zu den neuen Ideen der anderen Bereiche der Kunst, auch wenn das Publikum sich noch (wie bei seinem zweiten Klavierkonzert um 1912) die Ohren zuhält oder schockiert aus dem Saal flüchtet.

Der Zar sitzt nach den Anfechtungen an sein Regierungssystem von 1905 teils durch die Einführung der Duma und die Reformen seiner Minister, teils durch deren starke Hand, Anarchismus zu unterdrücken, fest im Sattel. Nikolaus wird respektiert. Seine Minister und seine Untergebenen schätzen seine Einfachheit und Ehrlichkeit; seine Gutmütigkeit wird ihm mitunter zum Problem: Sein Kammerdiener Tschermadurow berichtet, allzu viele hätten die Neigung des Zaren, andere Personen zu idealisieren, gewissenlos für ihre Ziele mißbraucht. Nikolaus reagiert auch manchmal spontan: Sein Palastkommandant Spiridowitsch erzählt: »Eines Abends, der Kaiser hatte sich schon zurückgezogen, herrschte vor dem Palasttor Aufruhr, weil sich eine Frau Zutritt verschaffen wollte. Durch den Lärm aufmerksam geworden, kam der Zar im Pyjama aus seinen Privaträumen, um zu fragen, was der Grund für den Lärm sei. Er erfuhr, daß die Frau für ihren Mann gekommen sei, der morgen als angeblicher Verschwörer hingerichtet werden solle; sie beteuerte seine Unschuld. Nikolaus ließ einfach sagen, man solle ihn begnadigen, und ging zu Bett.«

Nikolaus' Außenminister zur Zeit des Kriegsausbruchs von 1914, Sasonow, beschreibt dafür eine andere Eigenschaft des Zaren: »Er hatte die Begabung, auch unausgesprochene Dinge oder Sachverhalte zu erfassen, nicht intellektuell, sondern intuitiv.«

Nikolaus pflegte seine Minister zwanglos zu empfangen und bot ihnen den Armlehnstuhl und eine Zigarette an.

»In einem Punkt war der Zar intolerant; das betraf die Juden; die Deutschen mochte er überhaupt nicht leiden«, erzählt Tschermadurow.

156

Wie Nikolaus' Schwester Olga berichtet, war der Zar auch intolerant in bezug auf gesellschaftliche Fragen. Er hatte als Zar beispielsweise die Zustimmung zu den Eheschließungen seiner Familienmitglieder zu geben; wenn diese nicht standesgemäß waren oder – was in der Zarenfamilie, die Vorbild sein sollte, verpönt war – geschiedene Partner heiraten oder sich selbst scheiden lassen wollten, verweigerte er seine Zustimmung. In den Briefen an seine Mutter zeigt sich, daß er sich bemüßigt fühlt, auch mit seinen eigenen Familienmitgliedern so zu verfahren. In manchen Fällen spricht er eine Verbannung ins Ausland aus. Nicht immer ehelichen seine Verwandten adäquate Partner; es war üblich, den Ehepartner auch in anderen Herrscherhäusern zu suchen, außer bei den katholischen Dynastien der Habsburger, der Bourbonen oder des Hauses Braganza. Der moralische Gesichtspunkt ist jedoch für Nikolaus maßgebend für seine Erlaubnis, denn er sieht es für jedes Mitglied der Familie als Pflicht an, gutes Beispiel für die Gesellschaft zu geben. Tatsächlich sind jedoch gerade in Nikolaus' Regentschaft nicht nur viele morganatische, sondern auch unkonventionelle Verbindungen und Liaisonen in der Familie Romanow geschlossen worden. Am schwierigsten ist es für Nikolaus, die unglückliche Ehe seiner Schwester Olga zu annullieren, als sie einen anderen Mann heiraten möchte. Endlich, nach Jahren des Wartens, willigt er ein – was nur möglich ist, da Olgas angetrauter Ehemann als Spieler und Lebemann sich und die Familie in Verruf gebracht hat.

Der Zar gilt als bescheiden, trägt in seinem Arbeitszimmer meist ein einfaches Russenhemd und gibt für sich selbst kaum Geld aus. Der Großteil seines ansehnlichen Privatvermögens – abgesehen von den in Jahrhunderten von der Dynastie erworbenen Juwelen und Kostbarkeiten – stammt aus dem Landbesitz. Von Katharina der Großen waren unendlich viele Güter gekauft worden, um dadurch die Einkünfte jeder Zarenfamilie zu sichern. Es beläuft sich während der Regentschaft von Nikolaus II. auf etwa vier Millionen Rubel jährlich – und könnte bei besserer Führung der Güter, zu denen auch Weinberge gehören, noch weit mehr einbringen. Die Familie der direkten Verwandten nimmt um die zweiundzwanzig Millionen Goldrubel (gegenwärtig ca. fünfundzwanzig Millionen Dollar) pro Jahr ein. Tatsächlich bleibt dem Zaren nicht viel davon übrig: Er muß seinen Hofstaat daraus erhalten, seine Tausenden von Bediensteten bezahlen, die Gebäudeerhaltung seiner sieben Paläste finanzieren und darüber hinaus noch drei Theater (darunter ein Balletttheater) in Petersburg und zwei in Moskau unterhalten. Spenden und karitative Einrichtungen, Heime oder Schulen und auch Geschenke für die Bediensteten verschlingen weitere Summen, und Nikolaus bleibt kaum etwas von seinen Einkünften übrig.

Nikolaus' geistige Interessen gelten der Geschichte, dem Militär, weniger der Kunst, dafür ist er sehr sportbegeistert. Der Zar hackt mitunter in seinem eigenen Park Holz oder geht – wie schon sein Vater – in freier Zeit in die Wälder, um Pilze oder Beeren zu sammeln. Er betreibt nahezu täglich Sport; außer dem täglichen Morgenschwimmen reitet er gerne aus, im Sommerurlaub spielt er jeden Morgen Tennis oder fährt seine Kinder mit dem Ruderboot auf den Seen oder der finnischen Bucht umher und unternimmt täglich Spaziergänge, am liebsten mit seinen Hunden. Im Spätsommer hält er sich bis 1914 gewöhnlich im polnischen Teil Rußlands zur Jagd auf.

Die meisten Zeitzeugen sehen Nikolaus als Familienmenschen; der Hofdame Anna Wyrubowa fiel auf, wie herzlich das Verhältnis der Eltern zu ihren Kindern und zueinander war. Nikolaus und Alexandra sind einander sehr eng verbunden; die Zarin ist offenbar energischer als der Zar, und Nikolaus überläßt ihr alle Fragen, die familiärer Art sind oder den Haushalt betreffen.

Die Zarin selbst wird als großgewachsen und elegant beschrieben; ihre Haare sind brünett, die Augen dunkelblau; wegen ihrer Körpergröße trägt sie flache Schuhe; sie kleidet sich nicht modisch und bevorzugt elegante und weich fallende lange Kleider; von ihrem Charakter her ist sie hilfsbereit und wohlwollend; ihr starker Wille und ihre Festigkeit sind ihre wesentlichsten Eigenschaften. Wie Nikolaus ist sie sehr religiös – wenn auch etwas übersteigert – und neigt zu Einfachheit und Sparsamkeit. Sie beschäftigt sich meist, wenn Nikolaus abends Zeit hat und seinen Kindern vorliest, mit Stickereien oder anderen Arbeiten.

Отчетъ о расходахъ

по Собственной суммѣ

Вашего Императорскаго Величества

за 1912 годъ.

	Рубли.	Коп.	Рубли.	Коп.
I. На Собственныя Вашего Императорскаго Величества мелочныя издержки. (Ассигновано 6000 руб.) Въ теченіе 1912 года представлено было по 500 р. въ мѣсяцъ за 12 мѣсяцевъ			6000	.
II. На подарки. (Ассигновано 40.000 руб.) Издержано на уплату: фотографіи Боасонъ и Эглеръ за кабинетные портреты и фотографическія карточки Вашего Императорскаго Величества	195	.		
Художнику Зубчанинову за исполнен-				
			(	

	Рубли	Коп.	Рубли	Коп.
Страхового Общества за от-правку сукна изъ С.Петер-бурга въ Сувалки . . . . . . Ср. 30к	668	94		
			36.130	94
Итого въ расходѣ			275.672	56
Въ остаткѣ			512.118	01
А всего			787.790	57

Ваше Императорское Величество

секретарь *[подпись]*

Abrechnung der Ausgaben von Zar Nikolaus im Jahre 1912

Auch ihren Töchtern hatte sie angewöhnt, sich immer mit etwas zu beschäftigen.

Die vier Töchter, in Abständen von jeweils zwei Jahren zwischen 1895 und 1901 geboren, sind in ihrem Wesen sehr verschieden. Olga, die älteste Tochter, wird in ihrem Äußeren mit ihrem Vater verglichen; sie hat brünettes Haar, blaue Augen, ist ähnlich Nikolaus eher schüchtern, belesen und verfügt über trockenen Humor; sie ist gefühlsbetonter als ihre Schwestern. Als sie achtzehn Jahre alt ist, wollen sie die Eltern mit dem rumänischen Thronfolger Carol von Rumänien verheiraten, aber Olga lehnt ab. »Papa hat mir versprochen, daß er mich nie zu einer Heirat zwingen wird, die ich nicht eingehen möchte«, beharrt sie, und Nikolaus muß sich daran halten. Außerdem fühlt sie sich so sehr an Rußland gebunden, daß sie – aufgrund einer Ehe beispielsweise – ihre Heimat nicht verlassen möchte.

Tatjana ist die am größten gewachsene, und es heißt, an ihrer Haltung sei ihr die Tochter eines Zaren anzusehen. Sie hat rotbraunes Haar und graue Augen, ist energisch, meist organisatorisch beschäftigt und hat unter den Kindern das herzlichste Verhältnis zu Nikolaus.

Die beiden älteren Töchter teilen ein Zimmer wie auch die beiden jüngeren. Maria ist das kräftigste Mädchen, heiter und lebenslustig; sie flirtet gerne, sofern sich das bei den begrenzten Möglichkeiten der behüteten Großfürstinnen überhaupt ergibt, und spricht immer wieder davon, wen sie heiraten und wie viele Kinder sie haben würde. Sie besticht durch ihre großen blauen Augen, und eher in sie als in ihre Schwestern verlieben sich die Kavaliere, die ihre Bekanntschaft machen können.

Anastasia, das jüngste Mädchen, ist verhältnismäßig kleingewachsen; sie ist von spitzbübischem Wesen und verfügt über ein ausgeprägtes komödiantisches Talent. Als viele Jahre später der Englischlehrer der Mädchen, Gibbes, zu der angeblich noch lebenden Anastasia gerufen wurde, um ihre Identität zu bestätigen, fiel es ihm leicht, eine für die wirkliche Anastasia passende Frage an die Prätendentin zu stellen: welches Kleid sie getragen habe, als sie einmal zur Unterrichtsstunde im Kostüm des vorangegangenen Maskenballs erschienen war (bis die Zarin das Mädchen energisch aufforderte, sich »normal« anzuziehen). Natürlich wußte die sonst in der Familiengeschichte gut informierte Prätendentin nicht die Antwort auf diese Frage, und es war klar, daß sie sich an den Vorfall erinnert hätte, wäre sie wirklich Anastasia gewesen.

Die vier Schwestern zusammen sind, vielleicht auch durch die Abgeschlossenheit , in der sie aufgrund ihrer Stellung leben, so eng miteinander verbunden, daß sie bei Briefen oder Geschenken an gemeinsame Bekannte mit der Summe aus ihren Initialen, OTMA, unterschreiben. Alle Mädchen sind religiös und besuchen mit ihren Eltern nicht widerwillig, sondern mit Freude die Gottesdienste. Die älteren beiden sind Kommandanten von Eliteregimentern und reiten auch in deren Uniformen, allerdings im Damensitz, bei den Paraden.

Begreiflicherweise ist der Thronfolger und das jüngste Kind, Alexej, Mittelpunkt und Liebling der Familie. Nicht nur aufgrund seiner Stellung und der Tatsache, daß er der einzige Sohn ist, wird er entsprechend verwöhnt, sondern auch in Zusammenhang mit seiner Erbkrankheit, der Hämophilie, die im Leben und in der Geschichte des letzten Zaren eine tragische Rolle spielen sollte: Wird doch eben durch die Unheilbarkeit der Krankheit, von der gerade der Thronerbe befallen ist, Personen wie Rasputin Tür und Tor geöffnet, wenn alle herkömmlichen medizinischen Kenntnisse und Mittel nicht helfen können. Und als im Jahre 1912 anläßlich des Jagdaufenthaltes in Spala durch eine Verletzung die Krankheit ihr gefährlichstes Stadium erreicht und man bereits befürchtet, daß Alexej verbluten wird, prophezeit Rasputin – zu Recht, wie sich herausstellt – die baldige Genesung. Und erwirbt sich dadurch das Vertrauen der Zarin, das sie ihm als in ihren Augen »Heiligen« voll und ganz schenkt. Ob es sich nur um Zufälle oder um hypnotische oder andere Kräfte handelte, über die Rasputin zu verfügen schien, wird sich nachträglich kaum mehr herausstellen – klar ist, daß Rasputin vor allem von diesem Zeitpunkt an eine allzu einflußreiche Stellung einnehmen sollte. Auch wenn man seinen Einfluß nicht überschätzen muß, ist mit diesem Mann doch ein kritischer Faktor in der Regierungszeit von Nikolaus gegeben, der katastrophale Auswirkungen hat.

Wenn Alexej gesund ist, benimmt er sich genauso übermütig wie jedes andere Kind in seinem Alter. Von seiner Fröhlichkeit und seinem Übermut ist die Umgebung begeistert. Als der 1904 geborene Alexej drei oder vier Jahre alt ist, amüsiert er sich damit, bei Tisch von Gast zu Gast zu gehen und mit jedem einzelnen Konversation zu führen. Bei Paraden, die er zunächst noch vom Schoß seines Vaters aus verfolgt, brüllt er spontan »Bravo, bravo, nur weiter so!« heraus, bis er von seinen Eltern in Zaum gehalten werden kann.

Obwohl er sich durchaus etwas von seinen älteren Schwestern sagen läßt, genießt er es sichtlich, als Thronfolger bevorzugt und immer bejubelt zu werden, wenn die Familie in der Öffentlichkeit auftritt. Mit dem obligaten Respekt, den ihm beispielsweise die Angehörigen der Garderegimenter erweisen, treibt Alexej jedoch auch seinen Spaß: Einmal befiehlt er einem Offizier, in voller Montur ins Wasser zu springen – was dieser zwangsläufig auch tut. Die Strafe für Alexej bleibt nicht aus. Am besten gehorcht er seinem Vater; wenn er zur Raison gebracht werden soll, genügt ein Blick von Nikolaus, und Alexej tut augenblicklich, was man von ihm erwartet. Nikolaus erzieht ihn auch dazu, die höflichen Formen einzuhalten oder das Empfinden für faires Verhalten zu lernen. Als er einmal einer seiner Schwestern aus dem Hinterhalt einen Schneeball auf den Rücken wirft, wird er energisch von seinem Vater zurückgewiesen: Das tue man nicht, das sei feig und unverschämt. Alexej wird früh mit der Armee vertraut gemacht und von ihrer Begeisterung angesteckt. Im Winter trägt er bevorzugt Kosakenuniform und -mütze, im Sommer einen Matrosenanzug nach dem Muster der russischen Marine.

Die Kinder werden alle so einfach wie möglich und weitgehend ohne Luxus erzogen. Alexej beispielsweise trägt die Nachthemden der Schwestern auf, als sie ihnen zu klein geworden sind. Überhäuft ist er freilich mit Spielzeug, zu dem auch das weltweit kostbarste Spielzeugeisenbahnnetz jener Zeit gehört. Doch wie auch bei anderen Buben sind Alexejs Taschen voller Steine und anderer Sammelstücke, die er in möglichst großen Mengen hortet, denn »man kann nie wissen, wozu man sie einmal brauchen wird«.

Wladimir Bulgakow, der als Mitglied der Palastwache die Kinder oft zu beobachten Gelegenheit hatte, berichtet: »Ich mußte oft lange stehen, ohne mich zu rühren. Oft kamen die Großfürstinnen vorbei, locker und natürlich, Weintrauben naschend, und unterhielten sich; Alexej kam in einem unbeobachteten Augenblick zu mir und beschwor mich, nichts dem Papa davon zu erzählen, daß er gerade mit Ziegelsteinen einen Ofen baue, denn dann würde man ihn fragen, wo er sie denn her hätte ...«

»Der Zar war ein Familienmensch. Vielleicht wäre er besser als Familienvater nur mit Gutsbesitz ausgestattet gewesen als mit einer Zarenkrone. Aber er war ein wunderbarer Familienvater«, äußerte eine Hofdame, die Nikolaus jahrelang aus der Nähe beobachten konnte.

Die glücklichste Zeit des Jahres ist für den Zaren die Sommerurlaubszeit; er segelt gewöhnlich mit seiner Familie in den finnischen Fjorden, geht da und dort an Land, unternimmt mit seinen Kindern Spaziergänge und genießt die Freiheit von der täglichen Verantwortung. Sehr gerne hält er sich auch in seinem bevorzugten Palast in Livadia auf der Krim auf, er wie seine Familie lieben das Klima und die Landschaft des Südens. Hier spielt er Tennis, wandert, reitet aus und fährt manchmal mit der Zarin sogar einkaufen, was in Petersburg undenkbar wäre. Einmal unternimmt Nikolaus in der Sommerhitze in voller Montur und mit Munition und Verpflegung in der russischen Infanterieuniform einen viele Kilometer langen Marsch, um zu testen, ob die Uniform für seine Armee geeignet sei.

In den Ferienzeiten werden auch die Photoalben angelegt. Von der Photomanie ist die ganze Zarenfamilie erfaßt, fast jedes Mitglied verfügt über eine eigene (deutsche) Kamera; fast ständig photographiert man sich gegenseitig, daher sind sehr viele Aufnahmen der Zarenfamilie erhalten geblieben. Nikolaus überwacht, wie seine Frau die Bilder in Alben klebt, und gibt sich pedantisch, wenn sie mit dem Klebstoff danebenkleckert.

Wohl fühlt sich Nikolaus auch im Ausland: in Friedberg in der

Nähe von Darmstadt, woher seine Frau, die gebürtige Prinzessin Alix von Hessen-Darmstadt, stammt. Dort gibt er sich im eigens renovierten Schloß leger, fährt – was in Petersburg undenkbar wäre – inkognito mit seiner Familie oder seinem Schwager Großherzog Ernst Ludwig auch einmal auf ein Bier nach Frankfurt und kauft in den Läden wie ein gewöhnlicher Bürger Kleinigkeiten ein. Das berichtet der genannte Schwager (der ältere Bruder von Alix), der auch erwähnt, daß die Idylle meist gestört ist, wenn Kaiser Wilhelm überraschend zu Besuch kommt. Mit Jagden geht der Sommer des Zaren meist zu Ende. Doch all die Gewohnheiten ändern sich schlagartig, als der Krieg ausbricht.

Letzte Höhepunkte davor sind die Feiern der Jahre 1912 und 1913. Im Jahre 1912 wird das hundertjährige Jubiläum der Schlacht von Borodino begangen, in der Napoleons Armee von der russischen am Vormarsch gehindert wurde. Das Schlachtfeld wird nachgestellt. Unter den Klängen der Zarenhymne reitet Nikolaus das Feld ab. Am Ende wird ihm ein alter Mann vorgestellt, der noch als Halbwüchsiger die Begegnung zwischen den beiden Armeen miterlebt hat. Nikolaus ist gerührt. In einem Brief an seine Mutter, in welchem er ihr von diesem Ereignis berichtet, wird sein Patriotismus spürbar:

»… Wir waren alle von großer Dankbarkeit und Stolz gegenüber unseren Ahnen erfüllt. Keine Beschreibung kann meinen tiefen Eindruck wiedergeben, von dem mein Herz durchdrungen war, als ich mich auf dem Boden befand, der vom Blut von 58 000 unserer Helden getränkt ist, die hier in dieser Schlacht gefallen oder verwundet worden sind. […] Mit der Ikone, die schon die Schlacht gesegnet hat, haben wir gebetet. […] Das waren Augenblicke, die in unseren Tagen außergewöhnlich sind! […] Und als dann ein alter Mann kam, der 122 Jahre alt ist – stell Dir nur vor, mit jemandem zu sprechen, der sich an all das noch erinnern kann …«

Diesen Feierlichkeiten hatte Nikolaus mit seiner gesamten Familie beigewohnt. Alle sieben Mitglieder trugen sich an Ort und Stelle in das Buch ein.

Ein Jahr später wurde das dreihundertjährige Jubiläum der Romanow-Dynastie begangen. Wieder nahm Nikolaus als Zar mit der Zarin und den fünf Kindern teil. Nach den Feierlichkei-

10го Сентября 1912.

Беловѣжъ.

Дорогая моя Мама,

Давно хотѣлъ я написать тебѣ, но времени все не хватало. Столько впечатлѣній пережито и такихъ свѣжихъ, что становится трудно описать ихъ. Конечно самыми пріятными днями было 25го и 26го Августа въ Бородинѣ. Тамъ всѣ мы прониклись общимъ чувствомъ благоговѣніе къ нашимъ предкамъ. Живыя описаніе сраженіе не даютъ той силы впечатлѣніе, которое проникаетъ въ сердце, когда самъ находишься на этой землѣ, орошенной кровью 58.000 нашихъ

быть утромъ въ ..., гдѣ
поживемъ подольше. —
Боюсь, что надоѣлъ тебѣ,
милая Мама, моими длиннымъ
письмомъ. Надѣюсь ты
себя совсѣмъ хорошо чувствуешь
и довольна видѣться съ милыми
Д. Alix и Д. Thyra.
Пожалуйста поцѣлуй ихъ отъ
меня, также Д. Valdemar.
Крѣпко обнимаю тебя моя
дорогую Мама.
Христосъ съ тобою!

Всей душой любящий тебя

Ники

P.S. Надѣюсь ты увидишь нашу
эскадру съ адм. ....

Brief von Nikolaus an seine Mutter vom 10. September 1912 mit seinen Ein-
drücken von der 100-Jahr-Feier von Borodino

167

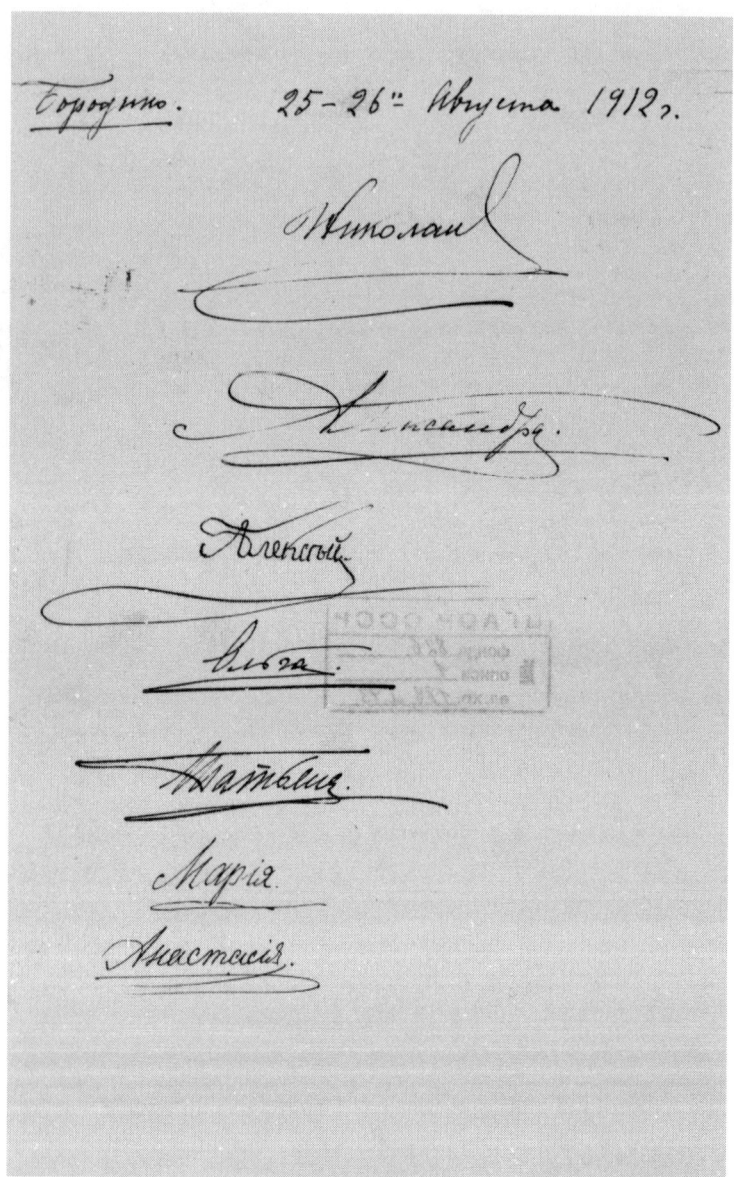

Unterschriften der Zarenfamilie mit allen fünf Kindern im August 1912 anläßlich der 100-Jahr-Feier von Borodino – zur Erinnerung an die Schlacht, in der Napoleons Vormarsch zum Stillstand gebracht wurde

ten in Petersburg und Moskau reist das Paar in alle russischen Städte oder Gouvernements, die in der Geschichte der Dynastie eine Rolle gespielt haben. Nikolaus sieht dabei vieles von seinem Land zum erstenmal. Jeden Tag und jedes Erlebnis oder jede Beobachtung trägt er in sein Tagebuch ein. Der Thronfolger muß jedoch, immer wenn es zu einer offiziellen Zeremonie oder Prozession kommt, getragen werden, weil er gerade zu diesem Zeitpunkt krank ist. Manche in der Bevölkerung sehen darin ein schlechtes Omen – steht der Thron auf schwachen Beinen?

Nikolaus hatte im Jahre 1908 einem Krieg ausweichen können, als es anläßlich der Annexion von Bosnien-Herzegowina durch Österreich-Ungarn zu einer ernsten Verstimmung über falsch verstandene Abmachungen zwischen Rußland und Österreich-Ungarn gekommen war.

Nun ist wieder eine kritische Situation auf dem Balkan eingetreten, und Nikolaus schreibt beunruhigt an Wilhelm von seinem Jagdschloß in Spala:

»Ich bin sicher, daß auch Du mit großem Interesse den Balkankrieg verfolgst. Ich bewundere die ausgezeichnete Kampfstärke der Bulgaren, Serben usw., aber die Türken sind in meiner Achtung völlig gesunken. Gebe Gott, daß wir alle nicht am Ende in Schwierigkeiten geraten!

Zu Deiner Frage, die Du in Deinem Brief aufgeworfen hast, ob eine Verbindung zwischen Deiner Eisenbahnlinie über die Grenze zu einer von meinen möglich ist [...]: ich legte sie meinem [Finanz- und Premier-] Minister Kokowzow vor, ich gab ihm auch die Karte von Dir dazu; er versprach, die Angelegenheit zu studieren und mir bald Bescheid zu geben. [...]

Mit herzlichen Grüßen von Alix und mir,

mein lieber Willy,

Dein ergebener und Dich liebender Cousin und Freund

Nicky«

return in the evening.
We shall probably remain
here till Nov. 4/17 and then
go back to Tsarskoe Selo.
I am sure you also are
taking a keen interest in the
Balkan war. I admire the
splendid fighting qualities of
the bulgarians, servians etc.
but the turks have sunk
completely in my opinion.
God grant we all may not
have difficulties at the end!
With Alix's & my best love
believe me dearest Willy
your devoted & loving
cousin & friend
Nicky

Spala. Oct. 23 / Nov. 5
Спала
Dearest Willy,
Henry will hand you
over this letter. Alix
and I were very pleased
have seen him for two da
after his long journey.
We were also happy tha
Irène stayed with us a l
time; she was so dear & su
a help and comfort durin
the trying days of our both
illness. Thank God he
is now recovering surely, bu
the full convalescence will

last some weeks more. —
I thank you for your
letter. I could not answer
the question you put me
in it about the junction
of your small railway-line
across the frontier with a
possible line on our side
from Suwalki? I spoke
longly about this matter with
Kokovtzov a few days ago &
gave him the chart you sent
me. He promised to study
the question with the minister
of the railways & submit it
later to me.
I quite agree that often the

interests of the frontier distr.
are neglected if local auth
rities sleep & are not taking
the development of those
under them to heart.
Spala lies about 140 kilom.
from the nearest point of you
frontier, wh. is if I am not
taken Henry's place.
I have had very good sp
here & have shot 43 good
stags and five heavy wild bo
Tomorrow begin the large
battues at Skernewitze,
pheasants, partridges, hares
& rabbits. From here it is
an hour & 15 min. by motor;
I will drive there every day

Brief von Nikolaus an Wilhelm vom 23. Oktober/5. November 1913

Wilhelm hatte sich jahrelang als Nikolaus' älterer Freund und Ratgeber profiliert, bis er das Vertrauen des jungen Zaren, der ihm immer skeptisch und sogar ablehnend gegenübergestanden war, langsam gewonnen hatte.

Doch bald wird Wilhelm, der seine Rolle virtuos gespielt hat, seine Maske fallen lassen. Das Spiel ist aus.

III. 1914

Der Schuß, abgefeuert in Sarajevo am 28. Juni 1914, hat nicht nur den Thronfolger von Österreich-Ungarn und seine Frau tödlich getroffen. Denn wie ein Signal löst er eine Lawine von Ereignissen aus, durch die am Ende kurz hintereinander drei Kaiserreiche begraben werden sollten.

Wie wenig die ungeheuren Konsequenzen des Attentats für die Staaten absehbar sind, die in die Folgen verwickelt werden, zeigen deren kühle Reaktionen:

»Kein Grund zur Sorge«, meint der Pariser »Figaro«. »Ein furchtbarer Schock für den guten alten Kaiser« – das ist alles, was Englands König Georg (Cousin des russischen Zaren) notiert. Zugegeben, Attentate und Bombenexplosionen gehören zu den Ingredienzen der politischen Atmosphäre der Zeit. Doch es ist dennoch bemerkenswert, daß auch die Repräsentanten der beiden Großmächte Deutschland und Rußland, die hinter den beiden Konfliktparteien Österreich-Ungarn und Serbien stehen und deren Verhalten beeinflussen, das Attentat zunächst gelassen aufnehmen. Gewiß, Kaiser Wilhelm, der wie alljährlich um diese Zeit mit seiner Jacht unterwegs ist, läßt den Kanzler Bethmann-Hollweg seine »Verurteilung dieses abscheulichen Verbrechens« kabeln und daß er »bis ins Tiefste seines Herzens« erschüttert sei.

Der Zufall will es, daß der russische Zar Nikolaus ebenfalls gerade auf seiner Jacht in den sommerlichen Urlaub segelt. Daß er durch die Nachricht vom Attentat nicht beunruhigt ist, zeigt seine Reaktion auf die Befürchtungen des französischen Botschafters, Paléologue, noch nach seiner Rückkehr nach Petersburg. Dessen Bemerkung, daß es zu einem Krieg kommen könne, widerspricht Nikolaus nach kurzem Schweigen:

»Ich kann nicht glauben, daß Kaiser Wilhelm einen Krieg will. Wenn Sie ihn nur so kannten, wie ich ihn kenne! Wenn Sie nur wüßten, wie theatralisch seine Gesten sind!« Und als Paléologue auch die Besorgnis seines Präsidenten Poincaré übermittelt, fügt Nikolaus hinzu: »Der [deutsche] Kaiser ist viel zu vorsichtig, um sein Land in wilde Abenteuer zu stürzen, und was Kaiser Franz Joseph betrifft – der will nur in Frieden sterben ...«

Anders sieht es natürlich in Österreich-Ungarn aus. Für die führenden Minister bedeutet das Attentat eine blanke Kriegserklärung. General Conrad von Hoetzendorf sieht darin nur ein Indiz mehr für die serbische Tendenz, alle slawischen Stämme in einem großserbischen Reich zu sammeln und gegen die österreichisch-ungarische Monarchie aufzubringen; daher plädiert er für unverzügliche Mobilisierung und sofortigen Angriff auf Belgrad.

Außenminister Berchtold dagegen hält es für klüger, Serbien ein Ultimatum zu stellen und es so zu formulieren, daß es für einen souveränen Staat wie Serbien nicht akzeptabel ist. Das findet die Zustimmung der Regierung. Erstellt am 19. Juli, wird diese Note jedoch vier Tage lang zurückgehalten, bevor sie nach Belgrad übermittelt wird. Man will abwarten, bis der gerade auf Staatsbesuch in Petersburg weilende französische Staatspräsident Poincaré und sein Regierungschef und Außenminister Viviani, Repräsentanten des französischen Verbündeten Rußlands, wieder abreisen. Damit will man Absprachen zwischen den beiden Verbündeten ausschließen.

In Berlin sieht man das anders. Der deutsche Diplomat Riezler notiert in diesen Tagen in sein Tagebuch:

»Hohenfinow, 11. Juli 1914.
Zwei Tage in Berlin. In Österreich scheint es Differenzen zwischen Berchtold und Tisza* über die Methode zu geben. Kaum möglich, ihnen von Berlin aus die Hand zu führen. Sie wollen offenbar ein kurzes Ultimatum und, falls Serbien ablehnt, einrücken. Anscheinend brauchen sie furchtbar lange, um zu mobilisieren. 16 Tage, sagt Hoetzendorf. Das ist sehr gefährlich. Ein

---

* Ungarischer Ministerpräsident

schnelles fait accompli und freundlich gegen die Entente, dann kann der Schock ausgehalten werden. Und mit gutem und erdrückendem Material, das keine Einwände zuläßt, gegen die serbischen Umtriebe herausrücken ...«

Drei Tage später reflektiert Riezler bereits weitere Überlegungen Berlins:

»14. Juli 1914

Für den Kanzler ist die Aktion ein Sprung ins Dunkle und dieser schwerste Pflicht. [...] Berchtold überlegt sich den Zeitpunkt, ob vor oder nach der Reise Poincarés nach Petersburg. Besser vorher, dann ist größere Chance, daß Frankreich plötzlich, vor der Wirklichkeit des Kriegstraums erschrocken, in Petersburg zum Frieden mahnt. Österreich hat sich denn auch heute dazu entschlossen. Aber die ungarische Ernte muß vorher herein.

Italien kokettiert mit Rußland. Es will als Preis den Trentino, § 7 des Vertrages. Wohl schon für die Neutralität. Man kann indes nicht vorher mit ihm reden. Es wird alles in Petersburg verraten. Es kennt den Zustand Österreichs und die russische Unterwühlung bei den Slawen. [...] Wenn im Falle des Krieges England gleich loslegt, geht Italien keinesfalls mit, sonst und im weiteren Verlauf nur, wenn unser Sieg sicher ist ...«*

Doch die Österreicher warten lieber das Ende des Besuches der Franzosen in Rußland ab. Außenminister Berchtold weiß um das Interesse Deutschlands, eher rasch zu reagieren, und setzt seine Beweggründe für den Aufschub erst dem deutschen Gesandten in Wien, von Tschirsky, und dann noch in einem eigenen Schreiben an den österreichischen Gesandten in Berlin, Graf Szögyeny, auseinander:

» ... ersuche auch Euer Exzellenz, dem Reichskanzler [...] in der Sache Nachstehendes geheim zur Kenntnis zu bringen. Die ins Auge gefaßte Aktion in einem Augenblick zu beginnen, wo der Präsident als Gast des Zaren in Rußland gefeiert wird, könnte

---

* Genau dieser Fall tritt im zweiten Kriegsjahr ein: Die Italiener wechseln auf die russische Seite gegen Österreich-Ungarn.

174

begreiflicherweise als politischer Affront aufgefaßt werden. [...]
Es erscheint uns auch unklug, den komminatorischen Schritt in
Belgrad gerade zu einer Zeit zu machen, wo der friedliebende,
zurückhaltende Kaiser Nikolaus und der immer vorsichtige
Herr Sasonow [Außenminister] dem unmittelbaren Einfluß der
beiden Hetzer Iswolskij [russischer Gesandter in Paris] und
Poincaré ausgesetzt wären ...«
Wien weiß sich der Unterstützung Deutschlands sicher. Hatte
doch erst vor kurzem, am 5. Juli, der österreichische Gesandte
Szögyeny nach einem Essen bei Kaiser Wilhelm nach Wien
gemeldet: »Wenn wir in einen Krieg mit Rußland verwickelt
werden, so können wir sicher sein, daß Deutschland uns beistehen wird.« Kurz darauf sendet der Diplomat ein Telegramm
nach Wien:
»Man ist in der Wilhelmstraße der Meinung, daß jede Verzöge-
rung in der Eröffnung der Feindseligkeiten äußerst gefährlich
sei, da dies den fremden Mächten gestatten würde, sich einzu-
mischen. Man rät uns dringend, mit größter Beschleunigung los-
zuschlagen, damit die Welt vor die vollendete Tatsache gestellt
wird.«
Indessen zeigt sich Rußland im Hinblick auf das Schicksal Serbiens besorgt. Der deutsche Botschafter in Petersburg, Pourtalés,
kabelt nach Berlin:
»Herr Sasonow läßt mir mitteilen, daß jene Kreise, die in Österreich von Maßnahmen gegen Serbien sprechen, sich anscheinend
nicht mit diplomatischen Vorstellungen begnügen wollen; ihr
eigentliches Ziel sei die Vernichtung Serbiens.«
Marginale Bemerkung des deutschen Kaisers dazu: »Das wäre
wirklich das beste!«
Indessen nimmt auch England in dem Konflikt eine klare Haltung ein, die durch das Schreiben des deutschen Botschafters
Fürst Lichnowsky aus London nach Berlin deutlich wird:
»Die britische Regierung wird ihren ganzen Einfluß geltend
machen, damit die Beschwerden Österreichs in Belgrad angenommen würden, vorausgesetzt, daß die nationale Unabhängigkeit Serbiens nicht angetastet werde. Der Chef des Foreign
Office spricht die Hoffnung aus, daß wir in Wien nicht unerfüll-

bare Forderungen unterstützen werden, welche den Zweck verfolgen, den Krieg zu entfesseln, und die Tragödie von Sarajevo
lediglich als Vorwand benützen, um den österreichischen
Bestrebungen auf dem Balkan zum Erfolg zu verhelfen.«
Zugleich wendet sich das britische Kabinett mit Vermittlungs-
vorschlägen an den deutschen Reichskanzler Bethmann-Hollweg mit der Bitte um Weiterleitung nach Wien. Der österreichische Gesandte in Berlin wird davon in Kenntnis gesetzt und
berichtet davon nach Wien:
»Der Staatssekretär erklärte mir vertraulich sehr entschieden,
daß in nächster Zeit eventuell Vermittlungsvorschläge Englands
durch die deutsche Regierung Eurer Exzellenz zur Kenntnis
gebracht würden. Die deutsche Regierung versichert auf das
bündigste, daß sie sich in keiner Weise mit den Vorschlägen
identifiziere, sogar entschieden gegen deren Berücksichtigung
sei und dieselben nur weitergebe, um der englischen Bitte Rech-
nung zu tragen.«
Das Ereignis in Sarajevo hatte also die Bündnisse und Allianzen
offengelegt, durch die die europäischen Staaten und Rußland
mit- und gegeneinander verbunden waren. Der Vorfall mag,
wie die angestellten Spekulationen über kommende Aktionen
illustrieren, dem einen als Chance erscheinen, latent vorhandene Wünsche oder Ziele zu verwirklichen. Dem anderen jedoch
wird jetzt das Bündnis zur Bürde, zur Verpflichtung, zu der er
stehen muß. Rußland versteht sich als Schutzmacht auf dem
Balkan, und obwohl es sich in den vergangenen zwei Jahrzehnten aus Konflikten in diesem Gebiet herausgehalten hat,
kann es einen Angriff auf die letzte prorussische (und orthodoxe) Bastion auf dem Balkan nicht dulden. Erst 1903 hatte sich
Nikolaus von Franz Joseph des Status quo versichern lassen;
dennoch hatte Österreich-Ungarn 1908 Bosnien/Herzegowina
annektiert und Rußland damit gedemütigt. Rußland konnte
keine weitere Einbuße seines Ansehens (und seiner Einflußsphäre auf dem Balkan bis zur Meerenge von Konstantinopel)
hinnehmen. Dazu kommt der Hilferuf Serbiens, als sich die
Situation zuspitzt. Darüber hinaus fühlt sich Rußlands Bündnispartner Frankreich alarmiert, sobald sich Deutschland im

Kriegszustand zu befinden droht. Somit bedeutet das Sicherheitsinteresse des französischen Bündnispartners eine zusätzliche Verpflichtung, die Rußland in diesem Augenblick auferlegt wird.

Indessen ist das Fest des französischen Staatsbesuchs vorbei. Vorbei die Manöver in den verschiedensten Uniformen, vorbei die Paraden russischer Regimenter, die stolz auf den glänzenden Rücken ihrer Pferde unter den Klängen der französischen und russischen Hymne vorbeidefilierten, begleitet vom Zaren, der an ihrer Seite galoppierte – alles in allem ein Anblick, der suggerierte: Rußland ist unbesiegbar; vorbei die festlichen Bankette in Peterhof und die Soupers auf den Luxusjachten des Zaren und an Bord der »France«, auf der Nikolaus in Admiralsuniform seinen Gästen am 23. Juli schließlich den Abschiedstoast zuruft.

Unter dem Donner von Salutschüssen entfernt sich das majestätische Schiff in die sternklare Nacht, als die Nachricht vom Ultimatum Österreich-Ungarns an Serbien eintrifft. Politiker, Minister, Diplomaten in Petersburg, Berlin, Paris und London sind alarmiert. In ihrer sommerlichen Ruhe aufgescheucht, setzen sie hektische Aktivitäten in Gang. Die Führung des betroffenen Serbien jedoch scheint am wenigsten erschüttert, und es zeigt sich auch, warum. Der russische Gesandte in Belgrad, Strandtman, telegraphiert am 10. (nach westlichem Kalender 23.) Juli an Außenminister Sasonow nach Petersburg:
»Der österreichische Gesandte hat soeben um 6 Uhr abends dem Finanzminister Paću, Stellvertreter von Pasić, eine ultimative Note seiner Regierung ausgehändigt, die einen Zeitraum von 48 Stunden für die Annahme der darin enthaltenen Forderungen einräumt. [Der österreichische Gesandte] Baron Giesl fügte hinzu, daß er im Falle ihrer Nichtannahme als Ganzes innerhalb dieser Frist angewiesen sei, Belgrad mit der gesamten Mission zu verlassen. Nachdem Paću mir den Inhalt der Note mitgeteilt hatte, bat er mich, weiterzuleiten, daß er um die Hilfe Rußlands ersucht, da nicht allein die serbische Regierung die Vorschläge Österreichs für unannehmbar hält.«
Den Inhalt der Note erhält der russische Außenminister am

nächsten Tag auch vom österreichischen Botschafter in Petersburg. In den Augen Sasonows ist das Ultimatum nicht nur gegen Serbien, sondern auch gegen Rußland gerichtet und bedeutet somit einen europäischen Krieg.

Der Kronrat wird einberufen. Es wird beschlossen, Serbien Beistand zu leisten – selbst wenn es zu einem Krieg kommt. Der Zar wird ersucht, gegebenenfalls Hilfsmaßnahmen für Serbien und Vorbereitungen für eine Mobilisierung zuzustimmen. Die Abgeordneten beantragen den Abzug russischer Gelder aus dem Ausland.

Zugleich versucht Nikolaus, Zeit zu gewinnen. Er weiß, wie ungelegen Rußland eine Verwicklung in den Krieg kommt. Der Zar hatte bereits vor dem Beschluß des Kronrates Sasonow beauftragt, durch seinen Botschafter in Wien eine Verlängerung des Ultimatums zu erwirken. In seinem Telegramm vom 11./24. Juli 1914 in Wien hieß es:

»Wollen Sie bitte dem österreichisch-ungarischen Außenminister folgendes mitteilen:

Die Kontaktaufnahme Österreich-Ungarns mit den Mächten einen Tag nach Aushändigen des Ultimatums an Belgrad beraubt diese der Möglichkeit, im verbleibenden kurzen Zeitraum etwas zu unternehmen, was im Sinne der Lösung der entstandenen Probleme nützlich sein könnte. Daher erachteten wir es im Hinblick auf das Abwenden unabsehbarer und für alle Seiten unerwünschter Folgen, wie sie die Handlungsweise Österreichs nach sich ziehen könnte, für erforderlich, daß letzteres die Serbien gestellte Frist verlängern möge [...], damit die Mächte sich ein Urteil bilden können. Österreich hat in Aussicht gestellt, daß es die Grundlagen seiner Anschuldigungen den Mächten mitteilt; wenn sich diese als gerechtfertigt erweisen, können die Mächte Serbien entsprechende Ratschläge erteilen. Eine Ablehnung Österreichs der von uns vorgeschlagenen Vorgangsweise würde klar der internationalen Ethik widersprechen und die heute uns gegenüber gegebene Erklärung sinnlos erscheinen lassen.

Ergeht auch an London, Berlin, Rom, Paris, Belgrad.

Sasonow«

Indessen mehren sich die entrüsteten Reaktionen der anderen europäischen Regierungen. Aus England teilt am 24.7. wiederum der deutsche Botschafter Lichnowsky nach Berlin mit, daß Sir Edward Grey »sehr aufgeregt über das unverständliche Ultimatum« gewesen sei:

»Er behauptet, daß dieses Ultimatum alles übertreffe, was er je in der Geschichte erlebt habe, und seiner Ansicht nach höre ein Staat, der solche Bedingungen annähme, auf, zu den unabhängigen Staaten zu gehören.«

Wilhelm schreibt an den Rand des Briefes eine seiner sprichwörtlichen Marginalien: »Vernichtung Serbiens? Was gäbe es Wünschenswerteres? Serbien ist kein Staat im europäischen Sinne, sondern eine Räuberbande!« Der deutsche Kaiser erlaubt nicht, daß der Appell zu Mäßigung nach Wien weitergeleitet wird. An seinen Gesandten Tschirsky läßt er nach Wien kabeln: »Vermeiden Sie sorgfältig den Eindruck, daß wir Wien zurückhalten wollen.«

Nikolaus läßt Serbien vorschlagen, alle akzeptablen Punkte des Ultimatums anzunehmen, die nicht die Souveränität des Staates in Frage stellen.

Am 24. Juli meldet sich wieder der russische Gesandte aus Belgrad mit einem Telegramm nach Petersburg:

»Pasić kam nach Belgrad zurück. Er schlägt vor, Österreich zur gestellten Frist, das heißt morgen Samstag um 6 Uhr abends, die Antwort mit dem Hinweis auf die annehmbaren und die unannehmbaren Punkte zu geben.

Nun wird die Bitte an die Mächte gerichtet, die Unabhängigkeit Serbiens zu verteidigen. Wenn dann, sagte Pasić, der Krieg unvermeidlich ist, werden wir kämpfen. Strandtman«

Einen Tag später, am 12/25. Juli 1914, meldet sich wieder Gesandter Kudaschew aus Wien nach Petersburg:

»Graf Berchtold ist in Ischl. Da ich innerhalb der kurzen Frist nicht hinfahren kann, telegraphierte ich ihm unseren Vorschlag bezüglich der Verlängerung des Ultimatums und wiederholte ihn in Worten gegenüber Baron Macchio. Letzterer versprach, ihn zeitgerecht dem Außenminister zu übermitteln, fügte jedoch hinzu, daß er mit Sicherheit die absolute Ablehnung unseres Vorschlages voraussagen könne.

Kudaschew«

Und wenige Stunden später heißt es:

»Fortsetzung meines Telegrammes von heute. Erhielt soeben, über Macchio, die negative Antwort der österreichisch-ungarischen Regierung zu unserem Vorschlag über die Verlängerung der Frist des Ultimatums.

Kudaschew«

Am gleichen Tag, dem 12./25. Juli 1914, als das Ultimatum um 6 Uhr abends auslaufen soll, notiert Nikolaus in sein Tagebuch:

»Donnerstag abend hat Österreich Serbien ein Ultimatum vorgelegt, dessen acht Punkte für einen Staat wie diesen inakzeptabel sind. Die Frist läuft heute um 6 Uhr aus. Bei uns spricht alles nur davon. Von 11 bis 12 hatte ich einen Ministerrat mit sechs Ministern, und es ging ausschließlich um diese Frage und um die Vorsichtsmaßnahmen, die wir zu setzen haben ...«

Zugleich telegraphiert Nikolaus an den Prinzregenten von Serbien:

»Die Regierung verfolgt aufmerksam die Entwicklung des serbisch-österreichischen Konfliktes, der Rußland nicht gleichgültig lassen kann.«

Am gleichen Tag überreicht der deutsche Botschafter in Petersburg, Pourtalés, dem russischen Außenminister die Note:

»Deutschland verleiht selbstverständlich als Alliierter Österreichs den seiner Ansicht nach legitimen Forderungen des Wiener Kabinetts gegen Serbien Nachdruck.«

Am darauffolgenden Tag, dem 13./26. Juli 1914, kann der serbische Gesandte in Petersburg nach Belgrad kabeln.

»Als positiv kann ich melden: Gestern wurde beschlossen, gegen Österreich-Ungarn 1 700 000 Mann zu mobilisieren und sofort gegen dieses die energischeste Offensive zu unternehmen, sobald Österreich-Ungarn Serbien angriffe; der russische Zar sagte, über die Antwort Österreich-Ungarns erbittert, sei er überzeugt, daß die Serben sich tapfer schlagen würden. Die Haltung Deutschlands ist noch nicht klar, doch glaubt der russische Zar, daß Wilhelm diese Gelegenheit benützen könne, um eine Teilung Österreich-Ungarns herbeizuführen (im gegenteiligen Falle wird er dem französischen Kriegsplan beitreten, so daß auch gegen Deutschland der Sieg endgültig ist?). Nr. 64.

Spaljaković«

Am gleichen Tag, dem 26. Juli (nach westlichem Kalender), erfolgt die Teilmobilmachung in Österreich-Ungarn. In Petersburg lädt Außenminister Sasonow den österreichischen Botschafter Szapary »zu einer offenen Aussprache« vor und schlägt die Aufnahme eines direkten Dialoges zwischen Petersburg und Wien vor. Dem Militärattaché von Österreich-Ungarn erklärt Sasonow, Rußland beschränke sich vorerst auf Vorbereitungen zur Mobilmachung.

Noch am gleichen Tag telegraphiert der serbische Gesandte aus Petersburg eine Meldung nach Belgrad, aus der klar wird, warum Serbien – nun mit dem Wissen um russische Unterstützung – so gelassen reagiert hat. Es weiß die Lage auszunutzen:

»Amtlich teile ich Ihnen mit, daß die russische Wehrmacht die Grenze in dem Augenblick überschreiten wird, da Österreich-Ungarn Serbien angreift, und daß es daher von entscheidender Bedeutung ist, daß Sie mir dies sogleich mitteilen. [...]

Der gegenwärtige Augenblick ist einzigartig, da Rußland entschlossen ist, bis zum Äußersten zu gehen und eine historische Tat zu vollbringen. Nach meiner Ansicht ergibt sich für uns eine glänzende Gelegenheit, das Ereignis weise auszunützen und die völlige Vereinigung der Serben zu bewerkstelligen. Daher ist es wünschenswert, daß Österreich-Ungarn uns angreife.

In diesem Fall vorwärts in Gottes Namen. Nr. 65. Spaljaković.«

Indessen wird bekannt, daß Serbien das Ultimatum angenommen hat – allerdings nicht in allen Punkten. Erleichtert lehnen sich die Entscheidungsträger in Europa zurück. Selbst Kaiser Wilhelm, der sich so angriffslustig gegeben hatte, meint nun: »Jetzt ist ja wohl kein Kriegsgrund mehr gegeben.«

Nikolaus schreibt am 14./27. Juli in sein Tagebuch:

»Wenig interessante Neuigkeiten, aber nach einem Bericht, den Sasonow erhalten hat, scheinen die Österreicher ziemlich erstaunt über unsere militärischen Vorbereitungen zu sein, sie haben offenbar viel Wind gemacht.«

Am gleichen Tag telegraphiert er an den serbischen Prinzregenten nach Belgrad:

»Eure Hoheit sei versichert, daß Rußland in keinem Fall am Schicksal Serbiens desinteressiert sein wird.«

Die russischen Gelder sind aus dem Ausland abgezogen, dreizehn russische Armeekorps für den Eventualfall gegen Österreich-Ungarn teilmobilisiert. Junge Offiziere werden vorzeitig befördert, die Truppen von den Exerzierfeldern in ihre Garnisonen zurückberufen.

Der »Eventualfall« tritt ein. Sofort nach Erhalt der serbischen Antwort verläßt der österreichische Botschafter Baron Giesl Belgrad. Später wird oft die Bemerkung seines deutschen Amtskollegen Baron Eckardt, der ihn als Gesandten in Cetinje gekannt hatte, zitiert, als er von dessen Versetzung nach Belgrad erfahren hatte: »Giesl in Belgrad! Das kommt mir so vor, als schicke man jemanden in eine Pulverfabrik, der unausgesetzt Zigaretten raucht!«.

Am 28. Juli erklärt Österreich-Ungarn Serbien den Krieg. Schon in der folgenden Nacht wird Belgrad bombardiert.

Wie die deutsche Haltung die österreichische Position unterstützt, so steht Rußland auf seiten Serbiens. Schon nach dem Attentat in Sarajevo hatte der ungarische Ministerpräsident Graf Tisza geäußert: »Nach menschlicher Voraussicht wird ein Angriff auf Serbien die Intervention Rußlands nach sich ziehen und zum Weltkrieg führen.«

Im Berliner Generalstab hatte man längst vorgeplant und entsprechende Vorbereitungen getroffen, während sich Wilhelm noch auf hoher See befand. In Anbetracht des bevorstehenden Krieges will man die Gelegenheit nützen und Frankreich angreifen. Frankreichs Versuchen, Elsaß-Lothringen zurückzuerlangen, soll vorgebeugt werden. Der Traum, Paris zu nehmen, ist das Fernziel. Allerdings nach einem Überraschungsplan: Die deutschen Truppen sollen nicht wie erwartet die deutsch-französische Grenze überschreiten, sondern von Belgien her kommen; zur Durchführung dieses »Schlieffen«-Plans ist jedoch der Durchmarsch durch Belgien – unter Verletzung seiner Neutralität – erforderlich, dessen Genehmigung Deutschland durch ein Ultimatum von Belgien erzwingen will. Die entsprechende Note liegt bereits, am 26. Juli von General Moltke entworfen, versiegelt beim deutschen Gesandten in Brüssel. Die Militärs warten nur auf den Anlaß zur Übergabe, und das ist der Eintritt Deutschlands in den Kriegszustand.

General Moltke ist daher nicht daran interessiert, daß Vermittlungsversuche anderer europäischer Regierungen – wie der englischen – die Ereignisse aufhalten, und führt diesbezüglich Korrespondenz mit dem österreichischen General Conrad von Hoetzendorf. Der österreichische Militärattaché in Berlin, Major von Bienerth, telegraphiert am 30. Juli nach Wien: »Lehnen Sie die erneuten Angebote der britischen Regierung zur Aufrechterhaltung des Friedens ab. Ein europäischer Krieg bedeutet für Österreich-Ungarn die letzte Chance; die Unterstützung Deutschlands ist uns absolut sicher.«

Der einzige, der nicht daran glaubt, daß Österreich mit deutscher Rückenstärkung handelt, bleibt der russische Zar Nikolaus. Er ist der Meinung, daß Wilhelm aus Furcht vor England vor einer Verwicklung in einen Krieg zurückschreckt. Daher reagiert Nikolaus gelassener als die meisten Beobachter in seiner Umgebung, als die Beschießung Belgrads Entrüstung und Entsetzen in Rußland auslöst. Dem französischen Botschafter Paléologue gegenüber hatte Nikolaus damals gemeint:

»Ich glaube nicht, daß Deutschland es Österreich erlauben würde, bei dem serbischen Abenteuer bis zum Äußersten zu gehen, denn es würde sicher nicht riskieren wollen, der schönen Augen der Habsburger wegen in einen Weltkrieg verwickelt zu werden. Ich kann auch nicht glauben, daß Wilhelm den Krieg will. Wenn Sie nur wüßten, wieviel Scharlatanismus in seinem Wesen steckt! Er würde es außerdem nie wagen, das mit Frankreich verbündete Rußland anzugreifen, da er weiß, daß England sofort an deren Seite treten wird.«

Als der deutsche Kaiser von seiner Segelregatta nach Potsdam zurückkehrt, entspinnt sich vom 27. Juli bis zum 1. August ein reger Austausch von Telegrammen zwischen ihm und Zar Nikolaus, und innerhalb dieser Zeit enthüllt sich das wahre Verhältnis zwischen den beiden ebenso klar, wie sich die Frage über Krieg oder Frieden endgültig entscheidet.

27. Juli 1914. Telegramm von Nikolaus an Wilhelm:
»Ich bin froh, daß Du zurück bist. In dieser ernsten Stunde bitte ich Dich um Deine Unterstützung. Ein schändlicher Krieg ist einem schwachen Land aufgezwungen worden. In Rußland ist die Entrüstung, die ich teile, ungeheuer; ich sehe voraus, daß ich demnächst von dem Druck fortgerissen werde, den man auf mich ausübt, und daß ich gezwungen sein werde, schärfste Maßnahmen zu ergreifen, die zum Krieg führen können. Um ein solches Unheil zu verhindern, berufe ich mich auf unsere alte Freundschaft und bitte Dich, Deinen Bundesgenossen davor zurückzuhalten, daß er zu weit geht.«

28. Juli 1914. Antwort von Wilhelm an Nikolaus:
»Ich verkenne nicht die schwierige Lage für Deine Regierung, dem Druck der öffentlichen Meinung standzuhalten. In Hinblick auf die herzliche Freundschaft, deren Bande uns seit so langer Zeit eng vereinen, will ich all mein Einflußvermögen gegenüber Österreich-Ungarn geltend machen, um es zu einem ehrlichen, für Rußland akzeptablen Einverständnis zu bewegen.«

29. Juli 1914. Der deutsche Botschafter Pourtalès überbringt die Drohung Wilhelms, gegen Rußland zu mobilisieren, wenn Rußland seine militärischen Vorbereitungen (gegen Österreich) nicht einstellt.

Antwort des russischen Außenministers:
»Wenn Österreich im Bewußtsein der Tatsache, daß sein Konflikt mit Serbien den Charakter einer europäischen Frage angenommen hat, in seinem Ultimatum die Klauseln, die einen Angriff auf die Souveränität Serbiens bedeuten, eliminiert, verpflichtet sich Rußland, seine militärischen Vorbereitungen einzustellen.«

Es folgen Beschwörungen (und Drohungen) Wilhelms an Nikolaus, seine Teilmobilisierung zurückzunehmen.

18.30 Uhr: Telegramm von Wilhelm an Nikolaus:
»Ein direktes Einverständnis zwischen Deiner Regierung und

Wien ist möglich und wünschenswert, wie es meine Regierung mit allen Kräften zu erreichen sucht. Doch die von Rußland ergriffenen Maßnahmen werden von Österreich-Ungarn als Bedrohung empfunden und können eine Katastrophe heraufbeschwören, die wir beide verhindern wollen und meine Vermittlermission unmöglich machen, die ich auf Deinen Appell an meine Freundschaft und meine Hilfe gerne erfüllt hätte.«

23.00 Uhr: Nikolaus setzt seinen Kriegsminister und seinen Außenminister davon in Kenntnis, daß ihn das letzte Telegramm von Kaiser Wilhelm zur Aufschiebung der Generalmobilmachung veranlaßt.

Am gleichen Tag telegraphiert Wilhelms Adjutant beim russischen Zaren, General Chelius, aus Petersburg nach Berlin, und vermittelt die Stimmung des Zaren und seiner Umgebung:

»Die Nachricht Ihres Kaisers hat uns sehr beruhigt, denn wir wollen keinen Krieg, und Kaiser Nikolaus wünscht ihn ebenfalls nicht ... Wir hoffen, daß Ihr Souverän auf seinen Bündnispartner Österreich einwirkt, den Bogen nicht zu überspannen, den guten Willen Serbiens anzuerkennen und es den Großmächten oder dem Haager Schiedsgericht zu überlassen, die strittigen Fragen zu entscheiden.«

Als Wilhelm das Telegramm liest, unterstreicht er verärgert die Worte »Haager Schiedsgericht« und kritzelt daneben:

»All das sind Phrasen! Was für Unsinn!«

Noch in derselben Nacht drahtet das Berliner Außenamt Instruktionen an seinen deutschen Botschafter nach Petersburg mit dem Ziel, Rußland nicht die Haager Konferenz einberufen zu lassen. Schon bei der Gründung des Schiedsgerichts durch Nikolaus im Jahre 1899 hatte Wilhelm seine Ansicht zu politischen Konfliktlösungen kundgetan: »In meiner Praxis werde ich mich später nur auf Gott und mein gutes Schwert verlassen und berufen!«

In dem Telegramm nach Petersburg heißt es:

»Bitte durch sofortige Aussprache mit Herrn Sasonow angeblichen Widerspruch zwischen Ihrer Sprache und dem Telegramm Seiner Majestät aufzuklären. Der Gedanke der Haager Konferenz wird in diesem Fall natürlich ausgeschlossen sein.«

Nikolaus durchschaut das Doppelspiel noch immer nicht – oder macht gute Miene zum bösen Spiel, um die Situation retten. 30. Juli 1914. Telegramm von Nikolaus an Wilhelm:

»Danke für Dein versöhnliches und freundschaftliches Telegramm. Dagegen war die heute von Deinem Botschafter meinem Minister übergebene offizielle Mitteilung in einem ganz anderen Tenor gehalten. Bitte Dich, diese Verschiedenheit aufzuklären. Es würde sich empfehlen, das österreichisch-serbische Problem der Haager Konferenz vorzulegen. Vertraue auf Deine Weisheit und Freundschaft.

Dein Dich liebender Niki.«

Ebenso wie der Vorschlag einer Haager Konferenz wird von Wilhelm der am gleichen Tag vom englischen Botschafter überbrachte Vorschlag einer Konferenz der vier Großmächte verworfen. Somit sind Vermittlungen aus Petersburg, London und Paris bei den Mittelmächten gescheitert.

Am gleichen Tag telegraphiert Wilhelm an Nikolaus:
»Österreich-Ungarn hat gegen Serbien nur einen Teil seiner Armee mobilisiert. Wenn Rußland, wie es jetzt scheint, gegen Österreich-Ungarn mobilisiert, wird die Vermittlung, mit der Du mich auf so freundschaftliche Weise betraut hast und die ich auf Deinen ausdrücklichen Wunsch hin auf mich genommen habe, schwierig, wenn nicht unmöglich.«

13.20 Uhr. Antwort von Nikolaus an Wilhelm:
»Die militärischen Vorbereitungen, die dabei sind, getroffen zu werden, sind lediglich eine Verteidigungsmaßnahme gegen die Vorbereitungen von seiten Österreich-Ungarns. Ich hoffe von ganzem Herzen, daß diese Maßnahmen keinen Einfluß auf Deine Vermittlerfunktion haben werden, an der mir im höchsten Maße gelegen ist.«

Um 15 Uhr empfängt der Zar seinen Außenminister, der vom alarmierten Kriegsminister dringend gebeten worden war, um eine Fortsetzung der Mobilisierung anzusuchen, da die Truppen Österreich-Ungarns »praktisch an der Schwelle Rußlands stünden«. Sasonow erinnert sich an die Szene:
»»Ich glaube nicht, daß Eure Majestät den Befehl für die Mobili-

sierung weiter hinauszögern kann. Meiner Ansicht nach ist der Krieg unvermeidlich‹, sagte ich. Der Zar war blaß geworden und sagte mit erstickter Stimme: ›Denken Sie an die Verantwortung, die zu übernehmen Sie mir raten. Denken Sie daran, daß das bedeuten würde, Hunderttausende Russen in den Tod zu schicken!‹ – Als ich dem Zaren klarmachte, daß nun von unserer Seite alles zur Vermeidung des Krieges getan worden sei, Österreich-Ungarn jedoch dazu entschlossen scheine, seine Macht zu erweitern, unsere natürlichen Verbündeten auf dem Balkan zu unterjochen und damit auch Rußland in seiner Macht einzuschränken, schwieg der Zar und sagte – wobei man ihm seinen inneren Kampf ansah: ›Sie haben recht. Es bleibt uns nichts anderes übrig, als uns auf einen möglichen Angriff vorzubereiten. Geben Sie meinen Befehl zur unverzüglichen Generalmobilmachung weiter.‹«

31. Juli 1914. Telegramm von Nikolaus an Wilhelm:
(Aus dem abgebildeten Entwurf ist ersichtlich, daß der Zar dieses Schreiben handschriftlich konzipiert hatte.)
»Solange die Verhandlungen mit Österreich in der serbischen Frage fortgesetzt werden, werden sich meine Truppen jeglicher feindlicher Handlungen enthalten.
Darauf gebe ich Dir feierlich mein Wort.«

14.00 Uhr. Antwort von Kaiser Wilhelm an Nikolaus:
»Der Frieden in Europa kann noch gerettet werden, wenn Rußland sich dazu entschließt, die militärischen Vorbereitungen einzustellen, die Österreich-Ungarn bedrohen.«

1. August 1914. Telegramm von Nikolaus an Wilhelm:
»Ich verstehe, daß Du Dich zur Mobilmachung gezwungen siehst, doch ich hätte gerne die gleiche Zusicherung, die ich Dir gegeben habe, nämlich zu wissen, daß diese militärischen Maßnahmen nicht einen Krieg nach sich ziehen und daß wir fortfahren, für das Wohl unser beiden Länder zu verhandeln, das uns so sehr am Herzen liegt.«

18.00 Uhr. Der deutsche Botschafter in Petersburg, Graf Pourtalès, überreicht dem russischen Außenminister Sasonow die Kriegserklärung Deutschlands an Rußland. Noch am gleichen Abend erreicht sie durch einen Boten den russischen Zaren.

Handschriftlicher Entwurf zum letzten Telegramm von Nikolaus an Wilhelm vor der deutschen Kriegserklärung vom 18./31.7.1914: »Solange die Verhandlungen mit Österreich in der serbischen Frage fortgesetzt werden, lasse ich meine Truppen keine feindlichen Handlungen ausüben, darauf gebe ich Dir feierlich mein Wort ...«

Wenige Stunden später, um 1 Uhr 45 in der Nacht vom 1. auf den 2. August, erhält Nikolaus jedoch noch ein Telegramm von Wilhelm:

»Eine sofortige, klare und eindeutige Antwort von Dir ist das einzige Mittel, eine unabsehbare Katastrophe abzuwenden. Bis ich eine solche Antwort erhalte, ist es mir zu meinem tiefen Bedauern nicht möglich, den Gegenstand Deines Telegramms zu behandeln. Ich muß Dich kategorisch bitten, Deinen Truppen

unverzüglich den Befehl zu geben, auf keinen Fall den geringsten Anstoß an unseren Grenzen zu geben.«

Als Nikolaus dieses Telegramm erreicht, sind bereits sieben
Stunden vergangen, seit er die Kriegserklärung Wilhelms erhalten hatte. Er läßt es daher unbeantwortet.

Letztes Telegramm Wilhelms an Nikolaus vom 1.8.1914, das Nikolaus
jedoch erst nach der deutschen Kriegserklärung erhielt

Außenminister Sasonow schildert die Szene, als der deutsche Botschafter an jenem historischen Abend zum letztenmal sein Amtszimmer betreten hatte:

»Er war blaß und nervös. Zunächst fragte er mich in pathetischem Ton dreimal hintereinander: ›Können Sie mir versichern, daß Rußland seine Generalmobilmachung einstellen wird?‹ – Als ich dreimal verneinte, fuhr der Diplomat fort: ›Dann bin ich von meiner Regierung beauftragt, Ihnen diese Note auszuhändigen. Seine Majestät der Kaiser, mein höchster Herrscher, nimmt im Namen des Reiches die Herausforderung an und betrachtet sich nunmehr im Kriegszustand mit Rußland.‹ – Pourtalès, der fahl wie Asche geworden war, wurde nun von seinen Gefühlen übermannt. Er lehnte sich ans Fenster und begann offen zu schluchzen. ›Wer hätte je gedacht, daß ich Petersburg unter solchen Umständen verlassen sollte ...‹ – Ich stützte ihn, wir umarmten einander zum Abschied, und ich geleitete ihn hinaus.«

Wie sehr der Zar politisch und persönlich von der Kriegserklärung Wilhelms überrascht war – zudem hatte er eine Antwort auf sein Telegramm erwartet –, kann man sich anhand der vorangegangenen Korrespondenz vorstellen. Ein Augenzeuge, Chef der Palastwache, erinnert sich an den Abend, als das Telegramm mit der Kriegserklärung überbracht wurde:

»Die Familie kam vom Abendgottesdienst zurück, und das Abendessen stand bereit. Die Zarin und die Kinder saßen bereits am Tisch, als der Zar, der sich noch in seinem Arbeitszimmer aufhielt, hinausging, da Graf Fredericks das Eintreffen einer Botschaft meldete. Es war die Nachricht von Sasonow, daß Deutschland den Krieg erklärt hatte. Der Zar blieb schockiert stehen; dann faßte er sich und sandte nach den Ministern.

Er stand noch in der Tür, als die Zarin eine der Töchter nach ihm sandte, da man mit dem Essen beginnen wollte. Mit erstickter Stimme erklärte er kurz, was geschehen war. Die Zarin begann zu weinen. Die erschrockenen Mädchen taten bald dasselbe. Nikolaus versuchte, sie alle nach Möglichkeit zu beruhigen, und zog sich dann zurück, ohne einen Bissen angerührt zu haben. Um neun Uhr abends kamen dann Sasonow, Gorjomkin und

andere Minister gemeinsam mit den Botschaftern von Frank-
reich und England, Paléologue und Buchanan ...«
In sein Tagebuch trägt Nikolaus an jenem Abend lakonisch ein:
»Bei unserer Rückkehr vom Gottesdienst erfuhren wir, daß
Deutschland uns den Krieg erklärt hat.«
Ausführlicher äußert sich Nikolaus über dieses Erlebnis in einem
Gespräch, das er kurze Zeit später mit dem französischen Bot-
schafter führt. Paléologue ist für ihn nicht nur Repräsentant des
verbündeten Frankreich, sondern auch ein Freund, der sich auf-
grund seiner Persönlichkeit, seiner Kultur und Klugheit der
Sympathie und des Vertrauens des Zaren erfreut.
»Für Nikolaus«, so Paléologue, »enthüllte das letzte Telegramm
Kaiser Wilhelms, das ganz offensichtlich schon zugleich mit der
Kriegserklärung selbst verfaßt worden war, die wahren Absichten des deutschen Kaisers und seinen wahren Charakter.
›Wilhelm war niemals ehrlich, nicht einen Augenblick lang‹,
bemerkte der Zar mir gegenüber, ›am Ende war er offenbar hoff-
nungslos im Netz seiner eigenen Unverschämtheit und Lügen
gefangen. An jenem Abend kam ich erst in den frühen Morgenstunden zum 2. August in das Schlafzimmer. Ich trank noch Tee

Tagebucheintragung vom 19. Juli (1. August 1914) »... Deutschland hat uns
den Krieg erklärt« (drittletzte Zeile der linken Seite)

191

mit der Zarin und wollte eben ein Bad nehmen, da ich sehr müde war, als mein Diener an die Tür klopfte und sagte, er hätte ein sehr wichtiges Telegramm von Seiner Majestät dem Kaiser Wilhelm. Ich las dieses Telegramm, das mich offenbar noch vor der Kriegserklärung hätte erreichen sollen, las es noch einmal und noch einmal und wiederholte es laut – aber ich konnte es einfach nicht verstehen. Was auf der Welt meint dieser Wilhelm, dachte ich, wenn er vorgibt, daß es noch von mir abhängt, ob der Krieg abgewendet werden kann oder nicht? Er beschwört mich, meine Armee nicht die Grenze überschreiten zu lassen!

Bin ich plötzlich verrückt geworden? Hat mir nicht vor über sechs Stunden mein Vertrauter die Kriegserklärung gebracht, die der deutsche Botschafter gerade zuvor Sasonow ausgehändigt hat?

Ich kehrte zur Zarin zurück und las ihr das Telegramm vor. Sie sagte sofort: ›Darauf wirst du doch nicht antworten, oder?‹ – ›Natürlich nicht!‹

Kein Zweifel, dieses merkwürdige und verrückte Telegramm sollte mich verunsichern und zu einem absurden und ehrlosen Schritt verleiten. Aber es hatte nur die gegenteilige Wirkung. Ich verließ das Zimmer der Zarin, und es war mir klar, daß es nun zwischen Wilhelm und mir für immer aus war. Ich schlief sehr gut, und als ich zur üblichen Zeit aufwachte, war mir ein Stein vom Herzen gefallen. Meine Verantwortung vor Gott und meinem Volk war gewaltig, aber wenigstens wußte ich jetzt sicher, was ich zu tun hatte.«

Am folgenden Tag, man schreibt in Rußland den 20. Juli (2. August), unterschreibt der Zar im Malachitsaal des Winterpalais das Manifest über den Kriegseintritt Rußlands gegen Deutschland. Anschließend wird dieses im Nikolaussaal verlesen. Der Zar hatte seine Rede, wie zuvor seine Telegramme an Kaiser Wilhelm, selbst verfaßt (in der Abbildung sind seine Korrekturen noch ersichtlich):

»Manifest über den Kriegseintritt

Von Gottes Gnaden
erklären Wir, Nikolaus der Zweite
Kaiser und Selbstherrscher über Ganz Rußland,
Zar von Polen,
Großfürst von Finnland
(und so weiter usw.)
all Unseren Untertanen:

Unserem historischen Auftrag entsprechend ist Rußland dem
Schicksal der slawischen Völker, mit denen es durch den Glauben und das Blut eins ist, niemals untätig gegenübergestanden.
In voller Einmütigkeit und mit besonderer Kraft haben sich in
den letzten Tagen die brüderlichen Gefühle des russischen
Volkes gegenüber den Slawen erhoben, als Österreich-Ungarn
an Serbien für eine Staatsmacht offensichtlich unannehmbare
Forderungen gestellt hat. Die entgegenkommende und friedliebende Antwort der serbischen Regierung verachtend und die
wohlwollende Vermittlung Rußlands zurückweisend, ist Österreich unverzüglich zum bewaffneten Angriff übergegangen,
indem es die wehrlose Stadt Belgrad unter Beschuß genommen
hat.
Da Wir kraft der eingetretenen Umstände gezwungen sind, die
erforderlichen Vorsichtsmaßnahmen zu ergreifen, haben Wir
befohlen, Armee und Flotte mobil zu machen, jedoch gleichzeitig, da Uns das Blut und die Würde Unserer Untertanen teuer
sind, alle in Unserer Macht stehenden Bemühungen zum friedlichen Ausgang der aufgenommenen Verhandlungen aufgeboten.
Inmitten freundschaftlicher Beziehungen hat das mit Österreich
verbündete Deutschland entgegen Unseren auf jahrhunderteal-
te gute Nachbarschaft bauenden Hoffnungen und ungeachtet
Unserer Versicherung, daß die ergriffenen Maßnahmen keineswegs feindseligen Charakter ihm gegenüber haben, deren sofortige Einstellung gefordert und nach Zurückweisung dieser Forderung Rußland unverzüglich den Krieg erklärt.
Nunmehr steht nicht allein die Verteidigung der zu Unrecht

beleidigten, Uns allen teuren Heimat bevor, sondern es gilt auch, die Ehre, Würde und Unverletzlichkeit Rußlands und seine Stellung unter den Großmächten zu wahren.

Wir sind unerschütterlichen Glaubens, daß zur Verteidigung der russischen Erde einmütig und selbstbewußt alle Unseren treuen Untertanen aufstehen werden.

Möge in der schweren Stunde der Prüfung innere Zwietracht vergessen sein.

Möge das Band zwischen Zar und Volk enger werden und die Einheit festigen, und möge Rußland, sich wie ein Mann erhebend, den dreisten Angriff des Feindes abwehren.

Im tiefen Glauben an die Gerechtigkeit Unserer Sache und im demütigen Vertrauen auf die Allmächtige Vorsehung erbitten Wir im Gebet den Göttlichen Segen für das Heilige Rußland und Unsere tapferen Truppen.

Ausgegeben in Sankt Petersburg
am zwanzigsten Tag des Juli
im Jahre Christi tausendneunhundertvierzehn
im zwanzigsten Jahre Unserer Regentschaft.

NIKOLAUS«

Danach zeigt sich der Zar auf dem Balkon des Winterpalais der Bevölkerung. Kaum ist Nikolaus zu sehen, schlägt ihm von der unübersehbaren Menschenmenge vom Palastplatz her eine tosende Welle der Begeisterung entgegen.

Der Duma-Präsident Rodsjanko erinnert sich daran: »An jenem Tage hatte sich vor dem Winterpalais eine riesige Volksmenge versammelt. Der Kaiser sprach nach dem Gottesdienst einige Worte und schloß mit dem Versprechen, den Krieg nicht eher beenden zu wollen, solange auch nur eine einzige Spanne russischer Erde vom Feind besetzt sei. Ein donnerndes Hurra dröhnte durch die Säle des Palais, und die Menge draußen auf dem Platz stimmte begeistert ein. Der Zar trat auf den Balkon hinaus, gefolgt von der Zarin. Als die Menschenmenge, die sich auf dem riesigen Platz bis in die einmündenden Straßen drängte, den Zaren sah, sprang geradezu ein elektrischer Funke über, der alle

194

Manifest des Zaren über den Kriegseintritt Rußlands und die deutsche
Kriegserklärung

Patriotische Kriegspostkarte mit Zar Nikolaus II. »Herrsche zur Furcht der
Feinde«

erfaßte, und nicht enden wollende Hurrarufe erfüllten den weiten Raum unter freiem Himmel. Es wurden Fahnen und Transparente mit Parolen wie ›Hoch lebe Rußland und das Slawentum!‹ geschwenkt, und alle knieten vor dem Zaren nieder.

Als wir den Palast verließen, mischten wir uns unter die Menge. Ich gesellte mich zu einem Trupp Arbeiter und meinte, sie hätten doch noch eben erst gestreikt. ›Das waren unsere persönlichen Anliegen, wir meinten, die Reformen der Duma würden wieder aufgeschoben, aber jetzt handelt es sich um ganz Rußland! Wir haben uns um unseren Zaren wie um unsere Fahne geschart und werden ihm folgen und über die Deutschen siegen!‹

Tatsächlich hörten die Aufstände der Arbeiter plötzlich auf. In den Putilow-Werken lehnten die Arbeiter alle Arbeitspausen ab, arbeiteten Tag und Nacht, und die Aufträge für die Armee wurden nicht wie versprochen in 23 Tagen, sondern in 11 Tagen ausgeführt ...«

Tatjana Botkina, die Tochter des Leibarztes des Zaren, gibt einen ähnlichen Eindruck wieder:

»Offiziere, prominente Persönlichkeiten, aber auch Menschen von bescheidenem Stand wurden ins Winterpalais eingeladen, um das Hochamt mitzufeiern. Die Polizei führte überhaupt keine Kontrollen durch, und eine ungeheure Menge drängte sich auf dem Vorplatz und auf der Palasttreppe zusammen. In den ersten Reihen hielten die Teilnehmer große Porträts des Herrscherpaares hoch, und zahlreiche Standarten flatterten im Wind. Im Inneren des Winterpalais verlas ein Diakon nach dem Tedeum das Manifest über den Eintritt Rußlands in den Krieg, dann wandte sich der Zar an die Versammlung im Saal. Er griff die alte Formel wieder auf, die schon Alexander I. im Jahr 1812 verwandt hatte, indem er an die russischen Soldaten appellierte, ›mit dem Schwert in der Hand und dem Kreuz im Herzen zu streiten‹.

Er segnete sein Heer und fügte hinzu: ›Ich werde keinen Frieden unterzeichnen, solange noch ein feindlicher Soldat auf Rußlands Boden steht!‹ Diese Worte des Kaisers riefen einen ungeheuren Begeisterungssturm hervor. Donnernde Hurrarufe brausten auf, dann erklang die Hymne ›Gott schütze den Zaren‹, in die die ganze Versammlung einstimmte.

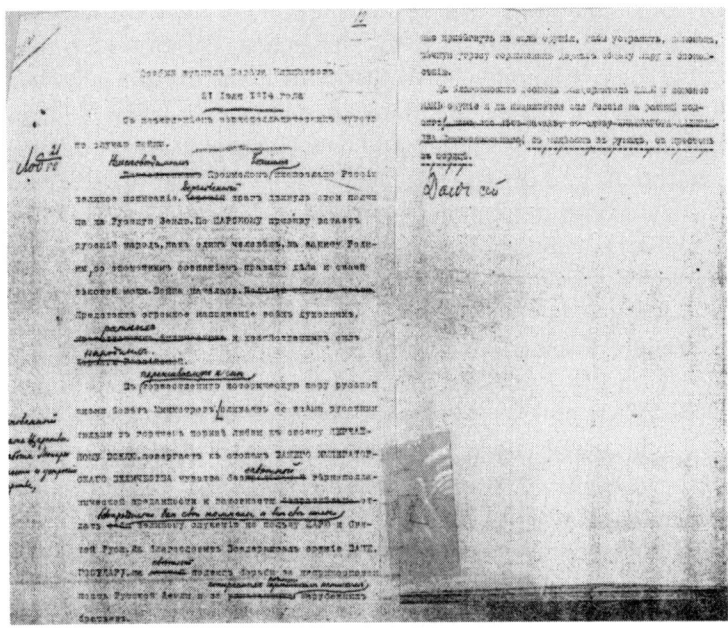

Handschriftlich korrigierter Entwurf von Nikolaus zu seiner Rede anläßlich des Kriegseintritts Rußlands am 21. Juli (3. August) 1914

Das Protokoll mißachtend, umringten die Menschen das Kaiserpaar, küßten die Hände des Herrschers und das Kleid der Kaiserin, die ihre Tränen nicht mehr unterdrücken konnte. Nach dem Hochamt erschien der Kaiser auf dem Balkon, hinter ihm die Zarin. Die auf dem Vorplatz zusammengedrängte Menge fiel auf die Knie und senkte die Banner mit dem Wappen der Romanows; wie aus einer Kehle erklang tausendfach das Gebet ›Spasi, Gospodi, ljudi tvoji‹ (Herr, rette dein Volk). Nach einem inbrünstigen Aufruf, Rußlands Sieg zu sichern, schlugen alle das Kreuzzeichen.«

Während dieser patriotischen Demonstration der Einigkeit steigen über der Kuppel der Isaakskathedrale erste Rauchschwaden auf.

Sie kommen vom nahegelegenen Gebäude der deutschen Botschaft. Jemand hat sie angezündet – sie steht in Flammen.

General Lukomskij: »Die Demonstration vor dem Winterpalais spiegelte die Empfindung des russischen Volkes wider. Niemand kann behaupten, daß jemand die Leute dorthin getrieben hätte oder die Polizei die Manifestation gelenkt hätte. Nein, es war zu spüren, daß die gesamte Bevölkerung zu einem Ganzen verschmolz und in einer allgemeinen Regung sich auf den Feind stürzen wollte, der ihr Land bedrohte ...«

Sogar der Sozialdemokrat und spätere Vorsitzende der Provisorischen Regierung von 1917, Alexander Kerenskij, dem promonarchistische Begeisterung fernstand, beschreibt den einstimmigen Enthusiasmus ähnlich:

»Da kam die Kriegserklärung, und es geschah ein Wunder. Nichts blieb von den Barrikaden, von den Straßendemonstrationen, von den Streiks und überhaupt von der ganzen Revolutionsbewegung, weder in Petersburg noch in dem ganzen weiten Reich. Innerhalb einer Stunde wandelte sich die Stimmung eines ganzen Volkes. Mit einer Pünktlichkeit und Ordnung, die alle überraschte, vollzog sich die Mobilmachung. Dieser Patriotismus hat nichts mit dem Gedanken zu tun, in Konstantinopel ein Kreuz zu errichten, noch mit der Zerstörung des deutschen Militarismus oder mit ideologischen Dingen. Der Krieg wurde, der Stellung Rußlands inmitten der um die Welthegemonie kämpfenden Mächte entsprechend, vom Volk als ein von außen aufgezwungenes Übel aufgefaßt, von dem man sich schnellstens befreien mußte. Das Ziel des Krieges bestand für neun Zehntel des russischen Volkes nur in einer einzigen Aufgabe: der Verteidigung ...«

Als der Zar am Balkon steht, treten ihm beim Anblick der beschriebenen Szenerie Tränen in die Augen, er senkt den Kopf und bedeckt mit beiden Händen sein Gesicht. So schwer seine Entscheidung gewesen war, das Manifest zu unterzeichnen (»Nie habe ich mich so quälen müssen«, hatte er dem Hauslehrer Gilliard gegenüber geäußert), nun ist er von der Unterstützung durch sein Volk nicht nur bewegt, sondern auch bestärkt.

Es gibt jedoch auch einen profilierten Gegner des Kriegseintritts Rußlands. Es ist der ehemalige Minister Witte. Er hatte sich im

Ausland aufgehalten und war alarmiert nach Petersburg geeilt, in der Hoffnung, Rußland aus diesem Krieg heraushalten zu können. Paléologue gegenüber setzt er seinen Standpunkt auseinander:

»Dieser Krieg ist Wahnsinn! Warum soll Rußland kämpfen? Unser Prestige auf dem Balkan, unsere fromme Pflicht, unseren Blutsbrüdern zu helfen? Das ist eine romantische, altmodische Chimäre. Kein Mensch hier, kein denkender Mensch zumindest, macht sich einen Deut aus diesem heftigen und eitlen Balkanvolk, den Serben, die nicht einmal etwas Slawisches in ihrem Blut haben, sondern nur Türken sind, die unter falschem Namen getauft wurden. Wir müssen die Serben die Strafe erleiden lassen, die sie verdient haben. Das ist das eine, was den Anlaß zum Ausbruch des Krieges betrifft.

Aber reden wir einmal vom Nutzen und den Vorteilen, die der Krieg uns bringen kann. Was können wir davon erhoffen? Eine Erweiterung des Territoriums? Lieber Himmel! Ist nicht das Reich Seiner Majestät schon groß genug? Haben wir nicht selbst in Sibirien, Turkestan, dem Kaukasus und in Rußland endlos weite Gebiete, die noch nicht einmal erschlossen sind? Was sind das für Eroberungen, die uns vor den Augen herumtanzen? Ostpreußen? Hat der Herrscher nicht schon zu viele Deutsche unter seinen Untertanen? Galizien? Es ist voll Juden! Konstantinopel, das Kreuz auf der Hagia Sophia errichten, der Bosporus, die Dardanellen? Es ist zu verrückt, um überhaupt einer ernsten Überlegung wert zu sein. Und selbst wenn wir von einem totalen Sieg ausgehen und die Hohenzollern und die Habsburger so klein sind, daß sie um Frieden betteln und sich unseren Bedingungen unterwerfen – das würde nicht nur das Ende der deutschen Dominanz bedeuten, sondern die Ausrufung von Republiken quer durch ganz Europa! Das würde das gleichzeitige Ende des Zarismus bedeuten.

Ich ziehe es vor, zu schweigen hinsichtlich dessen, was wir im Falle unserer Niederlage zu erwarten haben ... Meine praktische Schlußfolgerung ist die, daß wir dieses dumme Abenteuer so rasch wie möglich beenden müssen.«

Waren die Reformen dieses alten Exministers revolutionär

»Neue Freie Presse« über die deutsche Kriegserklärung an Rußland gewesen und hatte Rußland seine Prosperität vor allem seinem Weitblick zu verdanken, bleiben seine Worte jetzt ungehört. Mit seiner Skepsis befindet sich Witte in seltsamer Gesellschaft. Auch Rasputin, dem man sonst bei Hof aufgrund seiner offensichtlich übernatürlichen Fähigkeiten in Hinblick auf seine Hilfe für den kranken Thronfolger Vertrauen entgegenbringt, prophezeit – in diesem Fall ungehört – Böses für den Fall von Rußlands Eintritt in den Krieg.

»Der Balkan ist keinen Kampf wert«, hatte er schon 1908 gemeint, als die Annexion Bosniens und der Herzegowina durch Österreich zu einer Krise mit Rußland geführt hatte. Nun warnt er den Zaren in einem Telegramm aus seinem Haus in Sibirien, wo er nach den bei einem Attentat erlittenen Verletzungen daniederliegt: »Mit dem Krieg wird das Ende für Rußland kommen und für Euch selbst, und Ihr werdet alles bis auf den letzten Mann verlieren.« Anna Wyrubowa, die Hofdame und Freundin der Zarin, hatte dieses Telegramm selbst dem Zaren gebracht; danach berichtete sie, er hätte es noch vor ihren Augen verärgert in Stücke gerissen. Doch Rasputin ließ sich davon nicht beeindrucken. Er nahm ein großes Stück Papier und schrieb seine ominöse Prophezeiung in riesigen Lettern nieder:

»Lieber Freund,
ich werde es wieder sagen, daß eine riesige Wolke voller Leiden und Trauer über Rußland schwebt; sie ist dunkel, und kein Licht ist dahinter zu sehen. Ein Meer von unermeßlichen Tränen und ebensoviel Blut wird fließen. Es gibt keine Worte für den unbeschreiblichen Schrecken. Ich weiß, man will den Krieg von Euch und begreift nicht, daß er unausweichlich Zerstörung bedeutet. Schwer ist Gottes Strafe, wenn die Vernunft aufhört. Vater Zar darf den Wahnsinnigen nicht erlauben, sich und sein Volk zu zerstören. Und selbst wenn sie Deutschland besiegen – was ist mit Rußland? Man wird sich keines größeren Leidens entsinnen seit Beginn aller Zeiten, wenn Rußland in Blut ertrinken wird. Schrecklich ist der Untergang, und der Kummer wird kein Ende nehmen.

Grigorij«

Selbst wenn sich in der Zivilbevölkerung Zweifel über den beginnenden Krieg regen – die Militärs bringen dem Zaren Optimismus entgegen, die Offiziere und Soldaten Begeisterung. Enthusiastisch melden sich Freiwillige in Scharen. Traditionell segnet Nikolaus die einrückenden Truppen mit einer Ikone, wie es in Rußland für den Zaren als weltliches und geistliches Oberhaupt üblich ist. Zum Oberkommandierenden der Streitkräfte ernennt Nikolaus seinen Onkel, Großfürst Nikolaus Nikolajewitsch – »bis ich ins Hauptquartier komme ...«.

Im Kabinett des Zaren ist Suchomlinow Kriegsminister, Maklakow Innenminister, Sasonow Außenminister, Ruchlow Transportminister, Grigorowitsch Marineminister, Bark Finanzminister und Gorjomkin Vorsitzender des Ministerrates. Doch bald werden in rascher Abfolge Minister ausgetauscht wie nie zuvor.

Schon innerhalb weniger Tage klären sich die Verhältnisse, die für die Bewegungen an der Front ausschlaggebend sind.

Zwei Tage nach der eindrucksvollen Demonstration nach dem Tedeum des 2. August, am 4. August (dem 22.7. in Rußland), notiert Nikolaus in sein Tagebuch:

»Deutschland hat Frankreich den Krieg erklärt, dem es den Hauptschock versetzen will. Gorjomkin, Suchomlinow und Sasonow haben mir ihre Berichte zukommen lassen.«

Und einen Tag später:

»23.7.[5.8.]: Am Morgen habe ich eine gute Nachricht bekommen: England hat Deutschland den Krieg erklärt, weil dieses Frankreich angegriffen und in skrupelloser Weise die Neutralität von Luxemburg und Belgien verletzt hat. Die Kampagne könnte für uns unter keinen besseren äußeren Auspizien beginnen. Habe den ganzen Tag empfangen; zuletzt den französischen Botschafter Paléologue, der mir offiziell den Bruch zwischen Frankreich und Deutschland mitgeteilt hat.«

Schließlich, am 6.8.: »Heute hat uns endlich Österreich den Krieg erklärt. Die Situation ist nun vollständig klar geworden. Ab 11 Uhr 15 Ministerrat bei mir hier ...«

Die Bevölkerung geht mit Enthusiasmus und Idealismus in diesen Krieg.

БОЖІЕЮ МИЛОСТІЮ,

МЫ, НИКОЛАЙ ВТОРЫЙ,

ИМПЕРАТОРЪ И САМОДЕРЖЕЦЪ

ВСЕРОССІЙСКІЙ,

ЦАРЬ ПОЛЬСКІЙ, ВЕЛИКІЙ КНЯЗЬ ФИНЛЯНДСКІЙ,

И ПРОЧАЯ, И ПРОЧАЯ, И ПРОЧАЯ.

Объявляемъ всѣмъ НАШИМЪ вѣрнымъ подданнымъ:

Немного дней тому назадъ Манифестомъ НАШИМЪ оповѣстили МЫ Русскій народъ о войнѣ, объявленной НАМЪ Германіей.

Нынѣ Австро-Венгрія, первая зачинщица міровой смуты, обнажившая посреди глубокаго мира мечъ противъ слабѣйшей Сербіи, сбросила съ себя личину и объявила войну не разъ спасавшей ее Россіи.

Силы непріятеля умножаются: противъ Россіи и всего славянства ополчились обѣ могущественныя нѣмецкія державы. Но съ удвоенною силою растетъ навстрѣчу имъ справедливый гнѣвъ мирныхъ народовъ и съ несокрушимою твердостью встаетъ предъ врагомъ вызванная на брань Россія, вѣрная славнымъ преданіямъ своего прошлаго.

Видитъ Господь, что не ради воинственныхъ замысловъ или суетной мірской славы подняли МЫ оружіе, но, ограждая достоинство и безопасность Богомъ хранимой НАШЕЙ Имперіи, боремся за правое дѣло. Въ предстоящей войнѣ народовъ МЫ не одни: вмѣстѣ съ НАМИ встали доблестные союзники НАШИ, также вынужденные прибѣгнуть къ силѣ оружія, дабы устранить, наконецъ, вѣчную угрозу германскихъ державъ общему миру и спокойствію.

Да благословитъ Господь Вседержитель НАШЕ и союзное НАМЪ оружіе и да поднимется вся Россія на ратный подвигъ съ желѣзомъ въ рукахъ, съ крестомъ въ сердцѣ.

Данъ въ Санктъ-Петербургѣ, въ 26 день Іюля, въ лѣто отъ Рождества Христова тысяча девятьсотъ четырнадцатое, Царствованія же НАШЕГО въ двадцатое.

На подлинномъ Собственною ЕГО ИМПЕРАТОРСКАГО ВЕЛИЧЕСТВА рукою подписано:

„НИКОЛАЙ".

Печатано въ С.-Петербургѣ, при Сенатѣ.   Іюля 26 дня 1914 года.

Manifest über die Kriegserklärung von Österreich-Ungarn an Rußland

Blitzschnell entstehen Lazarette, die für die Ankunft verwundeter Soldaten von der Front vorbereitet werden. Junge Frauen lassen sich in Schnellkursen zu Krankenschwestern heranbilden. Der Großteil der weiblichen Bevölkerung hilft bei der Herstellung von Frontmaterial mit und näht Kissen für die Verwundeten. Adelige und Vermögende stellen Palais für diese Zwecke zur Verfügung. Es gehört zum guten Ton für höhere Töchter, sich in den Dienst für die Verwundeten zu stellen. Mit gutem Beispiel geht die Zarenfamilie voran: Die Zarin und die beiden älteren Töchter arbeiten als Schwestern und wirken auch bei schwierigen Operationen mit.

Aus einem Krankenhaus schreibt die Zarin an Nikolaus: »Olga hat gestern an einer Operation mitgearbeitet. Sie half, einem Verwundeten eine Kugel aus dem Arm zu entfernen. Es war schwierig für sie, aber sie hat sich gut gehalten, und der junge Soldat hat seine ungeheuren Schmerzen mit großer Tapferkeit ertragen. Wir hoffen, daß wir ihn durchbringen können.«

Auch der Zar selbst besucht Lazarette und spricht mit den verwundeten Soldaten. Daß dies nicht nur der psychologischen Wirkung wegen geschieht, zeigen seine Tagebucheintragungen, in denen sein Engagement für die Belange seiner Armee zum Ausdruck kommt. Tatsächlich sind es zu diesem Zeitpunkt, in den Anfängen des Krieges 1914 bis 1915, die Soldaten, die die loyalste Stütze des russischen Zaren darstellen. Sie sind (noch) nicht infiziert von revolutionärer Propaganda, die später ihre Kampfmoral zersetzen sollte. Noch nicht verdorben von jenen persönlichen Ambitionen, Intrigen und Querelen, die sich unter den Repräsentanten der politischen Führung und selbst der militärischen Führung breitmachen wird.

Wie enthusiastisch hatte alles begonnen! Die Begeisterung damals am Platz vor dem Winterpalais, als die gesamte Bevölkerung vor dem Zaren niederkniete und in Hymnen und Gebete einstimmte, war patriotisch und mitreißend gewesen. Tatjana Botkina erinnert sich an die Abschiedsstimmung angesichts der einrückenden jungen Freiwilligen:

»Wir saßen im Garten, der Abend war mild, Jasmin und Flieder dufteten bedrückend, und in der wunderbaren Stille, die uns

umgab, hörten wir von weitem das Abendgebet, das von den Truppen gemeinsam gesungen wurde. Erst das Vaterunser, und dann ›Gospodi, spasi ljudi twoji‹.* Wir liebten diese von Hunderten Männerstimmen gesungenen melodischen Gebete, die bis zu uns drangen, und als die Chöre in der Dämmerung verstummten, wandte sich Vater Onkel Peter zu:
›Solche Menschen verdienen nur den Sieg ...‹
Wir in unserem jugendlichen Leichtsinn waren hellauf begeistert: Unser tapferes Heer im Verbund mit Frankreich und England würde alsbald dem deutschen Imperialismus ein Ende bereiten. An dem Sieg zweifelten wir nicht im geringsten. Hochgradig erregt verkündete uns Jurij, er werde sich freiwillig melden. Er stürzte ins Zimmer, wo Vater Onkel Sascha gerade am Telefon die letzten Neuigkeiten durchgab. Als das Gespräch beendet war, teilte Jurij unserem Vater seine Absicht mit, als einfacher Soldat an die Front zu gehen. Vater gab ihm einen Kuß:
›Gut so‹, meinte er nur, ›du bist tapfer, und ich bin mit deiner Absicht völlig einverstanden.‹ Als ich Jurij sah, wie verklärt er war, empfand ich es als bitter, eine Frau zu sein und nicht wie er an der großen Prüfung teilnehmen zu dürfen, die dem heiligen Rußland auferlegt wurde.«
Der Enthusiasmus gilt in erster Linie der »Verteidigung der russischen Erde« und ist hauptsächlich gegen den deutschen Feind gerichtet. Obwohl die Ereignisse ursächlich von der österreichischen Reaktion gegenüber Serbien ins Rollen geraten waren, herrscht in der Volksmeinung die Überzeugung vor, daß »der Deutsche an allem schuld« sei. Die Kriegserklärung Deutschlands an Rußland läßt in russischen Augen den Deutschen als Hauptfeind sehen. Außerdem ist klar, daß seine Rückendeckung die Haltung von Österreich-Ungarn gegenüber Serbien mitbestimmt hatte – ebenso wie Serbien sich durch die russische Unterstützung stark fühlen kann.
Manche russische Offiziere wollen siegesgewiß bereits ihre Paradeuniform »für die Siegesparade Unter den Linden« mitnehmen und können davon nur durch die Zusicherung abgehal-

---

* »Herr, rette Dein Volk«

ten werden, daß diese ihnen per Kurier nachgesandt werden könne. Mit Rufen wie »Wilhelm nach Helena!« und »Wir werden Preußen zerstören! Aus mit Preußen! Aus mit Deutschland!« ziehen die Scharen der Infanterieregimenter durch die Hauptstraßen von Sankt Petersburg, das nun den russischen Namen Petrograd erhält, zu den Bahnhöfen, von wo sie an die Front fahren.

Der britische Konsul in Moskau, Bruce Lockhart, schildert die Szenen: »Ich sah die Soldaten in ihren grauen Uniformen dicht in die Viehwaggons gepackt; riesige Mengen am Bahnsteig, die ihnen ihre guten Wünsche zuriefen, bärtige Väter, die zahlreichen Frauen und Mütter, die tapfer unter Tränen lächelten; dicke Geistliche, die die scheidenden Soldaten segneten. Ein letzter Händedruck, eine letzte Umarmung. Und dann – ein schriller Pfiff von der Lokomotive, und nach mehrmaligem Ruck und Anfahrtsversuch setzt sich der überladene Zug in Bewegung und verschwindet langsam im Moskauer Abendlicht. Die Menschenmenge bleibt stumm und mit entblößten Häuptern zurück, und die Gesänge der Männer, die nicht mehr zurückkommen würden, verstummen langsam in der Ferne.«

Vom britischen Militärattaché an der Front hört dann Lockhart, wie manche Soldaten, an ihrem Ziel angekommen, nicht ohne Resignation meinen: »Eine breite Straße führt zum Krieg, und nur ein schmaler Pfad führt wieder nach Hause zurück.«

Für manche Einheiten ist der Weg über tausend Kilometer weit (gegenüber zwei- bis vierhundert Kilometern für deutsche oder französische Soldaten zu ihrer Front) und eine Reisedauer von über zwei Wochen keine Seltenheit, weil der Priorität der Militärtransporte nicht immer lückenlos stattgegeben wird. Das große Kapital, das Rußland in seinem Krieg einsetzt, bildet in erster Linie das »Menschenmaterial« selbst. Es ist eine Armee von viereinhalb Millionen Mann, die in den ersten drei Kriegsjahren auf das Dreifache anwächst, bereit, sich nach der Parole »Für Zar und Vaterland« zu opfern. In der westlichen Presse wird das Schlagwort von der »russischen Dampfwalze« geprägt.

Der Zar verfolgt aufmerksam den Verlauf der Kampfhandlungen. Der Beginn gibt Anlaß zu Optimismus. In sein Tagebuch notiert er am 29. Juli (11. August) 1914:

»Am 27. Juli hatte unsere 10. und 11. Kavalleriedivision an der Grenze Erfolge bei der Begegnung mit österreichischen Truppen.«

Am 10./23. August dann:

»Erhielt die freudige Nachricht, daß unsere Armee in einem zweitägigen Gefecht gegen zweieinhalb preußische Korps die Oberhand behalten hat; die Preußen haben sich nach Westen zurückgezogen.«

Nikolaus trifft bei einem Besuch in einem Militärspital auch einen Soldaten, der in Preußen dabei war, und hält fest:

»Wir haben die ersten Verwundeten gesehen, die in Ostpreußen mitgekämpft hatten. Von den sechs waren fünf leicht und einer schwer getroffen worden, ein Quartiermarschall des 2. Dragonerregiments aus Pskow. Ein wirklich tapferer Bursche, der imstande war, alle Gefechtsdetails klar wiederzugeben, und der sogar genau zu sagen wußte, was sich in den Nachbareinheiten abgespielt hatte. – Dann besuchten wir noch das Spital der Semstwo und das der Adelsversammlung ...«

Das Kriegsglück wendet sich – genauer, es ist geteilt: Erfolge an der russischen Südwestfront sind von Niederlagen an der nördlichen Front gegen die Deutschen begleitet. Hier wird der russische Vormarsch in der Schlacht bei Tannenberg (26.–30.8.) gestoppt. 150 000 Russen fallen, 93 000 geraten in Gefangenschaft. Der Zar dazu am 18.8.:

»Heute die schlimme Nachricht erhalten, daß sich die Deutschen in Übermacht auf unser 13. und 15. Korps gestürzt und mit schwerem Artilleriefeuer fast vollständig vernichtet haben; General Samsonow ist umgekommen.«

Der General hatte sich angesichts der Niederlage erschossen.

Doch an der galizischen Front haben die Russen mehr Glück – oder die bessere militärische Führung. General Baron Wrangel kann durch ein Trickmanöver den kleinen Ort Kamenez auf dem Weg nach Czernowitz zurückerobern und den Weg nach Lemberg freikämpfen. Nikolaus kann am 21. August (4. September) festhalten:

»Erhielt während des Tages die allerschönste Nachricht: Lemberg und Halitsch sind genommen! Gott sei gelobt!«

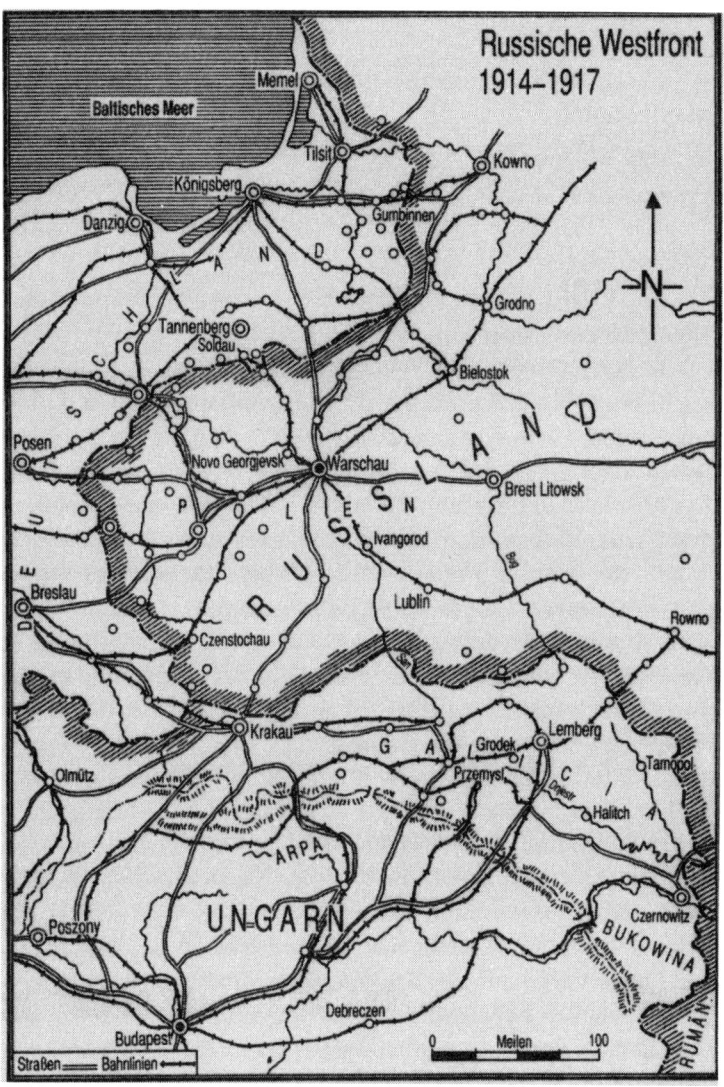

Die russische Westfront mit Deutschland und Österreich-Ungarn

Die Menschenmenge, die allabendlich vor dem Redaktionsgebäude der großen Zeitung »Russkoje Slowo« auf Neuigkeiten wartet, entblößt die Häupter. In großen Lettern steht zu lesen:

LEMBERG EROBERT!

»Lemberg den Slawen zurückgegeben!« rufen die Leute wie aus einem Mund.

Eine neue Welle von Patriotismus erfaßt die russische Bevölkerung. Hilfsaktionen laufen an, Spenden werden gesammelt, Kriegsanleihen gezeichnet, die Produktion neuerlich angekurbelt – alles für die Front, im Hinterland ist man zu größten Opfern bereit.

Tagebuch des Zaren vom 30.8./12.9.1914:
»Gute Nachrichten sind bezüglich eines Sieges an der österreichischen Front im Süden des Gouvernements von Lublin gekommen, wo wir ungefähr 30 000 Gefangene gemacht haben ...«

Zar Nikolaus unternimmt im ersten Kriegsjahr, ehe er selbst in den Generalstab geht, regelmäßig Frontbesuche. Nach der Einnahme der Festung Przemysl, die als besonders angriffssicher galt, beschließt er, diese selbst zu inspizieren, und staunt über »das solide Bauwerk« und die Leistung, es eingenommen zu haben. Im Grunde seines Herzens ist der Zar Soldat, und es fällt ihm sichtlich schwer, die Ereignisse an der Front von der fernen Hauptstadt aus verfolgen zu müssen:

»5. [18.] September. Körperlich bin ich hier, aber meine ganze Seele ist dort, bei unseren Helden, die ihre schwere Pflicht erfüllen, in Ehren und ohne Klagen!«

Eine Woche später beruft der Zar eine Versammlung von Bankiers und Unternehmern ein und fordert sie zu Spenden für Kriegszwecke auf. Er hält fest: »Um 2 Uhr 30 empfingen wir Direktoren verschiedener Banken, die zwei Millionen für Kriegsbedarf gegeben haben.« Das ist nicht genug für den beträchtlichen Bedarf. Der Zar beschließt, sein Privatvermögen zur Verfügung zu stellen, um Mängel und Versorgungslücken auszuschließen; das gelingt ihm allerdings nicht, denn sie sind auch auf organisatorische – und weniger auf materielle – Unzulänglichkeiten aus Mangel an Verantwortungsbewußtsein in militärischen Führungskreisen zurückzuführen. Das trägt zwangsläufig im weiteren Verlauf zu Mißerfolgen bei. Im folgenden Jahr zieht der Zar auch jene Privatgelder aus dem Ausland ab, die traditionellerweise zur Aussteuer der Zarentöchter angelegt sind.

Noch einmal kann sich der Zar über Erfolge seiner Armee freuen, ehe sich das Kriegsgeschick zu seinen Ungunsten wendet. Am 20. September (3. Oktober) hält er fest:

»Empfing einen Offizier, einen Unteroffizier und einen einfachen Soldaten des 41. Infanterieregiments, die mir eine feindliche Fahne mitbrachten, die sie dem 2. Tiroler Regiment abgenommen hatten. Um 2 h 30 nahm ich von meinen Lieben Abschied und bin mit dem Zug Richtung Front abgefahren. Mein lange gehegter Wunsch, dort, näher am Geschehen, zu sein, geht endlich in Erfüllung, obwohl es mir schwerfällt, meine Familie zu verlassen.«

Den Verlauf der Ereignisse kann jedoch auch der Zar nicht ändern – sie haben längst ihre Eigendynamik entwickelt. Die Deutschen, alarmiert durch den Vorstoß der Russen in Ostpreußen und deren Vorrücken im unteren russischen Frontabschnitt, ziehen unverzüglich Einheiten von der Westfront (mit Frankreich) ab und verfrachten ihre Soldaten nach Nordosten. Die Bewegung war hinter den Karpaten zum Stillstand gekommen und hat sich westlich von Warschau festgefahren. General Moltkes Fehler, sich voll auf den Westen zu konzentrieren und im Osten den russischen Gegner zu unterschätzen, muß korrigiert werden. Im Spätherbst 1914 wird Hindenburg zum Oberbefehlshaber der Ostfront ernannt. Dank seiner Einkreisungsstrategie können die Russen aus Ostpreußen zurückgeschlagen, aus dem ungarischen Raum wieder abgedrängt und schon im Frühjahr 1915 auch von Galizien und der Bukowina wieder vertrieben werden. Darüber hinaus stoßen die Deutschen weiter nach Litauen und Kurland vor. Am schmerzlichsten sollten ihre weiteren Vorstöße die Russen in Polen treffen: Im Juli/August 1915 folgt Schlag auf Schlag die Eroberung von Warschau, Kowno, Brest-Litowsk und Wilna, die Offensive bleibt erst im Herbst in Tarnopol stecken.

Das alles ist mehr als Sieg und Niederlage, Eroberung und Verlust. Für die Deutschen bedeutet ihr Sieg bei Tannenberg auch die Revanche für die berühmte Niederlage, die ihren Vorfahren, dem Deutschen Ritterorden, an derselben Stelle ein halbes Jahrtausend zuvor von den Slawen zugefügt worden war.

Die eigentlichen Gewinner in dieser Phase des Krieges sind die Franzosen. Ihre Front ist nun durch die notwendig gewordene deutsche Verstärkung im Osten gegen die Russen entlastet, die Deutschen sind auf ihrem Weg nach Paris aufgehalten. Die verminderte deutsche Präsenz hatte das »Wunder an der Marne« ermöglicht. »Das war unsere Rettung«, bekennt ein französischer General im Stab Joffres, »so ein Fehler wie der Moltkes 1914 muß seine Vorfahren sich im Grab umdrehen lassen.« Als der französische Militärattaché dem Oberkommandierenden Nikolaus Nikolajewitsch zu seinen Verlusten kondoliert, wehrt dieser ab: »Das waren wir unserem Alliierten schuldig« – ähnlich reagiert auch Außenminister Sasonow gegenüber dem französischen Botschafter, der sich »für die großzügige Unterstützung Rußlands« bedankt. In den französischen Geschichtsbüchern ist davon wenig die Rede. Lediglich Refugien für die nach 1917 nach Frankreich emigrierten Überlebenden der alten russischen Armee sind Reste der Erinnerung an den Beitrag zur Rettung Frankreichs vor der deutschen Invasion.

Nach den anfänglichen Überraschungen, die der deutschen Armee von der russischen bereitet worden waren, erwägt der Generalstab unter Ludendorffs Führung gemeinsam mit dem Außenamt in Berlin, auch andere als rein militärische Wege zu beschreiten, um seine Ziele zu erreichen.

Diese gehen klar aus einem geheimen Memorandum hervor, das bereits am 27. November 1914 – also nach der Erkenntnis, daß die russische Front nicht so schnell wie geplant unter Kontrolle gebracht werden kann – im Berliner Außenamt erstellt und als Richtlinie an den Generalstab Ludendorffs übermittelt worden war. Darin verlangt der Staatssekretär im Außenamt, Zimmermann, unter anderem, Ziel der deutschen Politik müsse es sein, einen Keil zwischen Rußland und die Entente zu treiben und mit dem einen oder anderen Gegner tunlichst bald zu einem Separatfrieden zu gelangen. Die Anregungen dazu dürften nicht von Deutschland, sondern müßten vom Gegner ausgehen, da auch nur der leiseste Versuch von deutscher Seite als Schwäche aus-

14 Krönungsprozession in Moskau, Mai 1896

15 Alexandra Fjodorowna
als gekrönte Zarin

16 Krone von Zar Nikolaus II.

17 Wappen von Sankt
Petersburg

18 Der Zar begleitet eine Ausfahrt der Zarin und Zarenmutter zu Pferd

19 Nikolaus mit seiner Suite
und Kosakenleibgarde

18

19

20

21

20 Arbeitszimmer des Zaren im Alexander Palast in Zarskoje Sjelo

21 Salon der Zarin in Zarskoje Sjelo mit dem Gobelin nach Vigée-Lebrun »Maria Antoinette und ihre Kinder«

22 Die vier Töchter des Zaren, Olga, Tatjana, Anastasia (v. links nach rechts) und Maria (dahinter) um 1912 auf der Jacht »Standart«

23 Der Zar schneeschaufelnd in Zarskoje Sjelo, davor Alexej

24 Zar Nikolaus mit seinem Sohn und Thronfolger Alexej, 1904

22

24

25

27

25 Zar Nikolaus als Dreißigjähriger in Preobraschenskij-Uniform

26 Kaiser Wilhelm II.

27 Nikolaus II. und Wilhelm II. bei ihrem Treffen in Björkö 1905

28 Zar Nikolaus II. in Admiralsuniform, in der er Kaiser Wilhelm II. in Bjoerkoe traf

28

29 Ministerpräsident und Innenminister Pjotr A. Stolypin

30 Erster Anschlag auf Stolypin mit 36 Opfern

Ziel unserer Politik muß selbstverständlich sein, den gegenwärtigen
mit ungeheuren Opfern geführten Krieg
durch einen Frieden zu beendigen, der
nicht nur anständig, sondern auch dau-
erhaft ist. Um die Erreichung dieses
Ziels zu fördern, halte auch ich es
für erwünscht, einen Keil zwischen unsere Feinde zu schieben und mit einem
oder dem anderen Gegner tunlichst bald
zu einem Separatfrieden zu gelangen.
Dabei gehe ich von der Voraussetzung
aus, daß derartige Anregungen zu einem
Separatfrieden nicht von uns ausgehen
dürfen, sondern unseren Gegnern überlassen bleiben müssen. Jeder, auch

der leiseste Versuch von unserer Seite,
in der Angelegenheit die Initiative zu
ergreifen, würde unfehlbar als Eingeständnis eigener Schwäche ausgelegt werden und,
unsere Feinde nur zu engerem Zusammenschluß und energischerer Fortsetzung
des gemeinsamen Kampfes gegen uns veranlassen. Daß die Verbindung zwischen
unseren Gegnern noch völlig unerschüttert ist und ernste Neigungen zu Sepa-
ratverhandlungen mit uns bisher von
keiner Stelle sich bemerkbar gemacht
haben, muß ausdrücklich betont werden.

Von

D 955403

213

54

paratfrieden würde den unverkennba-
ren Vorteil haben, daß wir nicht allein unsere, sondern auch die österreichisch-ungarischen Truppen gegen
Frankreich freibekämen, uns den Weg
durch die Türkei nach Egypten eröffneten und der italienischen sowie
rumänischen Sorge mit einem Schlage
ledig wären.

Gerade wenn unsere militärische Stoßkraft zu Zweifeln Anlaß geben sollte, kann meines Erachtens
nicht dringend genug empfohlen werden,
alle irgend verfügbaren Kräfte,
eventuell den letzten Mann der Land-
wehr und des Landsturms, schleunigst
gegen Serbien anzusetzen. Serbien
ist nach meiner Überzeugung der
Punkt, wo wir zur Verbesserung unserer militärischen und politischen
Situation mit einem Minimum von
Kraftaufwand ein Maximum von Gewinn
erzielen können.

Berlin, den 27. 11. 1914.

Zimmermann

Geheimes Memorandum des deutschen Außenamtes vom 27. November
1914 über die Kriegsziele

gelegt werden könne. Der Hauptgegner sei Frankreich. Berlin dürfe einen Separatfrieden mit Rußland zunächst schon aus Rücksicht auf Österreich-Ungarn nicht anstreben. Der Weltkrieg sei durch die panslawistischen Treibereien Rußlands entfacht worden. Ein Rußland, das von Deutschland nicht ernsthaft besiegt worden sei, werde nicht allein seine panslawistischen Treibereien, sondern mit Hochdruck auch seine für die Türkei verhängnisvolle bisherige Politik wieder aufnehmen. Dadurch würde das Betätigungsgebiet Deutschlands in Kleinasien aufs ernsteste gefährdet werden. Gelingt es der deutschen Armee, Polen zu besetzen und Galizien von den Russen zu säubern, könne man zuversichtlich hoffen, Rußland gänzlich niederzuzwingen. Bei einem solchen Vorgehen würde Deutschland bald auch die Neutralen, namentlich Bulgarien, Rumänien, vielleicht sogar Schweden, für sich gewinnen und dürfe auch auf Erfolg der Revolutionierungsversuche rechnen können.

Die Initiative für einen Separatfrieden mit Rußland müsse von Rußland ausgehen. Dies wäre zu erreichen, wenn Serbien niedergeworfen werde. Durch einen solchen Separatfrieden würde Deutschland seine und die österreichisch-ungarischen Truppen gegen Frankreich frei bekommen.

Diese Gedanken hält Staatssekretär Zimmermann im Memorandum vom 27.11.1914 fest.

Aus dieser Richtlinie erklären sich die deutsche Kriegführung ab dem Ende des Jahres 1914 und die deutsche Strategie der Folgejahre. Sie sollten Parallelen mit jenen im Zweiten Weltkrieg aufweisen. Realisiert werden könnten sie jedoch nur dann, wenn der militärischen Komponente auch politische Methoden zur Seite stehen, die nicht nur auf das Ende der deutschen Front im Osten, sondern auf Destabilisierung des russischen Reiches als Machtfaktor überhaupt abzielen und im Sturz von dessen Regierung gipfeln.

Der deutsche Generalstab strebt die Beendigung seiner Ostfront mit Rußland für das Jahr 1915 an. Neben der erwähnten »geheimen Front« der Unterminierung bereitet er monatelang einen militärischen Schlag vor, der die Russen auf ihrem erfolgreichen Marsch Richtung Westen aufhalten soll.

Im März und April 1915, während die russische Armee nahezu ohne Widerstand den Österreichern in Galizien und den Karpaten eine Niederlage nach der anderen bereitet, massieren die deutschen Generäle in aller Ruhe Truppen und Artillerie in Südpolen. Am 2. Mai eröffnen 1500 deutsche Geschütze gleichzeitig das Feuer auf einen einzigen russischen Frontabschnitt. Innerhalb von vier Stunden schlagen 700 000 Granaten in russischen Schützengräben ein. Die Feuerlinie kann man kilometerweit sehen. Die russische Artillerie, permanent unterlegen in diesem Krieg, bleibt praktisch stumm. Ihre Hauptgräben sind so gut wie ausradiert. Die russische Division an diesem Punkt ist von ihrer normalen Stärke von 16 000 auf 500 Mann zusammengeschmolzen.

Die russische Frontlinie beginnt langsam auseinanderzubrechen. Verstärkung wird direkt vom Zug auf das Schlachtfeld geworfen, und die Soldaten werden an Ort und Stelle ausgebildet. Das Dritte Kaukasische Korps wird schlagartig von 40 000 auf 6000 reduziert, und diese kleine Resttruppe kann in einer nächtlichen Attacke mit Bajonetten noch viele Gefangene machen. Die Russische Dritte Armee ist praktisch ausgeblutet. Am 2. Juni ist die Festung Przemysl, so stolz erkämpft, wieder verloren. Lemberg fällt am 22. Juni. »Armer Nikolascha« (Rufnahme für den Oberbefehlshaber Nikolaus Nikolajewitsch), schreibt der Zar aus dem Generalstab nach Hause, »er saß in meinem Zimmer und weinte, und zwischendurch fragte er mich, ob ich ihn denn nicht durch einen fähigeren Mann ersetzen wollte ...«

Im Rückzug gehen der russischen Armee viele Waffen verloren. Dieser Mangel ist schwerer zu beheben, als Divisionen von Soldaten zu ersetzen sind. In weiteren Gefechten müssen Infanteristen inmitten der Schützengräben, in denen Granaten explodieren, warten, bis Kameraden vor ihren Augen fallen, um dann mit deren Gewehren weiterzukämpfen. Die Munition aus dem verbündeten England läßt auf sich warten. Der unaufhaltsam ostwärts drängende deutsche Vorstoß treibt massenweise russische

Soldaten vor sich her, die geflohen sind. Wilhelms geflügeltes
Wort »Frühstück in Paris, Abendessen in Petersburg« wird wieder in den Mund genommen.
Die russische Kampfmoral ist noch immer ungebrochen. Doch
im Sommer 1915 ist die Hälfte der aktiven Armee vernichtet.
1 400 000 Mann sind gefallen oder verwundet, 976 000 in Gefangenschaft geraten. Die starke deutsche Artillerie hat ganze russische Frontabschnitte einfach ausgelöscht. Die Russen kämpfen
fast ausschließlich nur mehr mit Bajonetten.
Am 5. August fällt Warschau, die Hauptstadt von Russisch-
Polen. Das ist einer der härtesten Schläge für die Armee, Rußland
und den Zaren. Für den Oberkommandierenden geht es nun
nicht mehr darum, Warschau oder Polen zu retten, sondern die
Reste der russischen Armee. Wie Kutusow hundert Jahre zuvor
(1812 im Kampf gegen die Franzosen), entschließt sich Nikolaus
Nikolajewitsch zum Rückzug, um die noch vorhandene Armee
zu erhalten.
Die Nachricht vom Fall Warschaus erreicht Nikolaus in Zarskoje Sjelo.
»Der Zar war weiß, und seine Hände zitterten, als er das Telegramm der Zarin brachte«, erinnert sich Anna Wyrubowa. »Er
war überwältigt von Schmerz und Erniedrigung. ›Es kann so
nicht weitergehen‹, sagte er verzweifelt.«
Mitte des Jahres 1915 war der Kriegsminister Suchomlinow
durch Poliwanow ersetzt worden. Die vordringlichste Frage ist
die der Ausrüstung und des Nachschubs für die Armee. Nikolaus beruft einen eigenen Verteidigungsrat ein, dem Minister des
Staatsrates und Abgeordnete der Duma angehören. Er selbst
begibt sich in die Versammlung und richtet einen aufrüttelnden
Appell an die Delegierten zur Zusammenarbeit und Lösung der
brennenden Fragen dieses Krieges.
Schließlich entscheidet er, der schon bisher unter dem Dilemma
gelitten hatte, in der Hauptstadt fern der Front zu sein, das
Höchstkommando selbst zu übernehmen. Jetzt, da seine Armee
auf einem Tiefpunkt angelangt ist, sieht Nikolaus es als seine
Pflicht an, dort zu sein, wo er die Lage übersehen und für deren
Verbesserung wirken kann.

Es gibt kaum einen Minister, der davon nicht abräte. Das Hauptargument dabei: Die Identifikation des Zaren mit Erfolg, aber auch Mißerfolg der Armee könne im letzteren Fall für seine Dynastie gefährlich werden. Darüber hinaus sei die ständige Abwesenheit von der Regierung problematisch.

Nikolaus hört die Ausführungen des versammelten Rates an. Ein Plädoyer klingt beschwörender als das andere. Mit Schweißperlen auf der Stirn erhebt sich der Zar schließlich und sagt: »Ich danke Ihnen, meine Herren. Ich reise übermorgen in den Generalstab ab.«

Bleibt noch, den Oberkommandierenden, Nikolaus' eigenen Onkel Großfürst Nikolaus Nikolajewitsch, abzusetzen. Das ist eine delikate Aufgabe für den Neffen, der seinem Onkel mit großem Respekt begegnet. Um zu vermeiden, seinen eigenen Verwandten zu demütigen, verfaßt Nikolaus folgenden offenen Brief an ihn, in welchem er ihm seine Entscheidung darlegt und zugleich einen diplomatischen Schachzug setzt:

»An Ihre Kaiserliche Hoheit

Zu Beginn des Krieges haben mich politische Gründe daran gehindert, meiner Neigung entsprechend selbst an der Spitze meiner Armee zu stehen. Daher habe ich Ihnen das Höchstkommando über alle russischen Armeen und Seestreitkräfte anvertraut.

Vor den Augen von ganz Rußland hat Eure Kaiserliche Hoheit während des Krieges unbeugsamen Mut bewiesen, der in mir und allen Russen das tiefste Vertrauen in Sie geweckt und die größten Hoffnungen genährt hat, mit denen Ihr Name in den größten Momenten der militärischen Erfolge verbunden war. Nun, da der Feind tief in mein Land eingedrungen ist, ist es meine von Gott auferlegte Pflicht gegenüber meiner Heimat, daß ich das Höchstkommando der Streitkräfte auf mich nehme, die Bürde des Krieges mit meiner Armee teile und ihr helfe, die russische Erde vor dem Zugriff des Feindes zu schützen.

Die Vorsehung ist unergründlich; aber meine Pflicht und mein eigener Wunsch stärken mich in meiner Entschlossenheit, die von der Sorge für das gemeinsame Wohl getragen ist.

Die feindliche Invasion, die täglich an der Westfront immer mehr voranschreitet, erfordert in erster Linie eine äußerste Konzentration der ganzen zivilen und militärischen Autorität, Einheit des Kommandos während des Krieges und schließlich Intensivierung der Aktivitäten des gesamten administrativen Dienstes. Aber alle diese Pflichten lenken unsere Aufmerksamkeit von der Südfront ab, und unter diesen Umständen sehe ich die Notwendigkeit für Ihren Rat und Ihre Hilfe an dieser Front. Deshalb ernenne ich Sie zu meinem Oberkommandierenden der tapferen Armee im Kaukasus.

Eurer Kaiserlichen Hoheit möchte ich meine tiefe Dankbarkeit und die des ganzen Landes für all Ihre Dienste in diesen Kriegsjahren aussprechen.

Nikolaus«

Nikolaus Nikolajewitsch ist erleichtert. Das sind auch die Alliierten Frankreich und England, die schon befürchtet hatten, der Zar würde sich aus dem Krieg zurückziehen; sie erwarten mit der Übernahme des Oberkommandos durch den Zaren – zu Recht, wie sich bald zeigt – eine Verbesserung der Lage. Für Deutschland bedeutet der Wechsel an der militärischen Spitze als Eingeständnis der Schwäche einen Triumph. Doch »der Großfürst war wirklich ein großer Soldat und Stratege«, sollte General Ludendorff später schreiben. Die eigenen russischen Soldaten bedauern den Abgang des populären Generals und Oberkommandierenden.

Am meisten erfreut ist die Zarin von diesem Entschluß. Der populäre Onkel des Zaren war ihr schon lange ein Dorn im Auge, dazu kam seine offene Verachtung für Rasputin. Hatte er nicht auf Rasputins Ankündigung, in den Generalstab zu kommen, zurücktelegraphiert: »Er kann kommen, aber er wird sofort gehenkt«?

Am 23. August (5. September) 1915 wird Nikolaus' Entscheidung verlautbart:

»Allerhöchster Befehl an Heer und Flotte
Mit dem heutigen Tag haben Wir das Höchstkommando über alle Land- und Seestreitkräfte, die sich auf dem Kriegsschauplatz befinden, selbst übernommen.

Im festen Glauben an Gottes Gnade und im unerschütterlichen Vertrauen auf den Endsieg werden Wir Unsere heilige Pflicht der Verteidigung der Heimat erfüllen und die russische Erde nicht entehren.

Kaiserliches Hauptquartier, 23. August 1915   NIKOLAUS«

Die Entscheidung mag von Pflichtgefühl und Hoffnung getragen sein, von Optimismus jedoch nicht. Das spricht zumindest aus den Worten Nikolaus' gegenüber Paléologue vor dem Abschied aus Petersburg:

»Ich muß jetzt dorthin gehen, wo ich am meisten gebraucht werde. Und wenn zur Rettung Rußlands ein Opfer erforderlich ist, so werde ich dieses Opfer sein.«

IV. Der Anfang vom Ende

Am 5. September 1915 kommt Zar Nikolaus im Generalstab an. Das Hauptquartier des Generalstabs war vom bisherigen Oberkommandierenden Großfürst Nikolaus Nikolajewitsch aufgrund des Rückzugs aus Galizien nach Mogiljow verlegt worden. Diese Ortschaft in Weißrußland war ein Jahrhundert zuvor Stätte eines Gefechts der russischen Armee mit der Napoleons auf dessen Weg nach Moskau gewesen.

Nikolaus nimmt Quartier im Haus des Gouverneurs auf einem Hügel am linken Dnjeprufer. Er hält sich täglich ab halb neun Uhr morgens im Hauptquartier des Generalstabs auf. Nach dem Mittagessen, an dem der Generalstabschef und bis zu dreißig Offiziere und Angehörige ausländischer Militärmissionen teilnehmen, reist er regelmäßig an Frontabschnitte zur Inspektion; er will aber auch die Soldaten motivieren.

Seine Anwesenheit zeigt Effekt. Die Autorität des Zaren hat noch nichts von ihrer Wirkung eingebüßt.

Ein Wachesoldat im Generalstab zeigt sich noch nach Jahrzehnten begeistert vom einfachen und freundlichen Wesen des Zaren:

»Er war oft zwischendurch in Zarskoje Sjelo, und so war mir entgangen, daß er schon wieder zurückgekehrt war. Als er sein Zimmer betreten wollte, hielt ich ihn für einen Doppelgänger und verwehrte ihm den Eintritt. Er war ja in die einfache Soldatenuniform gekleidet. Erst war er erstaunt, dann begriff er meine Verwirrung, und als ich knallrot meine Entschuldigung stotterte, lächelte er und fragte mich: ›Bist du verheiratet? Hast du Kinder? Wie alt? Laß sie alle von mir grüßen!‹«

Nikolaus' Schwester Olga ist in den Kriegsjahren Krankenschwester in einem Kiewer Spital. Einmal reist ihr Bruder auch dorthin und besucht die Verwundeten, die sie betreut. Sie berichtet davon:

»Die Stimmung, die herrschte, als Nikolaus zu uns kam, war unbeschreiblich. Es hatte den Anschein, daß allein die Nachricht von seinem Kommen eine Welle des Patriotismus und der Euphorie auslöste. Schwerverwundete ließen sich nicht im geringsten ihre Schmerzen anmerken. Sein ruhiges, einfaches Auftreten, der sanfte Ausdruck in seinen Augen, das alles nahm alle gefangen. Als er eintrat, verbreitete sich eine Atmosphäre der Verbundenheit mit ihm, dem Zaren, dem obersten Kriegsherrn, eine Opferbereitschaft, Verehrung, die mir deutlich machten: hier gab es noch ein starkes Band, das den einfachen Soldaten mit dem Zaren vereinte, und zu diesem Zeitpunkt schien es unzerreißbar. Ein Krüppel versuchte aufzustehen, um zu zeigen, wie gesund er schon war. Alle wollten sobald wie möglich gesund werden, um wieder an die Front zurückkehren und ihren Beitrag zur Befreiung Rußlands vom Feind leisten zu können.

Unter den Verletzten war ein Deserteur. Er war zum Tode verurteilt. Wir alle empfanden Mitleid mit ihm; der junge Mann hatte ein so sensibles Wesen, einen so geraden und gar nicht feigen Charakter, daß wir alle dem Tag der Vollstreckung des Urteils mit Schrecken entgegensahen. Nikolaus wollte ihn sehen. Der junge Mann stand zerknirscht da; mein Bruder legte ihm die Hand auf die Schulter und fragte ihn ganz ruhig: ›Warum hast du das getan?‹ – Daraufhin stammelte er, die Munition sei ausgegangen, und ohne Waffe hätte er dem Artillerieangriff des Feindes entgegenlaufen müssen; da hätte ihn die nackte Angst gepackt, und er sei davongerannt. Nikolaus war betroffen; nach kurzem Schweigen sagte er: ›Du bist frei.‹ Der junge Mann war fassungslos. Er fiel auf die Knie und wollte seine Schuhe küssen. Unter den Anwesenden gab es niemanden, dem nicht Tränen in den Augen standen.«

Der Zar hatte seinen Weg an den Kontrollpunkt der Front im Bewußtsein angetreten, daß die Stimmung infolge der gehäuften Mißerfolge – die anfänglichen Siege über die Österreicher wurden ja durch die Verstärkung deutscher Truppen auch an diesem Abschnitt zunichte gemacht – äußerst kritisch war. Und das hatte auch auf die Städte übergeschlagen.

Immerhin waren bis zum Sommer 1915 1,4 Millionen Mann auf russischer Seite als Verluste gemeldet und 976 000 in Gefangenschaft geraten. Die Bewohner von Petrograd sammeln sich vor den Kundmachungen über Gefallene oder Vermißte, und nicht – wie früher – auf ausgelassenen Festen.

Die Verbitterung der noch kurz zuvor so patriotisch gestimmten Bevölkerung über die ungeheuren Opfer des ersten Kriegsjahres und die Enttäuschung über die massiven Verluste hatten den anfänglichen Enthusiasmus und die erste Erfolgseuphorie nahezu begraben und waren in um so stärkere, besonders gegen den deutschen Feind gerichtete Erbitterung umgeschlagen. Eine nie dagewesene antideutsche Welle des Hasses setzt ein. Sie manifestiert sich in blinder Wut gegen alles, was deutscher Herkunft ist: Deutsche Geschäfte, Bäckereien, Schulen, Fabriken werden zerstört und geplündert, man verbannt Weihnachtsbäume, die man deutschen Traditionen zuschreibt. Werke deutscher Komponisten wie Bach oder Beethoven werden nicht gespielt. Antideutsche Ressentiments gipfeln in scharfer Kritik an der deutschstämmigen Zarin, die man der Sympathie für den Feind beschuldigt. Die antiösterreichische Kampagne hält sich vergleichsweise in Grenzen. In einer Tageszeitung findet sich ein Offener Brief gegen Arthur Schnitzler, den populärsten österreichischen Schriftsteller und Dramatiker im Rußland vor dem Ersten Weltkrieg. Charakteristisch für die Stimmung ist eine vielkolportierte Anekdote über den Zarewitsch Alexej: »Wenn die Russen verlieren, weint Papa, wenn die Deutschen verlieren, weint Mama – wann soll ich weinen?«

Wie man auch immer der Person der Zarin gegenüberstehen mag, diese Anschuldigungen sind nicht gerechtfertigt. Erstens ist sie als Hessin zwar Deutsche, aber keine Preußin, und ihre eigene Familie hatte sich gegen die Dominanz des Kaiserhauses nicht zuletzt auch militärisch gewehrt. Und zweitens sieht sie als Zarin den Krieg mit Deutschland aus russischer Sicht, war bei Erhalt der Kriegserklärung Wilhelms nicht minder erschüttert als Nikolaus und hatte dem Hauslehrer der Kinder und Vertrauten der Familie, Pierre Gilliard, gegenüber geäußert: »Preußen ist Deutschlands und Rußlands Unglück. Die Hohenzollern bringen allen den Untergang. Ich kenne mein eigenes Land nicht wieder. Alle Menschen gehen großen Leiden entgegen ...«

Die Anwesenheit des Zaren an der Front zeigt Wirkung. Sein Generalstabschef ist der begabte General Alexejew, der sich in den Herbstoperationen von 1914 in Galizien so sehr verdient gemacht hat. Zunächst wird für die unverzügliche Verbesserung des Nachschubs gesorgt. Das ist keine leichte Aufgabe, denn das Hinterland kann nicht so rasch nachproduzieren. Doch noch einmal kommt das große Kapital an Menschenreserven zum Tragen. Innerhalb relativ kurzer Zeit sind die großen Verluste im Bestand der Armee wieder ersetzt.

Die Sympathie gegenüber dem Zaren motiviert die Kampfmoral. Er unterhält sich bei jeder möglichen Gelegenheit mit Verwundeten in Lazaretten und den Einsatztruppen an der Front oder den Offizieren des Hauptquartiers und nimmt, wohl im Wissen um die psychologische Wirkung, manchmal seinen nun elfjährigen Sohn Alexej mit.

Zwischen Nikolaus und seinen Soldaten herrscht Einverständnis. Noch verfügt er hier über loyale und integre Untergebene und Mitkämpfer. Der Zar empfindet dies als besonders wohltuenden Kontrast zu den Differenzen, Querelen, persönlichen Ambitionen und Intrigen, die die Atmosphäre in der Hauptstadt bestimmten. Das kommt in einem Satz seines Briefes aus dem Hauptquartier an die Familie im September dieses Jahres zum Ausdruck: »Wenn ich meinen Generälen so gut vertrauen könnte wie meinen Soldaten, könnte ich sagen, Krieg bis zur kompletten Niederlage Deutschlands! Und was unseren Munitionsmangel betrifft, der dem Feind in die Hände spielt, so wünschen die Vertreter unserer höheren Kreise, die an der Geldquelle dafür sitzen, offenbar meine Niederlage ...« Noch in Zarskoje Sjelo hatte er Gilliard anvertraut, als sein Entschluß, das Oberkommando selbst zu übernehmen, unmittelbar bevorstand: »Sie können sich nicht vorstellen, wie schwer es für mich hier im Hinterland ist; es scheint mir, als ob die Luft die Charaktere weich mache und verderbe: Hier ist man nur mit Intrigen und Kabalen beschäftigt und lebt nur für egoistische Interessen, während man dort kämpft und stirbt für die Heimat …«

Der Zar hofft nun auf die Aktivitäten der eigens zur Sicherstellung der Bedürfnisse des Krieges einberufenen Institution, des Verteidigungsrates. Minister als Vertreter der Regierung und Repräsentanten des Parlaments sollen gemeinsam mit direkt dazu eingeladenen Volksvertretern anstehende Fragen (Versorgung, Nachschub, Beschaffen von Mitteln und Kriegsanleihen) lösen und in Abstimmung mit der Situation im Hinterland koordinieren. Neuer Kriegsminister ist Poliwanow, der Suchomlinow ersetzt, dem Versäumnisse und mangelndes Verantwortungsbewußtsein für die Belange der Armee vorgeworfen werden. Nach seinem flammenden Aufruf zu Engagement für fruchtbares Zusammenwirken im gemeinsamen Kampf gegen den Feind für einen russischen Sieg hofft der Zar nun auf Verbesserung der Situation. Was die militärischen Operationen betrifft, kann er sich dabei auf die Fähigkeiten des Generalstabschefs General Alexejew stützen.

Diesem gelingt es wohl auch dank der allmählichen Ermüdung der deutschen Truppen angesichts der nun wieder verstärkten russischen Armee, den österreichisch-deutschen Vormarsch entlang der Linie Riga – Dwinsk – Czernowitz zum Stillstand zu bringen, und zwar etwa dreihundert Kilometer östlich der Front vom Mai desselben Jahres. Diese Frontlinie sollte nahezu unverändert die Westgrenze der späteren Sowjetunion bis zum Jahre 1939 bilden.

Die Deutschen ziehen bald den Großteil ihrer Artillerie und einen Teil ihrer Infanteristen ab, um sie wieder an die französische Front zu werfen, von wo sie zuvor dreißig Korps abgezogen haben, um sie gegen die Russen einzusetzen.

Nikolaus reist zu Inspektionen an Frontabschnitte sowie zur Flotte im Nordwesten und am Schwarzen Meer, um all jenen das Georgskreuz – den höchsten Tapferkeitsorden – zu verleihen, die sich in den bisherigen Kampfhandlungen verdient gemacht haben. Er ist sichtlich betroffen, wenn in den angetretenen Kompanien auf seine Frage, wie viele der hier versammelten Soldaten von Anfang an dabei waren, nur ganz wenige die Hand heben. Dem Zaren ist der Einsatz seiner Soldaten bewußt – vermutlich stärker als manchem seiner Generäle, die ihre Truppen nicht selten unbekümmert in Situationen mit ungewissem Ausgang senden (wie in der Expedition zur Rettung Rumäniens oder der neuerlichen Frühjahrsoffensive in Ostpreußen, wo viele Soldaten in den Sümpfen umkommen): »Nas mnogo« (»Wir sind ohnehin so viele«) hieß das Motto. So lehnt Nikolaus zunächst ab, als der Georgsrat der Südwestfront an den Zaren selbst das Georgskreuz verleihen will – an ihn, der nie als Soldat gekämpft hat. »Ich bin seiner nicht würdig«, antwortet Nikolaus und gibt seinen Widerstand erst auf, als ihm der Orden von seinem alten Freund Barjatinskij im Namen der Armee angesteckt wird. Von da an trägt er ihn täglich und nimmt ihn erst ab, als ihm in der Gefangenschaft verboten wird, weiter seine Epauletten zu tragen. Beides wird nach seiner Ermordung gefunden.

Indessen verdient die außermilitärische »geheime Front« Aufmerksamkeit, die parallel zur militärischen von Deutschland aus aufgebaut wird: Es sind die subversiven und diplomatischen Aktivitäten gegen Rußland.

Die militärische und politische Situation Rußlands zwischen 1914 und Anfang 1917 innerhalb der internationalen Ereignisse stellt sich zusammengefaßt so dar:

Nach dem Kriegseintritt Österreich-Ungarns gegen Serbien und in der Folge gegen Rußland gelingt Rußland ein Einbruch in das österreichische Galizien und in das deutsche Ostpreußen; durch Abzug deutscher Einheiten von der französischen Front wird dieser Erfolg wieder zunichte gemacht, daher kann sich Frankreich an der Marne behaupten; die Marine der Alliierten fährt sowohl in den nördlichen Gewässern als auch bei den Dardanellen und im Golf von Persien auf.

1915, das Jahr der Wende: Italien verläßt den Dreibund an der Seite Österreichs für den Wechsel zu den Alliierten und ersucht Rußland um militärischen Beistand gegen Österreich-Ungarn.

Bulgarien entscheidet sich zu einem Eintritt an der Seite der Mittelmächte gegen Rußland. Der Zar, völlig überrascht darüber, im Hauptquartier: »Wenn mir das jemand prophezeit hätte, hätte

ich ihn für verrückt erklärt; das bulgarische Volk wird erst mer-
ken, wie sehr es in die Irre geführt wurde, wenn es zu spät sein
wird.« Den Alliierten gelingt es trotz anfänglichen türkischen
Beschusses, die russische Schwarzmeerküste freizuhalten, was
dem russischen und dem englischen Interesse gegen deutsche
Präsenz in diesem Gebiet entspricht. Der Weg nach Persien ist
frei. Zugleich erleidet die serbische Armee eine vollständige
Niederlage gegen die Deutschen und die Bulgaren (ein weiterer
Schlag für den russischen Zaren nach dem Verlust des russischen
Polen).

Rumänien tritt nun – 1916 – in den Krieg gegen Österreich und
Deutschland ein. Die Russen versuchen vergeblich, Rumänien
zu Hilfe zu kommen. Während sie im Süden von Armenien aus
erfolgreich sind, erleiden sie in der Brusilow-Offensive Mitte des
Jahres in Galizien und der Bukowina (nach anfänglichen Erfolgen in Wolhynien) eine Niederlage. Der österreichische Kaiser
Franz Joseph stirbt, Erzherzog Karl besteigt den Thron. Detail am
Rande: In den russischen Lazaretten, wo auch österreichische
und deutsche Kriegsgefangene liegen, kondolieren die russischen Kameraden ihren österreichischen Gegnern zum Tod ihres
Kaisers.

1917 sind die deutschen Erfolge nicht mehr aufzuhalten. Kaiser
Wilhelm erklärt darüber hinaus den uneingeschränkten U-Boot-
Krieg. An der russischen Front besetzen sie im Zuge der russischen (Brusilow- und Kerenskij-)Offensiven die Bukowina und
nehmen im Norden Riga ein. Es droht ihr Vormarsch auf die russische Hauptstadt. Amerika tritt gegen Deutschland auf seiten
der Alliierten in den Krieg ein. Erst mit dem Jahr 1917 wird die
deutsch-russische Front durch die Verhandlungen von Brest-
Litowsk vorläufig zum Stillstand kommen.

Auch wenn diese Entwicklungen um 1915 noch nicht vorauszu-
sehen sind, verstricken sich die deutsche und die österreichische
Führung zunehmend in militärische Engagements, begleitet
von geheimen Bemühungen, auch außermilitärisch zu einer
Schwächung des Gegners zu gelangen, um ihn rascher in die
Knie oder zu einem Frieden zu zwingen. Das erfolgt durch dis-

krete Botschaften, Beschwörungen oder Angebote; in erster Linie jedoch durch vor allem von deutscher Seite betriebene, gezielte psychologische Unterminierung des Feindes.

Agenten haben Hochsaison. Der russische Zar scheint einer der wenigen zu sein, die nicht die Absicht haben, anders als durch eindeutige militärische Ergebnisse zu seinem Frieden zu gelangen. Er war mit dem Grundsatz in den Krieg gegangen, nicht Frieden zu schließen, ehe der letzte feindliche Soldat russisches Territorium verlassen hat. Daher kommen die Angebote, die ihn erreichen, für ihn nicht in Frage. Nikolaus, der immer noch an die militärische Schlagkraft seiner Armee glaubt, auch als sie durch einsetzende Demoralisierung im Schwinden begriffen ist, ahnt in Mogiljow wenig von den Machtkämpfen in seiner Regierung, deren Drahtzieher seine Abwesenheit und seine Abhängigkeit von Heil und Unheil seiner Armee als ihr Höchstkommandierender zur systematischen Schwächung seines Regimes ausnützen. Er weiß auch nicht, wie weit seine politische und ab 1916 bald auch militärische Szene bereits von feindlichem Gedankengut und sogar Agenten unterwandert ist, die zur Destabilisierung seiner Front, seiner Regierung und schließlich zum Sturz seiner Person ansetzen.

Das hatte 1915 begonnen. Deutschland sah sich einem schwierigeren und langwierigeren Kriegsverlauf gegenüber als erwartet. Der Traum, Paris in wenigen Wochen zu nehmen, hatte sich als Illusion erwiesen. Ebenso die Hoffnung, die russische Armee mit Artillerie rasch auszuschalten. Ungeachtet der militärischen Lage hatte der Zar, um von Deutschland ausgestreuten Gerüchten über angebliche russische Friedensschlußbestrebungen entgegenzutreten, in seiner Neujahrsbotschaft betont, daß er weiterhin zu seinen Bündnissen stehen und weiterkämpfen lassen werde, bis »kein feindlicher Soldat mehr auf russischem Boden« stehe.

Der deutschen Führung ist klar, daß der Zar die einzige einigende Kraft im Lande ist und die Schwächung seiner Macht der einzige Weg, der in Chaos und Führungslosigkeit münden würde. Somit reifen im deutschen Generalstab und im deutschen Außenamt in Berlin Pläne zur Unterminierung der russischen

Kampfmoral und der gezielten Vorbereitung einer Revolution in Rußland – parallel zu weiteren diskreten Vorstößen zu Friedensverhandlungen. Nur eine andere als die zarische Regierung, meinte man, könne man zu einer deutschen Vorstellungen entsprechenden Friedenslösung bewegen.

Wie ein Deus (oder diabolus) ex machina erscheint in diesem Augenblick, im Frühjahr 1915, im deutschen Konsulat in Konstantinopel ein Mann. Die Türkei befindet sich nun auf seiten Deutschlands im Krieg, und so kann sich dieser Herr, der gerade in der Türkei Waffen- und Geldgeschäfte betreibt, leicht einen Termin beim zuständigen Legationsrat beschaffen. Alexander (eig. Lazar Israel) Parvus ist sein Name, und zur seriöseren Erscheinung hat er sich einen Doktortitel und das Pseudonym Helphand (auch Helfhemd) zugelegt. Ein Russe mit revolutionärer Vergangenheit und entsprechenden Ressentiments gegenüber dem zarischen Regime.

Aufgrund seiner Vorsprache in Konstantinopel wird er von Staatssekretär Zimmermann im Außenamt in Berlin empfangen. Er hat nämlich etwas anzubieten, was der kriegsmüden deutschen Regierung wie gerufen kommt: ein Programm für eine Revolution in Rußland.

In diesem Plan ist an alles gedacht, was zum systematischen Aufbau einer Massenbewegung und deren Lenkung in die gewünschte politische Richtung nötig ist: Agitation in den Hauptstädten Petrograd und Moskau, vor allem bei der vom Krieg besonders stark betroffenen Bevölkerung, der Arbeiterschaft und dem Industrieproletariat, daher auch in den Industriezentren Sibiriens und Südrußlands. Alles ist hier vorgesehen: die Schaffung eines Revolutionskomitees, Aufbauen von Galionsfiguren im In- und Ausland, die Ansehen genießen und die eine revolutionäre Bewegung unter dem Aspekt sozialer und pazifistischer Gesichtspunkte unterstützen sollen; auch Methoden, durch Abschneiden von Versorgungslinien Mangelsituationen in der Bevölkerung und an der Front zu erzeugen, die das nötige Chaos und entsprechenden Unmut hervorrufen, womit gezielt die Stimulierung von Massenaufständen betrieben werden kann.

Vorbereitung eines politischen Massenstreiks in Russland.

Es soll für den Frühling ein politischer Massenstreik in Russland vorbereitet werden unter der Losung : Freiheit und Frieden. Das Centrum der Bewegung wird Petersburg sein; hier wiederum die Obnuhowschen,Putilowschen und Baltischen Werke.Der Streik soll die Eisenbahnverbindungen Petersburg-Warschau,Moskau — Warschau und die Süd-West-Eisenbahn erfassen. Der Eisenbahnstreik wird vor allem in den grossen Centralen mit starker Arbeiterschaft,den Eisenbahnwerkstätten etc. durchgeführt werden.Zum Zwecke einer Verallgemeinerung werden überall womöglich die Eisenbahnbrücken gesprengt,wie dies auch bei der Streikbewegung 1904/1905 der Fall war.

Konferenz russischer sozialistischer Führer.

Dieses Werk kann nur unter der Leitung der russischen Socialdemokratie zustande kommen. Der radikale Teil der letzteren ist bereits in Aktion getreten. Es ist notwendig,dass sich auch die gemässigte Minoritätsfraktion anschliesse. Bis jetzt waren es zumeist die Radikalen,die eine Einigung verhinderten. Der Führer des letzteren,Lenin,hat aber vor zwei Wochen selbst die Frage nach einer Einigung mit der Minorität aufgeworfen. Eine Einigung auf einer mittleren Linie im Sinne der Notwendigkeit,die durch den Krieg geschaffene Schwächung des administrativen Apparates im Innern des Landes zur Einleitung einer energischen Aktion gegen den Absolutismus auszunützen,dürfte sich herbeiführen lassen. Es ist zu bemerken,dass der gemässigte Teil stets an stärksten unter dem Einfluss der deutschen Social-

demokratie

Titelblatt des Memorandums vom 9. März 1915 zur Vorbereitung eines politischen Massenstreiks (und Umsturzes) in Rußland

230

In diesem Rezept zur Organisation eines politischen Umsturzes ist nachzulesen, wie man durch Anzünden von Ölquellen politischen Druck erzeugen kann; es wird empfohlen, leicht zu handhabenden Explosionsstoff zum Sprengen von Brücken und Eisenbahnlinien ins Land zu transportieren; an Pressekampagnen ist gedacht usw. Dagegen wirken gegenwärtige Phänomene der Anarchie ausgesprochen altmodisch.

Parvus schlägt auch vor, die nationalen und separatistischen Bewegungen zur Schwächung des Imperiums zu forcieren, zum Beispiel jene in der Ukraine und Finnland; in der Kombination mit sozialen Aufständen könnte dies besonders wirksam und im Hinblick auf eine Revolution zielführend erscheinen. Neu ist die Methode allerdings nicht: Schon vor dem Krieg waren Schriften mit separatistischen Tendenzen in der Ukraine und Finnland von deutschen und österreichischen Regierungskreisen gefördert worden, man hatte ihre Publikation finanziert. Im übrigen sollte die Unterstützung separatistischer nationaler Bewegungen, als Mittel zur Schwächung des russischen Gegners eingesetzt, ihre Kontinuität im Zweiten Weltkrieg finden, verstärkt durch den Antisowjetismus der nichtrussischen Völker.

Als geeigneten Mann an der Spitze der revolutionären Bewegung nennt Parvus *Lenin*, der sich zu diesem Zeitpunkt in Zürich noch rein theoretisch auf seine Rolle als Revolutionär vorbereitet.

Ist das von Parvus gemeinsam mit dem deutschen Außenamt erarbeitete (und die Erfahrungen der »mißlungenen« Revolution von 1905 berücksichtigende) Programm schon bestechend genug, beflügelt wird die Bereitschaft der deutschen Regierung zu dessen Durchführung vom Punktekatalog Lenins für den Fall seiner Machtergreifung: Schaffung einer Republik, Verzicht auf Annexionen und Reparationen (also keine Forderungen an Deutschland), Verlassen der Türkei und Aufgabe des Anspruchs auf die Dardanellen und Konstantinopel, Friedensangebot ohne Rücksicht auf Frankreich (den russischen Bündnispartner), Autonomie für alle Völker, Enteignung der Großgrundbesitzer usw.

Die deutsche Seite überzeugt. Das Startkapital von zwei Millionen Goldmark (derzeit etwa ein Gegenwert von zwanzig Millionen DM) wird genehmigt. Niemand – auch der davon am meisten profitierende »Kaufmann der Revolution«, wie Parvus später genannt werden sollte – ahnt, daß man ein Vielfaches dieses Betrages und weit mehr an Zeit und Geduld wird einsetzen müssen, um das gesteckte Ziel zwei Jahre später zu erreichen.

Parvus richtet in Kopenhagen ein »Institut für internationale Wirtschaftsforschung« ein und spinnt von dort aus sein Kontaktnetz zwischen Petrograd, Berlin und den – noch – im Exil befindlichen russischen Revolutionären in der Schweiz.

Nun müssen sich die deutschen Diplomaten, die Angehörigen der politischen Sektion des deutschen Generalstabs und die Repräsentanten der deutschen diplomatischen Vertretungen daran gewöhnen, mit der Halbwelt von Agenten und russischen Revolutionären zusammenzuarbeiten. Federführend in den Aktivitäten zwischen 1915 und 1918 und den damit verbundenen Entscheidungen ist das Berliner Außenamt in Absprache mit dem Generalstab Ludendorffs mit Wissen des Kaisers (wie aus den hier teilweise veröffentlichten Dokumenten hervorgeht).

Operiert wird über neutrale Territorien wie die Schweiz, Schweden, Norwegen und über Dänemark. Auf deutscher Seite finden sich in den Geheimkorrespondenzen die Namen von Staatssekretär Jagow und dessen Unterstaatssekretär und Nachfolger Zimmermann, aus dem Generalstab neben Ludendorff Moltke, dessen Agent und späterer Legationsrat in Stockholm Riezler, Bussche, der Agent Stein(wachs), ferner Brockdorff-Rantzau und Romberg als die wichtigsten Kontaktpersonen, und am Höhepunkt der Aktivitäten in den Jahren zwischen 1917 und 1918 hält Staatssekretär von Kühlmann Kontakt mit dem deutschen Botschafter in Moskau, Graf Mirbach.

Von Kühlmann ist es später auch, der am Höhepunkt des Erfolges, am Ziel der langjährigen Bemühungen angelangt, die Friedensverhandlungen in Brest-Litowsk mit den Repräsentanten der von ihm selbst an die Macht gebrachten bolschewistischen Revolutionsregierung führen sollte; bedauerlicherweise hat er das Vergnügen, das er dabei empfunden haben muß, den Lesern

seiner Memoiren durch diskretes Verschweigen der Vorge-
schichte weitgehend vorenthalten.

Die meiste Arbeit mit den Agenten und die Organisation der
Geldmittel fällt dem Gesandten im Außenamt, Diego von Bergen,
zu, der in ständigem Kontakt mit Parvus steht. Die Diplomaten
bewegen sich im Dunstkreis gleichgesinnter Politiker, Journalisten, Bankiers, Unternehmer, Adeliger und Wissenschaftler. Ihre
Kontaktleute sind größtenteils Russen, die sich aufgrund ihrer
revolutionären Gesinnung ohnehin im Ausland befinden oder
ständig zwischen Petrograd und Westeuropa hin und her reisen.
Die Agenten leisten ihre Dienste als Informanten über die Lage in
Petrograd, organisieren dort entsprechende Propaganda, ebenso
wie an der russischen Front und unter den russischen Kriegsgefangenen in Österreich und Deutschland. Sie arbeiten mit Publizisten entsprechender revolutionärer Schriften zusammen.
Außer Parvus wirken noch der gebürtige Pole und nunmehrige
österreichische Staatsangehörige Karl Radek mit, der als Dieb
vorbestraft ist. Und da sind noch dessen Gefährte Jakob Fürstenberg, der sich nun Hanetzki nennt, und der Este Keskuela, der in
Schweden und der Schweiz für die Unabhängigkeit seines Landes vom russischen Reich kämpft. Keskuela arbeitet zunächst mit
der deutschen Botschaft in der Schweiz als Kontaktmann zu Lenins Revolutionären zusammen, ehe er dann seine Tätigkeit an
der Seite des Agenten Steinwachs in Stockholm fortsetzt.

Am 26. März 1916 bestätigt der deutsche Kontaktmann Fröhlich
in seinem Schreiben an Bergen in Berlin die Zuweisung der
ersten Gelder:

»Betrifft: Doktor Alexander Helfhand-Parvus.
Die Deutsche Bank sandte mir die Überweisungsbestätigung
über 500.000 Mark, die ich hier beilege. Ich möchte Sie auf meinen Brief vom 20. März aufmerksam machen, in welchem ich
festgestellt hatte, daß Helfhand eine Million verlangt, exklusive
den Verlust, der beim Einwechseln entsteht, und daß solche Verluste, wie sie bereits in Kopenhagen, Bukarest und Zürich
erwachsen sind, zusammen mit anderen Ausgaben von uns zu
tragen sind.

Ich würde Sie folglich ersuchen, die nötige Überweisung an die Deutsche Bank zu veranlassen, so daß ich Helphand auch die Differenz ausbezahlen kann.

Ihr Fröhlich«

Schon nach zwei Monaten sind es fünf Millionen, die von Berlin über Parvus nach Zürich und nach Petrograd fließen, es wird immer mehr. Auch Österreich-Ungarn beteiligt sich, wenn auch in bescheidenem Ausmaß, an den Kosten für jene Agenten, die prorevolutionäre und pazifistische Propaganda in Rußland und unter den russischen Kriegsgefangenen im Ausland betreiben und Informationen liefern. Das bezeugt ein Schreiben des Diplomaten an der deutschen Botschaft in Bern, Romberg, an seinen Vorgesetzten in Berlin vom 24. August 1916. Darin berichtet er von einem russisch-jüdischen Sozialrevolutionär namens Schiwin, der ihm vom österreichischen Militärattaché Baron Hennet als »wertvoller Mittelsmann« für die genannte Tätigkeit empfohlen wird (»auch auf die österreichischen Militärs in Wien hat er einen ausgezeichneten Eindruck gemacht«).

In der Folge erhält Schiwin ansehnliche Beträge von deutscher und österreichischer Seite in Schweizer-Franken und liefert dafür Informationen über die politische und militärische Lage in Rußland, wo er prorevolutionäre Propaganda betreibt. Indessen stoßen weitere Russen dubiosen Profils in den Dunstkreis der subversiven Aktivitäten.

So meldet sich beispielsweise in Stockholm ein gewisser Herr Kolyschko aus Petrograd, ehemaliger Privatsekretär von Minister Witte. Kolyschko ist Publizist und bietet den Angehörigen der deutschen diplomatischen Mission an, gegen entsprechende Bezahlung oder Finanzierung eines eigenen Verlagshauses in Petrograd im Sinne deutscher Interessen prorevolutionäre Propaganda zu betreiben.

Die Medienszene wie das geistige Klima in Rußland jener Jahre machen dies möglich: Sie erfreuen sich einer Freiheit, von der die postrevolutionäre Gesellschaft nur träumen kann. Unter die Zensorenschere fallen lediglich offen gegen die Fortsetzung des Krieges auftretende Publikationen oder solche, die Bezug auf die

Privatsphäre der Zarenfamilie nehmen. Pazifistische Propaganda muß also im Untergrund kursieren. So muß Lenin die von deutschen Mitteln finanzierte Prawda aus dem Ausland nach Petrograd schleusen lassen, bis man über Friedensschluß offen diskutieren kann.

Indessen häufen sich Versuche, den russischen Zaren mit Friedensangeboten zu locken. Für den unbeugsamen Willen des Zaren, bis »zum Sieg« weiterzukämpfen, ist außer seinem durch die deutsche Kriegserklärung verletzten Nationalstolz die trotz der Verluste unerschütterliche Bündnistreue gegenüber Frankreich und England ausschlaggebend. Und beide Verbündete versäumen nicht, ihn regelmäßig daran zu erinnern; sie lassen ihre militärischen und diplomatischen Vertreter an den Sitzungen des Verteidigungsrates teilnehmen, um sich über die Organisation der russischen Versorgung und des Nachschubs ein Bild zu machen. Doch in Abwesenheit des Zaren beginnt sich das Ministerkarussell zu drehen. Fähige Minister weichen anderen, die weniger für ihre verantwortungsvolle Aufgabe geeignet sind und wesentliche Entscheidungen zu treffen haben. Es wächst die Besorgnis der Alliierten, ob Rußland seine Rolle in aller Interesse zu erfüllen imstande ist.

So wird kolportiert, daß der britische Militärattaché schockiert eine Sitzung verließ, nachdem der Kriegs- und Marineminister auf die elementare Frage, welche Tonnagen er für welche Transporte geordert habe, nicht antworten konnte.

Zugleich machen sich die Folgen der Entscheidung des neuen und allseits unbeliebten Ministerpräsidenten Stürmer (der ohnehin vielen wegen seiner Deutschstämmigkeit suspekt ist) bemerkbar, die Nahrungsmittelversorgung dem Ressort des Innenministeriums einzugliedern. Damit gelangt dieser Bereich in ein politisches Abhängigkeitsverhältnis.

Frankreich schickt seine Minister Viviani und Thomas Mitte 1916 nach Petrograd, um unter anderem die Entsendung von mehreren hunderttausend Mann zu erwirken und sicherzustellen, daß Rußland seine Politik gegenüber Rumänien und Polen mit Frankreich abstimmt und militärisch auszuführen imstande ist (was nicht der Fall ist, wie sich zeigt).

Englands König Georg wendet sich persönlich an den russischen Zaren, seinen Cousin, mit der Bitte um ein offizielles Dementi der von deutscher Seite verbreiteten Gerüchte, Rußland sei kriegsmüde und wolle die Bürde des Bündnisses nicht länger tragen. Georg erwähnt nebenbei, wie schwierig die Situation mit dem Nachschub geworden sei (der Seeweg ist nur über Wladiwostok und Archangelsk und erst ab März 1916 auch über Murmansk möglich).

Demarchen für separate Friedensverhandlungen kommen über verschiedene Kanäle. So von König Christian X. aus dem neutralen Dänemark, der über einen Bankier namens Andersen zunächst beim deutschen Kaiser vorsprechen läßt. Dieser verweist auf seine ungebrochene militärische Stärke und finanzielle Basis und vermittelt den Eindruck, daß er einen Separatfriedensvorstoß in Richtung Rußland nicht nötig habe.

Zugleich versucht jedoch ganz in Widerspruch zu Wilhelms selbstbewußtem Auftreten ein Legationsrat der deutschen kaiserlichen Botschaft in Stockholm, den auf Durchreise befindlichen Vizepräsidenten der Duma, Protopopow, auf Separatfriedensmöglichkeiten anzusprechen.

Sowohl in deutschem als auch in österreichischem Auftrag agiert Prinzessin Maria Wasiltschikowa, eine während des Krieges in Wien lebende Hofdame der Zarin, als sie von österreichischen und deutschen Politikern gezeichnete Briefe mit direkten Separatfriedensangeboten nach Petrograd bringt.

Trotz der selbstbewußten Haltung des deutschen Kaisers werden in Stockholm zwei deutsche Vorstöße gegenüber den russischen Missionen wegen eines Separatfriedens unternommen. Sie erfolgen streng geheim über den Direktor der Deutschen Bank, M. Monkewitz (russische Telegramme aus Stockholm nach Petrograd vom 20. und 28. Juli 1915 berichten bereits darüber).

Am bemerkenswertesten ist jedoch der Versuch von Kaiser Wilhelm selbst, über seinen Hofmarschall Graf Eulenburg eine »Annäherung« an seinen nunmehrigen Kontrahenten Nikolaus zu unternehmen. Dabei macht sich der deutsche Kaiser die alte Freundschaft zunutze, die Eulenburg mit dem russischen Hofminister in Zarskoje Sjelo, Graf Fredericks, verbindet. Er läßt

Eulenburg in einem Schreiben an Fredericks dazu anregen, »die Notwendigkeit einer Annäherung der beiden Herrscher zu begreifen und diese zu fördern«. Schlüsselpassage dieses Schreibens ist ein Satz, in welchem der Adressat »die alte Freundschaft zwischen dem russischen Zaren und Kaiser Wilhelm II.« beschwört. Als Nikolaus diese Zeilen liest, so berichtet Fredericks später, zieht er einen dicken Strich unter jenen Satz und schreibt an den Rand: »Diese Freundschaft ist tot und begraben.«

Mit einem Manifest jedoch hatte die deutsche kaiserliche Regierung jede Chance, durch Verhandlungen zu einer Friedensregelung mit dem Zaren zu gelangen, selbst ausgeschlossen; mit jener Kundmachung vom 6. November 1916 nämlich, in welcher von Deutschland die Unabhängigkeit Polens in Aussicht gestellt wurde. Von keiner legitimen russischen Regierung konnte verlangt werden, weite Teile ihres Territoriums einfach abzutreten – außer von einer, die von Deutschland gekauft worden war.

Dieser Umstand läßt sich jedoch auch mit großen Geldmitteln nicht so einfach herstellen. Erst durch die Summe mehrerer Faktoren wird das Unglaubliche möglich, und dadurch, daß diese Umstände unabhängig voneinander und in fataler Weise zusammenwirken. Innerrussische, politische und persönliche, militärische und außenpolitische Faktoren ergeben erst zusammen die Kettenreaktion, an der das Regime des Zaren zerbrechen sollte: Da ist also das Interesse Deutschlands, durch militärische und außermilitärische Mittel Rußland zu schwächen. Und seine Bereitschaft, bis zum Ziel des Sturzes der zarischen Regierung durch einen Putsch zu gehen, damit eine revolutionäre Regierung die deutschen Friedensbedingungen annehmen würde.

Da ist ferner der Wille der russischen Revolutionäre im Exil, durch eine Revolution, selbst eine vom Feind ermöglichte, an die Macht zu kommen.

Und da ist die innenpolitische (kriegsbedingte) Situation in Rußland selbst, die sich von beiden Seiten für ihre Zwecke ausnützen läßt: Versorgungsmängel, mangelnde Organisation und

Verantwortung an zu vielen Fronten, militärische Mißerfolge nicht nur infolge deutscher Überlegenheit an Kriegsgerät, sondern auch aufgrund russischer Transportprobleme.

Die Maßnahmen des Zaren vom Generalstab aus werden zunehmend durch interne Regierungskämpfe und Intrigen torpediert, und dadurch wird der Führungsapparat des Landes geschwächt. Die Entscheidung des Zaren, das Oberkommando zu übernehmen, wirkt sich an der Front positiv aus, führt jedoch zu unkontrollierbaren Mechanismen in der Regierung. Nun wird der Zar nicht nur mit allen militärischen Fehlschlägen identifiziert, denen Unmut und Demoralisierung in Heer und Bevölkerung folgen. Er ist vor allem – fern der Hauptstadt – nie wirklich im Bilde darüber, was im Hinterland vorgeht. Außerdem ist er für Kriegsgegner nur dann auszuschalten, wenn er als Zar gestürzt ist, da er ja zugleich der Höchstkommandierende der Armee ist. In Zusammenhang mit Nikolaus' ständiger Abwesenheit von Petrograd erweist es sich als verhängnisvoll, daß manche Entscheidungen, sogar über personelle Fragen, zunehmend in die Hände der Zarin gleiten. Ursprünglich sollte Alexandra Nikolaus lediglich über die Ereignisse auf dem laufenden halten; doch sie neigt immer mehr dazu, ihrem Mann die Entscheidungen vorzugeben – oder es zumindest auf eindringliche Art zu versuchen.

Katastrophal wirkt sich dabei aus, daß Alexandra unter dem Einfluß von Rasputin steht, an dessen Weisheit, prophetische Gabe und »von Gott gesandte Mission« sie zum Unterschied von Nikolaus unerschütterlich glaubt. Diese schwer verständliche Haltung liegt in ihrer Neigung zu Mystizismus und Religiosität begründet, mit der sie Rasputins offensichtliche Fähigkeit der Hypnose und – bis zu einem gewissen Maß – auch der Prophetie aufnimmt. Man muß sich allerdings auch eine Zarin und Mutter vorstellen, die unter dem Druck steht, einen männlichen Thronfolger zu haben. Als dieser, nach vier Töchtern, endlich zur Welt kommt, erweist er sich als (unheilbar) bluterkrank. Die Zarin hatte mit eigenen Augen gesehen, wie der damals nur als »frommer sibirischer Mönch« bekannte Rasputin die Hofdame und Alexandras Freundin Anna Wyrubowa auf unerklärliche Weise von ihrem Krankenbett aufstehen ließ und anwesende Ärzte fassungslos den Kopf schüttelten. Zu oft hatte seitdem der Muschik am Lager des kranken Alexej gesessen und durch beschwörende Formeln, unter seinem durchbohrenden Blick aus den weitaufgerissenen Augen, etwas bewirkt, was als Wunder gelten mußte: Die Blutungen, hervorgerufen schon durch die geringste Verletzung, kamen zum Stillstand. Dieser Mann, meint die Zarin, hat überirdische Kräfte.

Nüchtern und ohne Mystifizierung berichtet von diesem seltsamen Geschöpf ein Augenzeuge, der sich selbst als Opfer von Rasputins magischen Künsten betrachtet. Der damalige Innenminister Maklakow beschreibt eine Erfahrung mit Rasputin, als dieser von seinen Fähigkeiten bereits profitablen Gebrauch zu machen – d. h. für andere zu intervenieren – pflegte:

»Eines Tages kam Rasputin zu mir ins Büro. Offenbar hatte er vor, sich als Protegé für eine Person einzusetzen. Mir war dieser Mann zuwider, und ich ließ ihn erst eine Weile warten. Ich glaube, er hat meine Ressentiments sofort gespürt. Als er dann mir gegenüber Platz nahm, kam er gleich auf einen Beamten zu sprechen, den er für eine Beförderung empfehlen wollte.

Ich war der Ansicht, daß die betreffende Person für eine solche Position nicht qualifiziert war, und ließ mir deren Akt kommen. Als ich vom Studium der Unterlagen aufblickte, spürte ich, wie mir leicht schwindlig wurde. Da sah ich, daß Rasputin mich die ganze Zeit hindurch aus seinen riesigen, wäßrig-hellen Augen angestarrt hatte – es war der Blick eines Hypnotiseurs. Empört fuhr ich ihn an: ›Mit mir können Sie nicht solche Spiele treiben!‹ Und ohne weiter auf die Sachfrage einzugehen, warf ich ihn aus meinem Büro hinaus.

Einen Tag später war ich meines Postens enthoben.«

Kaum anzunehmen, daß Nikolaus je davon erfahren hat. Rasputins Autorität bei der Zarin ist so groß, daß sie ihrem, wie sie meint, »von Gott gesandten Wundertäter« – natürlich ohne Wissen Nikolaus' – auch heikle politische Fragen vorlegt, um für deren Entscheidung seinen Rat und Segen zu erhalten. Ohne Rasputins Kunst, den Thronfolger in kritischen Augenblicken am Leben zu erhalten, wäre Alexandras Glauben in seine Weisheit nicht so unerschütterlich. Es ist naheliegend, daß Rasputin von diesem grenzenlosen Vertrauen Gebrauch macht – und alle jene, die davon profitieren können.

Weder die Warnungen angesehener Minister noch die ihrer Schwester Ella (Großfürstin Elisabeth) oder Familienangehöriger des Zaren mit Berichten über Rasputins Charakter können Alexandras Vertrauen in ihn mindern. Je haarsträubender die Behauptungen über Rasputins Lebenswandel, je stärker die Diskreditierung der Zarenfamilie, desto mehr verwirft Alexandra das Gehörte in den Bereich der Intrige und Verleumdung.

Nikolaus, sofern damit konfrontiert, reagiert meist verärgert und fordert Beweise. Im Grunde ist auch er in diesem Punkt seiner Frau gegenüber machtlos. Es wäre allerdings unzutreffend, Nikolaus unter dem Diktat der Zarin zu sehen. Ihre zahllosen Briefe, die ihn im Generalstab erreichen, zeigen in ihrem beschwörenden Ton, daß er keineswegs nach ihren Vorstellungen handelt. Das Problem Nikolaus' zu dieser Zeit liegt eher im Informationsmangel und in der Eigendynamik der Vorgänge in der Regierung.

Wie ein Kind berauscht sich Rasputin an der Macht, die er nun schon seit Jahren durch seinen Einfluß auf die Zarin genießt. Er ist für einen relativ primitiven Menschen seines Zuschnitts bestens organisiert. Bereits gewohnt, Bittsteller zu empfangen, die über seine Intervention entweder Beförderungen oder die Absetzung mißliebiger Gegner oder andere Dinge erreichen wollen, hält er schon unterschriebene Formulare bereit, die nur mehr auszufüllen sind. Auch mit kleinlichem Feilschen für den Lohn der Mühe verschwendet Rasputin keine Zeit. Da er über mehr Geld verfügt, als er ausgeben kann, nimmt er großzügig alles, was man ihm spontan anbietet. Bei weiblichen Besuchern macht er ungeniert von sich bietenden Möglichkeiten Gebrauch, wie überhaupt an den Gerüchten über sein ausgelassenes Privatleben, die von Petrograd bis Moskau kursieren, einiges wahr sein dürfte. Die Doppelrolle des Frommen, stets mit einem großen Kreuz auf der Brust, und des Lebemannes spielt er virtuos. Pflegte er doch selbst zu betonen: »Unsere Seele gehört Gott, aber unser Körper gehört doch uns!«

Es ist naheliegend, daß Rasputin – auch im Hinblick auf seine kritische Haltung gegenüber Rußlands Kriegseintritt – im Dienst deutscher Spione stand. Jusupow behauptet zwar, Rasputin hätte es ihm gegenüber sogar zugegeben, aber es ist kaum anzunehmen, daß er aktiv als Agent arbeitete, und zwar schon deshalb nicht, weil sein Wesen und seine Neigung, sich in Gesellschaft zu betrinken und dann lautstark delikate Erlebnisse preiszugeben, mit den Anforderungen des sensiblen Gewerbes der Spionage unvereinbar sind. Daß Rasputin aber im Interesse deutscher Agenten arbeitete, ist unbestritten. Durch seine Interventionen und sein Diktat an die Zarin spielte er dem politischen Feind in die Hände, der Rasputin für seine Zwecke benutzte.

Zu diesem Aspekt meint der Hauslehrer der Zarenfamilie, Pierre Gilliard:

»Rasputins Haus war durch die kaiserliche Polizei vor möglichen Anschlägen aus der empörten Bevölkerung bewacht, aber auch durch Agenten der in der Duma vertretenen Sozialrevolutionäre, die begriffen hatten, daß er für sie arbeitete. Ich glaube zwar nicht, daß Rasputin wirklich ein von Deutschland bezahlter Agent gewesen ist, aber er war sicher ein respektiertes Instrument in den Händen des deutschen Generalstabs, der Interesse an der Sicherheit eines so wertvollen Verbündeten ihrer Sache hatte. So war er auch von dessen Spionen umgeben, die gleichzeitig seine Leibwache waren.«

Fürst Felix Jusupow, Neffe* des Zaren und loyaler Monarchist (als solcher der spätere Mörder Rasputins), untermauert dagegen seine Überzeugung von Rasputins Agententätigkeit: »Rasputin war ja Befürworter eines Separatfriedens mit den Deutschen und wurde auch von den Deutschen bezahlt. Er war zweifellos ein feindlicher Agent. Seine Situation am Hofe und die Abhängigkeit, in der er die meisten Minister und sogar Generäle hielt, gaben ihm genaue Kenntnis von der Stellung der Armeen und den Truppenbewegungen. Er unterrichtete die Deutschen darüber, und das hatte natürlich Niederlagen für die russische Armee zur Folge, die vielleicht zu verhindern gewesen wären.«

---

* Er war mit der Nichte des Zaren, Irina, verheiratet.

Der französische Diplomat Paléologue, zu diesem Zeitpunkt als Botschafter Frankreichs in Petrograd, resümiert über die Konstellation dieser Periode der Abwesenheit des Zaren von der Hauptstadt:

»Daß die russische Politik von der Kamarilla der Kaiserin geleitet wird, daran ist nicht mehr zu zweifeln. Aber durch wen wird diese Kamarilla verkörpert? Von wem erhält sie ihr Programm und ihre Richtung? Sicher nicht von der Kaiserin, dazu ist sie zu emotional und unstet, geistig zuwenig normal und nüchtern, um ein politisches System zu entwerfen und durchzuführen. Sie ist das politische Werkzeug einer Verschwörung, deren Vorhandensein ich in dieser Umgebung ständig wahrnehme. Ebenso wie sie sind auch die Personen, die sie umgeben, nicht mehr als ein Werkzeug: Rasputin, die Wyrubowa, General Wojekow, Tanejew, Stürmer und andere – sie sind nur Statisten, gehorsame Intriganten und Hampelmänner. Am schlimmsten ist der Innenminister Protopopow, der überhaupt nicht ganz normal sein dürfte.

Ich glaube, daß die verhängnisvolle Politik, für welche die Kaiserin und ihre Sippschaft vor der Geschichte verantwortlich sein werden, ihnen von vier Männern eingegeben wird: vom Vorsitzenden der äußersten Rechten im Reichsrat, Schtscheglowitow, dem Metropoliten von Petrograd, Pilgrim, dem ehemaligen Leiter der Polizeiabteilung, Bjeletzkij, und dem Bankier Manus. Mit Ausnahme dieser vier Männer sehe ich nur ein Spiel anonymer, verstreuter und einander entgegengesetzt wirkender Mächte, die zugleich das Wesen des Zarismus zu retten vorgeben und es doch unweigerlich zerstören.«

Paléologue ist aus einer loyalen Haltung heraus so kritisch eingestellt. Aus gleichen Motiven entschließt sich der Präsident der Duma, Rodsjanko, Nikolaus um eine Audienz zu ersuchen, als dieser vor-übergehend aus dem Generalstab zurückkehrt. Er will ihm die Augen öffnen. In diesem eineinhalbstündigen Gespräch am 8. März 1916 nimmt Rodsjanko kein Blatt vor den Mund:

»Ich sagte ihm alles. Über die Intrigen der Minister, die über Rasputin gegeneinander arbeiten, über das Fehlen einer zielgerich-

teten Politik, über allgemeinen Amtsmißbrauch, über das Igno-
rieren der öffentlichen Meinung und die Tatsache, daß das Ende
der Geduld der Bevölkerung abzusehen sei. Ich erinnerte ihn an
die Kontakte Rasputins mit zweifelhaften Personen, seine Aus-
schweifungen und Orgien und daran, daß sein Nahverhältnis
zur Zarenfamilie und sein Einfluß auf Staatsangelegenheiten in
jenen Kriegsjahren die Bevölkerung und aufrechte Männer in der
Regierung zutiefst aufbrächten. Ich ließ keinen Zweifel daran,
daß Rasputin ein deutscher Spion sei.
›Wenn die Minister Eurer Majestät wirklich als einziges Ziel das
Wohl unseres Landes vor Augen hätten, wäre die Präsenz eines
Mannes wie Rasputin von keiner Bedeutung für die Staatsange-
legenheiten. Das Problem besteht jedoch darin, daß diese zum
Teil von ihm abhängig sind und ihn in ihre Intrigen einbeziehen.
Ich muß Eurer Majestät sagen, daß es nicht so weitergehen kann.
Niemand öffnet Ihnen die Augen darüber, welche Rolle dieser
Mann spielt. Seine Anwesenheit unterminiert das Vertrauen in
die Allerhöchste Staatsmacht und kann schlimme Folgen für das
Schicksal der Dynastie haben, denn sie wendet die Herzen der
Menschen vom Kaiser ab.‹
Während ich diese betrüblichen Wahrheiten aufzählte, schwieg
der Zar entweder oder er zeigte Erstaunen, blieb jedoch freundlich
und höflich. Als ich geendet hatte, fragte er mich nach meiner
Ansicht über den Verlauf des Krieges. Ich erwiderte, wir könnten
auf die Armee und die Bevölkerung zählen, es seien jedoch die
militärischen Führungskräfte und vor allem die innenpolitischen
Verhältnisse, die einem Sieg im Wege stünden. «
In der Duma haben sich Kräfte formiert, die an militärischen und
politischen Mißerfolgen interessiert sind, um die Monarchie zu
diskreditieren, also gezielt auf eine Absetzung des Zaren hinar-
beiten. Mitte 1916 erklärt der mächtige Industrielle und Waffen-
fabrikant Putilow dem verblüfften französischen Botschafter en
passant zwischen zwei Zügen aus seiner dicken Zigarre: »Eine
Revolution wird kommen.«
Es sollte eine Revolution »von oben« sein.
Der Zar weigert sich, während der Kriegsereignisse den Forderungen nach einer konstituierenden Versammlung für eine neue

Verfassung zuzustimmen: Er will unter allen Umständen den Eindruck eines geschwächten Regimes in den Augen des Gegners vermeiden. Damit wird der Zar jedoch für beide extreme Lager in der Duma zum Hindernis: Während die einen für Friedensverhandlungen mit Deutschland, unabhängig von der Frontlage, plädieren, was nur ohne diesen Zaren möglich ist, wollen die anderen durchaus auf militärischem Weg zu einem Sieg gelangen – aber in ihrem Namen und nicht in dem des Zaren, und auch das läßt sich nur durch seinen Sturz realisieren. Dabei übersehen die einen, daß sie damit dem Feind in die Hände arbeiten – die anderen haben längst mit ihm kollaboriert.

Seit der Eröffnung der Duma in der neuen Zusammensetzung, also seit 1912, sind auch die extremen Linken der sogenannten Sozialrevolutionäre zugelassen. Sie begeben sich jedoch nach unüberbrückbaren Meinungsverschiedenheiten mit den Gemäßigten und den Konservativen bald in die Illegalität des terroristischen Untergrunds. Der Anteil der im Februar 1917 regierenden Duma-Mitglieder aus Liberalen und Sozialisten macht ein Viertel der amtierenden Abgeordneten aus. Das Lager der Konservativen umfaßt verschiedene Gruppierungen bis zu Rechtsradikalen. Viele von diesen, obwohl gegenüber dem Zaren im Grunde loyal eingestellt, wechseln jedoch aus Protest gegen die herrschenden Verhältnisse und den unglücklichen Einfluß der Zarin (und gegen die durch ihre Initiative amtierenden Minister Protopopow und Stürmer) ins liberale Lager. Die Zarin war – über ihre Einmischung in Regierungsfragen hinaus – auch ständig bemüht, Nikolaus von der Gewährung einer neuen Verfassung abzuhalten: »Wir sind für eine konstitutionelle Monarchie nicht reif.«

Das deutsche Außenamt ist durch die Berichte seiner Agenten über die Vorgänge in der Duma informiert. Das Telegramm von Brockdorff-Rantzau, dem Gesandten der deutschen Botschaft in Kopenhagen, nach Berlin an Reichskanzler Bethmann-Hollweg vom 26.1.1916 zeigt, daß der Zar zunächst mit Erfolg durch Umbesetzungen in der Regierung versucht, dem oppositionellen Kurs entgegenzusteuern. Scharfen Kritikern weist er verantwortungsvolle Positionen zu, um ihnen den Wind aus den Segeln zu

A 293 pr. 26.Januar 1916. *a. m*

Kaiferlich Deutsche
Gesandtschaft.

Nr.19.
Kopenhagen, den 23.Januar 1916.

Durch Depeschenkusten.

Geheim !

Dr.Helphand, der nach dreiwöchigem Aufenthalt
in Stockholm, wo er mit russischen Revolutionären beraten hat, nach Kopenhagen zurückgekehrt ist, teilte mir
vertraulich Nachstehendes mit:

Die ihm zur Verfügung gestellte Summe von
einer Million Rubel ist sofort weitergesandt, bereits
in St.Petersburg eingetroffen und ihrer Bestimmung zugeführt. Helphand hat darauf bestanden, mit der Aktion
am 22.Januar zu beginnen, seine Vertrauensleute haben
aber mit aller Entschiedenheit davon abgeraten, ein
sofortiges Vorgehen als verfrüht bezeichnet und folgendes Bild von der gegenwärtigen Lage entworfen:

In den Organisationen steht der Entschluss,
zu einer revolutionären Aktion zu schreiten, unverändert
fest

iner Exzellenz

m Reichskanzler

rrn von Bethmann Hollweg.

Geheimschreiben des Gesandten Brockdorff-Rantzau an den Reichskanzler
Bethman-Hollweg vom 26. Januar 1916 über die Lage in Rußland

nehmen und einen stärkeren Zusammenhalt unter den Abgeordneten zu erwirken. Kurzfristige Maßnahmen zur Besserstellung der Versorgung entziehen, jedenfalls vorläufig, der revolutionären Propaganda den Boden – zum Leidwesen der deutschen Regierung:

»Dr. Helphand, der nach dreiwöchigem Aufenthalt in Stockholm, wo er mit russischen Revolutionären beraten hat, nach Kopenhagen zurückgekehrt ist, teilte mir vertraulich Nachstehendes mit:
Die ihm zur Verfügung gestellte Summe von einer Million Rubel ist sofort weitergesandt, bereits in St. Petersburg eingetroffen und ihrer Bestimmung zugeführt. Helphand hat darauf bestanden, mit der Aktion am 22. Januar zu beginnen. Seine Vertrauensleute haben [...] folgendes Bild von der gegenwärtigen Lage entworfen: [...] Die Lebensmittelversorgung wurde durch Dringlichkeitsmaßnahmen verbessert, was den Fortgang der revolutionären Aktion stört. [...] Man muß den geeigneten Zeitpunkt abwarten, wo die Situation ein Gelingen der Revolution garantiert. [...] Die Friedenspropaganda einiger Konservativer stört ebenfalls den Fortgang der Revolution in unserem Sinn. Es geht nicht nur darum, die Massen auf die Straße zu bringen, sondern auch darum, diese in unserem Sinn zu kontrollieren. Die Einstellung von Innenminister Chwostow ist unklar. Er arbeitet so eng wie möglich mit den reaktionären Parteien zusammen, hat aber in einem vertraulichen Gespräch erklärt, er sei der progressivste Revolutionär Rußlands, und es sei wichtig, daß der Zar abgesetzt werde. Außerdem soll der Ententevertrag bei einem Kongreß der Rechtsflügelparteien zur Sprache gekommen sein. Hier war die Rede von einer Clausel, wonach im Falle der Bedrohung des Zarensitzes durch einen Feind oder eine in Rußland ausbrechende Revolution Rußland handlungsfrei in Hinblick auf einen Separatfriedensschluß sei. [...]

Brockdorff-Rantzau«

Daß Nikolaus – aufgrund von Desinformation – vom fernen Hauptquartier aus auch personelle Fehlentscheidungen trifft, wirkt sich besonders dann aus, wenn die militärische Lage sich

AS 1631/pr. 9. Mai 1916.

Berlin, den 8. Mai 1916.

[handwritten annotations in left margin]

Der mir Ende September 1915 für russische Propaganda vom Auswärtigen Amt
eingeräumte Kredit von 130,000 Mark ist
laut Abrechnung vom 28. April 1916 nicht
nur völlig aufgebraucht, sondern schloss
mit einem Defizit von M 1011,93 ab, die
mir heute von der Legationskasse des
Auswärtigen Amtes zum Ausgleich ausgezahlt wurden.

Ew. Hochwohlgeboren hatten dann im
Dezember 1915 noch 60,000 Mark bewilligt,
die Herrn Kesküla in drei Monatsraten
von je M 20,000 für die russische Propaganda ausgezahlt werden sollten. Es
gelang mir, hiervon 50,000 M aus Er-
sparnissen von dem Kredit von 130,000 M
zu bestreiten. Die restlichen 10,000 M
habe ich inzwischen zum grössten Teil
aus eigenen Mitteln ausgezahlt. Aus dem
Kredit wurden fernerhin mehrere, mehr
oder weniger erfolgreiche neue Unternehmungen, bezw. Vorarbeiten unterstützt,
über die von mir von Zeit zu Zeit münd-
lich Bericht erstattet worden ist.

Zuletzt wurden noch im Einverständnis mit Ew. Hochwohlgeboren der Sektion
Politik des Generalstabes des Feldheeres

H.
rrn Kaiserlichen Gesandten und
rklichen Legationsrat
Dr. von Bergen
swärtiges Amt

Berlin

247

2000 Rbl. und 1500 Schweizer Franken
für das Unternehmen des Fürsten Mat -
schabelli bereitgestellt.

Sofort und in den nächsten Wochen
und Monaten sind grössere Beträge für
folgende Unternehmungen aufzubringen:
Erstens Kesküla, der gerade in den letz
ten Monaten zahlreiche neue Verbindungen mit Russland angebahnt, mehrmals
skandinavische Sozialisten nach Russland geschickt hat, denen er Empfeh -
lungen an Persönlichkeiten mitgab, die
die Betreffenden derart über die Lage
in Russland aufklärten, dass die später veröffentlichten Berichte in den
verschiedenen sozialistischen Kreisen
des Nordens Aufsehen erregten, der ferner die sehr wertvolle Verbindung mit
Lenin in der Schweiz aufrecht erhalten
und uns die dem Letzteren von seinen
Vertrauensleuten in Russland übersandten
Situationsberichte mitteilte, muss auch
in Zukunft mit entsprechenden Mitteln
versehen werden. Bei den ausserordent-
lich ungünstigen Valuta - Verhältnissen
dürfte eine monatliche Unterstützung
von M 20,000 gerade ausreichen.
Zweitens Litcheff hat nunmehr alle
Vorarbeiten eingeleitet (Büro in Stockholm, wie in Haparanda) und mit der
Sammlung der in verschiedenen Städten
Skandinaviens lebenden russischen Revolutionäre zwecks Ausnützung ihrer be-

248

sonderen Fähigkeiten begonnen. Er hat
mehrere sehr wirksame Pamphlete in Stockholm drucken lassen und auf sicherem
Wege nach Russland gebracht. -- Ich bitte ganz ergebenst, ihm für die nächsten
3 Monate je M 6000 auszahlen zu dürfen.
Drittens Klein hat ebenfalls mit Erfolg zahlreiche wichtige Nachrichten
und kleine Pamphlete nach Russland hin-
eingeschafft und einen Bahnhofsdienst
in Stockholm eingerichtet, durch den
die aus Amerika und Kanada zurückkeh-
renden Russen über die Möglichkeit, sich
vor der Einziehung in das russische
Heer zu schützen, unterrichtet, bezw.,
für den Fall, dass dies nicht zu umgehen wäre, von der guten Behandlung der
russischen Kriegsgefangenen in Deutschland durch Wort und Bild überzeugt werden. Hierzu, wie auch zur Verbreitung
in russischen Schützengräben soll ein
primitives Bilderbuch hergestellt werden, das Bilder aus den deutschen Ge -
fangenenlägern, von dem Leben der dort
internierten Gefangenen, sowie kurze
Notizen über die Art der Verpflegung
derselben bringt. --- Klein erhält monatlich M 300 Gehalt. Die weiteren Un-
kosten für seine Arbeiten werden sich
jetzt monatlich auf M 700 stellen. Für
die Druckkosten des in Aussicht genom -
menen Bilderbuches bitte ich ganz erge-

benst 3 - 4000 M bereitstellen zu wollen.

Viertens die Kosten für die eigene Druckerei in Stockholm, die in diesem Monat noch
in Betrieb kommt, veranschlage ich zunächst
auf 800 - 1000 M monatlich. Die Druckerei
wird dann auch für Klein, Litcheff und Kesküla alles Notwendige drucken.

Fünftens diverse Kosten für Uebersetzungen
und Druck eines Buches in mehreren Sprachen
über russische Zustände nach Berichten russischer Abgeordneter in der Duma, die wort-
getreu wiedergegeben werden, dürften sich
auf 10,000 M stellen.

Ich bitte daher Ew. Hochwohlgeboren um
Bewilligung und Bereitstellung folgender Beträge:

1. Kesküla, Rest März, April,Mai,Juni M 7000
2. Litcheff, April, Mai Juni Juli   " 18000
3. Klein, April, Mai,Juni. (Gehalt,
   Organisation, Buch)   " 7000
4. Druckerei in Stockholm, Mai, Juni " 2000
5. Duma - Berichte   " 10000
6. für kleinere Unternehmungen,
   Reisen, kleine Drucksachen, etc. " 23000

                                     M 130000

um deren Ueberweisung auf die Deutsche Bank,
Depositenkasse A, ich Ew. Hochwohlgeboren
ergebenst bitte.

Steinwachs.

Schreiben des deutschen Agenten Stein(wachs) vom 8. Mai 1916 an Gesandten Bergen nach Berlin mit Abrechnung von Ausgaben für russische
Agenten

scheidende Schlag gelingen, sollten Sieg und Ende des Krieges nahe sein. Churchill schreibt später: »Was hier geschehen ist, verdient Beachtung. Rußland war dem Sieg nahe. Das russische Schiff wurde versenkt, als der Hafen in Sichtweite war.«

Juni bis August 1916 findet der erste Vorstoß statt. Zunächst ist er erfolgreich. Die Russen können Teile Galiziens wiedererringen und die Österreicher hinter die Dnjestr-Linie zurückdrängen. Doch andere Generäle an der Nordwest- und der Südwestfront ziehen nicht mit. Da versagt die militärische Führung, und dort erweisen sich Taktik und Artillerie der Deutschen als überlegen. Es wirkt sich verheerend aus, daß viele Reservisten blitzschnell und unzureichend vorbereitet worden sind. So endet diese militärische Hoffnung, die auf den Plan von General Brusilow gesetzt war, mit einem Debakel, das sich in den folgenden Offensiven im Herbst und Winter noch fortsetzt.

War etwa einer der Gründe für die Niederlage in dem Umstand gelegen, daß Rasputin – wie von Jusupow behauptet – vor den geplanten Operationen über Frontkarten verfügte, von denen es außer im Generalstab nur ein Exemplar gab, das der Zar vertrauensselig seiner Frau zur Ansicht sandte? Und die sie ungeachtet seiner Beschwörung, sie niemandem zu zeigen, Rasputin zur Begutachtung und seinem Segen (im wahrsten Sinne des Wortes!) weitergab?

Mit der zerschlagenen Hoffnung und den großen, sinnlos gewordenen Opfern tritt eine Demoralisierung in der Armee ein, die Kampfbereitschaft und der Kampfwille brechen. Die Niedergeschlagenheit macht sich auch im Hinterland breit, und so haben da wie dort Agitatoren leichtes Spiel, die unter Ausnutzung der Lage Revolution und Frieden propagieren.

Der Augenblick rückt näher, da die oppositionellen Kräfte den Aufstand proben. Schon um die Mitte des Jahres 1916 hatte der britische Botschafter Sir Buchanan seiner Dienststelle nach London gekabelt: »Wenn der Herrscher seine jetzigen Ratgeber behält, ist eine Revolution, fürchte ich, unvermeidlich.«

Nikolaus hatte einen neuen Ministerpräsidenten, Trepow, bestellt und es versäumt, den bekanntermaßen unfähigen Innenminister Protopopow abzusetzen. Doch es hat den Anschein, als hätte der Zar, zermürbt von den letzten Ereignissen an der Front, bereits resigniert und auch nicht mehr die Kraft, sich dem Druck seiner Frau zu widersetzen. Da Rasputin auf seiten von Protopopow gestanden war und dementsprechend auf die Zarin eingewirkt hatte, war es selbst den klügsten der noch im Dienst stehenden loyalen Minister wie Sasonow, Kriwoschejn, Samarin oder Ignatjew nicht gelungen, den Zaren zur Entfernung Protopopows zu bewegen, obwohl er ursprünglich dazu neigte. Nach all den vorangegangenen Intrigen ist Nikolaus bereits völlig verunsichert, wem er nun wirklich noch trauen kann. Alexandra scheint zu diesem Zeitpunkt die einzige Person zu sein, der er glaubt; mag sie dieses Vertrauen als integre Person rechtfertigen – hinsichtlich ihres mangelnden Überblicks (verbunden mit ihrem Hang zur Mystik und ihrer Unbeirrbarkeit) wirkt sich das jedoch katastrophal aus. Dadurch wird sie zur Schlüsselfigur jener Entwicklungen, die bald mit aller Gewalt zum Ausbruch kommen sollen.

Im Dezember des Jahres 1916 wird Rasputin, dessen Wirken den Unmut weiter Kreise der Bevölkerung in nie dagewesenem Ausmaß auf die Zarenfamilie konzentriert hatte, ermordet. Jusupow hatte ihn zu einem Abendessen in sein Haus gelockt und ihm zyankalivergiftete Süßigkeiten und Wein verabreicht. Das lange Warten auf die Wirkung des Giftes, dessen Konzentration einen normalen Menschen innerhalb kürzester Zeit getötet hätte, schien noch den Eindruck zu bestätigen, daß es sich bei diesem Muschik um ein mit übernatürlichen Kräften ausgestattetes Monster gehandelt haben muß, wie Jusupow in seinen Erinnerungen die Mordnacht beschreibt. Erst Schüsse aus der Pistole und das Ertränken des Körpers in der Newa (laut Autopsie hatten nicht einmal die Schüsse seinen Tod bewirkt) machten dem Leben dieses Mannes ein Ende. Sie hatten allerdings auch patrouillierende Polizisten aufmerksam gemacht und auf die Spur der Mörder geführt.

Als Nikolaus im Generalstab die Nachricht vom Tod des »Starez« (des »Alten«, was mit dem Attribut der Weisheit versehen ist) erreicht, kann er Augenzeugenberichten zufolge kaum seine Erleichterung verbergen; laut verurteilt er jedoch den Mord und läßt die Täter bestrafen – obwohl ihm klar ist, daß die Mörder

(Verwandte und Freunde seiner Familie) aus patriotischen Motiven gehandelt haben. Es ist jedoch längst zu spät, die Folgen des Unheils, das Rasputin angerichtet hat, aufzuhalten.

Nikolaus ist am Ende des katastrophalen Jahres 1916 offensichtlich ein gebrochener Mann. Verschiedene Augenzeugen, die ihn zu Beginn des Jahres 1917 gesehen haben, berichten, er habe offenbar einen Nervenzusammenbruch erlitten. Der ehemalige Finanzminister Kokowzow erinnert sich an die Begegnung mit dem Zaren im Januar 1917 in Zarskoje Sjelo:

»Am 19. Januar [1. Februar] 1917 fuhr ich nach Zarskoje Sjelo. Im Alexander-Palast hatte sich seit dem vergangenen Jahr nichts verändert. Auch die Wache und die Lakaien, alle dieselben. Und doch kann ich diesen Besuch nie mehr vergessen. Der Anblick des Herrschers erschütterte mich zutiefst. In dem einen Jahr, in dem wir uns nicht gesehen hatten, war er fast bis zur Unkenntlichkeit verändert. Sein Gesicht war eingefallen, seine Augen trübe, die dunklen Pupillen waren nun grau, farblos und ohne Leben, und sie irrten entgegen früher, da er seine Gesprächspartner immer ruhig angesehen hatte, ruhelos hin und her. Seltsamerweise empfing er mich an der Tür und blieb auch dort während unseres Gespräches stehen, was er früher nie getan hatte; die Tür zum Kabinett war ebenfalls entgegen sonstiger Gebräuche halb geöffnet, und ich konnte mich des Eindrucks nicht erwehren, daß jemand hinter dieser Tür stand. Spontan fragte ich nach seinem Wohlbefinden. Der Herrscher wies meine besorgte Frage nach einer Krankheit oder Übermüdung jedoch zurück. Mit gequältem Lächeln erklärte er, in letzter Zeit hätte er weniger Bewegung in frischer Luft gehabt, als er gewohnt sei. Zu meiner großen Erschütterung geriet er auf meinen Vorschlag, mir seine Ansicht zu einer ihm zwei Tage zuvor vom Außenminister zur Diskussion gestellten Angelegenheit vorzutragen, in Verlegenheit. Er, der sonst immer ein ausgezeichnetes Gedächtnis besaß, schien sich im Augenblick nicht entsinnen zu können, worum es ging. Wiederum mit einem gequälten Lächeln fragte er mich, worum es sich handle, und auf meine Erklärung hin antwortete er: ›Ja ich habe mit [Außenminister] Pokrowskij darüber gesprochen, aber ich bin jetzt nicht auf diese Frage vorbereitet.

Ich werde Ihnen schreiben.‹ – Und damit öffnete er, wiederum mit einem krankhaften Lächeln, zum Abschluß die Tür. Ich ging betroffen weg, mit der Überzeugung, daß der Zar schwer krank sei und diese Krankheit möglicherweise nicht nur die Nerven, sondern auch den Geist ergriffen habe.«

Der Zar hat sich in den letzten Wochen seit seiner Rückkehr aus dem Hauptquartier in seinem Arbeitszimmer eingeschlossen. Er wirkt nervös und sucht innerhalb der eigenen vier Wände Ruhe zu finden. Nikolaus versucht in dieser Zeit, politischen Entscheidungen überhaupt aus dem Weg zu gehen, soweit sie Minister, sogar die militärische Lage, Munition, seine Millionen Soldaten und Untergebenen betreffen. Nikolaus hat sein Billardzimmer zu einem Kartenraum umfunktioniert und steht stundenlang reglos über die riesigen Frontkarten gebeugt, die er auf dem Billardtisch ausgebreitet hat. Wenn er den Raum, der nur von einem abessinischen Diener bewacht wird (eine Tradition, die Peter der Große eingeführt hatte) verläßt, versperrt er die Tür und steckt den Schlüssel in seine Tasche. Abends sitzt er bei seiner Frau und liest laut vor. Er tritt fast überhaupt nicht in der Öffentlichkeit auf.

Sein Neujahrsmanifest an die Armee verfaßt General Gurko ganz im patriotischen Geist Nikolaus', doch es hört sich zu diesem Zeitpunkt wie ein Traumgespinst an, das sich in einer Illusion ohne jeden Bezug zur Realität verloren hat: »Die Zeit für den Frieden ist noch nicht gekommen. Rußland hat die Aufgabe noch nicht erfüllt, die ihm auferlegt worden ist. Die Einnahme von Konstantinopel und seiner Meerstraße, die Wiederherstellung eines freien Polen ist noch nicht gelungen [...]. Wir bleiben jedoch unerschütterlich in unserer Zuversicht auf einen Sieg. Gott wird unsere Waffen segnen. Er wird sie mit bleibendem Ruhm bedecken und uns jenen Frieden bescheren, dessen unsere glorreichen Heldentaten würdig sind. Meine ruhmreiche Armee, es wird ein Frieden sein, der kommende Generationen ein geheiligtes Andenken an Euch bewahren läßt!«

Der französische Botschafter Paléologue berichtet, daß die Gäste des Neujahrsempfangs vom Anblick des Zaren schockiert gewe-

sen seien und daß sich sofort das Gerücht ausgebreitet habe, die
Zarin verabreiche ihm Drogen; er erinnert sich an jenen Besuch
in Zarskoje Sjelo:

»Nikolaus war liebenswürdig, freundlich und natürlich wie
immer und verbreitete sogar eine gewisse unbeschwerte Atmosphäre, aber sein blasses, schmales Gesicht verriet seinen inneren
Zustand. Als er mich in Privataudienz empfing, war ich
erschrocken. Sein langes Schweigen, sein todernster Blick, seine
Geistesabwesenheit und die völlig zerfahrene Persönlichkeit
bestärkten mich in dem Eindruck, daß Nikolaus von den Ereignissen so niedergeschmettert war, daß er den Glauben an seinen
Auftrag verloren hatte; daß er innerlich bereits abgedankt hatte
und sich jetzt der Katastrophe ergab.«

In seinem Tagebuch läßt sich Nikolaus nichts anmerken. Lakonisch wie immer führt er es wie ein militärisches Protokoll:
»Gurko empfangen, Besprechung mit Alexejew, heute sehr
kalt ...«

Der Besuch des Duma-Präsidenten Rodsjanko am 7./20. Jänner 1917 zur Berichterstattung kann nur mehr wenig ausrichten:

»›Aus meinem Bericht kann Eure Majestät ersehen, daß ich die
Lage im Reich für gefährlicher halte als je zuvor. Die Stimmung
ist so, daß man allerschwerste Unruhen erwarten muß. Es gibt
keine Parteien mehr, ganz Rußland fordert einstimmig eine
andere Regierung und die Ernennung eines verantwortlichen
Ministerpräsidenten, der das Vertrauen des Volkes genießt. Auf
der Grundlage gegenseitigen Vertrauens müssen die gesetzgebenden Körperschaften und die öffentlichen Organisationen
zusammen ans Werk gehen, um den Sieg zu erringen und in
unserem Land Ordnung zu schaffen. Zu unserer Schande müssen wir gestehen, daß bei uns allgemeiner Zerfall herrscht ...‹
Bei Besprechung der Frontlage erinnerte ich den Zaren daran,
daß ich ihn im Jahre 1915 angefleht hatte, das Oberkommando
nicht zu übernehmen, und daß man jetzt, nach den Mißerfolgen
an der rumänischen Front, ihn, den Zaren, voll dafür verantwortlich mache. ›Lassen Sie es nicht dazu kommen, Majestät‹,
ich sagte, ›daß das Volk zwischen Ihnen und dem Vaterland

wählen muß! Bis jetzt waren die Begriffe Zar und Vaterland unzertrennlich. In letzter Zeit beginnt man aber, diese Begriffe auseinanderzuhalten!‹

Da bedeckte der Zar sein Gesicht mit beiden Händen und sagte leise: ›Ich habe mich zweiundzwanzig Jahre bemüht, nur das Beste zu wollen. Sollte ich zweiundzwanzig Jahre lang geirrt haben?‹«

Die Tagebucheintragung des Zaren an jenem Abend läßt wie immer nichts von diesem denkwürdigen Moment ahnen, in welchem er offenbar durch die Einsicht in die reale Lage und eigenes Versagen niedergeschmettert war:

»Beljajew trug seinen ersten Bericht seit seiner Bestellung zum Kriegsminister vor. Danach empfing ich Rodsjanko.«

Wie alarmiert jene Kreise in Regierung und Bevölkerung sind, die noch Verantwortungsbewußtsein und Loyalität an den Tag legen, zeigen die sich in den Wochen Anfang des Jahres 1917 häufenden Initiativen, das drohende Chaos doch noch abzuwenden. An Rettungsversuchen und Ratschlägen für Nikolaus fehlt es nicht.

Unter den Familienmitgliedern des Zaren, die ihn längst vergeblich beschworen hatten, den Einfluß seiner Frau aus Regierungsangelegenheiten auszuschalten, finden Diskussionen statt, Pläne werden geschmiedet; Großfürsten, die das Vertrauen und die Sympathie Nikolaus' besitzen, werden ausgesandt, um ihm die Situation vor Augen zu führen und ihn zur Ernennung einer neuen Regierung mit allen Kompetenzen zu bewegen (die in den Augen der Zarin seine autokratische Macht beschneiden würde). Hinweise auf den Schaden, der in seiner Abwesenheit durch Alexandras eigenmächtige Ernennungen unfähiger Minister (unter Rasputins Einfluß) entstanden war, hatte der Zar nicht hören oder nicht glauben wollen und Beweise gefordert. Im übrigen weist Nikolaus Kritikern gegenüber darauf hin, daß er den nun unter Beschuß stehenden Innenminister Protopopow eigens aus den Reihen der Duma geholt habe, um ihr Vertrauen in ihn zu sichern.

In der Familie des Cousins des Zaren, die Sorge über die Lage empfindet, aber auch von Wut gegenüber der Zarin, persönlichen Animositäten und gekränktem Ehrgeiz geleitet wird, schmiedet man sogar Verschwörungspläne. Danach sollte der Zar in einer überfallartigen Aktion zur Abdankung gezwungen, die Zarin entführt, in ein Kloster gesteckt und so unschädlich gemacht werden. Freilich wird bei einem der ausgelassenen Abende das Komplott vorzeitig ausgeplaudert und gelangt nicht zur Ausführung. Liebevoll versucht dagegen Nikolaus' Mutter Maria Fjodorowna, die sich seit Kriegsbeginn in Kiew aufhält, in Briefen auf ihren Sohn einzuwirken. Sie beschwört ihn, der ihrem Rat bisher am ehesten zugänglich gewesen war, wie die jahrelangen Korrespondenzen zwischen Mutter und Sohn zeigen, zunächst die Mörder Rasputins, die doch zu seiner und zur Rettung Rußlands gehandelt hätten, zu begnadigen und vor allem endlich politisch Ordnung zu schaffen. Sie war Alexandra in den letzten Jahren immer skeptischer gegenübergestanden. Das hatte die Zarin wiederholt zu spüren bekommen; sobald sie dazu kam, wenn Nikolaus und seine Mutter ein Gespräch führten, verstummten die beiden.

Doch auch die mütterlichen Beschwörungen helfen nichts. Schließlich rafft sich Großfürst Alexander Michajlowitsch, Nikolaus' junger Onkel und Schwager (Ehemann seiner Schwester Xenia), auf, ein energisches Wort zu sprechen. Hatte Nikolaus sich nicht ihm, dem er seit Kindheitstagen verbunden war, am Totenbett seines Vaters in die Arme geworfen? Hatte er nicht ihn, Sandro, um Ratschläge gebeten, um Hilfe, ihn im plötzlich auferlegten Amt zu unterstützen, für das er sich nicht vorbereitet fühlte? Nun macht sich Sandro nach Zarskoje Sjelo auf. Er hat sich auch bei Alexandra angesagt. Diese empfängt ihn dennoch leger auf dem Bett ruhend und so kühl, als wüßte sie bereits, was er ihr zu sagen hat. In Nikolaus' Anwesenheit beginnt Alexander, auf beide einzureden.

Alexandra solle sich, so der dem Herrscher längst vertraute Tenor von Beschwörungen, aus der Politik heraushalten, und Nikolaus müsse sofort eine neue, von der Duma akzeptierte Regierung bilden. Während der Zar stumm eine Zigarette nach der anderen raucht, fährt Sandro, Alexandra anblickend, fort: »Deine Einmischung in Staatsangelegenheiten schadet Nikis

Prestige. Ich war zweiundzwanzig Jahre lang dein treuer Freund, aber als dein Freund muß ich dir klarmachen, daß alle Kreise der Bevölkerung deiner Politik ablehnend gegenüberstehen. Du hast eine Familie mit so wunderbaren Kindern, warum kannst du dich nicht nur ihnen widmen und, bitte, die Regierungsbelange deinem Mann überlassen?«

Auf Alexandras Einwand, daß ein Autokrat unmöglich seine Macht ganz einem Parlament überlassen könne, entgegnet Sandro:

»Da irrst du gewaltig, Alix. Dein Mann hat am 17. Oktober 1905 aufgehört, ein Autokrat zu sein ...« Das war der Tag, an dem Nikolaus per Manifest die Duma, das russische Parlament, ins Leben gerufen hatte.

Der Mißerfolg dieses Rettungsversuches ist vorprogrammiert. Der engagierte Großfürst wird im Laufe des Gespräches, das sich auf die Aktivitäten der Zarin während Nikolaus' Verbleib im Generalstab konzentriert, immer hitziger: »Denk daran, Alix, ich habe dreißig Monate seit Übernahme des Höchstkommandos durch den Zaren und seiner Abreise in das Hauptquartier des Generalstabs geschwiegen, dreißig Monate habe ich kein Wort gesagt, kein Wort über die unwürdigen Vorgänge in unserer Regierung, besser gesagt in *deiner* Regierung, aber jetzt ist mir klar, daß du bereit bist zum Untergang, und dein Mann genauso – doch was ist mit uns? Du hast nicht das Recht, auch deine Familie und das ganze Land in den Abgrund zu stürzen!« – In diesem Augenblick unterbricht Nikolaus ruhig die Szene und geleitet Alexander hinaus. Dieser fügt, wieder zu Hause in Kiew, brieflich seine letzten Worte hinzu: »Man kann kein Land regieren, ohne die Stimme des Volkes zu hören. Und so unglaublich es scheinen mag, es ist die Regierung selbst, die eine Revolution vorbereitet; die Regierung tut alles in ihrer Macht Stehende, um die Unzufriedenheit zu schüren, und hat dabei bewundernswerte Erfolge. Wir beobachten das nie dagewesene Schauspiel einer Revolution, die von oben kommt und nicht von unten.«

Der Zar reagiert empfindlich auf Anschuldigungen gegen seine Frau, da er es für seine Pflicht hält, sie zu verteidigen. Er ist außerdem der Meinung, daß Großfürsten, Minister oder Diplomaten nicht unbedingt die Stimmung der breiten Masse der Bevölkerung repräsentieren. In erster Linie aber hält er deswegen an seinem Prinzip fest, nicht während des Krieges eine fundamentale Änderung der Regierung vorzunehmen, um nicht gegenüber dem äußeren Feind Schwäche zu zeigen oder sich zu kompromittieren.

So können diesbezügliche Vorstöße nichts mehr ausrichten. Es sind nun Mitglieder der Duma selbst, die erst den französischen, dann den britischen Botschafter um ein offenes Gespräch mit dem Zaren ersuchen. Paléologue und Buchanan sind beide persönlich beim Zaren akkreditiert, beide gleichermaßen von ihm geschätzt: Beide sind auch als Repräsentanten der Verbündeten Rußlands in diesem Krieg daran interessiert, daß nicht innere Unordnung die für die Fortsetzung des Krieges notwendigen Mechanismen zu behindern, wenn nicht außer Kraft zu setzen droht.

Nach einer fruchtlosen Vorsprache des Franzosen Palélogue, in der, wie früher berichtet, der Zar bei all seiner höflichen Freundlichkeit zerfahren gewirkt hatte und auf kein konkretes Thema einzugehen bereit oder imstande war, ist nun Sir George William Buchanan an der Reihe. Die sieben Jahre in Rußland haben diesen alten Herrn ermüdet. Doch Buchanan mit seinem distinguierten Wesen, den Silberschläfen und dem obligaten Monokel erfreut sich weithin hohen Ansehens, auch beim Zaren selbst. Erst vor kurzem ist er Ehrenbürger der Stadt Moskau geworden und tritt nun vor Nikolaus hin.

Zu seinem Erstaunen wird er nicht wie gewohnt in dessen Arbeitszimmer empfangen, sondern im kühlen, unpersönlichen Audienzsaal. Nach dem Ersuchen, offen sprechen zu können, kommt er gleich zur Sache. Rußland benötige dringend eine neue Regierung, in die das ganze Volk Vertrauen haben könne. »Eure Majestät haben«, fährt er fort, »wenn ich mir die Feststellung erlauben darf, nur noch einen rettenden Ausweg, nämlich den, die Barriere niederzureißen, die Sie von Ihrem Volk trennt, um wieder dessen Vertrauen zu erringen.«

Den Briten trifft ein strenger Blick, ehe er die Gegenfrage vernimmt:

»Meinen Sie damit, daß ich wieder das Vertrauen meines Volkes erringen oder daß dieses *mein* Vertrauen zurückgewinnen soll?«

»Beides, Sir«, erwidert Buchanan gelassen. Er kommt auf Protopopow zu sprechen und macht klar, daß dieser, »wenn mir Majestät die Bemerkung erlauben«, das Land an den Rand des Ruins bringe. Auf den Einwand des Zaren, daß dieser ja aus den Reihen der Duma komme, fährt der Brite fort, daß nicht nur in Petrograd von Revolution die Rede sei, sondern in ganz Rußland, und daß man sich im Falle derartiger Ereignisse nur beschränkt darauf verlassen könne, daß die Armee die Dynastie verteidigen werde. Er schließt seine Ausführungen mit der Feststellung: »Es ist mir wohl bewußt, daß ein Botschafter nicht das Recht hat, in dieser Sprache Eurer Majestät gegenüber zu sprechen, und ich mußte allen Mut zusammennehmen, um dies zu tun; aber wenn ich einen Freund sehe, der dabei ist, durch ein Dickicht im Dunkeln einem Abgrund zuzugehen, wäre es denn dann nicht meine Pflicht, Sir, ihn vor der Gefahr zu warnen? Und ist es nicht gleichermaßen meine Pflicht, Eure Majestät vor dem Untergang zu warnen, der vor Ihnen liegt?«

Von diesem Appell zeigt sich der Zar sichtlich berührt, und er drückt die Hand des Botschafters lange, als er ihm dankt. Jedoch ohne zu antworten, läßt der Zar ihn gehen.

Noch einmal erscheint Rodsjanko, der Präsident der Duma, bei Nikolaus. Diesmal wird seinen Ausführungen unfreundlich begegnet, und der Besucher zieht sich schon bald mit den Worten zurück: »Ich halte es für meine Pflicht, meiner tiefen Überzeugung Ausdruck zu verleihen, daß dies mein letzter Bericht an Eure Majestät war.«

Nikolaus ist nicht so blind für den Handlungsbedarf in dieser Situation, wie es den Anschein hat. Er hatte Rodsjanko gegenüber auch schon in Aussicht gestellt, daß er nach dem Krieg »alles Nötige« in Angriff nehmen, das autokratische System modifizieren und die Regierung umbilden werde. »Aber nicht jetzt, während des Krieges, nicht jetzt dem Feind Schwäche zeigen. Und außerdem: Ich kann nicht zwei Dinge zugleich tun. Und jetzt ist Krieg.«

Daß die Summe der Appelle durchaus ihren Eindruck hinterließ, zeigt die kaum bekannte Tatsache, daß es – wie auch in den Erinnerungen von Rodsjanko erwähnt wird – fast, um ein Haar, zur dringend geforderten und vielleicht rettenden Regierungsumbildung gekommen wäre.

Am 21.2./6.3.1917 empfängt Nikolaus vor der neuerlichen Abreise ins Hauptquartier, wo er die Frühjahrsoffensive mit vorbereiten will, noch einmal die wichtigsten Minister mit dem neuen Ministerpräsidenten Golyzin. Er verkündet zu deren großen Überraschung, er werde sich am nächsten Tag in die Duma begeben und dort die Bestellung einer neuen verantwortlichen Regierung ankündigen. Doch noch am selben Abend wird Golyzin dringend nach Zarskoje Sjelo zurückberufen und muß erfahren, daß das angekündigte Ereignis nicht stattfindet und der Zar doch ins Hauptquartier abreist: »Ich habe meine Meinung geändert.« Wie das möglich war und ob er es selbst gewesen ist, der diese letzte Chance vergab – man wird es kaum erfahren.

Als Protopopow beunruhigt einwendet, die Situation sehe derzeit so aus, daß die Anwesenheit des Zaren auch hier dringend vonnöten sein könne, verspricht Nikolaus, statt wie vorgesehen vier nur drei Wochen auszubleiben, und fügt in Anbetracht von Protopopows alarmiertem Gesichtsausdruck hinzu: »Wenn möglich komme ich in einer Woche schon zurück.«

Doch diese Entscheidung sollte ihm aus der Hand genommen werden.

Während Nikolaus sich im Zug nach Mogiljow befindet, hält der deutsche Generalstab bereits Meldungen seiner russischen Kontaktleute in der Hand, wonach Mitglieder der Duma dazu ansetzen, den Zaren für unfähig zu erklären. Doch nun überstürzen sich die Ereignisse und verselbständigen sich in einer Weise, auf die nicht einmal die Revolutionäre vorbereitet sind, die auf ihren großen Augenblick warten. Das Ergebnis sollte den Extremisten und ihren deutschen Förderern geradezu in den Schoß fallen.

Der Winter 1917 ist kalt. Bei minus dreißig Grad friert die Bevölkerung. Kriegsbedingte Mangelerscheinungen in der Versorgung mit Lebensmitteln und mit Brennstoff zeitigen ihre Folgen.

Züge bleiben stecken. Heizkessel der Lokomotiven frieren ein und bersten. Nachschub und Verkehr sind teilweise lahmgelegt. Fabriken stehen still oder müssen ihre Produktion drosseln. Vor den Brotläden stehen Schlangen. Duma-Mitglieder schieben sich gegenseitig die Schuld für die entstandene Krise zu und verdächtigen einzelne Verantwortliche, absichtlich Lebensmittellieferungen aufzuhalten, um die Krise im eigenen Interesse zu steuern. Aufgrund des gewaltigen Bedarfs an Reservisten sind zahllose Bauernhöfe im Land verwaist. Priorität hat die Front, der Krieg.

Doch das Volk ergeht sich nicht in subtilen Spekulationen. Für die Leute von der Straße hat die Regierung schlicht versagt, eine Regierung, die ihrer Meinung nach von der Hand der Zarin gebildet war. Da und dort flackert Unmut auf, der von Agitatoren geschickt geschürt wird. Am Gedenktag des »Blutigen Sonntags« von 1905, an dem eine Demonstration gewaltsam zerschlagen worden war, werden erste Protestrufe laut: »Brot, Brot! Nieder mit dem Krieg! Nieder mit der Regierung! Nieder mit der Deutschen!«

Bemerkenswerterweise ist kein einziges Wort oder Transparent gegen den Zaren zu sehen.

In einem Bericht der Petrograder Geheimpolizei jener Tage heißt es:

»Seit dem Morgen Gerüchte in Petrograd über mögliche Unruhen. Gegen ein Uhr mittags wurde in den Fabrikvierteln Narwa, Koloma und Alexander-Newskij bekannt, daß Streikanhänger in allen Fabriken Oberhand über Streikgegner und Unterstützung für Kriegsproteste gewonnen hätten...«

Ordnungskräfte können nicht die Ursache von Mißständen und Unmut beseitigen. Aber sie können dafür sorgen, daß sich nicht Chaoten und Anarchisten die Krise zunutze machen. In Petrograd fehlen zur Zeit die Voraussetzungen dafür, Ordnung und Disziplin sicherzustellen, denn die sonst mit militärischer Elite bestückten Garnisonen der Hauptstadt sind nach deren Verlegen an die Front mit bäuerlichen Reservisten aufgefüllt worden, denen es nicht nur an Ausbildung mangelt, sondern auch an Motivation und Loyalität. Wie sich bald zeigt, kann sich Garni-

sonskommandant Chabalow nicht auf diese zusammengewür-
felten Soldaten verlassen, als sie zum Einsatz kommen sollen.
Einigen in den frierenden Menschenschlangen vor den Lebens-
mittelläden reißt die Geduld. Einer schlägt die Scheiben ein,
andere stürmen hinterher und nehmen, was sie ergattern können. In einigen Fabriken beginnen Streiks, andere folgen. Revolution liegt in der Luft.

Der erste Höhepunkt ist am Samstag, dem 25. Februar/10. März
1917 erreicht. Der Stadtkommandant General Chabalow kabelt
nach Mogiljow, wo sich der Zar aufhält:

»Ich melde, daß infolge Brotmangels am 23. und 24. Februar in
vielen Fabriken ein Streik ausgebrochen ist. Am 24. streikten
etwa 200 000 Arbeiter, die gewaltsam die Arbeitenden vertrieben. Der Straßenbahnverkehr wurde von den Arbeitern unterbrochen. Am 23. und 24. mittags brach ein Teil der Arbeiter zum
Newskij-Prospekt durch, von wo er vertrieben wurde. Gewalt-
tätigkeiten äußerten sich auch im Einschlagen von Fensterscheiben an Geschäften und in den Straßenbahnen. Die Truppen
machten nicht von den Waffen Gebrauch. Vier Polizeibeamte
erlitten Verletzungen. Ein Haufen von Demonstranten wurde
von Kosaken auseinandergetrieben. Am Morgen wurden dem
Polizeimeister des Wyborger Rayons die Hände gebrochen und
Kopfverletzungen zugefügt. Wachtmeister Krylow wurde beim
Zerstreuen eines Haufens getötet. An der Niederwerfung des
Aufruhrs beteiligten sich außer der Petrograder Garnison fünf
Schwadronen des 9. Reservekavallerieregiments aus Krasnoje
Sjelo, eine Hundertschaft des Pawlowsker Leibgarde-Kosaken-
regiments und fünf Schwadronen des Gardekavalleriereserve-
regiments.«

Ein Offizier, der von der Westfront nach Petrograd gekommen
ist, um einen neuen Panzerzug für die Front zu inspizieren, erinnert sich an jenen Tag und an die Haltung des Stadtkommandanten:

»Als ich ankam, merkte ich gleich, daß es hier gärte. Schlangen
vor den Brotläden und eine nervöse Atmosphäre in der Bevölkerung. Als wir am 26. [Februar 1917] fertig waren, begab ich
mich noch zur Petrograder Leitung für Militärtransporte. Die

Offiziere beschwerten sich, daß keine Maßnahmen zur Eindämmung der beginnenden Unruhen und Unordnung getroffen wurden. Doch der Kommandant des Petrograder Militärbezirks, General Chabalow, mit dem ich selbst sprach, demütigte vor den Augen anderer einen Offizier und Träger des Georgsordens, als dieser ihm seine Panzerwagenpatrouille aus Gatschina anbieten wollte, um die Ausschreitungen aufzuhalten. Der General herrschte ihn an, es bestünde kein Grund zur Sorge, die Polizei sei bereit, es dürften keinesfalls reguläre Truppen hierher transferiert und für politische Zwecke eingesetzt werden – das verletze die Offiziersehre. ›Und überhaupt: gehen Sie und stören Sie uns nicht bei der Arbeit!‹«

Ein anderer Augenzeuge jener Tage, der Sohn des 1911 ermordeten Ministerpräsidenten Stolypin, kommentiert diese stadtbekannte Einstellung Chabalows: »Er hat die Offiziersehre gerettet und die Hauptstadt den Aufständischen preisgegeben ...«

Der Zar antwortet Chabalow in einem Telegramm:

»Wir befehlen, schon morgen die Unruhen in der Hauptstadt zu liquidieren, da sie in der schweren Zeit des Krieges gegen Deutschland und Österreich nicht geduldet werden können.

Nikolaus«

Dennoch ist sich Nikolaus über den Ernst der Lage nicht voll im klaren. Zum ersten ist er an Unruhen, die immer wieder aufflackern, bereits gewöhnt, und zweitens ist es Angelegenheit des Stadtkommandanten und des Innenministers, der Lage Herr zu werden. Doch letzterer, der erwähnte Protopopow, wagt nicht, seinem Herrscher das volle Ausmaß der Situation vor Augen zu führen, um sich nicht selbst zu diskreditieren.

Einen Tag später, am 26. Februar/11. März, telegraphiert Rodsjanko an den Zaren:

»Die Lage ist ernst. In der Hauptstadt herrscht Anarchie. Die Regierung ist gelähmt. Verkehr, Versorgung und Heizung befinden sich in chaotischem Zustand. Der allgemeine Unmut wächst ständig. Auf den Straßen wird ziellos geschossen. Truppenteile beschießen sich gegenseitig. Es ist unumgänglich und dringend nötig, sofort eine Persönlichkeit, die das Vertrauen des Landes

genießt, mit der Bildung einer neuen Regierung zu beauftragen. Weiteres Zuwarten ist ausgeschlossen. Jedes Zögern wäre tödlich. Ich bete zu Gott, daß in dieser Stunde die Verantwortung nicht den Träger der Krone treffen möge.
Rodsjanko«

Der Zar begreift noch immer nicht. Da er von Protopopow keine entsprechende Meldung erhält, meint er gelassen zum Generalstabschef Alexejew: »Dieser hysterische Rodsjanko scheint den Kopf zu verlieren ...« Dennoch beschließt er, General Iwanow mit einem zuverlässigen Regiment von der Front zur Verstärkung in die Hauptstadt zu senden. Der 27. Februar/12. März bringt den entscheidenden Wendepunkt. Schlüsselmoment – wie immer in innenpolitischen Krisensituationen – ist die Haltung des Militärs. Immer mehr Soldaten entschließen sich, unter der Einwirkung der revolutionären Agitatoren, auf die Seite der Aufständischen zu wechseln und, statt gegen diese vorzugehen, mit ihnen im Strom in Richtung Duma zu marschieren. Es sind junge, unerfahrene Reservisten aus den Reihen einfacher Gesellschaftsschichten, die den zum Aufstand hetzenden Parolen und Versprechungen der Agitatoren leichtgläubig erliegen. Offiziere, die ihre Einheiten disziplinieren wollen, werden einfach umgebracht. Eine Augenzeugin berichtet:
»Die Armee beginnt, für das Volk Partei zu ergreifen. Nicht einmal der Treue der Gendarmen und der Polizei ist man sicher. Überall Menschenmengen, die ›Brot, Brot!‹ schreien. Auf Schritt und Tritt dramatische Szenen. Ein Bataillon des Semjonowskij-Garderegiments hat den Befehl erhalten, den Newskij-Prospekt von den Aufständischen zu räumen. Es eilt herbei und trifft auf ein Bataillon des Wolhynischen Regiments, das nun Partei auf seiten des Volkes ergriffen hat. Unsicherheit herrscht – was wird geschehen? Und plötzlich das Unerwartete: Ein alter Offizier, der die Soldaten und die Garde kommandiert, richtet sich in seinen Steigbügeln auf und ruft, an seine Leute gewandt: ›Soldaten, ich kann euch nicht den Befehl geben, auf eure Brüder zu schießen, aber ich bin zu alt, um gegen meinen Eid zu handeln!‹ – zieht seinen Revolver und erschießt sich. Man hüllt seine Leiche in eine Fahne, und seine Soldaten stellen sich auf die Seite des Volkes.«

Nun muß Chabalow dem Zaren telegraphieren, daß sogar die Bataillone der traditionellen Eliteregimenter wie das Pawlowsker, Wolhyner, Preobraschenskij und andere den Gehorsam verweigern und nicht auf Aufständische schießen wollen. Auch wenn es Reservisten und nicht die eigentlichen Angehörigen, die unter dem Namen der stolzen russischen Armeeregimenter eingesetzt sind, ändert das nichts daran, daß die Ordnung in der Hauptstadt nicht mehr aufrechtzuerhalten ist.

Der Justizpalast steht in Flammen. Das Arsenal wird geplündert. Der Strom der Masse zieht in Richtung Duma. Noch am gleichen Tag bilden die Soldaten eine eigene Abordnung – den Soldaten-Rat (russisch – »Sowjet«) genannt. Alle dringen zusammen zum Taurischen Palais vor, wo die Duma eine Krisensitzung abhält. Ein provisorisches Exekutivkomitee wird gebildet. Ihm gehören der dem Zaren noch loyale Rodsjanko, der prorevolutionäre Jurist Kerenskij, der gemäßigte Sozialrevolutionär Tscheidse, der liberale, aber dynastietreue Abgeordnete Schulgin und Außenminister Miljukow an, zugleich Vorsitzender der Kadettenpartei (der Konstitutionellen Demokraten).

Ergebnis der sich an jenem Montag, dem 27. Februar/12. März 1917 konzentrierenden Ereignisse: Doppelregierung aus Dumakomitee einerseits und Arbeiter- und Soldatenrat andererseits. Letzterer hatte eine Vertretung zur weiteren Mitbestimmung im Regierungsapparat erzwungen, nachdem die sich selbst bewaffnenden Arbeiter (die »Rote Garde«) Seite an Seite mit den Soldaten gedroht hatten, die Duma zu stürmen. Justizpalast, Peter-Pauls-Festung und Telegraphenamt sind vom Soldatenrat besetzt.

Am Abend dieses Tages schreibt der Zar alarmiert in sein Tagebuch:

»27. Februar, Montag.

In Petrograd sind Unruhen ausgebrochen; zu meinem Kummer haben sich die Truppen auf ihre Seite geschlagen. Es ist schrecklich, so weit weg zu sein und nur fragmentarische Nachrichten zu bekommen! Wohnte heute nicht lange den Berichten bei, beschloß, noch heute nach Zarskoje Sjelo zu fahren.«

Doch diese Erkenntnis – und mit ihr der Entschluß – sollte zu

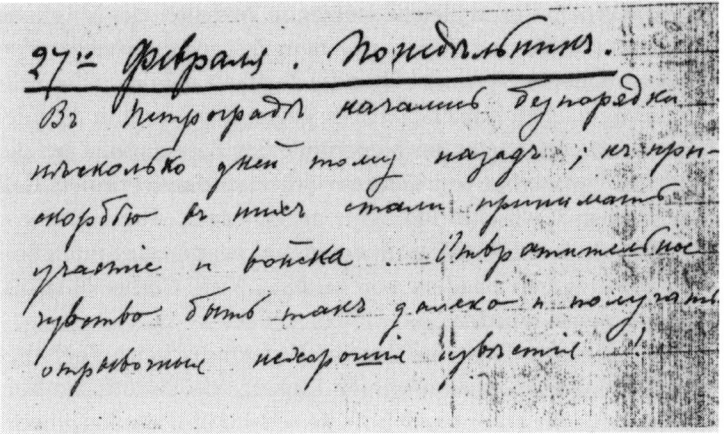

Tagebucheintragung des Zaren über Ausbruch von Unruhen (der »Februarrevolution« vom 27. Februar 1917)

spät kommen. Das ist Montag nacht, am Ende jenes Tages, an
dem sich die Lage in Petrograd bereits entschieden hat. Der Zug
des Zaren setzt sich erst um drei Uhr morgens des 28. Februar/
13. März in Bewegung, da Nikolaus noch Details mit General
Iwanow klären will, den er mit Truppen zur Verstärkung nach
Petrograd beordert hat. Wieder trifft er eine Entscheidung, aus
der mangelnde Information und sein Prinzip sprechen, den
Belangen der Armee Vorrang vor jenen der Politik einzuräumen:
Er wählt eine Route, die jener ausweicht, auf welcher der Nachschub für die Armee transportiert wird, um diesen nicht zu
behindern.

Doch seine Reise, ohnehin schon von Verzögerungen betroffen,
kommt einhundertfünfzig Kilometer vor dem Ziel zum Stillstand: Aufständische haben die Bahnlinie von Petrograd aus
besetzt und lassen den Zug des Zaren nicht passieren. Die Petrograder und sogar die Garnisonen von Zarskoje Sjelo mit den Gar-
demannschaften und den Kosaken sind auf die Seite der Aufständischen gegangen. Wie sich herausstellt, hat Nikolaus' eigener Cousin, Großfürst Kyrill, die Garde nach Petrograd kommandiert und ist mit dieser im Zeichen der Revolution mitmar-
schiert. Reaktion des Duma-Präsidenten Rodsjanko: Empört

über das einem Verrat gleichzusetzende Verhalten des Mitglieds der Zarenfamilie und dessen in einem Zeitungsinterview offen ausgesprochenen Verdacht über die Zarin als mögliche Komplizin des deutschen Kaisers, stellt er gegenüber Kyrill in Anspielung auf die Eifersucht der Nebenlinie der Zarenfamilie auf die Linie des Thronerben fest: »Der Großfürst sei daran erinnert, daß die infamsten Anschuldigungen gegen Maria-Antoinette vor dem Revolutionstribunal zum erstenmal bei den eleganten Soirees des jüngeren Bruders von Ludwig XVI., Comte d'Artois, ausgesprochen wurden ...«

General Alexejew bläst nun den von Aufständischen aufgehaltenen General Iwanow von seinem Einsatz zurück und die Verstärkung für die Hauptstadt ab – sie scheint ihm sinnlos geworden. Seine Soldaten sollten ihm das später als Verrat auslegen. Einer von ihnen, Wladimir Bulgakow, beschuldigte bis zu seinem Lebensende in Paris Alexejew der Komplizenschaft mit der Revolution und der Mitschuld am Sturz der Romanow-Dynastie.

Nikolaus muß nun über eine andere Route ausweichen und wird nach Pskow umgeleitet, wo sich das Hauptquartier des Kommandanten der Nordwestfront, General Russkij, befindet.

Bei seiner Ankunft in Pskow erhält der Zar die erwähnten niederschmetternden Neuigkeiten aus der Hauptstadt und Rodsjankos letztes Telegramm. Dieses veranlaßt ihn, telegraphisch die sofortige Regierungsumbildung anzuordnen. Russkij telegraphiert eilig nach Petrograd. Kurze Zeit später kommt Rodsjankos Antwort: »Es ist zu spät.« Tatsächlich war bereits Rodsjankos eigene Macht innerhalb von Stunden zusammengeschmolzen wie ein Schneeball in der Sonne. Auf den Druck des Revolutionskomitees hin mußte er die bisherigen Minister des Zaren verhaften lassen und Neubesetzungen innerhalb des entstandenen Provisorischen Regierungskomitees akzeptieren, um Blutvergießen zu vermeiden. Miljukow bleibt allerdings Außenminister, Kerenskij wird Justizminister und Vermittler der extrem linken Sowjets (»Räte«), Gutschkow Kriegsminister und Ministerpräsident nicht Rodsjanko, sondern der liberale Fürst Lwow.

Rodsjanko muß nun Gutschkows Entscheidung an Generalstabschef Alexejew nach Mogiljow telegraphieren, während
der Zar unterwegs nach Pskow ist: »Um nicht gewaltsam
gestürzt zu werden und die Dynastie zu retten, bleibt dem
Zaren nichts anderes übrig, als zugunsten seines Sohnes abzudanken.« Später sollte diese Entscheidung umstritten sein:
Offenbar wollten einige Regierungsmitglieder der Regierungsumbildung durch Nikolaus zuvorkommen, um seinen
Sturz herbeizuführen.

Nikolaus ist überrascht und erschüttert. Doch er begreift, daß er
keinen Ausweg hat. Bevor er jedoch einen Schritt von solcher
Tragweite wie seine unwiderrufliche Abdankung setzt, will er
die Ansicht derer kennen, denen jetzt noch sein Vertrauen gilt,
und das sind die Militärs. Er läßt also zur Entscheidungsfindung
telegraphisch die Ansicht der Kommandierenden der wichtigsten Frontabschnitte einholen.

Russkij kommt mit einem Bündel Telegrammen in den Salon-
wagen des Zaren. Er liest die Stellungnahmen von Alexejew,
Brusilow, Nepenin von der baltischen Front, der selbst die größten Schwierigkeiten hatte, seine Flottenbesatzung unter Kontrolle zu halten, von anderen Generälen wie Ewert von der Nord-
front, Sacharow und schließlich von Großfürst Nikolaus Nikolajewitsch aus dem Kaukasus vor. Die Antwort lautet fast einstimmig: Zustimmung zur Abdankung, wenn es erforderlich sei.
Wiederum wird Alexejew nachgesagt, er hätte die Anfrage an
alle Kommandanten bereits so formuliert, daß sie die Abdankung schon als unabänderliche Tatsache dargestellt hätte (s. später die entsprechende Passage aus den Erinnerungen um General Russkij).

Nikolaus ist kreidebleich. Seine Politiker mochten ihn verraten,
aber seine Generäle …

Er wendet sich von Russkij ab und tritt ans Fenster seines Waggons, um hinauszuspähen. Ohne nachvollziehen zu können, was
im Kopf des Zaren in diesen Minuten vorgeht, ist klar, daß die
Stellungnahme jedes einzelnen Generals ein Vielfaches von dem
wiegt, was Rodsjanko oder andere politische Berater zu sagen
haben. Mit der Armee war er in der Tat enger verbunden gewe-

sen als mit irgendeiner anderen Kraft im Lande. Mit jedem einzelnen Soldaten fühlt Nikolaus mehr mit als mit irgendeinem zivilen Minister in der Hauptstadt. Seinem Land durch militärischen Kampf den Sieg über den Feind zu bringen, ist ihm mehr wert als seine persönliche Position. Chancen hat er offenbar so gut wie keine mehr, das Rad herumzudrehen: Wenn ihn seine eigene Garde im Stich läßt, kann er nicht mehr damit rechnen, den revolutionären Kräften wirksam zu begegnen. Und Bürgerkrieg kommt für ihn nicht in Frage, schon gar nicht angesichts der Auseinandersetzung mit einem äußeren Feind, der nur der lachende Dritte sein könnte. Minuten völliger Stille, im Waggon herrscht eine zum Zerreißen gespannte Atmosphäre. Plötzlich wendet Nikolaus sich um, formt ein Kreuz (die im Wagen Anwesenden folgen seinem Beispiel) und bricht die gespannte Stille mit fester Stimme:

»Ich habe mich entschlossen, dem Thron zugunsten meines Sohnes zu entsagen. Ich danke Ihnen, meine Herren, für Ihre hervorragenden und treuen Dienste und hoffe, Sie werden sie unter meinem Sohn fortführen.«

Die Urkunde, von General Alexejew bereits am Vorabend aufgesetzt, wird von Zar Nikolaus um 15 Uhr des 2./16. März 1917 unterschrieben.

Dieser Entwurf, der in dieser Form nie zur Veröffentlichung gelangen sollte, enthält die Formulierung der Abdankung »zugunsten meines Sohnes« und der Regentschaft durch Großfürst Michail, den Bruder des Zaren, bis zu Alexejs Volljährigkeit.

Zur gleichen Zeit sind jedoch bereits zwei Mitglieder des nunmehrigen Exekutivkomitees der Duma, Gutschkow und Schulgin, unterwegs von Petrograd nach Pskow. Aufgrund des Beschlusses des Komitees war man zu der Ansicht gelangt, daß ein solcher Staatsakt in Anwesenheit zweier Duma-Vertreter als Zeugen unterzeichnet werden müsse. Die beiden Abgesandten waren also mit einem ihrerseits vorbereiteten Dokument in der Tasche abgereist. Auch ihr Zug wird immer wieder angehalten, und so kommen sie erst am späten Abend desselben Tages, an dem Nikolaus abgedankt hat, in Pskow an. Indessen hat Nikolaus Zeit, seine Entscheidung nochmals in Ruhe zu überdenken. Er zieht dazu den Arzt Fjodorow bei, den er um eine offene Darstellung der Krankheit von Alexej und der Aussichten für dessen Überleben ersucht. Das Ergebnis dieses Gespräches ändert Nikolaus' Entschluß: Denn Fjodorow erklärt, die Heilungschancen der Hämophilie seien derzeit nicht absehbar, Alexej sei in seinen Handlungen und Aktivitäten eingeschränkt; die Erziehung des Kindes sei problematisch, denn man werde es den Eltern kaum ermöglichen, nach der Abdankung in Rußland zu bleiben. Im Ausland erzogen, würde man Alexej jedoch nicht als Zaren von Rußland akzeptieren …

Als die beiden Duma-Mitglieder um zehn Uhr abends den Besprechungswagen des kaiserlichen Zuges mit dem grünseidenen Interieur betreten, ist der Zar schon mit seinem endgültigen Entschluß und dem entsprechenden Dokument auf den Besuch vorbereitet.

Der General Russkij zugeteilte Generaladjutant Danilow, der bei sämtlichen Gesprächen in Pskow anwesend war, beschreibt den Schlußakt der Regentschaft von Nikolaus so:

»Der Herrscher war in den schlichten kaukasischen Beschmet [Soldatenmantel] mit den Schulterstücken des Plastunbataillons Seiner Majestät gekleidet. Am schwarzen Ledergürtel mit Silberschnalle hing der dazugehörende Dolch. Gutschkow, der langwierig die Lage in Petrograd erklärte und auf den Kaiser einredete, wurde von diesem unterbrochen [nach anderer Darstellung flüsterte ihm Russkij ins Ohr, es sei schon alles entschieden]: ›Heute habe ich um drei Uhr nachmittags bereits meinen Willen kundgetan, abzudanken, und mein Entschluß ist unwiderruflich. Ich hatte zuerst beschlossen, den Thron meinem Sohn Alexej zu übergeben, habe dann aber, nachdem ich die Lage überdacht hatte, meinen Entschluß geändert und will sowohl für mich als auch für meinen Sohn zugunsten meines Bruders Michail dem Thron entsagen. Ich will meinen Sohn bei mir behalten und bin gewiß‹, hier begann seine Stimme zu schwanken, ›daß Sie die Gefühle, die mich hierbei bewegen, verstehen werden …‹ Nach kurzem allgemeinem Schweigen stand der Kaiser auf und schritt langsam hinaus. Auch wir hatten uns erhoben und verfolgten stumm und mit ehrfurchtsvollen Blicken den sich entfernenden Monarchen.

Endlich erschien der Kaiser wieder, in der Hand einige mit Maschine geschriebene Blätter. Das war der Text des Manifestes. Soweit ich mich entsinne, war es der im Generalstab aufgesetzte Entwurf mit einigen Abänderungen. Nachdem die Abgeordneten den Inhalt des Manifestes aufmerksam durchgelesen hatten, baten sie darum, einige ihnen notwendig erscheinende Worte in den Text einfügen zu dürfen. Der Kaiser willigte sofort ein. Dann unterschrieb der Herrscher zwei Erlässe an die Regierung: einen zur neuerlichen Ernennung des Großfürsten Nikolaus Nikolajewitsch zum Höchstkommandierenden, den anderen zur Bestätigung von Fürst Lwow als Vorsitzender des Ministerrates. Letzteres entsprach einem ausdrücklichen Wunsch der Abgeordneten. Nachdem der Kaiser noch einige Worte mit uns gewechselt hatte, nahm er Abschied; er drückte uns allen herzlich die Hand, dann fiel die Tür hinter ihm zu. Ich habe den Kaiser nie wieder gesehen ...«

Es ist bemerkenswert, daß die Duma-Abgeordneten darauf Wert legten, daß der Zar die bereits von Alexejew vorbereitete Urkunde, datiert vom 2. März mit dem Zeitpunkt 15 Uhr, also vor ihrem Eintreffen, unterzeichnete, um nicht in den Verdacht zu geraten, sie hätten den Zaren unter Druck gesetzt.

Nach Darstellung des Abgeordneten Schulgin folgte er Nikolaus noch ans Ende des Wagens; auf dessen Blick hin, als fordere er ihn auf, etwas zu sagen, wagte Schulgin, der noch ganz aufgewühlt von der Szene war, zu bemerken:

»Majestät, wenn Sie das alles nur ...« – aber er kam nicht weiter.

»Der Zar sah mich seltsam ungerührt an: ›Glauben Sie, es hätte vermieden werden können?‹«

Nach einer anderen Darstellung soll Nikolaus seine Mütze vor der Ikone im Wagen abgenommen und gesagt haben:

»Es ist Gottes Wille, ich hätte es längst tun sollen ...«

Die Abdankung eines Regenten nicht nur für sich selbst, sondern auch für den Thronerben, war nach russischer Tradition nicht vorgesehen und brachte die Abgeordneten zunächst in Verlegenheit. Schließlich blieb ihnen nichts anderes übrig, als die Abdankung des Zaren zugunsten seines Bruders zu akzeptieren. General Russkij, der den Zaren während des gesamten Aufenthaltes in Pskow gesehen hatte, berichtet in seinen Erinnerungen auch, der Zar habe, mit den ersten Abdankungsforderungen konfrontiert, geäußert, er sei offenbar dazu geboren, Rußland Unglück zu bringen, und er sei skeptisch, ob die neue Regierung mit der Lage fertig werden und sein Opfer sinnvoll sein würde. Russkij hatte nach eigener Darstellung, in einem langen Telefongespräch, das er in der Nacht mit Rodsjanko führte, gehofft, daß mit dem Auftrag zu einer Regierungsumbildung den Anforderungen in Petrograd Genüge getan und die Abdankung keineswegs erforderlich sei. Ihm schien nach diesem Gespräch, daß entweder Rodsjanko längst nicht mehr Herr der Lage oder ihm, Russkij, und dem Zaren gegenüber nicht ehrlich war. Darüber hinaus machte er, wie übrigens zahlreiche Angehörige der Armee, die durch ihr hohes Lebensalter noch in den letzten Jahren als Augenzeugen von jener Zeit berichten konnten, General Alexejew den Vorwurf, eigenmächtig, voreilig und in Verletzung seines Loyalitätseides gehandelt zu haben, als er Telegramme an alle Oberkommandierenden mit dem Ersuchen aussandte, die Notwendigkeit der Abdankung zu bestätigen. Russkij beschuldigt Rodsjanko auch, nicht viel früher das wahre Ausmaß der Lage mitgeteilt zu haben. Bis zur Ankunft der Duma-Abgesandten Schulgin, der als loyaler Verfechter der Dynastie galt, und Gutschkow, der dem Zaren gegenüber kritischer eingestellt, aber politisch klug war, hoffte Russkij, daß die Abdankung doch noch abgewendet werden könnte, und hielt das diesbezügliche Telegramm nach Petrograd zurück. Er ordnete an, ihn bei der Ankunft der beiden sofort zu verständigen, um noch vor deren Begegnung mit dem Zaren mit ihnen zu sprechen. Doch es kam anders: Der Zar hatte (nichtsahnend) angeordnet, die Ankömmlinge sofort zu ihm zu bringen, was auch geschah.

Das Manifest der Abdankung ist zugleich ein letzter patriotischer Aufruf:

»Hauptquartier
　　　An den Chef des Generalstabes
In den Tagen des großen Kampfes gegen den äußeren Feind, der seit fast drei Jahren danach strebt, Unser Vaterland zu unterjochen, hat es Gott gefallen, Rußland eine neue schwere

Prüfung zu senden. Einsetzende Volksaufstände drohen verhängnisvolle Folgen auf die weitere Führung des erbarmungslosen Krieges zu zeitigen. Das Schicksal Rußlands, die Ehre Unserer heldenmütigen Armee, das Wohl des Volkes und die ganze Zukunft Unseres teuren Vaterlandes fordern, daß der Krieg um jeden Preis bis zum siegreichen Ende geführt wird. Der grausame Feind unternimmt seine letzten Anstrengungen, und nahe ist die Stunde, da Unser ruhmreiches Heer gemeinsam mit Unseren glorreichen Verbündeten den Feind endgültig niederwerfen wird.

In diesen für das Leben Rußlands entscheidenden Tagen hielten Wir es für Unsere Gewissenspflicht, Unserem Volk den engsten Zusammenschluß und die Konzentration aller seiner Kräfte zu erleichtern, damit ein schneller Sieg verwirklicht werden kann. Deshalb haben Wir es im Einverständnis mit der Reichsduma für gut befunden, der Krone des Russischen Reiches zu entsagen und die Oberste Herrschaft niederzulegen. Da Wir Uns nicht von Unserem geliebten Sohne trennen wollen, übertragen Wir die Erbfolge auf Unseren Bruder Großfürst Michail Alexandrowitsch, dem Wir bei der Besteigung des Thrones des Russischen Reiches Unseren Segen erteilen. Wir geben Unserem Bruder den Auftrag, in voller und unzerstörbarer Einheit mit den Volksvertretern in den gesetzgebenden Körperschaften die Regierung zu führen und auf die Prinzipien, die von ihnen festgesetzt werden, einen unverletzlichen Eid zu leisten. Im Namen der heißgeliebten Heimat rufen Wir alle treuen Söhne des Vaterlandes auf, ihre heilige Pflicht gegenüber diesem zu erfüllen, dem Zaren in diesem schweren Augenblick nationaler Prüfungen zu gehorchen und ihm gemeinsam mit den Volksvertretern zu helfen, das Russische Reich auf den Weg des Sieges, des Wohles und des Ruhmes zu führen.

Möge Gott, der Herr, Rußland helfen!

Pskow,

2. [15.] März 1917, 15 Uhr 5 Minuten

Nikolaus

Der Minister des Kaiserlichen Hofes
Generaladjutant Graf Fredericks«

Ставка

Начальнику Штаба.

Въ дни великой борьбы съ внѣшнимъ врагомъ, стремящимся
почти три года поработить нашу родину, Господу Богу угодно
было ниспослать Россіи новое тяжкое испытаніе. Начавшіяся
внутреннія народныя волненія грозятъ бѣдственно отразиться
на дальнѣйшемъ веденіи упорной войны. Судьба Россіи, честь
геройской нашей арміи, благо народа, все будущее дорогого нашего Отечества требуютъ доведенія войны во что бы то ни
стало до побѣднаго конца. Жестокій врагъ напрягаетъ послѣд-
нія силы и уже близокъ часъ, когда доблестная армія наша
совмѣстно со славными нашими союзниками сможетъ окончатель-
но сломить врага. Въ эти рѣшительные дни въ жизни Россіи,
почли МЫ долгомъ совѣсти облегчить народу НАШЕМУ тѣсное
единеніе и сплоченіе всѣхъ силъ народныхъ для скорѣйшаго
достиженія побѣды и, въ согласіи съ Государственною Думою
признали МЫ за благо отречься отъ Престола Государства Россійскаго и сложить съ СЕБЯ Верховную власть. Не желая раз-
статься съ любимымъ Сыномъ НАШИМЪ, МЫ передаемъ наслѣдіе
НАШЕ Брату НАШЕМУ Великому Князю МИХАИЛУ АЛЕКСАНДРОВИЧУ и
благословляемъ Его на вступленіе на Престолъ Государства
Россійскаго. Заповѣдуемъ Брату НАШЕМУ править дѣлами госу-
дарственными въ полномъ и ненарушимомъ единеніи съ предста-
вителями народа въ законодательныхъ учрежденіяхъ, на тѣхъ
началахъ, кои будутъ ими установлены, принеся въ томъ нена-
рушимую присягу. Во имя горячо любимой родины призываемъ
всѣхъ вѣрныхъ сыновъ Отечества къ исполненію своего свято-
го долга передъ Нимъ, повиновеніемъ Царю въ тяжелую минуту
всенародныхъ испытаній и помочь ЕМУ, вмѣстѣ съ представите-
лями народа, вывести Государство Россійское на путь побѣды,
благоденствія и славы. Да поможетъ Господь Богъ Россіи.

Г.Псковъ.
2-Марта 15 час. 5 мин.1917 г.

Abdankungsmanifest von Zar Nikolaus II. Generalstab, 2, März 1917

275

Nikolaus fährt nun noch einmal nach Mogiljow in den Generalstab zurück, um sich von seiner Armee zu verabschieden. Noch
während der nächtlichen Zugfahrt resümiert der einsam in seinem Wagen sitzende neunundvierzigjährige Monarch die Ereignisse der letzten Stunden in seinem Tagebuch:
»Russkij kam am Morgen und hat mir das Protokoll seines langen Gespräches mit Rodsjanko zu lesen gegeben. Danach ist die
Situation in Petrograd so, daß ein derzeit von der Duma konsti-

Ich verzichte hierdurch für alle Zukunft auf die Rechte an der Krone Preussen und die damit verbundenen Rechte an der deutschen Kaiserkrone.

Zugleich entbinde ich alle Beamten des Deutschen Reichs und Preussens sowie alle Offiziere, Unteroffiziere und Mannschaften der Marine, des Preussischen Heeres und der Truppen der Bundeskontingente des Treueides, das sie Mir als Ihren Kaiser, König und Obersten Befehlshaber geleistet haben. Ich erwarte von ihnen, dass sie bis zur Neuordnung des Deutschen Reichs den Inhabern der tatsächlichen Gewalt in Deutschland helfen, das Deutsche Volk gegen die drohenden Gefahren der Anarchie, der Hungersnot und der Fremdherrschaft zu schützen.

Urkundlich unter Unserer Höchsteigenhändigen Unterschrift und beigedruckten Kaiserlichen Insiegel.-

Gegeben Amerongen, den 28. November 1918.

Zum Vergleich der Abdankungstext Kaiser Wilhelms, der eineinhalb Jahre nach Zar Nikolaus ebenfalls abdanken mußte

tuiertes Ministerium ohnmächtig ist angesichts der Feindschaft der Sozialdemokraten und des Arbeiterrates. Meine Abdankung ist notwendig geworden. Russkij hat dieses Gespräch in das Generalstabsquartier übermittelt, und Alexejew hat es an alle Oberkommandierenden ausgesandt. Um 2 Uhr 30 sind alle Antworten eingetroffen. Sie besagten im wesentlichen, für die Ret-

tung Rußlands und die Aufrechterhaltung der Ordnung in der
Armee an der Front sei es notwendig, diesen Entschluß zu fassen. Ich habe eingewilligt. Der Generalstab hat einen Entwurf
des Manifestes gesandt. Abends sind Gutschkow und Schulgin
aus Petrograd gekommen. Ich hatte eine Unterredung mit ihnen
und habe ihnen das Manifest modifiziert und unterzeichnet
übergeben. Um 1 Uhr früh habe ich Pskow verlassen, deprimiert
von dem, was ich gerade erlebt hatte.
Um mich herum ist nichts als Feigheit, Lüge und Verrat!«

Tagebucheintragung von Zar Nikolaus II. am Abend seiner Abdankung im
März 1917: »Um mich herum ist nichts als Feigheit, Lüge und Verrat:«

V. ABSCHIED VON GESTERN

Als Nikolaus in seinem Zug nach Mogiljow saß, war er nicht mehr Zar von Rußland. Aber er war noch ein freier Mann, der sich zumindest über seine nächste Zukunft Gedanken machen konnte. Er stellte sich vor, daß er sich mit seiner Familie auf die Krim, nach Livadia zurückziehen – oder, wenn ihm das nicht gestattet werden sollte, zu seinen Verwandten nach England ausreisen würde. Konnte er ahnen, wie illusorisch das alles war? Zunächst jedoch wollte er sich von seiner Armee verabschieden und sie noch einmal dazu aufrufen, den Kampf gegen den Feind fortzusetzen und vor allem anderen an das Wohl Rußlands zu denken.

Seinem Bruder, Großfürst Michail Alexandrowitsch, zu dessen Gunsten er am Tag zuvor abgedankt hatte, telegraphierte er am 3./16. März:

»An seine Kaiserliche Hoheit Michail
Pskow, 3. März 1917
Die Ereignisse der letzten Tage haben mich zu diesem unwiderruflichen Schritt gezwungen. Vergib mir, daß ich Dir diese Last auferlege und nicht in der Lage war, das zu verhindern. Ich bleibe stets Dein treuer und ergebener Bruder. Ich kehre in den Generalstab zurück und hoffe, in einigen Tagen nach Zarskoje Sjelo fahren zu können. Inbrünstig bete ich zu Gott um Hilfe für Dich und Dein Land.

Niki«

Wasilij Orjechow war am Bahnhofsplatz in Petrograd, als die Abgeordneten der Duma aus Pskow mit der Abdankungsurkunde zurückkehrten:

»Ich stand in der riesigen Menschenmenge, die vor dem Bahnhof die Delegation erwartete. Aus dem Bahnhofsgebäude kamen Gutschkow und Schulgin und gingen ganz nahe an mir vorbei, um sich zu ihrem Wagen zu begeben. Ich sehe noch heute vor mir, wie Schulgin ein Blatt Papier in die Höhe schwang und rief: ›Seine Majestät der Zar hat abgedankt, es lebe Zar Michail der Zweite!‹

An viel mehr kann ich mich nicht erinnern. Obwohl man damit gerechnet hatte, waren sowohl ich als auch alle anderen erschüttert. Doch trotz allem bedeutete diese Nachricht über die Abdankung des Zaren zugunsten seines Bruders immerhin, daß die Monarchie erhalten blieb. Es gab damals so viele gemischte Gefühle, Niedergeschlagenheit über die herrschende Situation, Kriegsmüdigkeit, und man mußte jede Lösung akzeptieren.«

Indessen hatte der designierte Zar Michail eine Versammlung einberufen. Die Sitzung fand aus Sicherheitsgründen in einer Privatwohnung in Petrograd statt, wohin Michail nach Empfang des Telegramms seines Bruders geeilt war. Unweit vom Winterpalais empfing er nun Mitglieder der Provisorischen Regierung, die zugleich seine künftigen Minister sein konnten.

Seit der Thronbesteigung des ersten Romanow, des sechzehnjährigen Michail Fjodorowitsch vor drei Jahrhunderten, hieß es in Rußland, wenn ein Michail II. Zar würde, stünde die Einnahme von Konstantinopel bevor. Nikolaus' Bruder Michail war neununddreißig Jahre alt; er war weder machtbesessen noch politisch sonderlich interessiert. Er hatte sich im militärischen Bereich profiliert und als Truppenkommandant an der galizischen Front das Georgskreuz erworben.

Nun saß er an der Stirnseite eines langen Tisches den Abgeordneten Gutschkow, Miljukow, Schulgin, Kerenskij und Rodsjanko gegenüber. Diese hatten noch im Ohr, wie laut die Mitglieder des Sowjets gerufen hatten: »Einen Zaren durch einen anderen zu ersetzen kommt nicht in Frage! Keine Romanows mehr, nur mehr eine Republik!«

Für Großfürst Michail war es keineswegs selbstverständlich, das ihm übertragene Thronerbe anzunehmen. Er machte sein Einverständnis von den Ansichten der ihm nun gegenübersitzenden Abgeordneten abhängig.

Während der folgenden Debatte waren es vor allem Miljukow (bisher Außenminister und Vorsitzender der Partei der Konstitutionellen Demokraten) und Gutschkow, die auf Michail einredeten: Die Monarchie sei die einzige einigende Kraft, kam es wie aus einem Mund, ohne die Rußland zerfallen würde. Nicht weniger überzeugend lauteten die Argumente der anderen Seite. Erstaunlicherweise war der bisher dem Zaren loyale Rodsjanko derjenige, der die Befürchtung aussprach, daß ein neuer Zar nicht ohne den Willen des Volkes existieren und er, Rodsjanko, unter diesen Umständen nicht für dessen Sicherheit garantieren könne (offenbar hatte der Duma-Präsident de facto keine Macht mehr).

Der entscheidende Anstoß kam von Kerenskij, dem nunmehrigen Justizminister und »Anwalt der Revolution«. Er hatte sich schon vor Jahren zum bolschewistischen Manifest der Leninisten von Zimmerwald bekannt und, als die Februarunruhen ausgebrochen waren, resignierend festgestellt: »Es scheint, daß gerade jetzt die Revolutionäre nicht bereit sind.« – »Aber alle anderen«, hatte sein Gesprächspartner Schulgin erwidert. Für einen Zaren war in Kerenskijs Weltanschauung kein Platz. Nun ergriff er in seiner bekannt geschliffenen Rhetorik das Wort. Offenbar auch mit Rücksicht auf den Sowjet und dessen Haltung beschwor Kerenskij Michail, die Krone nicht anzunehmen. »Ich kann in keiner Weise für Ihr Leben garantieren!« schloß er seine Ausführungen. Daß er das genausowenig konnte, wenn Michail die Krone ausschlug, war Kerenskij kaum bewußt, und es interessierte ihn in diesem Augenblick wohl kaum. Michail sollte später ebenso ermordet werden wie die anderen Mitglieder der Zarenfamilie.

Der Großfürst erbat nun kurze Bedenkzeit und begab sich in den Nebenraum.

»Er ging wie ein Löwe im Käfig hin und her«, beschrieb später seine Frau, Fürstin Brasowa, die Szene. »Schließlich trat er ans Fenster, von dem aus man die Anglijskaja Nabereschnaja [den »Englischen Kai« an der Newa] überblicken konnte. Hätte er auch nur eine einzige disziplinierte Kompanie gesehen, hätte er gewußt, was er zu tun hatte. Aber das Fenster gab nur den Blick auf riesige Menschenmengen mit roten Armbinden frei. So sah er keinen anderen Weg, als sich zu ergeben.«

Nach wenigen Minuten kehrte Michail in den Sitzungsraum zurück: »Ich habe mich entschieden abzudanken«, verkündete er, »bis ich von einer Konstituierenden Versammlung zur Annahme der Krone aufgefordert werde.«

»Sie sind der vornehmste Patriot!« jubelte Kerenskij.

In den Räumen einer benachbarten Schule wurde die Abdankungserklärung in adäquate Form gebracht und veröffentlicht.

Die Regierungszeit von Großfürst Michail als Zar von Rußland währte nicht einmal einen Tag und bot nicht genug Zeit, ins Bewußtsein der Allgemeinheit zu dringen. So beschränkten sich die Reaktionen innerhalb der Bevölkerung und im Ausland auf den Tatbestand der Abdankung von Nikolaus II.

Für die Armee, die sich nicht mit Politik befaßte, war es vordringlich, den Krieg zu gewinnen. In einige militärische Kreise waren die diffamierenden Gerüchte über die Zarin als »deutschfreundliche Verräterin Rußlands«, die durch ihre Regierungspolitik dem Feind in die Hand gearbeitet hätte, gedrungen und hatten den Haß auf das Haus Romanow geschürt. Wenn es nach ihnen ging, mußte der Zar die Verantwortung dafür übernehmen. Erst recht herrschte diese Ansicht bei jenen Kompanien vor, die von (erwiesenermaßen aus Deutschland bezahlten) Agitatoren zur Verbrüderung mit dem deutschen Feind aufgerufen worden waren, denn nur ohne den Zaren konnte man, auch unabhängig von einem militärischen Sieg, an einen Friedensschluß denken. Daß prorevolutionäre Propaganda hinzukam, die mit Versprechungen über Mitbestimmung statt militärischer Unterordnung und Vergabe von Land lockte, tat der Disziplin und Bereitschaft, wie bisher für »Glauben, Zar und Vaterland« (so die russische Kampfparole) einzustehen, weiteren Abbruch. So genossen viele Soldaten nicht nur im Schützengraben, sondern auch in der Hauptstadt den neuen

Тяжкое бремя возложено на Меня волею Брата Моего, передавшаго Мнѣ Императорскій Всероссійскій Престолъ въ годину безпримѣрной войны и волненій народныхъ. —

Одушевленный единою со всѣмъ народомъ мыслію, что выше всего благо Родины нашей, принялъ Я твердое рѣшеніе въ томъ лишь случаѣ воспріять Верховную власть, если таковъ будетъ воля великаго народа нашего, которому надлежитъ всенароднымъ голосованіемъ, чрезъ представителей своихъ въ Учредительномъ Собраніи, установить образъ правленія и новые основные законы Государства Россійскаго. —

Посему, призывая благословеніе Божіе, прошу всѣхъ гражданъ Державы Россійской подчиниться Временному Правительству, по почину Государственной Думы возникшему и облеченному всею полнотою власти, впредь до того, какъ созванное въ возможно кратчайшій срокъ, на основѣ всеобщаго, прямого, равнаго и тайнаго голосованія, Учредительное Собраніе своимъ рѣшеніемъ объ образѣ правленія выразитъ волю народа. — Михаилъ

3/III – 1917
Петроградъ.

Handgeschriebene Abdankungserklärung von Großfürst Michail, Petrograd, 3./16. März 1917

»zarenlosen« Zustand und schlugen die Wappen der Romanows von den Gebäuden.

Altgediente Soldaten und Generäle dachten anders. Für sie war der Gedanke der Thronübergabe an den Sohn oder an den Bruder des Zaren noch akzeptabel, nicht aber die Auflösung der Dynastie überhaupt. Viele von ihnen, vor allem die Soldaten an der Südfront und an der persischen Front, die von der Revolutionspropaganda in der Hauptstadt nicht erreicht wurden (die deutsche Agententätigkeit hatte sich auf die russische Westfront und auf Petrograd konzentriert), verweigerten die Vereidigung auf die neue »Provisorische« Regierung. Augenzeugen berichten, daß manche während der Zeremonie davongaloppierten, andere sich erschossen, wieder andere meinten: »Wenn uns der Zar im Stich läßt, können wir ja gleich dem Sultan dienen ...«

Für die Bürger Rußlands kam die Abdankung überraschend. In der Bevölkerung herrschte Unverständnis dafür, daß der Zar abgedankt hatte; vor allem Angehörige der einfacheren Bevölkerungsschichten und Bauern konnten das nicht verstehen. Ob sie Nikolaus persönlich geschätzt hatten oder nicht, er war für sie »der Zar«; unzufrieden waren sie vor allem über die Regierung, auch wenn sich ihre Wut auf die Aktivitäten der Zarin bezog. Auf den Transparenten der Demonstranten hieß es: »Nieder mit der Regierung!« Kein Wort über den Zaren.

Von manchen Augenzeugen wird berichtet, daß ihre Bediensten angesichts der Abdankung des Zaren tagelang in Tränen aufgelöst gewesen seien. Der damals halbwüchsige Sohn eines liberalen Rechtsanwalts hielt (vergeblich) nächtelang vor seiner Schule Wache, um die Abnahme der Zarenporträts zu verhindern. Dieser berichtete aber auch davon, wie sehr die sogenannte Intelligenzija schon längst von revolutionären Ideen begeistert gewesen sei und von einer »neuen Zeit« geträumt hätte. »Man nähte uns rote Armbinden auf die Schüleruniformen, und ahnungslos trugen wir sie, ohne ihren Sinn zu begreifen«, schloß der Zeitzeuge seinen Bericht. Mit einem Wort, wie auch immer man der Regierung und selbst dem Zaren gegenüber eingestellt war, die Abdankung Nikolaus' entsprach nicht dem Bedürfnis oder gar den Forderungen der durchschnittlichen Bevölkerung.

Die Minister des Zaren kritisierten die Abdankung. Der ehemalige Außenminister Sasonow vertrat die Ansicht, der Zar hätte nicht das Recht gehabt, auch für seinen Sohn abzudanken. Ein anderer pflichtete ihm bei und meinte, die Sympathie der Bevölkerung für den noch minderjährigen Thronerben hätte, zusammen mit dem Wirken einer neuen Regierung, die aufgebrachten Gemüter sicher wieder beruhigt.

Die Verwandten des Zaren hatten am wenigsten Verständnis für die Entscheidung Nikolaus'. »Er hat den Verstand verloren!« rief sein Onkel Alexander Michajlowitsch aus. »Ist eine Millionenarmee etwa nicht ausreichend Unterstützung, wenn man von ihr Gebrauch macht?«

Die Reaktionen im Ausland spiegeln die Vorstellungen wider, die man sich vom Rußland jener Zeit und dem Zaren machte.

Aus dem republikanischen Frankreich, dem der bündnistreue Zar die größten Opfer gebracht hatte, telegraphierte Minister Albert Thomas an Kerenskij freudig »Glückwünsche und Freundschaftsgruß«.

Amerika brachte seine positive Reaktion nicht nur in Worten, sondern auch in Taten zum Ausdruck: Bereits eine knappe Woche nach der Abdankung des Zaren wurde die Provisorische Regierung von den USA offiziell anerkannt. Das ist nicht nur auf das traditionelle Demokratieverständnis der Amerikaner zurückzuführen, sondern auch auf den dringenden Wunsch, im notwendig gewordenen Krieg gegen Deutschland nicht Seite an Seite mit einer Monarchie, wie es Rußland bisher war, kämpfen zu müssen. Paradoxerweise unterstützten nun amerikanische Sponsoren gemeinsam mit deutschen die russischen Revolutionäre, wenn auch aus verschiedenen Motiven. Wilson geriet jedenfalls in seiner Kongreßrede am 2. April 1917 ins Schwärmen, als er wörtlich auf »die wundervollen, herzerwärmenden Ereignisse« zu sprechen kam, »die gerade in den letzten paar Wochen in Rußland vor sich gegangen sind und die Autokratie abgeschüttelt haben ...«

Und die Reaktion der deutschen Regierung? Immerhin hatte es ja beträchtliche deutsche Unterstützung für die revolutionären Agitatoren, begleitet von pazifistischer Propaganda in russischen Medien, gegeben. Doch die Februaraufstände hatten ein unerwartetes Ausmaß angenommen, und die Kontrolle über deren Folgen war den Initiatoren entglitten. Bei aller Befriedigung über den Gang der Ereignisse befürchtete man nun in Deutschland ein Übergreifen der Bewegung auch auf außerrussisches Territorium und war daher beunruhigt.

Noch im März waren Gelder für politische Propaganda nach Rußland geflossen. Der deutsche Gesandte in Bern gab die Informationen seines Agenten Weiss über die nun entstandene Lage in Rußland an seinen Vorgesetzten nach Berlin weiter und stellte die künftige Vorgangsweise von deutscher Seite zur Diskussion.

Aus der Antwort darauf war der Entschluß des deutschen Außenamtes zur weiteren Finanzierung der Bewegung ersichtlich – »falls die gewünschten Ergebnisse im April eintreten sollten« (Brief vom 6.3.1917).

Am 8./21. März kabelte der Gesandte Brockdorff-Rantzau eine Analyse nach Berlin:

»Helphand, mit dem ich die Ereignisse in Rußland besprach, erläuterte, daß der Konflikt nun zwischen den gemäßigten Liberalen und dem sozialistischen Flügel bestehe. Er zweifle nicht, daß letzterer die Oberhand gewinnen würde. Der Sieg der Sozialdemokraten würde Frieden bedeuten. Miljukow und Gutschkow möchten den Krieg fortsetzen und versuchen deshalb, die Konstituierende Nationalversammlung hinauszuzögern, da dann die Fortsetzung des Krieges nicht mehr in Frage kommt.

Auf die Einstellung der Armee angesprochen, antwortete Helphand, daß unter den Offizieren durchaus der Wunsch nach Weiterführung des Krieges bestehe, vor allem bei höheren Rängen, aber die untere Masse wolle den Frieden, und es sei symptomatisch dafür, daß die Soldaten sich mit den Arbeitern verbrüderten.

Sobald politische Amnestie in Kraft trete, werde es die Gelegenheit geben, durch Direktkontakte mit Sozialisten gegen Gutschkow und Miljukow zu arbeiten.«

. **Kaiferlich**
ütfche Gefandtfchaft.
. **Nr. 582.**

Durch S...

Bern, den 28. Februar 1917.

Zul. .. .

Geheim ! Filt sehr !

Unser russischer Vertrauensmann Weiss hat mir vor-
gestern einen eingehenden Bericht über seine Reise nach
Schweden und Norwegen erstattet.

Im April d. J. soll ein Versuch gemacht werden, die
derzeitige russische Regierung als unfähig zu erklären
und eine provisorische Regierung aus den Vertretern der
verschiedenen revolutionären Parteien Russlands zu schaffen. Soweit bei diesem Versuch die Militärorganisation
mitwirkt, soll sie dies hauptsächlich in St. Petersburg
und Moskau tun. Ausserdem soll das Gouvernement Saratow
eine Hauptstütze der Bewegung bilden.

Ob dieser Versuch gelingen wird, ist natürlich noch
nicht vorauszusehen. Immerhin hofft man aber, dass, auch
wenn er nicht gelingt, die Desorganisation so gross werden wird, dass die augenblickliche russische Regierung
in der Fortführung ihrer Politik die grössten Schwierigkeiten haben wird. Jedenfalls rechnet Weiss damit, dass
sie sich dann auf alle Fälle nicht länger als ein Jahr
halten können wird.

In der Kadettenpartei soll eine Spaltung eingetreten
sein. Eine Anzahl Kadetten sind der Meinung, dass man
gegen die jetzige Regierung mit loyalen Mitteln nichts
ausrichten kann; sie wollen daher erwägen, ob es nicht
besser sein würde, die Pläne der Kadetten auf illoyalem
Weg durchzuführen und wie im Jahre 1904-5 die Hilfe der
revolutionären Parteien in Anspruch zu nehmen. Selbst
Miljukoff soll sich allmählich diesen Ansichten zuneigen.
Den Revolutionären ist natürlich diese Spaltung in der
Kadettenpartei sehr willkommen.

Die augenblickliche russische Regierung soll sich
über die Machenschaften der revolutionären Parteien
durchaus klar sein und alle Kräfte, über die sie verfügt,
sammeln, um die revolutionäre Bewegung zu unterdrücken.

Ich habe Herrn Weiss bei Beginn unserer Unterredung
darauf aufmerksam gemacht, dass ich ihm die verlangten
30. 000 frcs. noch nicht habe mitbringen können, da die
Zahlung einer solchen weiteren Unterstützung natürlich
von den Ergebnisse seiner Reise und von den Nachrichten
ab -

Information des deutschen Gesandten in Bern nach Berlin über die Lage in
Rußland aufgrund der Agentenberichte

Aus diesem Schreiben vom Berliner Außenamt an den Gesandten in Bern geht hervor, daß weitere Geldmittel an Agenten nur fließen, »wenn die gewünschten Ereignisse im April eintreten sollten«

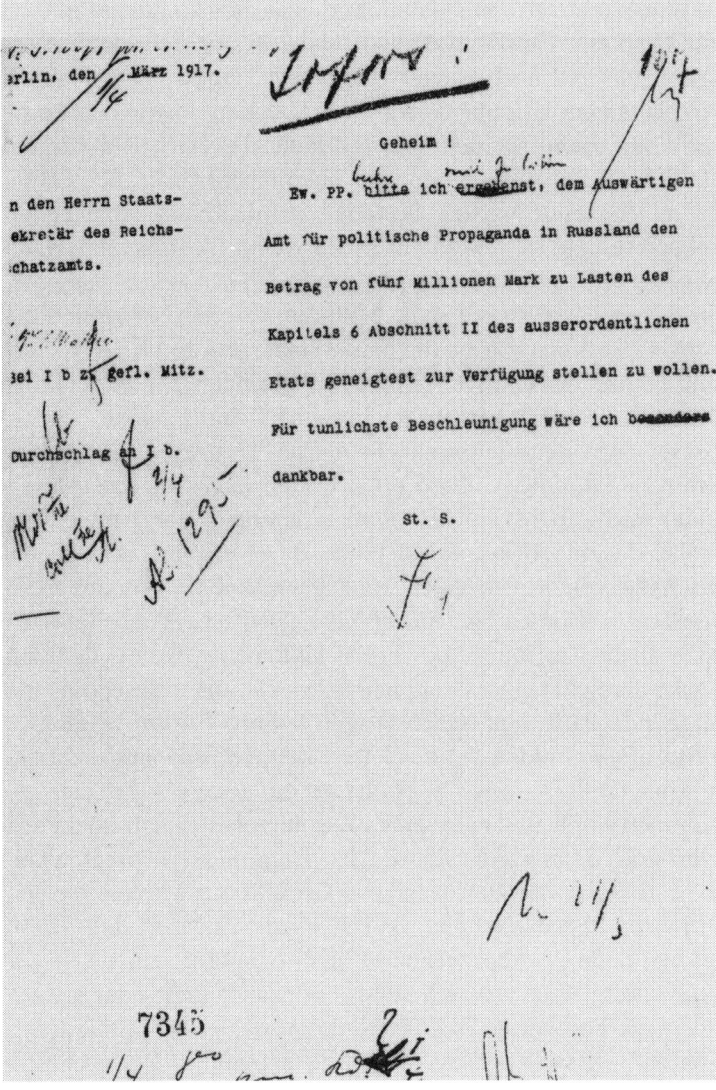

erlin, den ... März 1917.

Geheim !

Ew. PP. bitte ich ergebenst, dem Auswärtigen

n den Herrn Staats-
ekretär des Reichs-
schatzamts.

Amt für politische Propaganda in Russland den

Betrag von fünf Millionen Mark zu Lasten des

Kapitels 6 Abschnitt II des ausserordentlichen

sei I b z. gefl. Mitz.

Etats geneigtest zur Verfügung stellen zu wollen.

Für tunlichste Beschleunigung wäre ich besonders

Durchschlag an I b.

dankbar.

St. S.

7345

Weitere Bestätigung deutscher Finanzierung zum Zweck der Revolution in
Rußland vom März 1917

So wußte man auch in Deutschland, was man zu tun hatte.

Für Nikolaus' Familie war die Abdankung ein Schock. Alexandra erfuhr erst nach bangen Tagen der Ungewißheit, wo sich Nikolaus überhaupt befand. Daß er abgedankt hatte, wollte sie nicht zur Kenntnis nehmen. Sie hielt die Nachricht für ein Gerücht und glaubte sie erst, als sie ihr vom Onkel des Zaren, Pawel Alexandrowitsch, bestätigt wurde. Nach dem ersten Schock seufzte sie: »Wenn er es für richtig gehalten hat, dann wird es auch gut so sein.« Die nunmehrige Exzarin beschloß, ihren vier Töchtern selbst die Mitteilung zu machen, dem Sohn Alexej allerdings ließ sie die heikle Nachricht durch den Lehrer und Freund des Hauses, Gilliard, nahebringen. Dieser berichtet über das Gespräch ausführlich in seinen Erinnerungen.

Alexej, zu diesem Zeitpunkt theoretisch Thronerbe, war gerade dreizehn Jahre alt. Gilliard erklärte ihm zunächst, daß Alexejs Vater nicht mehr Höchstkommandierender der Armee sein wolle. Das traf Alexej offensichtlich, da er es immer sehr genossen hatte, von seinem Vater zum Generalstab mitgenommen zu werden. – »Wissen Sie, Alexej Nikolajewitsch, er möchte auch nicht mehr Zar sein«*, beschreibt Gilliard die Szene. Erstaunt blickte ihn sein junger Gesprächspartner an, als wolle er die Hintergründe dafür aus seinen Augen lesen. »Warum, wieso?« – »Weil er sehr müde ist und in letzter Zeit viel Schwieriges durchmachen mußte.« – »Ach ja, Mama hat mir gesagt, daß er hierherkommen wollte und man seinen Zug aufgehalten hat. Aber Papa wird doch dann wieder Zar sein?« – Daraufhin erklärte ihm Gilliard, daß der Zar zugunsten des Großfürsten Michail Alexandrowitsch abgedankt hatte, der seinerseits wiederum dem Thron entsagt hatte. – »Aber wer wird denn dann Zar sein?« kam die Frage. Kein Wort von sich selbst und seiner Rolle oder seinem Recht als Thronerbe. Er errötete nur verlegen, als Gilliard antwortete: »Ich weiß es nicht – vorläufig niemand!« – Erst nach einigen Minuten des Schweigens fragte Alexej noch: »Aber wenn es keinen Zaren mehr gibt, wer wird denn dann Rußland regieren? ...«

---

* wörtlich zitiert nach den Erinnerungen von Pierre Gilliard (s. Quellenverz.)

Telegramm.

den 16. März 1917   .3 Uhr 45 Min. Nm.

      5 " 15 " Nm.

Der K. Botschaftsrat

     an Auswärtiges Amt.

<u>Entzifferung.</u>

Ganz geheim.

     Eilt sehr.

Für Gesandten Freiherrn von Romberg.

124.   Mit Bezug auf dortiges Telegramm Nr.
       x)
302 vom 15. d.M.

     Habe 18. März abends Zusammenkunft

mit Weiss. Stelle anheim, ob ich ihm

nicht doch auf Grund neuster Nachrich-

ten aus P. Geldmittel zur Verfügung

oder in Aussicht stellen könnte.

    Werde auch über Z.-Agentur mit ihm

verhandeln. Da Österreicher monatlichen

Teilbetrag von 2 500 Franken nicht zah-

len wollen, erbitte Weisung, ob ich er-

mächtigt bin, ihm <u>nötigenfalls</u> von uns

allein aus <u>ganzen</u> Betrag von 5000 Fran-

ken zur Verfügung zu stellen.

     Schubert.

       Bethmann Hollweg.

Der deutsche Gesandte in Bern drängt auf weitere Mittel für Agenten. Bei den erwähnten »Nachrichten aus Petrograd« dürfte es sich um die Abdankung des Zaren (am 2./15. März) aufgrund der Februarunruhen handeln.

Kaiserlich
Deutsche Gesandtschaft.

Bern, den 27. März 1917.

Nr. 855.

Durch Sr.   Ganz Geheim.

Ich hatte mit Weiss eine eingehende Besprechung, bei
der es ihm haupsächlich darauf ankam, festzustellen, wie wir
uns der Revolution in Russland gegenüber verhalten würden.
Insbesondere wollte er wissen, ob es nicht denkbar sei, dass
wir unter Umständen eine reaktionäre Gegenrevolution unterstützen würden, wie vielfach angenommen und von unseren Gegnern geflissentlich verbreitet würde, ferner ob wir ernstlich
beabsichtigten die pazifistischen Bestrebungen der Revolutions-
partei zu fördern oder ob wir nur versuchen würden, die durch
die Revolution hervorgerufene Desorganisation und verminderte
Widerstandsfähigkeit der russischen Heere militärisch auszunützen. Einen ungünstigen Eindruck hätte bei den Revolutionären ein Artikel des als offiziös geltenden Lokalanzeigers hervorgerufen, indem ausgeführt worden sei, dass der Umsturz in
Russland für Deutschland eine grosse Gefahr bedeute. Wenn
Deutschland die pacifistische Richtung in Russland stärken
wolle, müsse es alles vermeiden, was die Kriegshetzer in Russland und die Entente gegen uns ausschlachten könnten. Die Entente werde mit allen Mitteln trachten die russische Bevölkerung gegen uns aufzuhetzen. Bezeichnend sei die wieder einsetzende Greuelkampagne in der Ententepresse. Dringend erwünscht
sei es daher, dass von deutscher massgebender Stelle etwas geschehe, um die russischen Revolutionäre davon zu überzeugen,
dass auch in Deutschland eine neue Zeit anbrechen werde; denn

Seiner Exzellenz   nichts

dem Reichskanzler

Herrn von Bethmann Hollweg.

nichts sei für uns gefährlicher als das Schlagwort, dass nunmehr Deutschland als letzter Hort der Reaktion übrig geblieben sei, der niedergekämpft werden müsse. Besonders günstig würde es wirken, wenn aus irgend einem Anlasse eine politisch Amnestie in Deutschland erlassen werden, und vernünftigeren Vertretern der deutschen äussersten Linken, wie z.B. Ledebur die Ausreise gestattet werden könnte, damit sie mit den russischen Revolutionären in Verbindung treten, denn mit Leuten wie Scheidemann würden die Revolutionäre nicht sprechen wolle

Herr Weiss glaubt mit der gleichen Bestimmtheit, mit de er uns die Revolution für dieses Frühjahr angekündigt habe, versichern zu können, dass die Pacif an die Oberhand gewinnen würden, vorausgesetzt, dass von unserer Seite keine zu gro ben Fehler gemacht würden. Ich habe Herrn Weiss geantwortet, dass wir an seine Partei genau dieselben Ansprüche stellen müssten wie sie an uns. Von ihrem Verhalten werde auch unser Verhalten abhängen. An und für sich hätten wir keinerlei Interesse daran, die Revolution zu stören oder militärisch auszunützen, wenn wir greifbare Beweise dafür erhielten, dass si sich nach der pacifistischen Seite hin entwickele. Wir hätten wie stets bisher keinen anderen Wunsch wie mit unseren östlic Nachbarn in Frieden zu leben; wenn wir uns in erster Linie an die Kaiserfamilie gehalten hätten, so liege das daran, dass wir in früheren Zeitperioden bei ihr und fast nur bei ihr Ver ständnis und Förderung für unsere freundnachbarliche Politik gefunden hätten. Wenn wir die gleichen guten Absichten nunmehr bei der äussersten Linken fänden, sei uns das ebenso recht und wir würden jede Richtung fördern die zum Frieden führen könnt Andererseits aber könnte man im Kriege von uns nicht verlange dass wir einfach untätig zuschauten wie sich das neue Regime in Russland festsetze und stärke, wenn wir nicht bestimmte B

weise

weise dafür erhielten, dass dies nicht zu unserem Nachteil
geschehe. Seine Sache werde es daher sein uns über den Fortgang der Entwickelung auf dem Laufenden zu erhalten. Herr
Weiss stimmte mir durchaus zu und sagte, er würde selbst im
Interesse seiner Partei zu einer Offensive raten, sobald er
sähe, dass die Friedenstendenz sich nicht durchzusetzen ver-
möge. Er glaube, dass man schon im Mai ganz klar sehen werde,
wohin die Reise gehe.

Auf meine Frage, wie man wohl in seiner Partei über die
Friedensbedingungen denke, meinte er: Wegen Elsass-Lothringen
werde man den Krieg nicht fortsetzen, ebenso wenig wegen Kurland. Für Polen wünsche man die Neutralisierung unter Garan-
tie der Nachbarstaaten, so dass Russland Polen zwar verlieren
würde, aber ohne damit Deutschland zu stärken. Ferner verlange man die Internationalisierung der Dardanellen.

Schliesslich wurde die Frage der Fortsetzung unserer
Beziehungen zu Weiss erörtert. Er setzte mir auseinander, dass
die Kadetten im Verein mit der Entente über unbeschränkte Mittel für ihre Propaganda verfügten. Die Revolutionäre dagegen
würden nach wie vor in dieser Beziehung mit grossen Schwierigkeiten zu kämpfen haben. Er habe bisher nur sehr geringe
Summen von uns beansprucht, schon aus Vorsicht, weil der Besitz grosser Beträge ihn bei seiner eigenen Partei verdächtig
gemacht haben würde. Dieses Bedenken sei heute nicht mehr im
gleichen Masse vorhanden. Je grössere Beträge wir ihm zur Verfügung stellten, desto mehr könne er für den Frieden wirken.
Ich möchte angelegentlichst empfehlen Herrn Weiss zunächst
jedenfalls wieder 30.000 frs. für den Monat April zur Verfügung zu stellen, die er in erster Linie dazu verwenden will,
um wichtigen Parteifreunden die Reise nach Russland zu ermöglichen. Es ist ja wohl anzunehmen, dass sich bald ein regerer

Verkehr

294

Verkehr zwischen deutschen Sozialisten und den russischen
Revolutionären entwickele und dabei auch die finanzielle
Förderung der Friedensarbeit in grösserem Masstabe in Frage
kommen wird. Ob wir dann die Mitwirkung des Herrn Weiss noch
benötigen werden, wird sich herausstellen. Vorläufig glaube
ich aber, dass es unklug wäre, ihn in diesem entscheidenden
Zeitpunkt zu verabschieden und damit zu verprellen. Die Tat-
sachen haben gelehrt, dass er uns jedenfalls wahrheitsgemäss
unterrichtet und uns, wie mir scheint, nützliche Winke gegeben
hat. In wieweit er praktisch zu dem Erfolge beigetragen hat,
kann ich freilich nicht nachweisen, dafür sind aber auch
die Kosten unserer Beziehungen nicht hoch gewesen. Ich darf
bis zum 1. April um Weisung bitten, ob ich Weiss 30.000 frs.
auszahlen und ihm weitere Subsidien in Aussicht stellen darf
Ich sehe ihn am 2. April wieder.

Inhalt: Besprechung mit unserem russischen Vertrauensmann
        Weiss.

Überlegungen des Gesandten in Bern über weitere Vorgangsweise in bezug
auf Rußland

AS. 1303/

Kaiserlich Deutsche

Gesandtschaft.

B.I. 1681.

Bern, den 2. April 1917.

Entzifferung.

) A.Y. 1219. /

Unter Bezugnahme auf das dortseitige Telegramm Nr.
376 vom 1. d.M. beehre ich mich zu melden, daß ich für Weiß
heute 30 000 (dreißigtausend) Franken bei der Schweizeri-
schen Nationalbank hier erhoben habe.

Romberg.

Seiner Exzellenz dem Reichskanzler
Herrn von Bethmann Hollweg.

Die Geldmittel fließen nun doch weiter für einen Umsturz in Rußland.

Noch am selben Nachmittag wurden die Tore des Palastes
geschlossen. Die alten Garden waren nicht mehr da. Sie waren
von der Provisorischen Regierung durch neue ersetzt worden,
die dem Sowjet ergeben waren. Jetzt standen sie nicht mehr als
Schutz für die Zarenfamilie da, sondern bewachten sie.
Nikolaus – zwischen Pskow und Mogiljow unterwegs – ahnte

296

nicht, daß seine Familie nur knapp Petrograder Aufständischen entgangen war, die sich auf dem Weg nach Zarskoje Sjelo befanden, jedoch rechtzeitig aufgehalten werden konnten. Doch daß die Lage nicht ungefährlich war, konnte er aus einem Telegramm ersehen, das Rodsjanko zwar an die Zarin gerichtet hatte, der Hofmarschall jedoch von Zarskoje Sjelo, ohne es ihr zu zeigen, gleich nach Mogiljow weitergesandt hatte, um dem Zaren die Antwort darauf zu überlassen. Darin bot Rodsjanko an, die Familie aus der Gefahrenzone der in Aufruhr befindlichen Hauptstadt wegzubringen.

Der Zar ordnete an, einen Zug bereitzustellen; die Familie solle entweder nach Gatschina, der alten Familienresidenz reisen, oder ihm, Nikolaus, in Richtung Mogiljow entgegenfahren.

Die Zarin lehnte jedoch ab. Ihre Kinder waren an Masern erkrankt, die Alexej von einem Spielkameraden eingeschleppt hatte. Alexandra begriff den Ernst der Lage nicht, sonst wäre sie vermutlich der alten Weisheit gefolgt, die Rodsjanko resignierend aussprach: »Si la maison brûle, il faut sortir les enfants« (Wenn das Haus brennt, muß man die Kinder herausbringen).

Schon kurz nach Rodsjankos Rettungsangebot hatte sich die Entscheidung erübrigt, denn nun war auch die Bahnlinie zwischen Petrograd und Zarskoje Sjelo blockiert.

Indessen hatte sich der Zar auf den Weg von Pskow nach Mogiljow zum Generalstab begeben. Wie reagierte er nun, als er erfahren mußte, daß sein Bruder die Zarenkrone abgelehnt hatte? Am 3./16. März notierte Nikolaus in sein Tagebuch:

»Um 8 Uhr 20 in Mogiljow angekommen. Alle Angehörigen des Generalstabs waren auf dem Bahnsteig. (...) [Der Generalstabschef] Alexejew kam und brachte mir die neuesten Nachrichten von Rodsjanko. Offenbar hat Mischa abgedankt. Am Ende seines Manifestes ruft er zur Wahl einer Konstituierenden Versammlung in sechs Monaten nach der vierfachen Formel [allgemein, gleich, direkt und geheim] auf. Weiß Gott, wer ihm eingegeben hat, eine solche Dummheit zu begehen. Der Aufruhr in Petrograd hat sich beruhigt. Wenn das nur so bleibt!«

Wenige Tage später verabschiedet sich der Exzar im Generalstab offiziell von seiner Armee mit einem Abschiedsbefehl, in welchem er die Soldaten zu Loyalität gegenüber der neuen Regierung aufruft:

»BEFEHL
an den Generalstabschef
Zum letzten Mal wende ich mich an Euch, meine inniggeliebten Soldaten. Nach meiner Abdankung für mich und für meinen Sohn vom russischen Thron ist die Macht an die Provisorische Regierung übergegangen, die von der Staatsduma gebildet wurde. Möge Gott ihr helfen, Rußland auf den Weg des Ruhmes und des Wohlergehens zu führen. Möge Gott auch Euch helfen, Ihr siegreichen Truppen, unsere Heimat vor dem bösen Feind zu bewahren. Innerhalb von zweieinhalb Jahren habt Ihr jeden Augenblick lang einen schweren Kriegsdienst ertragen, viel Blut ist vergossen, große Anstrengungen sind unternommen worden, und nahe ist die Stunde, da Rußland, das mit seinen ruhmreichen Verbündeten durch das einige Streben nach Sieg verbunden ist, die letzte Kraft des Feindes bricht. Dieser beispiellose Krieg muß bis zum vollständigen Sieg geführt werden.
Wer jetzt an Frieden denkt, wer ihn jetzt wünscht, ist ein Verräter des Vaterlandes. Ich weiß, daß jeder ehrliche Soldat so empfindet. Erfüllt Eure Pflicht, verteidigt Eure ruhmreiche Heimat, unterwerft Euch der Provisorischen Regierung, gehorcht Euren Vorgesetzten, und denkt daran, daß jede Schwächung der Dienstdisziplin nur dem Feinde zugute kommt.
Ich glaube fest daran, daß in Euren Herzen die grenzenlose Liebe zu unserer großen Heimat nicht erloschen ist. Möge Euch Gott segnen, und möge Euch der heilige Märtyrer und Siegesbringer Georgij zum Sieg führen.
Hauptquartier des Generalstabs, 8. März 1917   NIKOLAUS«

Dieser Befehl wurde von der neuen Regierung jedoch nie veröffentlicht; sie wollte vermeiden, daß man dem Zaren nachtrauerte. Zum Abschied im Generalstab waren alle versammelt, die nicht im Einsatz waren. Außer den Generälen und Offizieren

Прошальный приказъ Государя

Въ послѣдній разъ обращаюсь къ вамъ, горячо любимыя мною войска. Послѣ отреченія моего за себя и сына моего отъ Престола Россійскаго власть передана Временному Правительству, по починку Государственной Думы возникшему.

Да поможетъ ему Богъ вести Россію по пути славы и благоденствія.

Да поможетъ Богъ вамъ, доблестныя войска, отстоять нашу Родину отъ злого врага. Въ продолженіи двухъ съ половиною лѣтъ вы несли ежечасно тяжелую боевую службу, много пролито крови, много сдѣлано усилій, и уже близокъ часъ, когда Россія, связанная со своими доблестными союзниками однимъ общимъ стремленіемъ къ побѣдѣ, сломитъ послѣднее усиліе противника. Эта небывалая война должна быть доведена до полной побѣды.

Кто думаетъ теперь о мирѣ, кто желаетъ его — тотъ измѣнникъ Отечеству, его предатель. Знаю, что каждый честный воинъ такъ мыслитъ. Исполняйте же вашъ долгъ, защищайте нашу доблестную Родину, повинуйтесь Временному Правительству, слушайтесь вашихъ начальниковъ.

Помните, что всякое ослабленіе порядка службы только на руку врагу.

Твердо вѣрю, что неугасла въ вашихъ сердцахъ безпредѣльная любовь къ вашей Великой Родинѣ. Да благословитъ васъ Господь Богъ, и да ведетъ васъ къ побѣдѣ Святой Великомученникъ и Побѣдоносецъ Георгій.

НИКОЛАЙ

Ставка
8/21 марта 1917 г.

Abschiedsbefehl des Zaren an die Armee in Mogiljow am 8./21. März 1917 auch jene Soldaten, die bereits an der Front gekämpft hatten, manche unter ihnen waren Invaliden. Dazu fanden sich auch die ausländischen Militärattachés ein. General Tichmejew beschreibt viele Jahre später die Szene:

»Ich sehe ihn vor mir, als wäre es heute, in seiner grauen Soldatentscherkesse*, auf der hell das Weiße Georgskreuz leuchtete. Ich sehe noch seine linke Hand, mit der er seine Lammfellmütze hielt und an seinen Kosakensäbel faßte. Seine rechte Hand ließ er locker hängen; sie zitterte leicht, und von Zeit zu Zeit strich er sich, wie es seine Gewohnheit war, mit einer mechanischen Geste über den Schnurrbart. Ich erinnere mich deutlich an sein Gesicht; es war blaß und schmal geworden, eingefallen, müde und matt. Seine Augen, diese bernsteinfarbenen, dann wieder ins Grau gehenden Augen, die früher so leuchtend gewesen waren, wirkten diesmal trübe und traurig. Vor allem denke ich noch an sein Lächeln, mit dem er uns zu beruhigen versuchte, und das wie versteinert auf seinem Gesicht lag, als die Menge um ihn in Tränen ausbrach.

Er war ein leidender Mensch, und doch: Er war voll und ganz die Kaiserliche Hoheit, die wir vor uns hatten, der Zar aller Russen. Er litt ja nicht für sich persönlich, sondern für uns, und in unserer Person für die Armee und für Rußland. Nicht zufällig hatte er diejenigen, die ihn zur Abdankung gedrängt hatten, gefragt: ›Werden denn die mit dem Volk zurechtkommen?‹ Wie recht er mit seinen Zweifeln hatte: Sie kamen nicht zurecht mit diesem Volk. Vielleicht war er damals einer der wenigen, der begriff, an welchem Abgrund sich Rußland befand.

Einer der wenigen Tage, die der Herrscher im Generalstab verbrachte, fiel auf einen Feiertag. Der Herrscher kam in die Stabskirche und begab sich an seinen Platz links** vor dem Geistlichen. Die Kirche war überfüllt. Im Laufe des Gottesdienstes kam

---

* Mantel der Kosakenuniform
** Links kann nur vom Priester aus gemeint sein, der Platz des Zaren in der Kirche war traditionell rechts, entsprechend der Tradition in Byzanz, wo der Kaiser – wie noch der Kreis in der Hagia Sophia zeigt – in seinem Thron rechts vor dem Allerheiligsten saß.

der Augenblick des ›Großen Auszugs‹, den der Priester vom Altar aus beginnt mit der Formel: ›Für den Allerfrömmsten, den Allermächtigsten, den Großen Herrscher, unseren Zaren ...‹ Diese Formel – durch die Abdankungsurkunde ungesetzlich geworden – hörten wir diesmal nicht. Wir hörten eine andere, die durch keinerlei kanonische Regel vorgesehen und in diesem Moment von unserem Stabsgeistlichen, Vater Wladimir, erdacht worden war. In bisher nie gehörten und ungewöhnlichen Worten wurde darin der Herrscher erwähnt. Immerhin, er wurde erwähnt. ›Ich durfte ihn ja nicht wie üblich in die Formel einschließen‹, erklärte Vater Wladimir später, ›denn er war ja nicht mehr Selbstherrscher und nicht einmal mehr Herrscher. Doch ich konnte ihn einfach nicht mit einem anderen Ausruf [auf die Provisorische Regierung] beleidigen. Ich konnte ihn aber auch nicht ungenannt lassen, da er doch hier stand, neben dem Altar, wo ich ihn in jedem Gottesdienst während der eineinhalb Jahre, die er als Oberkommandierender hier im Generalstab weilte, zu sehen gewohnt war.

Zu jenem Zeitpunkt bedeutete das, was dieser Mann tat, bereits ein großes Risiko. Doch er hat dieses Risiko nicht gescheut.

Am Abend des 7. [20.] März traf ein chiffriertes Telegramm aus Petrograd vom Ministerium für Verkehr ein. Darin hieß es, daß am frühen Morgen des nächsten Tages vier Mitglieder der Reichsduma ankommen würden, um den Herrscher festzunehmen und nach Petrograd zu bringen. Die Abreise aus Mogiljow war für neun Uhr morgens angegeben. Es wurde untersagt, darüber irgend jemandem Mitteilung zu machen. Es wurde befohlen, die Lokomotive für die kaiserliche Abreise bereitzustellen. Zweck dieser unverschämten Geheimhaltungsorder war es offenbar, dem Herrscher keine Zeit mehr zu geben, sich auf die Abreise vorzubereiten und sich zu verabschieden. Was man in Petrograd eigentlich fürchtete, ist mir nicht klar.

Was konnten die Petrograder Machthaber von einem Mann fürchten, der sich selbst soeben für sein Land geopfert hatte?

Das Telegramm war nicht an mich gerichtet gewesen. Ich erfuhr jedoch zufällig davon und bestand darauf, daß unverzüglich dem Generalstabschef Mitteilung gemacht werde. Ansonsten würde ich das selbst tun. Meine Forderung wurde erfüllt, und auf diese Weise war der Herrscher unterrichtet. Die Petrograder Abgesandten jedoch, von unzähligen Propagandareden aufgehalten, die sie unterwegs hielten, verspäteten sich.

Um 10 Uhr 30 des 8. [21.] März erfuhr ich, daß sich der Herrscher vor seiner Abreise von den Rängen seines Stabes zu verabschieden wünsche und daß der Stabschef alle ersuche, sich möglichst vollzählig um 11 Uhr im Saal des diensthabenden Generals zu versammeln. Gerade diese Verabschiedung hatte man in Petrograd offenbar vermeiden wollen.

Pünktlich um 11 Uhr erschien der Herrscher in der Tür. Nachdem er den Stabschef begrüßt hatte, wandte er sich an die Soldaten und Kosaken vom Leibgarderegiment Seiner Majestät und vom St. Georgs-Bataillon und begrüßte sie mit leiser Stimme, wie er immer in geschlossenen Räumen zu sprechen pflegte. ›Gesundheit und Wohlergehen wünschen wir Eurer Kaiserlichen Hoheit!‹ – kam es ihm wie aus einem Mund von den niedrigen Rängen entgegen.

In den Zeitungen jener Tage mußte ich lesen, daß die Soldaten der revolutionären Armee im Bewußtsein revolutionären Stolzes mit verächtlichem Schweigen auf die ihnen von Nikolaus Romanow entgegengebrachte Begrüßung reagiert hätten. All das ist gemeiner Unsinn aus den Federn der Lakaien der Revolution.

Nach der Begrüßung der unteren Ränge schritt der Herrscher rasch in die Mitte des Saales und blieb einige Schritte vor mir stehen, mit dem Gesicht uns zugewandt. Klar bis zu den feinsten Details sah ich sein Gesicht so, wie ich es vorhin beschrieben habe.

Äußerlich war er ganz ruhig, nur das Zittern seiner rechten Hand verriet seine innere Erregung.

Als er stehengeblieben war, hielt der Herrscher noch einige Augenblicke inne, bevor er wie immer klar und deutlich zu sprechen begann. Seine Erregung wurde bisweilen durch die unnatürlichen Pausen inmitten seiner Ausführungen spürbar. An die ersten Worte seiner Rede erinnere ich mich noch wörtlich: ›Heute sehe ich euch zum letzten Mal. Das ist der Wille Gottes und die Folge meines Entschlusses.‹

Er sagte, seine Abdankung erfolge zum Wohle Rußlands und er hoffe auf ein siegreiches Ende des Krieges. Er dankte uns, ihm und dem Vaterland so treu gedient zu haben, und trug uns auf, mit Glauben, Gewissen und Treue der Provisorischen Regierung zu dienen und um jeden Preis den Kampf gegen den ›grausamen, verräterischen Feind‹ bis zum siegreichen Ende zu führen. Der Herrscher hatte geendet. Seine rechte Hand zitterte nicht mehr. Im Saal herrschte Totenstille. Niemand ließ auch nur ein Räuspern vernehmen; alle starrten unbeweglich auf den Herrscher. Niemals in meinem Leben habe ich eine so drückend schwere, eine solche Totenstille in einem Raum erlebt, wo doch einige hundert Mann versammelt waren.

Nach kurzer Verneigung ging der Herrscher zum Generalstabschef zurück. Von dort aus begann er einen Rundgang zu allen Anwesenden, gab den älteren Generälen die Hand und nickte den übrigen zu. Als er wieder einige Schritte von mir entfernt angekommen war, hatte sich die Spannung endlich gelöst. Hinter dem Herrscher schluchzte plötzlich jemand heftig auf. Dieser Laut genügte, und an verschiedenen Stellen im Saal brachen die Menschen, die sich bisher nur mit Mühe beherrscht hatten, in Tränen aus.

Vielen liefen einfach stille Tränen über das Gesicht. Neben Schluchzen und Schneuzen war auch Zischen zu vernehmen: ›Ruhe, sonst macht ihr es dem Herrscher noch schwerer!‹ Das konnte jedoch die Gefühlsausbrüche nicht zum Verstummen bringen. Der Herrscher wandte sich nach rechts, dann wieder nach links, und wieder jenen zu, von deren Seite das Schluchzen zu vernehmen war, und bemühte sich zu lächeln. Aber das Lächeln gelang ihm nicht, ja es verzerrte sogar sein Gesicht. In seinen Augen standen Tränen. Doch er setzte seinen Rundgang fort.

Bei mir angekommen, blieb der Herrscher stehen und fragte mit dem Blick auf meine Untergebenen: ›Sind das die Ihren?‹

Ich war auch sehr erregt und bemerkte, daß der rechts von mir stehende General Jegorejew offenbar nicht mehr im Besitz seiner Kräfte war; ich schob ihn an der Taille nach vorne und antwortete:

›Das sind die Meinen ... und das ist der Frontkommandant.‹ Der Herrscher reichte ihm die Hand und wurde nachdenklich. Dann sah er mir direkt in die Augen und sagte: ›Denken Sie daran, Tichmejew, was ich Ihnen immer gesagt habe: Sorgen Sie immer dafür, daß alles da ist, was die Armee benötigt. Jetzt ist das wichtiger denn je. Ich wiederhole: Ich kann nicht ruhig schlafen, wenn ich daran denke, daß es der Armee an etwas mangelt.‹*

Der Herrscher gab mir und Jegorejew die Hand und ging weiter. Als er zu den Offizieren des Georgjewskij-Bataillons** kam, das gerade von seinem Einsatz in Petrograd zurückgekehrt war, gab er jedem einzelnen die Hand. Das Schluchzen im Saal wurde immer haltloser. Die Offiziere des genannten Bataillons, von denen viele schon mehrmals verwundet worden und von ihren Verletzungen noch nicht genesen waren, befanden sich am Rand ihrer Kräfte, und zwei von ihnen verloren das Bewußtsein. Im gleichen Augenblick brach ein kräftiger, bärtiger Kubankosake, der genau mir gegenüber am anderen Ende des Saales gestanden war, vornüber zusammen.

Der Herrscher, der sich die ganze Zeit hindurch mit Tränen in den Augen nach allen Seiten hingewandt hatte, hielt es nicht mehr länger aus. Er brach den Rundgang ab und begab sich mit raschem Schritt zum Ausgang. Alle stürzten ihm nach. Im Gedränge konnte ich fast nichts von den Worten des Stabschefs hören, die noch an den Herrscher gerichtet waren. Nur die letzten Worte der erregten Stimme von General Alexejew waren zu vernehmen:

›Und jetzt erlauben mir Eure Majestät, Ihnen eine gute Reise und im weiteren ein – den Umständen entsprechend – glückliches Leben zu wünschen.‹

Der Herrscher umarmte General Alexejew kurz, küßte ihn zweimal und ging sofort hinaus. Ich habe ihn nie mehr gesehen.«

Zeitzeugen berichten, der Exzar habe seine neue Situation »in Bescheidenheit und Selbstdisziplin« ertragen. Der britische

---

* General Tichmejew war für die Bahntransporte des Nachschubs für die Armee zuständig.
** Ein Sondertrupp aus Offizieren und Soldaten, Trägern des Georgsordens, während des Krieges zur Bewachung des Hauptquartiers abgestellt

Militärattaché, General Hanbury-Williams, der sich wie andere militärische Vertreter der Verbündeten im Generalstab aufhielt, erinnert sich daran, wie Nikolaus sich von ihm verabschiedete:

»Nikolaus war in eine Khaki-Uniform gekleidet und sah müde und blaß aus. Er hatte dunkle Ringe unter den Augen. Als ich eintrat, erhob er sich lächelnd von seinem Schreibtisch, um mich zu begrüßen, und setzte sich zu mir auf die Couch. Er sagte, er hätte Reformen weiterbringen wollen, aber die Ereignisse hätten sich so rasch entwickelt, und nun sei es zu spät. Die Lösung mit Alexej als Thronfolger und einem Regenten an seiner Seite habe er nicht akzeptiert, da er die Trennung von seinem einzigen Sohn nicht ertragen hätte, ebensowenig wie das die Zarin gewollt hätte. Er gab der Hoffnung Ausdruck, daß er Rußland nicht verlassen müsse, und meinte, niemand könne etwas dagegen einzuwenden haben, wenn er sich auf die Krim zurückziehe; wenn das nicht möglich sei, dann ginge er eher nach England als irgendwo andershin. Er sprach sich für eine Unterstützung der neuen Regierung aus, denn das sei die einzige Chance, daß Rußland in der Allianz bliebe, um den Krieg zu beenden; zugleich äußerte er jedoch die Befürchtung, die Revolution könne die Armee ruinieren. Nachdem wir uns verabschiedet hatten, setzte er noch hinzu: ›Denken Sie daran, das einzig Wichtige ist, Deutschland zu besiegen!‹«

Während die Soldaten bereits auf die neue Regierung vereidigt wurden, kam Nikolaus einer entsprechenden Anfrage mit der Order zuvor, daß man nun die traditionell auf russischen Uniformen angebrachten zarischen Monogramme »NII« (für »Nikolaus II.«) zu entfernen habe.

Nikolaus' Mutter Maria Fjodorowna war nach Mogiljow gekommen. Sie war von der Nachricht der Abdankung ihres Sohnes am meisten getroffen. Es war die größte Erniedrigung ihres Lebens, wie ihre Tochter Olga in Erinnerungen berichtet, und in Marias Augen trug Alexandra die Hauptschuld an den Ereignissen, die dazu geführt hatten.

Kurz nachdem Nikolaus seine Mutter im Coupé ihres Zuges aufgesucht hatte, trat auch sein Onkel und Schwager, Großfürst

Alexander Michajlowitsch (genannt »Sandro«), ein, der mit ihr gekommen war. Er fand Maria Fjodorowna laut schluchzend in einem Fauteuil vor, neben ihr Nikolaus, der verlegen dastand und eine Zigarette nach der anderen rauchte.

Nach der Abschiedszeremonie im Generalstab verabschiedete sich Nikolaus noch von seiner Mutter. Am gleichen Tag wurde er für verhaftet erklärt. Die Duma hatte ja die vier Abgesandten nach Mogiljow geschickt, um den Exzaren nach Zarskoje Sjelo begleiten zu lassen. Nikolaus' Zug* fuhr Minuten vor dem seiner Mutter ab, und als sich der seine am gegenüberliegenden Bahnsteig in Bewegung setzte, stand er am Fenster und zwang sich zu einem Lächeln, während sie, Tränen in den Augen, mit ihrer Hand ein Kreuz formte. Beide wußten nicht, daß sie sich zum letzten Mal gesehen hatten.

Im Tagebuch jenes Tages gelingt es Nikolaus nicht wie sonst, seine Emotionen zu verbergen, die ihn noch Stunden zuvor beim Abschied von seiner Armee und von seiner Mutter bewegt hatten:

»8. März. – Letzter Tag in Mogiljow. Um 10 Uhr 15 habe ich meinen Abschiedsbefehl an die Armeen unterzeichnet. Um 10 Uhr 30 ging ich in den Generalstab und verabschiedete mich von allen. Dann habe ich auch den Offizieren und Kosaken der Leibgarde und des gemischten Regiments adieu gesagt. Ich dachte, mir zerspringt das Herz! Zu Mittag bin ich zu Mama in ihren Waggon gegangen; nach dem Mittagessen bin ich bis 4 Uhr 30 bei ihr geblieben und habe mich von ihr sowie Sandro, Sergej, Boris und Alix** verabschiedet. Man hat mir nicht gestattet, den armen Nilow*** mitzunehmen. Um 4 Uhr 45 bin ich von Mogiljow abgefahren; viele haben mich begleitet, alle waren aufgewühlt. Vier Mitglieder der Duma reisen in meinem Zug.****

---

* Der Zar verfügte über einen Privatzug
** Es handelt sich nicht um Nikolaus' Ehefrau
*** Ein dem Zaren besonders ergebener Admiral
**** Nikolaus empfand den Geleitschutz als besonders erniedrigend, denn er signalisierte Gefangenschaft, die für den Zaren nach seiner Abdankung keineswegs selbstverständlich war (hier hatte sich der linke Flügel der Provisorischen Regierung durchgesetzt).

Mein Herz ist schwer, es schmerzt mich, und ich bin zutiefst betrübt.«

Am gleichen Tag wurde die Zarenfamilie in Zarskoje Sjelo unter Hausarrest gestellt. In den stürmischen vergangenen Tagen, in denen Aufständische von Petrograd bis zum Alexander-Palais in Zarskoje Sjelo vorgedrungen waren, war die Zarenfamilie durch das entschlossene Handeln der Einheiten, die deren Haus bewachten, an einer Katastrophe vorbeigegangen.

General Kornilow, Kosake und dynastietreuer Offizier, wurde zum Militärkommandanten von Petrograd bestellt. Das war nur in der Phase der Provisorischen Regierung denkbar, denn ab Lenins Machtergreifung im Herbst desselben Jahres wurde mit allen bürgerlichen und militärischen Repräsentanten des alten Regimes abgerechnet, und wenn sie nicht zur Kollaboration bereit waren, wurden sie liquidiert. Doch jetzt benötigte man sie noch zur Aufrechterhaltung der Armeestruktur, die von der revolutionären Propaganda schon zunehmend aufgeweicht war, für die Weiterführung des Krieges und zur Sicherung der inneren Ruhe, was allerdings kaum noch möglich war.

Kornilow hatte die Aufgabe, der Familie den Status der Gefangenschaft mitzuteilen. Zugleich mußte er im Namen der Regierung Personal und Dienerschaft abziehen, deren Zahl in die Hunderte ging. Er versammelte alle in einem Saal des Palastes und teilte ihnen mit, sie seien frei. Wer jedoch weiter in den Diensten der Familie bleiben wolle, dürfe dies auf eigenes Risiko tun. Daraufhin setzte ein solcher Massenexodus ein, daß Kornilow kaum hörbar zwischen den Zähnen zischte: »Lakaien ...«

Später sollten jedoch auch einige von denen, die sich nun vom ehemaligen Herrscher losgesagt hatten, eines gewaltsamen Todes sterben, und damit das Schicksal der kleinen Handvoll Getreuer letztlich teilen.

Als Nikolaus seinem Zug in Zarskoje Sjelo entstieg, dauerte es nur wenige Augenblicke, bis sich seine Suite in alle Winde zerstreut hatte. Einer der wenigen, der ihn weiter in seine ungewisse Zukunft begleitete, war der Generalmajor seiner Suite, Prinz Dolgorukij. Dieser sollte zusammen mit seinem Schwiegervater, Graf Benckendorff, in den letzten Monaten, die der Zarenfamilie in Zarskoje Sjelo verblieben, neben dem Arzt Doktor Botkin und dem Schweizer Hauslehrer Gilliard (dem die Rückkehr in seine Heimat durch den Krieg nicht möglich war) Nikolaus und seiner Familie bis kurz vor deren Ermordung Hilfe und moralische Stütze bieten.

Im Generalstabsquartier war man noch taktvoll gewesen, wenn es um – nicht mehr gültige – protokollarische Formen in der Behandlung des nunmehrigen Exzaren ging, um diesen die plötzliche Änderung seiner Lage nicht zu kraß spüren zu lassen. In Zarskoje Sjelo wehte Nikolaus jedoch ein anderer Wind entgegen.

Der Wagen fuhr vor dem Palasttor vor. »Wer ist da?« – kam es unwirsch von der Wache her. – »Nikolaus Romanow!« – war die Antwort des Fahrers. Erst nach einigem Hin und Her ließ man den einstigen Hausherrn passieren. Die Soldaten gafften ihn an, manche riefen ihm Schimpfworte zu. Die Situation mag Nikolaus überrascht haben, anmerken ließ er sich jedoch nichts. Im Gegenteil, von sich aus grüßte er die leger herumstehenden Wachen in ihren schlampigen Uniformen mit heraushängenden Hemden, Zigaretten im Mundwinkel, und eilte in das Innere des Alexander-Palastes – vorbei an den auch hier herumstehenden Burschen, die er begrüßte, wobei er mechanisch die Hand zur Kappe hob, um einen Salut zu erwidern, der nie gekommen war. Mit der Formel, als sei an der alten Ordnung nie gerüttelt worden, meldete der greise Hofmarschall mit Monokel, Graf Benckendorff, Alexandra die Ankunft des Zaren, und in der Aufregung versagte ihm beinahe die Stimme: »Seine Majestät der Kaiser!«

Er öffnete die Tür, und im nächsten Augenblick lagen Nikolaus und Alexandra einander in den Armen. Irgendwann fiel jetzt, da er sich in der Privatsphäre seiner Familie befand, auch vom nunmehrigen Exzaren die Disziplin ab, zu der er sich bisher gezwungen hatte; er ließ – wie Alexandra – den Tränen freien Lauf. »Verzeih mir ...« – »... es ist meine Schuld ...«, sollen beide gestammelt haben.

Nikolaus hielt den ersten Eindruck von seiner Rückkehr im Tagebuch fest; ihn schien der Anblick der heruntergekommenen

Soldaten einer Armee, die einmal der Stolz Rußlands gewesen war, am meisten zu erschüttern:

»Bin ohne Verspätung oder Zwischenfall in Zarskoje Sjelo angekommen, gegen 11 Uhr 30. Großer Gott, was für ein Unterschied zu früher! Auf den Straßen und um den Palast, im Park, überall andere Wachposten; und selbst im Vestibül, ich weiß nicht was für Fähnriche! (...) Bin nach dem Wiedersehen mit meiner Familie mit Dolgorukij ein wenig im Vorgarten auf und ab gegangen, denn es ist uns verboten, weiter weg zu gehen!«

Es ist bemerkenswert, daß Nikolaus weder gegen seinen Status als Gefangener protestierte (von der Verfassung her war jedenfalls nicht vorgesehen, daß ein Zar nach seiner Abdankung der Freiheit beraubt wird) noch sich über die zügellosen Wachposten beschwerte. Vielleicht betrachtete er die Situation bereits als unabänderlich.

Die Tatsache, im Kreis der Familie zu sein, schien für alle, am meisten für den Exzaren selbst, die unerfreuliche Lage zu mildern. Nikolaus war auch als Zar immer von Außenstehenden als idealer, liebevoller Familienvater bezeichnet worden, der sich im Kreise seiner Kinder am wohlsten fühlte. Hier schöpfte er die Kraft, über die täglichen Mißlichkeiten seiner neuen Existenz hinwegzusehen. Sie waren allerdings auch nur harmlose Vorboten dessen, was ihm und seiner Familie bis zum gewaltsamen Ende noch bevorstand.

Die Wachposten waren vom Soldatenrat, dem revolutionären Flügel der Provisorischen Regierung, ausgewählt worden, sie empfanden sich als Sieger der Revolution. Die Soldaten berauschte ihre neue Rolle als Machthaber über den bis vor kurzem so mächtigen Zaren, wie kleine Kinder ließen sie ihrem Übermut freien Lauf. Sie liebten es, den Exzaren und seine Familie zu provozieren, indem sie die Privaträume betraten, wann immer es ihnen beliebte. Einmal mußte die kranke Hofdame und Freundin der Zarin, Anna Wyrubowa, von ihrem Bett aus zusehen, wie ein Soldat mitten in der Nacht an ihrem Tisch stand und ihre Habseligkeiten zusammenraffte.

Bei jedem Verlassen des Palastes, etwa um in den der Familie zugeteilten Garten zu gehen, mußte erst um den Schlüssel zum

Aufsperren des Gebäudes gebeten werden. Zunächst war der Familie das Verlassen des Hauses überhaupt verboten worden. Doch der bei ihr verbliebene Hausarzt Doktor Botkin erreichte die Erlaubnis für einen täglichen kurzen Ausgang.

Einmal, mitten in der Nacht, wollte einer der Soldaten unbedingt Alexej sehen; diesmal stellte sich der Hauslehrer Gilliard in den Weg und verteidigte seinen Schützling. Wenn Nikolaus sich im Garten aufhielt, wurde er meist mit flegelhaften Bemerkungen bedacht. Wenn er sein Rad nahm, genossen es seine neuen Herren, ihn zu Fall zu bringen, indem sie plötzlich ihr Bajonett in die Speichen steckten. Nachts bedienten sie sich in den Weinkellern, und lärmende Saufgelage waren die Folge.

Am meisten erschüttert über die Art, wie der ehemalige Zar behandelt wurde, war sein Sohn Alexej. Für den Dreizehnjährigen war Nikolaus die größte Autorität gewesen, der einzige, der ihn mit einem Blick zur Raison bringen konnte, wenn er zu ausgelassen war oder sich schlecht benahm. Nun mitansehen zu müssen, daß sein Vater nicht nur keine Autorität mehr für andere darstellte, sondern sich Anweisungen fügen und Demütigungen hinnehmen mußte, machte Alexej betroffen, und manchmal war er völlig fassungslos.

Je dreister die Übergriffe, desto gelassener und freundlicher benahm sich Nikolaus gegenüber seinen feindseligen Bewachern. Ihm schien völlig klar zu sein, daß sie von entsprechender Propaganda geleitet waren. Er begann, sich mit den Soldaten zu unterhalten, die Beweggründe für ihre Einstellung zu ergründen und auf kritische Kommentare hin Diskussionen zu führen. Einige von ihnen änderten ihr Verhalten in der Erkenntnis, daß Nikolaus vielleicht gar nicht so blutrünstig und brutal gewesen war, wie man von ihm behauptete. Manche halfen ihm und seiner Familie sogar bei der Gartenarbeit, mit der sich die Zarenfamilie nun täglich beschäftigen durfte.

Die Exzarin bewahrte Würde und Disziplin, innerlich jedoch verbitterte sie. Auch die Kinder ertrugen die neue Situation durch den Zusammenhalt der Familie leichter. Die älteste Tochter Olga schrieb sich in Gedichten ihren Kummer von der Seele. Entscheidend für die Lebensumstände und die weitere Existenz der Familie waren zunächst die Beschlüsse des Justizministers Kerenskij.

Kerenskij war in den ersten Monaten der Provisorischen Regierung (in der ein Teil der Abgeordneten bürgerlich war) ab Frühjahr 1917 Justizminister, bis er im Frühsommer Ministerpräsident Lwow in dessen Funktion ablöste und außerdem Kriegs- und Marineminister wurde. Von Beruf ursprünglich Anwalt, war er rhetorisch begabt und verstand es, durch rasche Analyse einer Situation und entschlossenes Handeln – wie während der Februarunruhen zu beobachten – die Initiative an sich zu reißen und dabei seine persönlichen Machtinteressen im Auge zu behalten. Obwohl überzeugter Revolutionär und bekanntermaßen Freimaurer, vollführte Kerenskij während seiner Tätigkeit in der Provisorischen Regierung einen ständigen politischen Balanceakt zwischen den Liberalen der Duma und den extremen Linken der Sowjets (der Arbeiter- und Soldatenräte).

Zum Zweck eines eindrucksvolleren Erscheinungsbildes pflegte Kerenskij sich in eine Phantasieuniform zu kleiden und mit napoleonischer Geste den rechten Arm über seiner Brust zu halten. In der Öffentlichkeit ließ er sich stets von zwei Adjutanten flankieren. So zwiespältig seine Rolle in den für Rußland entscheidenden Monaten des Jahres 1917 sein sollte, so undurchsichtig erscheint sie auch in bezug auf das Schicksal der Zarenfamilie. Während Kerenskij die Sowjets, denen die Abdankung von Zar Nikolaus nicht genug war und die seine sofortige Internierung in der Peter-und-Pauls-Festung und seine Exekution forderten, vorläufig beruhigte, erklärte er gleichzeitig anläßlich einer allgemeinen Debatte über die Todesstrafe:* »Ich bin für die Abschaffung der Todesstrafe – die einzige Ausnahme gilt für den Zaren!«

Kurz nach Eintreffen des Exzaren in Zarskoje Sjelo entschloß sich Kerenskij, die Situation zu inspizieren. Bis dahin hatte er Nikolaus noch nie gesehen. Sein erklärter Haß gegenüber dem Exzaren hinderte Kerenskij nicht, in dessen privater Limousine aus

---

* Unter Zar Nikolaus II. war die Todesstrafe aufgehoben worden, außer für Zarenmord, dreifachen Mord und Desertion.

dem Fuhrpark Nikolaus' samt Chauffeur vorzufahren. Nach einem flammenden revolutionären Appell an die Wache und die Bediensteten, in dem er sie daran erinnerte, daß sie nicht dem Exzaren, sondern dem Volk und der Revolution dienten, inspizierte er die Räume und ließ sich bei Nikolaus anmelden. Kerenskij selbst erinnert sich an diese erste Begegnung aus seiner Sicht so:

»Ich erinnere mich noch genau an mein erstes Gespräch mit dem früheren Zaren, das Mitte März im Alexandrowskij-Palast stattfand. (...) Ich hatte alles getan, was ich konnte, um den Sturz von Nikolaus II. herbeizuführen, als er allmächtig war. An einem besiegten Feind aber konnte ich mich nicht rächen. Im Gegenteil, ich wollte den Eindruck erwecken, daß die Revolution großmütig und human gegen ihre Feinde war. Wenn die juristische Untersuchung, die eingeleitet wurde, Beweise dafür erbracht hätte, daß Nikolaus II. vor oder während des Krieges sein Vaterland verraten habe, wäre er natürlich sofort vor Gericht gestellt worden. Es war jedoch ohne jeden Zweifel erwiesen, daß der Zar eines solchen Verbrechens nicht schuldig war. Ich hatte die Unterredung mit dem früheren Zaren mit einer gewissen Besorgnis erwartet, weil ich fürchtete, ich könnte die Beherrschung verlieren, wenn ich ihm persönlich gegenüberstand.

Mein erster Blick auf die Szene, als ich auf den Zaren zuging, veränderte meine Stimmung völlig. Die ganze Familie drängte sich verlegen um einen Tisch am Fenster des angrenzenden Zimmers. Ein kleiner uniformierter Mann löste sich aus der Gruppe und kam mir entgegen, ein wenig zögernd, mit schwachem Lächeln. Das war Nikolaus II. Auf der Schwelle zu dem Raum, in dem ich auf ihn wartete, blieb er stehen, als sei er unsicher, was jetzt zu tun war. Er wußte nicht, wie ich mich verhalten würde. Sollte er mich als Gastgeber empfangen oder darauf warten, daß ich ihn zuerst grüßte? Sollte er mir die Hand reichen oder warten, bis ich das Wort an ihn richtete?

Ich spürte seine Verwirrung wie auch die Erregung der ganzen Familie, die nun plötzlich einem fürchterlichen Revolutionär ausgeliefert war. Ich ging rasch auf Nikolaus II. zu, streckte ihm lachend die Hand hin und sagte kurz: ›Kerenskij.‹ So pflegte ich mich vorzustellen. Er gab mir die Hand, lächelte sichtlich ermutigt und führte mich zu seiner Familie. Alexandra Fjodorowna war steif, stolz und hochmütig. Nur zurückhaltend, wie unter Zwang, gab sie mir die Hand. Das war typisch für den Unterschied in Charakter und Temperament zwischen den Eheleuten. Ich spürte sofort, daß Alexandra Fjodorowna, jetzt gebrochen und zornig, einen starken Willen hatte. In diesen wenigen Sekunden verstand ich, welche Tragödie sich jahrelang hinter den Mauern des Palastes abgespielt hatte.

(...) Ich bat die beiden, nicht beunruhigt zu sein und sich auf mich zu verlassen. Sie bedankten sich, und ich begann mich zu verabschieden. Nikolaus II. erkundigte sich nach der militärischen Lage und wünschte mir in meinem neuen und beschwerlichen Amt viel Erfolg. Während des ganzen Frühlings und Sommers verfolgte er die militärischen Ereignisse. Er las die Zeitungen aufmerksam und befragte jeden Besucher ...«

Nach diesem ersten Treffen und weiteren Besuchen revidierte Kerenskij sein Urteil über Nikolaus als Zar und Mensch offenbar völlig und meinte später zurückhaltend:

»Das war meine Begegnung mit Nikolaus dem ›Blutigen‹. Nach dem Schrecken bolschewistischer Herrschaft hat dieser Beiname völlig an Bedeutung verloren. Seine Mentalität und die äußeren Umstände hatten ihn als Zaren einfach fern von jedem Kontakt mit der Bevölkerung gehalten, und er erfuhr von Blut und Tränen Tausender Menschen erst nachträglich …

Im Vergleich zu unseren modernen ›Freunden des Volkes‹, deren Hände blutbefleckt sind, erscheint der Zar durchaus als Mann, dem menschliche Gefühle keineswegs fremd waren, dessen Natur jedoch durch Umwelt und Tradition verkehrt worden war.«

Und schließlich holt Kerenskij zu einer eingehenderen Analyse von Nikolaus zu jenem Zeitpunkt seines Lebens aus, die ungeachtet der subjektiven Perspektive aufschlußreich ist:

»Nach meinem ersten Gespräch mit ihm war ich innerlich sehr aufgewühlt. Im Gegensatz zu seiner Frau, von der ich mir ein völlig klares Bild machte, war Nikolaus mit seinen schönen blauen Augen, seinem Äußeren und seinem Benehmen für mich ein Rätsel.

Hatte er berechnend den Charme in die Waagschale geworfen, den er von seinem Großvater Alexander II. geerbt hatte? War er ein routinierter Schauspieler, ein kunstvoller Heuchler? Oder war er ein harmloser Unschuldiger, der völlig unter dem Pantoffel seiner Frau stand und leicht zu beeinflussen war?

Es schien unglaublich, daß dieser bescheidene Mann mit den langsamen Bewegungen, der aussah wie jemand, den man in fremde Kleider gesteckt hat, daß dieser Mann Zar von ganz Rußland gewesen war, Zar von Polen, Großfürst von Finnland usw. usw., daß er fünfundzwanzig* Jahre lang über ein ungeheures Imperium geherrscht hatte! Ich weiß nicht, wie Nikolaus II. als Monarch auf mich gewirkt hätte, aber jetzt nach der Revolution war ich betroffen, wie wenig darauf schließen ließ, daß noch vor einem Monat so viel von seinem Wort abhing.

Ich hatte den Eindruck, er habe sein Amt abgelegt wie eine Galauniform und sei erleichtert, von dieser Bürde befreit zu sein. Doch hinter der Maske seiner Freundlichkeit glaubte ich, Einsamkeit und Enttäuschung zu sehen. Enttäuschung über so viel Verrat ...«

Nikolaus notiert über die Begegnung nur kurz in sein Tagebuch: »21. März [3. April 1917]. Heute nachmittag kam unangemeldet Kerenskij, der derzeitige Justizminister. Er hat alle Zimmer besichtigt und den Wunsch geäußert, uns zu sehen, hat ungefähr fünf Minuten mit mir verbracht, den neuen Palastkommandanten vorgestellt und sich dann zurückgezogen. Er gab Befehl, die arme Anja [Anna Wyrubowa] und Lili Dehn [eine weitere Freundin der Zarin] zu verhaften und nach Petrograd zu bringen. Das hat sich zwischen 3 und 4 Uhr in meiner Abwesenheit abgespielt.«

Kerenskij hatte in jener Passage seiner Erinnerungen kein Wort über die Verhaftung und den Grund dazu verloren. Die Bestellung des neuen Palastkommandanten begründete er so:
»Ich wollte das Rätsel dieser seltsamen und doch entwaffnenden

---

* Tatsächlich waren es 23 Jahre.

Persönlichkeit* lösen. Ich bestellte einen neuen Kommandanten für den Alexandrowskij-Palast, einen Mann, dem ich vertrauen konnte. Ich wollte die kaiserliche Familie nicht den wenigen Getreuen Benckendorff, Naryschkina, Dolgorukij, Botkin, Buxhoeveden, Schneider etc. und der Garde überlassen. Es gab immerhin Gerüchte über eine ›konterrevolutionäre Verschwörung‹, nachdem die Familie einem diensthabenden Offizier Wein zu seinem Essen geschickt hatte. Wir brauchten dringend einen zuverlässigen und intelligenten Mittelsmann im Palast. Ich wählte den Militärjuristen Korowitschenko. Mein Vertrauen wurde gerechtfertigt. Er hielt seine Gefangenen völlig isoliert und brachte es fertig, ihnen Achtung vor den neuen Machthabern einzuflößen.«

Tatsächlich hieß es bald, der Exzar müsse vor der Familie isoliert leben und dürfe sie nur zu den Mahlzeiten sehen, bei denen ein diensthabender Wachesoldat anwesend sein und die Gespräche mithören müsse, diese dürften auch nur in russischer Sprache geführt werden.

Nikolaus sieht den Hintergrund dafür und resümiert in seinem Tagebuch:

»Diese Trennordnung benötigt Kerenskij offenbar, um den berühmten Sowjet der Soldaten- und Arbeiterdeputierten zu beruhigen! Wir mußten uns beugen, um Gewaltanwendung zu vermeiden.«

Bisher war die Familie dennoch relativ guten Mutes. Nach wiederholten Fragen an Kerenskij, ob man sie auf die Krim reisen lasse, lebt sie nun im Frühsommer 1917 in der Illusion, ihre Abreise nach England stehe unmittelbar bevor, nachdem das Ersuchen des Exzaren, sich als Privatmann mit seiner Familie auf seinen Sommersitz bei Livadia auf der Krim zurückziehen zu dürfen, abgelehnt wurde.

Nikolaus in sein Tagebuch:

»Habe heute meine Papiere und Bücher geordnet und vorzubereiten begonnen, was ich im Fall der Abreise nach England mitnehmen möchte.«

---

* Gemeint ist Nikolaus.

Tatsächlich hatte die russische Regierung über den britischen Botschafter Sir George William Buchanan eine Anfrage an die englische Regierung gerichtet, in der offiziell um Aufnahme der Zarenfamilie ersucht wurde. Diese Anfrage vom 6./19. März 1917 wurde vier Tage später positiv beantwortet. Davon erfuhr Nikolaus ebensowenig wie von einem Telegramm seines Cousins, des englischen Königs Georg, an die russische Regierung, in welchem dieser sich nach dem Befinden Nikolaus' erkundigte. Doch die Situation im Land war – so behauptete Kerenskij später – zu unkontrollierbar, als daß die Zarenfamilie ohne Risiko nach Murmansk hätte gebracht werden können. Und nur von dort aus war ein Transport mit dem Schiff nach England zu diesem Zeitpunkt möglich. Daher geschah einstweilen nichts.

Indessen drehte sich das Rad der politischen Ereignisse immer schneller. Es sollte den Aktionsradius von Kerenskij bald einschränken. Denn entschlossener als Kerenskijs uneinige Regierung arbeitete ein anderer Mann an der Verwirklichung seines Zieles: Lenin.

Der Boden für die Machtergreifung des im Exil auf seine Chance wartenden Revolutionärs war vorbereitet. Die Februaraufstände hatten radikale Revolutionäre in die Regierung gebracht. Diese setzten nun weiter ihre revolutionäre Propaganda fort, die auf eine Eliminierung der noch in der Regierung verbliebenen bürgerlichen Kräfte hinzielte.

Das Hauptargument ihrer Propaganda war das Versprechen, den Krieg zu beenden. Die nichtradikalen Regierungsmitglieder hielten an einer Fortsetzung des Krieges und Bündnistreue gegenüber den Alliierten Frankreich und England fest und erhielten dafür von diesen auch größere Mittel.

Der deutsche Generalstab und das Außenamt wiederum finanzierten die Friedensschluß-Agitatoren. Daneben förderten sie ebenfalls durch Propagandisten die Schwächung der Kampfmoral an der Front, während sie weitere militärische Offensiven unternahmen. Darüber hinaus war die deutsche Seite dank ihrer Kontakte auch über geplante russische Offensiven informiert, was die russische Seite jeder Chance auf Erfolg beraubte.

Die Zeit war für Lenin reif geworden. Er mußte sofort nach Petrograd. Anfang April war es soweit. Von seinen Parteigenossen aus Petrograd erhielt Lenin ein Telegramm: »Bitte sofort kommen.« Die Angehörigen der deutschen Botschaft in Bern und des deutschen Konsulats in Zürich hatten für Lenin und seine mitreisenden Revolutionäre im Zug zur Durchreise durch das deutsche Territorium einen abgeschlossenen Waggon mit Bewachung organisiert, der als »der plombierte Waggon« berühmt wurde.

Darüber hinaus holten die deutschen Diplomaten auch die Transitgenehmigung Schwedens für die Revolutionäre ein. Im Grenzfall hätte der deutsche Kaiser, wie er im Generalstab selbst erklärte, Lenin auch direkt über die Front nach Rußland eingeschmuggelt. Der Trumpf in Lenins Hand, der Deutschland so viel bedeutete, war die Parole »Friedensschluß!«. Was für den deutschen Kaiser Ziel war, wollte Lenin jedoch nur als Mittel zum Zweck seiner Machtergreifung und einer »Revolution« benutzen, die nicht an den Grenzen Rußlands haltmachen, sondern sich über die ganze Welt ausbreiten sollte.

Weder Kerenskij noch Nikolaus ahnten zu diesem Zeitpunkt, daß »das rote Rad«, wie Solschenizyn diesen Wendepunkt in der russischen Geschichte nennt, anlief und sie bald beide überrollen würde. Der russische Außenminister Miljukow erhielt von britischer Seite diskret den Hinweis, daß Lenin mit einer Gruppe von Revolutionären in einem von Deutschland organisierten Transport unterwegs nach Rußland sei. Gelassen meinte er: »Es soll nur erst einmal bekannt werden, wie und mit wessen Hilfe Lenin eingereist ist, dann wird er so diskreditiert sein, daß er keine Gefahr mehr darstellt!«

Lenins Zug blieb in Berlin sieben Stunden auf einem Abstellgleis stehen. Hier traf der Revolutionär mit Angehörigen des Außenamtes zusammen.* In Malmö klärte er mit Parvus finanzielle und

---

* Es ist zu vermuten, daß Lenin aufgrund dieses Treffens seine Parole »Alle Macht den Sowjets« und die Bereitschaft, zumindest mit den Linksparteien zusammenzuarbeiten, änderte, wie sich bei seiner Ankunft in Petrograd zeigte. Nur seine alleinige Machtergreifung konnte die Erfüllung der in Berlin getroffenen Vereinbarungen u. a. hinsichtlich der Bedingungen für einen Friedensschluß garantieren.

organisatorische Fragen. Als Lenin die russische Grenze uner-
kannt passiert hatte und bald darauf in der Hauptstadt seine
erste flammende Rede hielt, war die Enttäuschung der gemäßigten Sozialrevolutionäre über Lenins Absage an eine Zusammen-
arbeit mit anderen Parteien und an die Macht der Sowjets groß.
Der deutsche Generalstab telegraphierte jedoch zufrieden an das
Außenamt:
»Lenins Eintritt in Rußland geglückt. Er arbeitet völlig nach
Wunsch.«
Der deutsche Botschafter in Stockholm, Luzius, rühmte sich später, selbst Mithelfer gewesen zu sein, auch wenn er nur die Besor-
gung der schwedischen Transitvisa übernommen hatte. Kurze
Zeit später erhielt Lenins russischer Vermittler Parvus, der das
Revolutionsprogramm entworfen hatte, in Anerkennung seiner
Verdienste im Interesse der deutschen kaiserlichen Regierung
die preußische (!) Staatsbürgerschaft zuerkannt; er erfuhr diese
für einen Russen ungewöhnliche Nachricht am 9. Mai 1917 vom
deutschen Gesandten Brockdorff-Rantzau in Kopenhagen, wo
sich Parvus aufhielt.
Der Kontrast zwischen den Aktivitäten der deutschen Regierung gemeinsam mit den russischen Revolutionären und dem
(zwangsläufig) geruhsamen Leben der ahnungslosen Zarenfamilie hätte nicht größer sein können. Im Mai fand in Wien eine
gemeinsame Sitzung des deutschen und des österreichischen
Generalstabs statt, bei der ein gemeinsames Vorgehen mit politischen Mitteln zum Zweck des Sturzes der Regierung beschlossen wurde. Während zu diesem Zeitpunkt die deutschen Aktivitäten zur Förderung der Revolutionäre einen
neuen Höhepunkt erreichten, um Lenin an die Macht zu bringen, war die in Zarskoje Sjelo unter Hausarrest stehende Zarenfamilie zu Passivität und Warten auf ihr weiteres Schicksal verurteilt.
Nikolaus beschäftigte sich mit Gartenarbeit; seine Kinder halfen
ihm dabei, Alexandra sah zu oder las. Alexej erhielt von seinem
Vater Unterricht in Geschichte und Geographie, für Französisch
und Englisch waren noch seine Lehrer Gilliard und Gibbes da.
Der Exzar hielt sich durch Zeitungen, die er allerdings nur mehr

_T e l e g r a m m ._

Großes Hauptquartier, den 21. April 1917 . 5 Uhr 35 Min. nachm.

Ankunft: 6 " 35 " "

Der K. Legationsrat an Auswärtiges Amt.

No. 551.

> Oberste Heeresleitung übergibt fol-
> gende Meldung der Sektion Politik des
> Generalstabes Berlin:
>
> "Steinwachs drahtet aus Stockholm am
> 17. April 1917:
>
> "Lenin Eintritt in Rußland ge -
> glückt. Er arbeitet völlig nach Wunsch.
> Daher Wutgeheul Stockholmer Entente -
> Sozialdemokraten. Platten von Englän-
> dern an Grenze zurückgewiesen, was
> hier großes Aufsehen macht."
>
> Platten ist angesehener schweizer
> sozialistischer Führer, welcher die
> russischen Revolutionäre aus der
> Schweiz durch Deutschland nach Stock-
> holm geleitet hat und selbst von dort
> nach Petersburg gehen wollte."

>   gez. Grünau.

D 963859

Meldung des deutschen Generalstabs über »geglückten Eintritt Lenins« in
Rußland

sporadisch bekam, über die Ereignisse an der Front auf dem laufenden. An den Abenden las er seiner Familie vor oder widmete sich seiner eigenen Lieblingslektüre (Mereschkowskijs »Christ und Antichrist«, Uspenskijs »Geschichte des byzantinischen Reiches«, C. G. Doyles »Tal der Angst« oder Werken seines bevorzugten Dichters Leskow).

Die Isolation der Familie und die Einschränkung ihrer Freiheit wurden an Äußerlichkeiten deutlich. Die Mitglieder der Familie durften, wie auch Nikolaus selbst, keinen Besuch erhalten; Briefe und Sendungen wurden geöffnet und kontrolliert; Nikolaus war es über lange Monate überhaupt nicht möglich, Kontakt zu seiner Mutter in Kiew aufzunehmen. Geschenkpakete langten nur in Bruchstücken oder beschädigt ein.

Dazu kam die menschliche Enttäuschung über den Verlust von Freundschaften oder Bediensteten, die es nicht gewagt hatten, der Familie weiter die Treue zu halten. Der Matrose Derewenko, der Alexej seit dessen drittem Lebensjahr als Betreuer zugeteilt war, ihn begleitet, mit ihm gespielt und ihn getragen hatte, wenn sich das Kind verletzt hatte, war zunächst im Haus verblieben. Doch er änderte plötzlich sein Verhalten und begann, den nun Dreizehnjährigen herumzukommandieren und grob zu behandeln; offenbar war er vom Geist der Revolution angesteckt worden und fühlte sich jetzt als Herr über seinen jungen Gefangenen, der bis jetzt sein Schützling gewesen war. Nach einer Weile wurde Derewenko entfernt.

Nikolaus berichtet in seinem Tagebuch über die banalen Aktivitäten des Alltags, wie er nun Bäume pflanzte und Holz sägte; aufgrund seines Zahlengedächtnisses verband er beinahe mit jedem Datum ein Ereignis und reflektierte darüber in seinen Aufzeichnungen. Natürlich nahmen die aktuellen Anlässe dabei einen wichtigen Stellenwert ein: So schrieb er an Geburts- und Namenstagen seiner Kinder auch die Wünsche nieder, die er an sie richtete (so etwa »Ich wünsche ihr Frieden und ein besseres Leben« für eine seiner Töchter); am Todestag seines Vaters widmete er diesem nachträglich liebevolle Worte und drückte den Wunsch aus: »Möge Gott Rußland retten!« – als sei er sich bewußt, daß er dazu nicht mehr berufen sei, für sein Land noch etwas zu bewirken.

Verlobungs- und Hochzeitstage nahm Nikolaus zum Anlaß, in seinem Tagebuch zum Ausdruck zu bringen, daß er »dankbar für das Glück« sei, und es schien, als sei die Bindung zu Alexandra nun wichtiger denn je in seinem Leben geworden. Natürlich registrierte Nikolaus in seinen Aufzeichnungen jeden Tag, der für eines seiner zahlreichen Regimenter eine Rolle spielte, und würdigte deren Jubiläen mit Kommentaren. Auch die Wiederkehr des Tages seiner Abdankung oder seines Hausarrestes fand Erwähnung, wenn auch die dazugehörenden Reflexionen über diese Ereignisse zwischen den Zeilen verborgen blieben.

In den Tagebüchern finden sich keine Hinweise darauf, daß Nikolaus die Einreise Lenins und dessen Aktivitäten registriert hat. Offenbar lebte er bereits in einem Informationsvakuum. Das zeigen seine lediglich um seinen Alltag kreisenden Bemerkungen:

»Wir haben unsere Gartenarbeit abgebrochen, als eine Menge Gaffer am Gitter standen«, »Sechs Gardejäger und ein Offizier sind uns auf Schritt und Tritt gefolgt, ich weiß nicht, warum ...«, »Die Gesichter der Soldaten und ihr hemmungsloses Benehmen waren für uns alle heute besonders abstoßend ...« und schließlich: »Wir haben erfahren, warum unsere Wache so widerlich war: Sie bestand ausschließlich aus Soldatendeputierten. Heute sind sie dafür von korrekten Soldaten abgelöst worden, von einem Reservebataillon des 4. Jägerregiments.« Dieses Regiment stand Nikolaus besonders nahe, denn er schrieb am 16./29. April: »Heute wäre der Festtag des 1. und 2. Gardejägerregiments. Aber kein Laut, keine Lieder, keine Militärmusik wie in früheren Zeiten dringt zu uns ...«

Am 18.4./1.5.1917 erwähnte Nikolaus die Maiaufmärsche, ohne zu ahnen, daß sie bereits mit Lenins Anwesenheit und seiner Propaganda vor der Arbeiterklasse in Zusammenhang standen: »Heute ist im Ausland der 1. Mai. Jetzt haben auch ein paar Idioten bei uns beschlossen, an diesem Tag mit Musik und roten Fahnen durch die Straßen zu marschieren. Offenbar sind sie auch in

unseren Park gekommen und haben Kränze auf den Gräbern der
›Opfer der Revolution‹ niedergelegt.«

Zwei Wochen später analysierte er besorgt die Umbesetzung an
der Regierungsspitze, denn jenseits irgendwelcher Ressentiments hatte er gehofft, daß die neue Regierung der Lage Herr
werden würde:

»1. [14.] 5. Erfuhren gestern, daß General Kornilow seine Funktion als Kommandant des Petrograder Militärbezirks aufgegeben
hat, und heute, daß Gutschkow demissioniert hat; all das hat Ori-
entierungslosigkeit und Unruhe im militärischen Bereich erzeugt,
die offenbar von seiten des Sowjets der Arbeiter- und Soldatendeputierten kommt und von anderen noch extremeren Linken.
Was hat die Vorsehung mit unserem armen Rußland noch vor?
Gottes Wille geschehe!«

Hinter den Schlußsatz hatte Nikolaus ein Kreuz gesetzt.

Die Ereignisse in der Hauptstadt Petrograd nahmen indes weiter ihren Lauf. Kerenskij, nunmehr auch Kriegs- und Marineminister und Ministerpräsident, setzte zur Frontoffensive an.
Ihm war klar, daß nur ein militärischer Erfolg das Hinterland
beruhigen und der nun von Lenin und Trotzkij offen betriebe-
nen Umsturzpropaganda für eine Klassenrevolution den
Boden entziehen konnte. Kerenskij reiste selbst an nahezu alle
Frontabschnitte, um die Soldaten mit patriotischen Appellen
»zur Rettung der [demokratischen] Revolution« aufzurütteln.
Doch kaum saß er im Zug zum nächsten Ziel, tauchten hinter
ihm bolschewistische Redner auf, die im Auftrag der Sowjets
als verlängerter Arm des deutschen Feindes agierten. Ein ehemaliger Offizier, Wasilij Orjechow, damals an der Front, berichtet:

»Da kam ein gewisser Kotenjew, mit ihm der Sozialrevolutionär
Posner und der Sozialist Wirscha. Eine Versammlung von 1500
Soldaten wurde arrangiert. Die Redner zeichneten ein ganz
anderes Bild als ihre Vorgänger. Der Krieg sei der Untergang
Rußlands und des Volkes. Er nütze nur den Zielen der Imperialisten. ›Wir propagieren die Verbrüderung der Völker und versprechen euch, daß wir das Land in gerechter Form an die Bauern verteilen werden. Wir werden den Kapitalisten alles, auch

die Fabriken, wegnehmen. Es werden Arbeiterkomitees gegründet, die auch die Industrie kontrollieren sollen.

Sobald der Krieg zu Ende ist, wird es einen gerechten Frieden geben. Deutschland ist schon müde, auch dort gibt es ähnliche Erscheinungen wie bei uns. Wir werden uns mit dem deutschen Volk versöhnen, es wird keine Armeen mehr geben müssen ...‹ Applaus und Hurrarufe. Einige Offiziere verließen demonstrativ das Feld. Aber zu diesem Zeitpunkt hatten die Kommandanten schon an Autorität verloren. Frontkommissar Stankjewitsch war bestürzt. Er protestierte schriftlich, aber es war längst zu spät.«

Kerenskij hatte vorsorglich den Zeitpunkt für die Konstituierende Versammlung für November festgelegt, in der Meinung, damit die öffentliche Meinung für sich zu gewinnen und die extremistischen Kräfte und die Radikalisierung in der Räteregierung einzudämmen. Ein früheres Datum kam nicht in Frage: Es war absehbar, daß dabei die Frage der Fortsetzung des Krieges auf der Tagesordnung stehen würde, die vorher zu stellen Kerenskij sich nicht leisten konnte. Bis dahin, so hoffte er, werde eine militärische Entscheidung gefallen sein, die die Weiterführung des Krieges vielleicht erübrigen würde.

Daß die Kampfkraft gesunken war, war Kerenskij aufgrund der Gespräche mit den Generälen klar; der revolutionäre »Befehl Nr. 1«* der Sowjets war förmlich ein Aufruf zu disziplinärem Ungehorsam. Zur Verstärkung vor allem der Kampfmoral gründete Kerenskij ein Frauenbataillon. Erstaunlicherweise waren es diese Frauen in Uniformen, die sich sowohl an der Front als auch in der Stadt bei der Verteidigung des Winterpalais am mutigsten verhalten sollten.

Doch die Offensive vom 6./19. Juni 1917 ging katastrophal aus. Viele Kommandanten waren erst Tage zuvor von Kerenskij eingesetzt worden. Die Soldaten hatten von ihrem neuen Mitspracherecht (das ganz bewußt in Parvus' Umsturzprogramm zur Untergrabung der militärischen Disziplin eingebaut worden war) Gebrauch gemacht; bis in die frühen Morgenstunden hat-

---

* Während der Februarrevolution herausgegeben

ten sie über den Angriffsplan abgestimmt, den sie schließlich nicht auszuführen beschlossen. Einzige Ausnahme: General Brusilows Division.

So meldeten am Tag nach der Offensive die Kommandeure der 10. und 11. Armee in Telegrammen Befehlsverweigerung und Desertion. Der deutsche Feind konnte nahezu ohne Widerstand die Front durchbrechen. Im Süden fiel Tarnopol, Gebiete Galiziens und der Bukowina gingen verloren. Riga war durch den Vormarsch der Deutschen bedroht. Die deutsche Flotte war ebenfalls bereits auf dem Seeweg Richtung Petrograd unterwegs, in Reval war ein Aufstand inszeniert worden, ebenso in Nischnij Nowgorod und in Charkow.

Der erwartete Ausgang war das Signal für die Bolschewiken, die Stimmung auszunutzen und sofort durch einen Putschversuch die Macht an sich zu reißen. Schießereien wurden provoziert, Schlüsselpunkte besetzt, von Anarchisten Bomben am Nikolajewskij-Bahnhof gelegt, wo Soldaten von der Front ankamen, und Maschinengewehre in Anschlag gebracht. Matrosen aus Kronstadt wurden von den Sowjets zur Unterstützung für ihren Aufstand herbeigerufen.

Doch der neue Innenminister reagierte rasch. Es kam zu Schießereien vor dem Taurischen Palais der Duma. Infanterie, Garde, Militärschüler und Kosaken wurden vor dem Winterpalais, dem neuen Regierungssitz, postiert. Stellungen wurden auch vor der Peter-und-Pauls-Festung, der Börse und dem Telegraphenamt bezogen. Jetzt war kein Putschversuch der militanten Bolschewiken mehr möglich.

Das Büro der Bolschewiken wurde durchsucht. Die Ergebnisse erwiesen sich als so skandalös, daß der aufgeregte Justizminister Perewersew, statt erst die Verhaftung Lenins einzuleiten, vorzeitig eine Erklärung an die Presse losließ, in der er die geheimzuhaltenden Informationen preisgab:

»Lenin ist ein Agent des deutschen Feindes. In seinem Büro wurden entsprechende Unterlagen sichergestellt. Entsprechend unserer Untersuchung und unseren Informationen sind die Geheimagenten Lenins in Stockholm die Bolschewiken Jakob Fürstenberg, der unter dem Namen Ganetzkij (auch Hanetzkij

geschrieben) bekannt ist, und Parvus (Dr. Helphand). In Petrograd sind es die Bolschewiken Koslowskij, Frau Sumenson, eine Verwandte Ganetzkijs, die mit diesem Geschäfte macht, und verschiedene andere. Koslowskij ist der Hauptempfänger des deutschen Geldes, das von Berlin aus über die Diskonto-Gesellschaft an die Nia-Bank in Stockholm überwiesen wird und von dort an die Sibirische Bank in Petrograd, wo im Augenblick mehr als zwei Millionen Rubel auf dem Konto stehen. Die Militärzensur hat außerdem einen ständigen Telegrammaustausch zwischen den deutschen und den bolschewistischen Agenten aufgedeckt.«
Am nächsten Tag steht in den Zeitungen zu lesen:
»Lenin – Verräter. Erhält Geld von den Deutschen über einen gewissen Fürstenberg via Stockholm. Es wird auf die Nia-Bank und die Sibirische Bank überwiesen.«
Die Nachricht löst große Entrüstung aus. Die Stimmung zugunsten der Revolutionäre und deren Parolen schlägt ins Gegenteil um. Kerenskij, der sich gerade zur Inspektion an der Front befindet, ordnet die sofortige Festnahme von Lenin, Kamenjew, Sinowjew und Sumenson an. Das Büro der »Prawda« wird geschlossen.
Doch eine weitere Panne verhindert die Festnahme Lenins. Noch bevor die Meldung an die Öffentlichkeit gekommen ist, ruft Staatsanwalt Karinskij seinen Bekannten Bontsch-Brujewitsch an, der als Freund Lenins gilt. Er teilt ihm mit, daß aufgefundene Dokumente Lenin politisch kompromittierten und stark belasten. Bontsch-Brujewitsch: »Was ist los?« Karinskij: »Er soll für die Deutschen spionieren.« – Bontsch-Brujewitsch: »Das kann nur die reinste Verleumdung sein ...« – Karinskij: »Ich teile Ihnen das aufgrund unserer langen Freundschaft mit, wir müssen aufgrund der vorliegenden Unterlagen Anklage erheben. Mehr kann ich Ihnen nicht sagen. Handeln Sie sofort ...«
Bontsch-Brujewitsch handelte sofort. Lenin war bereits am nächsten Tag mit seinem engsten Gefolgsmann Apfelbaum (Pseudonym: Sinowjew) verschwunden.
So hat ein weiterer Angehöriger der Regierung mitgewirkt, Lenin entkommen zu lassen. Dadurch wurde es dem Revolutionär ermöglicht, kurz darauf zum zweiten, »gelungenen«

Putsch anzusetzen, der die im Entstehen begriffene russische Demokratie zum Einsturz bringen sollte. Lenins Freund Bontsch-Brujewitsch erhielt dafür einen hohen Posten in der ersten Sowjet-Regierung als Sekretär Trotzkijs im Volkskommissariat für Äußere Angelegenheiten.

Lenins erster Putschversuch war gescheitert. Die Regierung hatte die Stadt noch einmal verteidigen können, auch wenn das nicht ohne Blutvergießen abgegangen war.

Für den deutschen Generalstab, mit dem Lenin den Zeitpunkt seines Putschversuchs offensichtlich abgestimmt hatte, war das ein schwerer Schlag. Hatte man Lenin überschätzt? Nun war keine Zeit zu verlieren. Feldmarschall Hindenburg hatte schon am 5. April 1917 in einem Schreiben an den Reichskanzler Bethmann-Hollweg der Ansicht Nachdruck verliehen, daß noch vor Wintereinbruch ein Separatfrieden mit Rußland geschlossen werden müsse. Der tatsächlich dann erst im darauffolgenden Frühjahr zustande gebrachte Separatfrieden sollte zu spät kommen, und sein Kriegsziel – die anglo-französische Front zu überrollen – konnte nicht erreicht werden.

Die Bolschewiken, die der Verhaftung entgangen waren, agierten im Untergrund weiter. Sie waren mit ihrem Führer, der in einem Heuschober an der finnischen Grenze Zuflucht gefunden hatte, in Kontakt.

Daß Lenin, der selbsternannte Anwalt der Anliegen des Proletariats, ausgerechnet in den Diensten jenes Feindes stand, der Rußland den Krieg erklärt und ihm so große Opfer abverlangt hatte, stieß auch jene, die dem Revolutionär geglaubt hatten und die er als Anhänger für seinen proklamierten Umsturzplan hatte gewinnen können, vor den Kopf. Doch seine im Untergrund wirkenden Parteifreunde reagierten sofort mit Dementiaktionen (»Diese infame Verleumdung sollte uns nur diskreditieren«) und fanden in Deutschland tatkräftige Unterstützung. Von Berlin und Stockholm aus werden energische Dementis verbreitet.

Der Ruf nach Ordnung wurde in der Bevölkerung laut. General Kornilow wurde mit seinen zuverlässigen Einheiten von der Nordwestfront zu Hilfe gerufen, damit durch die Präsenz seiner

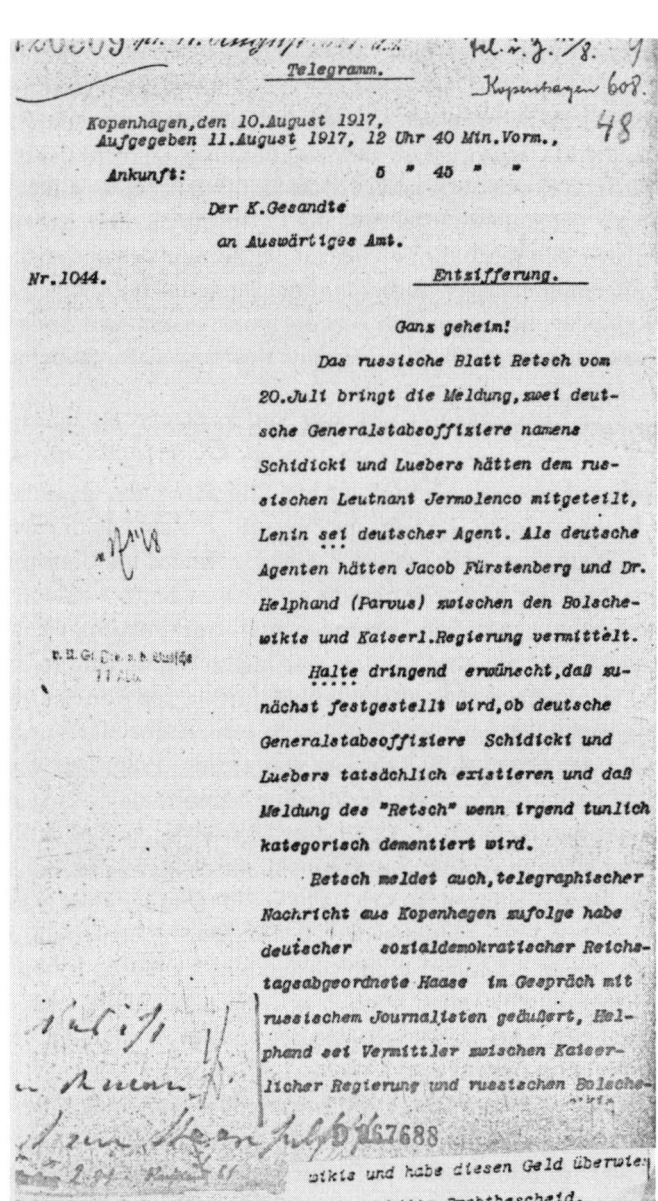

Telegramm.

Kopenhagen 608.

Kopenhagen,den 10.August 1917,
Aufgegeben 11.August 1917, 12 Uhr 40 Min.Vorm.,

Ankunft: 5 " 45 " "

Der K.Gesandte

an Auswärtiges Amt.

Nr.1044.   Entzifferung.

Ganz geheim!

Das russische Blatt Retsch vom
20.Juli bringt die Meldung,zwei deutsche Generalstabsoffiziere namens
Schidicki und Luebers hätten dem russischen Leutnant Jermolenco mitgeteilt,
Lenin sei deutscher Agent. Als deutsche
Agenten hätten Jacob Fürstenberg und Dr.
Helphand (Parvus) zwischen den Bolsche-
wikis und Kaiserl.Regierung vermittelt.

Halte dringend erwünscht,daß zu-
nächst festgestellt wird,ob deutsche
Generalstabsoffiziere Schidicki und
Luebers tatsächlich existieren und daß
Meldung des "Retsch" wenn irgend tunlich
kategorisch dementiert wird.

Retsch meldet auch,telegraphischer
Nachricht aus Kopenhagen zufolge habe
deutscher sozialdemokratischer Reichs-
tagsabgeordnete Haase im Gespräch mit
russischem Journalisten geäußert, Helphand sei Vermittler zwischen Kaiser-
licher Regierung und russischen Bolsche-

wikis und habe diesen Geld überwie-

Erbitte Drahtbescheid.

Telegramm des deutschen Gesandten in Kopenhagen nach Berlin
über das Bekanntwerden der deutschen Unterstützung Lenins

Truppen die Bolschewiken von weiteren Putschversuchen abgeschreckt würden. Doch kurz vor Kornilows Eintreffen geriet Kerenskij ins Schwanken: Konnte der General nicht womöglich selbst die Macht ergreifen? Das wollte Kerenskij nicht riskieren. Hatte doch Kornilow schon in Moskau offen für eine Militärverwaltung zur Aufrechterhaltung der Ordnung plädiert. Kerenskij entschied sich rasch: Er ließ Kornilow, der vor Petrograd stand, zum Verräter erklären und verhaften. Dessen Adjutanten, General Krymow, ließ er zu sich beordern und erschießen. In seiner Truppe verbreitete er das Gerücht: Krymow hätte Selbstmord begangen.

»Wir konnten uns nicht vorstellen, daß Krymow, der ein tüchtiger, gutaussehender und lebenslustiger Mann war, Selbstmord begangen hatte«, erzählte Wladimir Bulgakow, der damals mit der Eingreiftruppe wartend im Zug saß. – »Sein Melder wollte ihn verteidigen. Er stürzte sich auf den Mann im Vorzimmer Kerenskijs, der Krymow gerade erschossen hatte – es war ein Unterleutnant zur See. Krymow war nur gekommen, weil Kerenskij ihm zugesagt hatte, er werde ihm bei der Unterredung kein Haar krümmen. Es ging offenbar darum, daß Kerenskij über die Truppen verfügen wollte, aber ohne die Autorität Kornilows neben oder gegen sich. Krymow war arglos, außerdem war er selbst Freimaurer, und ein Freimaurer tut normalerweise einem anderen nichts. Doch als sich unser Melder Jeremejew auf den Mörder stürzen wollte, trat Kerenskij aus seinem Zimmer und schrie ihn an: ›Rühren Sie sich nicht von der Stelle, sonst werden auch Sie erledigt!‹ – Jeremejew ließ vom Mörder ab, konnte aber später seinen Kleinmut nicht verwinden. Vielleicht haben ihn auch die Freimaurer bedrängt. Er kehrte nach Hause zurück und erschoß sich. Das war unser Jeremejew vom neunten Donregiment, Melder bei General Krymow, ein hochgewachsener, stolzer, breitschultriger Mann und mutiger Soldat seines Vaterlandes.«

Das war im Sommer 1917. Damit hatte Kerenskij zwar seine persönliche Macht noch behalten, aber die Hauptstadt und damit Rußland dem Zugriff der Bolschewiken preisgegeben. Denn er verfügte über kein Instrument mehr, keine zuverlässi-

31 Nikolaus am Balkon des Winterpalais nach der Kriegserklärung

32 Der Zar im Generalstab, links Generalstabschef Alexejew

33 Der Zar als oberster Kriegsherr

34 Nikolaus und sein Onkel, Großfürst Nikolaj Nikolajewitsch, der zum Oberkommandierenden bestellt wird. – 35 (rechts) Der Zar mit seinem Hofminister, Graf Fredericks

36 Nikolaus und sein Sohn Alexej nehmen an einer Feldmesse an der Front teil

37 Der Zar inspiziert die soeben von russischer Seite eingenommene Festung Prežmysl

38 Der Zar (Mitte) mit zwei Töchtern und dem Thronfolger Alexej mit Kosaken der Leibgarde an einem Feiertag in Mogiljow, Herbst 1916

39 Zar Nikolaus im Generalstabshauptquartier

40 Kaiser Wilhelm mit den Generälen Hindenburg und Ludendorff (von links nach rechts) in seinem Generalstabshauptquartier

41 Die Ex-Zarin Alexandra Fjodorowna 1917

42 Februar 1917: Der Zar (zweiter von rechts) wartet im Hauptquartier des Generalstabs in Mogiljow auf Berichte aus Petrograd

43 Nikolaus und Alexej in Tobolsk, 1917

44 Der Ex-Zar 1917 als Gefangener im Park von Zarskoje Sjelo

45 Der Kellerraum des Hauses in Jekaterinburg nach der Erschießung der Zarenfamilie

gen Ordnungskräfte, die eine so gezielte Aktion, wie sie von seiten der Bolschewiken in Planung war, hätten aufhalten können.

Die letzte Chance sah Kerenskij in seiner Herbstoffensive. Sie sollte, wenn sie gelang, die patriotische Stimmung stärken und den Revolutionären jeden Vorwand zum Putsch entziehen.

Mehr Stoßbrigaden wurden eingesetzt, die Versorgung wurde gut vorbereitet. Doch die Hälfte der Soldaten waren längst keine Berufssoldaten mehr, sondern Reservisten ohne entsprechende Ausbildung und Motivation. An der Südwestfront ging zur Angriffsstunde »H« praktisch nur das Frauenbataillon, das Kerenskij formiert hatte, in den Kampf. Die Artilleristen mußten sich schon kurz nach dem erfolgreichen Beginn zurückziehen, da ihnen die eigenen, von revolutionären Ideen angesteckten Infanteristen die Geschütze entfernt hatten. So wurde Rußland nicht nur an der politischen, sondern auch an der militärischen Front aufgegeben.

Nikolaus hatte verhältnismäßig wenig von den turbulenten Ereignissen dieser Sommermonate mitbekommen. Obwohl er sich in Zarskoje Sjelo unweit der Hauptstadt befand, war er nahezu isoliert. Da er nicht regelmäßig seine Zeitungen und Briefe erhielt, konnte er sich nur nach fragmentarischen Informationen orientieren. Während der Offensivphasen sieht man ihn in seinem Tagebuch die militärischen Vorgänge kommentieren: »Gott sei gelobt! Unsere Truppen sind an der Südwestfront Richtung Solotschow nach zweitägiger Vorbereitung durch Artilleriebeschuß in die feindliche Position eingebrochen und haben 170 Offiziere, 10.000 Mann gefangengenommen und 6 schwere und 24 leichtere Kriegsgeräte erbeutet. Wenn das nur weiter so gutgeht!«

Und einen Tag später: »20.6. Die Offensive hat sich weiter erfolgreich entwickelt. In zwei Tagen haben die Unsrigen 18 600 Gefangene gemacht. Wir haben hier an einem Dankgottesdienst teilgenommen.«

»26.6. Unsere Truppen sind noch weiter in die feindliche Front eingedrungen und haben 131 Offiziere und 7000 Mann gefangengenommen, 48 leichte und 12 schwere Kriegsgeräte erbeutet.«

»28.6. Haben gestern Halitsch besetzt. 3000 Gefangene und 30 Stück Kriegsgerät. Gott sei gelobt!«

Von den Katastrophen erfuhr der Exzar erst später. Lediglich die Schießereien während des Juli-Putschversuches waren ihm bekannt, aber ohne dessen Hintergründe zu kennen, hatte er keine Ahnung, daß sie bereits die Schatten waren, die Lenins Oktoberputsch vorauswarf:

»5. [18.] 7. Heute gab es Schießereien in Petrograd. Gestern ist aus Kronstadt eine Menge Soldaten und Matrosen gekommen, die gegen die Provisorische Regierung aufmarschiert sind! Das ist völlig unbegreiflich. Wo sind die Männer, die dieser Bewegung Einhalt gebieten und diesem Unfrieden und Blutvergießen ein Ende bereiten? Der Keim allen Übels liegt in Petrograd und nicht in ganz Rußland.«

Erleichtert dann am nächsten Tag:

»Glücklicherweise ist die überwiegende Mehrheit des Militärs in Petrograd ihrer Pflicht treu geblieben, und es herrscht wieder Ordnung auf der Straße.«

Nun weiß auch der Exzar von den Mißerfolgen an der Front, deren Hintergründe ihm klar sind:

»13. [26.] 7. Die letzten Tage nur mehr schlechte Nachrichten von der Südwestfront. Nach unserer Offensive in Halitsch haben viele Einheiten, von defätistischer Propaganda offenbar völlig zersetzt, nicht nur den Vormarsch verweigert, sondern sind an einigen Abschnitten sogar zurückgewichen, ohne unter feindlichen Druck geraten zu sein. Die günstige Situation ausnützend, haben die Deutschen und die Österreicher mit ihren schwachen Kräften in Südgalizien die Linie durchbrechen können.

Das ist wirklich eine Schande und entmutigend! Heute gab die Provisorische Regierung einen Erlaß heraus, daß auf Hochverrat im Operationsfeld die Todesstrafe steht. Hoffentlich kommt diese Maßnahme nicht zu spät!«

Tage später, im August (nach russischem Kalender noch Juli) 1917, eine bezeichnende Tagebucheintragung des Exzaren.

Besorgt notiert Nikolaus:
»25.7. Eine neue Provisorische Regierung hat sich formiert; sie steht unter dem Vorsitz von Kerenskij. Bleibt abzuwarten, ob er die Angelegenheit besser in den Griff bekommt als der andere.* Seine vordringlichste Aufgabe besteht darin, die Armeedisziplin wiederherzustellen, die Moral zu heben und eine gewisse Ordnung innerhalb des Landes zu schaffen.«
Es fällt auf, daß Nikolaus keine Ressentiments gegenüber den neuen Machthabern empfand oder sich diese nicht anmerken ließ; ebenso fehlt jede Kritik oder jeder Vorwurf hinsichtlich seiner persönlichen Lage; offenbar hat er sich längst mit allem abgefunden.
Als sich im August 1917 der Tag der Kriegserklärung Deutschlands zum dritten Mal jährte, kommentierte Nikolaus:
»Heute vor drei Jahren hat Deutschland uns den Krieg erklärt. Mir scheint, daß ich mein ganzes Leben in diesen drei Jahren gelebt habe! Herr, komme uns zu Hilfe und rette Rußland!«
Nach dem letzten Ausruf findet sich im Tagebuch ein Kreuzzeichen.

Indessen war die Entscheidung für die Abreise der Zarenfamilie gefallen. Die beiden wichtigsten Verbündeten Rußlands, Frankreich und England, erwiesen sich dabei nicht auch als Freunde des Exzaren und seiner Familie.
Das englische Königshaus zog seine bereits bekundete Bereitschaft zur Aufnahme der russischen Verwandten zurück. Die Regierung sah es als »nicht opportun« an, dem Exzaren Asyl zu gewähren. Es wurden angeblich Solidaritätsdemonstrationen der englischen Industriearbeiter mit der russischen Arbeiterschaft befürchtet. Der britische Botschafter in Petrograd, Sir George William Buchanan, schlug seinem Foreign Office vor, doch für eine Aufnahme der Familie in Frankreich einzutreten. Doch ein anderer Brite machte einen Vorstoß in dieser Richtung zunichte. Es war der britische Botschafter in Paris, Lord Francis Bertie, der, kaum daß er von diesem Vorhaben erfuhr, ein persönliches Schreiben an seinen Vorgesetzten, den britischen

---

* Kerenskijs Vorgänger als Ministerpräsident, Fürst Lwow

Außenminister, richtete: »Ich glaube nicht, daß der Exzar und seine Familie hier willkommen wären ...«, beginnt er und führt dann aus: »Die Zarin ist nicht nur eine Boche* von Geburt her, sondern auch in ihren Gefühlen. Sie hat alles, was sie konnte, getan, um ein Einverständnis mit Deutschland herbeizuführen. Sie gilt als kriminell oder geisteskrank, und der Exzar ist kriminell und zugleich schwach in seiner Unterordnung unter das, was sie ihm eingibt.

Yours ever, Bertie«**

Auch wenn man sich nicht vorstellen kann, daß man ein solches Schreiben in London ernst nahm – eine Demarche in Paris brachte niemand zustande. Damit kam Frankreich nicht in Frage – oder zumindest nicht ein Engagement Englands dafür.

Lloyd George, derselbe Premierminister, der kurze Zeit später im Unterhaus dafür plädieren sollte, die gegen Lenins Rote Armee kämpfende Weiße Armee im Stich zu lassen, als sie bereits vor Moskau stand (»Wollen wir denn wieder ein starkes Rußland?«), derselbe Lloyd George sprach sich auch jetzt energisch dagegen aus, daß die Familie des Exzaren englischen Boden betrat.

Unter dem Eindruck dieser politischen Stimmung oder genauer: Ansichten einiger Politiker und Diplomaten ließ König Georg, Nikolaus' geliebter Cousin »Georgie«, schließlich seinen Sekretär ein Schreiben an den britischen Außenminister richten: »Seine Königliche Hoheit kann nur ihre Zweifel zum Ausdruck bringen, ob es – abgesehen von den Gefahren einer Reise – ratsam ist, daß die russische Kaiserliche Familie hier ihren Wohnsitz nimmt ...«

Hatte der englische König im Falle der Kritik von seiten der Linken um seine Popularität gebangt, handelte Lloyd George aus purem Ressentiments. »Das russische Reich war eine seeuntüchtige Arche«, sagte er (in Unkenntnis der Realität). »Das Gebälk war morsch, und die Besatzung war nicht besser. Der Kapitän dachte nur ans Segeln in stillen Wassern ... Und der Zar war nur

---

* Schimpfwort der Franzosen für die Deutschen seit dem Krieg um 1870, bedeutet Dummkopf
** Zitat nach: Robert Massie, »Nicholas and Alexandra«

eine Krone ohne Kopf«, schloß er seine Beurteilung und schrieb später, nach der Ermordung der Zarenfamilie, kühl: »Für die Tragödie kann dieses Land [England] nicht verantwortlich gemacht werden.«

Bemerkenswert ist dazu die konträre Beurteilung Rußlands durch den damals noch jungen Winston Churchill, der in jenen Kriegsjahren Lord Mountbatten (aufgrund dessen ursprünglich deutschen Namens Battenberg!) als First Sea Lord (Marineminister) ablöste. Auch er sprach von Rußland in Bildern von Meer und Schiffen:

»Die Tragik bestand darin, daß Rußlands Schiff sank, als der Hafen schon in Sichtweite lag. Die russische Armee hat im Weltkrieg Einmaliges geleistet, als sie sich immer wieder in der kurzen Zeit der Kampfpausen völlig regenerieren mußte. Die Entfernungen, die Umstände – wer hätte ihr das nachgemacht? Das Verdienst des Zaren ist hier nicht genug zu würdigen. Wie sehr er auch kritisiert wurde, wo gab es den, der es anders und besser gemacht hätte als er?«

Nikolaus und seine Familie erfuhren am 30. Juli 1917, daß sie am nächsten Tag abreisen würden. Dies sei »aus Sicherheitsgründen« erforderlich, hieß es. Aber nicht nach England, sondern an ein russisches Ziel, das nicht bekanntgegeben wurde. Etwa vier, fünf Tage Reisedauer, und man möge »warme Kleidung« mitnehmen.

Nikolaus verstand. Nach Kerenskijs Memoiren hatte dieser selbst mit dem Exzaren über dessen bevorstehende Abreise gesprochen; bei Nikolaus, der alle Gesprächspartner und die Besuche Kerenskijs in seinem Tagebuch genau erwähnt, ist davon nicht die Rede (offenbar hatte Kerenskij nicht den Mut dazu gefunden), sondern hier ist es Graf Benckendorff, der ihm die Nachricht Kerenskijs übermittelt. Aus Briefen Nikolaus' an seine Schwester Xenia geht hervor, daß er mehrmals versucht hatte, Kerenskij um Erlaubnis zur Reise auf die Krim zu bitten.

Am Abend der geplanten Abreise läßt Kerenskij Großfürst Michail von seinem Bruder Nikolaus Abschied nehmen. »Ich mußte während dieser Begegnung dabeibleiben, so peinlich es mir war, aber es war meine Pflicht«, schreibt Kerenskij in seinen Erinnerungen, ohne diese Pflicht zu begründen.

Nikolaus schrieb dazu in seinem Tagebuch:

»Nach dem Abendessen haben wir auf die Bekanntgabe der Abfahrtszeit gewartet, die mehrmals verschoben wurde. Plötzlich trat Kerenskij ein und sagte uns, daß Mischa kommen würde. Gegen 10 Uhr 30 kam tatsächlich unser lieber Mischa und trat in Begleitung Kerenskijs und des Wachekommandanten ein. Wir waren überglücklich, uns wiederzusehen, aber es war sehr unangenehm, daß wir uns in Anwesenheit der beiden anderen unterhalten mußten ...«

Die beiden Brüder fielen einander unter Tränen um den Hals. Kein Wort davon, daß Michail durch seine Weigerung, den Thron anzunehmen, der Dynastie Romanow ein Ende bereitet hatte. Beide waren glücklich, sich nach so langer Zeit zu sehen, und beide mochten ahnen, daß das ihre letzte Begegnung sein würde.

Schon nach wenigen Minuten brach Kerenskij die Szene ab. »Es tut mir leid, aber es ist keine Zeit mehr.« Tatsächlich wartete die Familie reisefertig gekleidet bis sechs Uhr morgens, bis sie mit einer kleinen Gruppe Getreuer zu ihrem Zug gebracht wurde. Es war bereits der Morgen des 1./14. August 1917.

Das Ziel war Tobolsk in Sibirien.

Die Zugreise dauerte einige Tage, ehe die Familie, ihre wenigen Begleiter und das große Aufgebot an Bewachung auf einen Dampfer verfrachtet wurden. Die Zugfenster waren mit Farbe abgedeckt, um Schaulustigen keine Gelegenheit zu geben, ihren Exzaren zu sehen, und um so pro- oder antimonarchistische Demonstrationen auszuschließen. Die Familie sah, gestärkt durch ihren Zusammenhalt, gelassen ihrem weiteren Schicksal entgegen.

Wie Alexandra (aus Kurzsichtigkeit oder Starrsinn?) das Angebot Rodsjankos für einen Zug Richtung Mogiljow (und damit außer Reichweite des Petrograder Sowjets und seiner Aufständischen) abgelehnt hatte, war auch Nikolaus von seinen Prinzipien nicht abgegangen, als sich ihm eine ähnliche Chance geboten hatte: General Mannerheim, nun Gouverneur im russischen

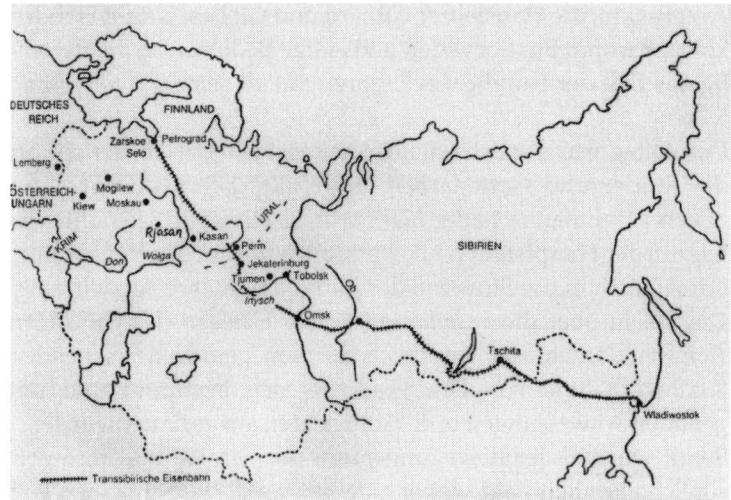

Finnland, hatte ihm ebenfalls einen Transport aus Zarskoje Sjelo direkt nach Finnland – in Umgehung der Gefahrenzone Petrograd – angeboten, wenn er, Nikolaus, zu Zugeständnissen für Autonomie des finnischen Territoriums bereit sei, da sonst angesichts seiner Anwesenheit Aufstände zu befürchten wären.* Aber Nikolaus lehnte ab: Auch als Exzar schloß er aus, daß er ein dem russischen Reich zugehöriges Territorium im Tausch gegen seine persönliche Sicherheit de facto freigeben könne. Seine Existenz von jener der Kinder zu trennen, kam ihm dabei ebensowenig in den Sinn wie Alexandra. Und so blieb das weitere Schicksal der gesamten Familie mit dem ihres Oberhauptes untrennbar verbunden.

In Tobolsk war die Familie im Haus des Gouverneurs untergebracht, ihre Begleiter wohnten im gegenüberliegenden Haus Kornilows. Es waren nun nur noch Dolgrorukij (sein Schwiegervater Graf Benckendorff blieb ebenso wie die Gräfin Naryschkina aus gesundheitlichen Gründen in Zarskoje Sjelo zurück), der

---

* Nikolaus hatte als Zar die Finnland bereits zugestandene Autonomie aufgehoben, was die Revolutionäre zum Anfachen separatistischer Aufstände ausgenutzt hatten (s. das Umsturzprogramm von Parvus).

Arzt Botkin, die Hauslehrer Gilliard und Gibbes, Gräfin Hendrikowa, Baronin Buxhoeveden und einige Bedienstete, die freiwillig das Exil der Familie des Exzaren mit all seiner Ungewißheit
teilten.

Der Alltag war ähnlich wie in Zarskoje Sjelo mit Unterricht für
die Kinder und Gartenarbeit ausgefüllt, sofern dies von der
neuen Wachmannschaft erlaubt wurde. Die jeweilige politische
Lage in der Hauptstadt fand, wenn auch mit einiger Verspätung,
immer auch in der Situation der Zarenfamilie ihre Auswirkung.
Die Macht über die Familie lag in den Händen des jeweiligen
Kommandanten, der entsprechend dem gerade herrschenden
Kräfteverhältnis von Petrograd aus neu bestimmt und mit
genauen Anweisungen und Vollmachten ausgestattet wurde.

Somit wurden der Bewegungsraum der Familie und ihre per-
sönliche Freiheit bald weiter eingeschränkt, die Schikanen von
seiten des Bewachungspersonals nahmen zu. Während des
Essens gefiel es den Soldaten, Nikolaus beispielsweise das
Besteck aus der Hand zu stoßen, mit der Bemerkung: »Du hast
ohnehin schon genug gegessen.« Tag und Nacht hatten sie
Zugang zu den unversperrbaren Räumen der Familie und dem
Badezimmer, das sie mit obszönen Sprüchen beschmierten. Die
Lebensmittelzufuhr wurde beschnitten, die Familie auf »Solda-
tenration« gesetzt.

Nikolaus flüchtete sich in seinem Tagebuch wieder in Erinnerungen. Wie schon zuvor weilte er in Gedanken bei den
Regimentern, die gerade ihren Regimentsfeiertag begingen,
und fragte sich: »Wo mag es jetzt sein, und in welchem
Zustand?«

Am 7./20. Oktober erinnerte er sich des Zugunglücks bei Borkij
im Jahre 1888, bei dem sein Vater die ganze Familie gerettet hatte,
indem er das einstürzende Wagendach so lange hochstemmte,
bis alle Kinder und Zarin Maria Fjodorowna im Freien waren:
»Von uns allen, die wir im Zug waren, bin heute nur ich hier ...«

Am 20. Oktober gedachte Nikolaus wie jedes Jahr des Todesta-
ges seines Vaters Alexander III. und fragte sich: »Was wird aus
Rußland werden?«

Am 23. Oktober nahm er auf den Tag seiner Abreise in den Fernen Osten Bezug, und sein Gedächtnis für Daten machte ihm auch bewußt, daß er sich »heute genau sechs Monate in Gefangenschaft« befand oder »heute vor einem Jahr Mama zu mir nach Mogiljow kam und ich sie zum letzten Mal gesehen habe ...«

Offensichtlich stand Nikolaus seinem persönlichen Schicksal relativ gleichmütig gegenüber; seine Aufmerksamkeit galt den Ereignissen, die für Rußlands weitere Entwicklung eine Rolle spielen würden. Daher fehlen auch Äußerungen von Ressentiments oder von Kritik gegenüber denjenigen, die für die gegenwärtige Situation des Exzaren und seiner Familie verantwortlich waren. Er versuchte nicht einmal, die Rechtmäßigkeit seiner Gefangenschaft in Frage zu stellen oder sich über die Umstände zu beschweren.

Nur einmal lehnte er sich auf: Als ihm der Wachekommandant befahl, den zu seiner Kosakenuniform gehörenden Säbel abzugeben und die Epauletten, die den Nikolaus von seinem Vater verliehenen Rang eines Oberst symbolisierten, abzulegen, riß dem ehemaligen Zaren die Geduld, und er protestierte. Doch angesichts der erniedrigenden Androhung von Gewaltanwendung mußte er sich schließlich fügen. Nikolaus fand dazu seine Lösung: Von nun an trug er außerhalb seiner privaten Räume die Kosakentscherkesse, denn auf diesem Uniformmantel sind keine Epauletten vorgesehen.

In seinem Tagebuch reagiert sich Nikolaus ab:
»Schweinerei – das verzeihe ich ihnen nie!«
Nicht die Aberkennung des Ranges hatte Nikolaus so sehr geärgert, sondern die Verletzung seines Andenkens an den Vater. Nikolaus bewahrte die Epauletten zusammen mit seinem Georgskreuz auf; beides trug er bis zuletzt bei sich, sie wurden nach seinem Tod in Jekaterinburg gefunden.

Herbst 1917. Nicht nur Rußland, auch Deutschland und Österreich-Ungarn waren militärisch erschöpft und vom Krieg ausgezehrt. Die Angebote für einen Separatfrieden häuften sich. Die deutsche Regierung befürchtete nach dem Stillstand an der Front und dem mißglückten Putschversuch der Revolutionäre, daß

Lenin der geplante Umsturz in Rußland doch nicht so bald gelingen würde – wenn überhaupt.

Daher ließ der deutsche Generalstab nun vom Nordwesten her seine Flotte auffahren und brachte sie mit massiver Luftunterstützung gegen Rußland zum Einsatz. Ende September (Mitte Oktober) 1917 begannen die Kampfhandlungen mit der russischen Ostseeflotte. Diese Schlacht zeigte ein letztes Mal das Durchhaltevermögen der russischen Armee. Trotz des zahlenmäßig und an Kriegsgerät überlegenen Feindes konnte die russische Marine die Einfahrt in den Mohnsund relativ lange verteidigen. Dann wurden die russischen Küstenbatterien und die gesamte Werft jedoch aus der Luft bombardiert und Landemanöver der Deutschen auf der Insel Oesel und bei den Mohnsundbefestigungen eingeleitet; der Zugang nach Kronstadt und Petrograd stand nun ungeschützt offen.

Wenige Tage später, am 12./25. Oktober 1917, gründeten die Bolschewiken, die ihre Aktionen wie schon zuvor auf die Kriegshandlungen abstimmten, ein »militärisches Revolutionskomitee« unter der Leitung des Petrograder Sowjets. Offiziell als »Schutz vor der deutschen Invasion« deklariert, handelte es sich in Wirklichkeit um die logistische Vorbereitung des bewaffneten Putsches gegen die Regierung.

Lenin, der noch immer von seinem Versteck in Finnland aus zum Umsturz trieb, hatte Trotzkij für die Organisation und Kamenjew für die psychologische Unterstützung der Vorbereitungen (Ablenkung der Regierung und der Bevölkerung von den tatsächlichen Absichten der Bolschewiken) bestimmt.

Den Soldaten und den mit Waffen versorgten Arbeitern – sie nannten sich jetzt »Rote Garde« – wurde erklärt, Kerenskij sei dabei, »die Ideale der Revolution zu verraten« und »die Freiheit und die Ehre an den deutschen Feind zu verkaufen«. Diese Regierung müsse gestürzt und eine »Diktatur des Proletariats« errichtet werden. Nur dieses sei ein wahrer »Wächter des Friedens«, und nur mit seiner Diktatur könnten Frieden, Freiheit und Landbesitz für alle errungen werden.

Der Putsch wurde für den 25. Oktober (6. November) 1917 angesetzt. Lenin mußte die demoralisierte Stimmung nach der Niederlage an der Front ausnützen. Doch auch andere Faktoren kamen noch hinzu und zwangen Lenin zu einem Zeitpunkt zum Handeln, als seinen Genossen ein Putschversuch angesichts der Wachsamkeit der Regierung als reines Selbstmordkommando erschien:

– Am 20.10./2.11. war über Agenten in Stockholm ein Geheimdossier mit einem Separatfriedensangebot von Österreich-Ungarn ohne Wissen Deutschlands an Kerenskij nach Petrograd übermittelt worden. Kerenskij hatte schon früher auch nur Anspielungen auf einen Separatfrieden zurückgewiesen, die ihn über Mittelsmänner erreicht hatten. Diesmal war das Angebot offiziell, wenn auch geheim, direkt von einer Regierung gekommen; für Verhandlungen wurde eine Konferenz in Paris am 3./16. November vorgeschlagen.

– Für den 15./28. November waren Separatfriedensverhandlungen der Türkei und Bulgariens mit Rußland angesetzt. Beide Länder waren auf seiten Deutschlands im Krieg.

– Am 7./20. November sollte in Petrograd der Sowjetkongreß stattfinden, der die für den 12./25. November angesetzten Wahlen zu einer verfassungsgebenden Versammlung, der »Konstituante«, vorbereiten sollte.

Lenin wußte ganz genau, daß seine Partei die erforderliche Mehrheit niemals erreichen würde und daher auf demokratischem Wege keine Chance hatte, in die Regierung zu gelangen. Außerdem wollte er die Macht allein übernehmen und »keine Kompromisse mit anderen Parteien« eingehen. Daher mußte er dem Wahltermin unter allen Umständen zuvorkommen.

»Es wäre naiv, eine formelle Mehrheit der Bolschewiken abzuwarten. Keine Revolution wartet das ab. Die Geschichte wird uns nicht verzeihen, wenn wir nicht jetzt die Macht ergreifen«, drängte er seine Mitstreiter zur Tat.

Der Rest ist bekannt. Über Nacht lief das gutorganisierte Putschprogramm ab. In den Garnisonen kursierten bereits entsprechende Aufrufe der Bolschewiken, ein Aufstand lag in der Luft. Kerenskij hatte Truppen von der Front zur Sicherung der Hauptstadt angefordert. Sie kamen nicht nach Petrograd durch – die Eisenbahnlinien waren bereits von Anhängern der Putschisten blockiert. In Windeseile wurden auch die Schlüsselpositionen der Stadt besetzt.

Eine rote Leuchtrakete, die an diesem 25. Oktober gegen neun Uhr abends von der Peter-und-Pauls-Festung her aufstieg, war das Signal für den Startschuß, den der Panzerkreuzer »Aurora« abgab. Auf dieses Zeichen hin setzten sich revolutionäre Einheiten in Bewegung, die gegenüber dem Winterpalais auf dem anderen Newa-Ufer Stellung bezogen hatten. Ihre Aufgabe war es, die im Winterpalais im Krisenstab tagende Provisorische Regierung festzunehmen. Sie kamen nun über die Brücke und entwaffneten in einer Blitzaktion die Fähnriche und Kadetten, die sich, vom langen Wachdienst durchgefroren, an kleinen Feuern die Hände wärmten. Über Hintertreppen stürmten die Putschisten hinauf und drangen zum Sitzungszimmer vor. Die Tür wurde aufgerissen, der Anführer Antonow-Owsejenko herrschte die verblüfften Minister an: »Sie sind verhaftet. Eure Zeit ist um!« Kerenskij, der einen sechsten Sinn zu besitzen schien, war durch eine Hintertür entkommen.

Von der ganzen Aktion hatte der Großteil der Bewohner der Stadt nichts gemerkt.

Am nächsten Tag flatterten Flugblätter auf Petrograd nieder, auf denen die neue Regierung sich und ihr Programm vorstellte:

»An die Bürger Rußlands!

Die Provisorische Regierung ist gestürzt. Die Staatsgewalt ist in die Hände des Organs des Petrograder Rates der Arbeiter- und Soldatendeputierten des Militärrevolutionären Komitees übergegangen, das an der Spitze des Proletariats und der Garnison von Petrograd steht. Die Sache, für die das Volk gekämpft hat: unverzüglicher Abschluß eines demokratischen Friedens, Abschaffung des Eigentumsrechts der Gutsbesitzer im Lande, Arbeiterkontrolle über die Produktion, Bildung einer Sowjetregierung – das alles ist gesichert.

Es lebe die Revolution der Arbeiter, Soldaten und Bauern!

Das Militärrevolutionäre Komitee des Petrograder Rates der Arbeiter- und Soldatendeputierten – 26. Oktober 1917, 10 Uhr morgens.«

СОВѢТЪ
НАРОДНЫХЪ КОМИССАРОВЪ.

Всероссійскій Съѣздъ Совѣтовъ Рабочихъ, Солдатскихъ и Крестьянскихъ Депутатовъ, постановляетъ:

Образовать для управленія страной, впредь до созыва Учредительнаго Собранія, временное рабочее и крестьянское правительство, которое будетъ именоваться Совѣтомъ Народныхъ комиссаровъ. Завѣдываніе отдѣльными отраслями государственной жизни поручается комиссіямъ, составъ которыхъ долженъ обезпечить проведеніе въ жизнь провозглашенной Съѣздъ программы, въ тѣсномъ единеніи съ массовыми организаціями рабочихъ, работницъ, матросовъ, солдатъ, крестьянъ и служащихъ. Правительственная власть принадлежитъ коллегіи предсѣдателей этихъ комиссій, т. е. Совѣту Народныхъ комиссаровъ.

Контроль надъ дѣятельностью народныхъ комиссаровъ и право смѣщенія ихъ принадлежитъ Всероссійскому Съѣзду Совѣтовъ Рабочихъ, Крестьянскихъ и Солдатскихъ Депутатовъ и его Центральн. Исп. Комитету.

Въ настоящій моментъ Совѣтъ Народныхъ Комиссаровъ составляется изъ слѣдующихъ лицъ:

Предсѣдатель Совѣта—**Владиміръ Ульяновъ (Ленинъ)**;

Народный Комиссаръ по внутреннимъ дѣламъ—**А. И. Рыковъ**;

Земледѣлія—**В. П. Милютинъ**;

Труда—**А. Г. Шляпниковъ**;

По дѣламъ военнымъ и морскимъ—комитетъ въ составѣ: **В. А. Овсѣенко (Антоновъ), Н. В. Крыленко** и **Ф. М. Дыбенко**;

По дѣламъ Торговли и Промышленности—**В. П. Ногинъ**;

Народнаго Просвѣщенія—**А. В. Луначарскій**;

Финансовъ—**И. И. Скворцовъ (Степановъ)**;

По дѣламъ иностраннымъ—**Л. Д. Бронштейнъ (Троцкій)**;

Юстиціи—**Г. И. Оппоковъ (Ломовъ)**;

По дѣламъ продовольствія—**И. А. Теодоровичъ**;

Почтъ и телеграфовъ—**Н. П. Авиловъ (Глѣбовъ)**;

Предсѣдателемъ по дѣламъ національностей—**І. В. Джугашвили (Сталинъ)**.

Постъ Народнаго Комиссара по дѣламъ желѣзнодорожнымъ

Kundmachung des Sowjets der Volkskommissare mit der Liste der ersten
bolschewistischen Regierungsmitglieder:
Vorsitzender des Sowjets – Uljanow (Lenin)
Volkskommissar für   Inneres – Fykow
                     Landwirtschaft – Miljukin
                     Arbeitswesen – Schljapnikow
                     Kriegs- und Marinewesen – Owsjejenko (Antonow),
                     Krylenko, Dybenko
                     Handel und Industrie – Nogin
                     Volksaufklärung – Lunatscharskij
                     Finanzwesen – Skworzow (Stepanow)
                     Äußeres – Bronstein (Trotzkij)
                     Justiz – Oppokow (Lomow)
                     Nahrungsmittelwesen – Teodorowitsch
                     Post- und Telegraphenwesen – Awilow (Gljebow)
                     Nationalitätenfragen – Dschugaschwili (Stalin)

341

Schon am 26. Oktober drahtet der deutsche Botschafter in Stockholm, Luzius, euphorisch an seinen Vorgesetzten Bergen nach Berlin:

»Ersuche um weitere zwei Millionen für den fraglichen Zweck.« Kurz darauf wurden weitere fünfzehn Millionen Mark direkt an Lenin nach Rußland überwiesen.

Und General Ludendorff dankt dem Berliner Außenamt für dessen Hilfe für die russische Revolution.

Nach Tobolsk drangen die Neuigkeiten nur langsam. Die bürgerlich und bäuerlich dominierte Bevölkerung war traditionellen Werten verbunden und nicht prorevolutionär eingestellt, es gab dort fast kein Industrieproletariat. Das äußerte sich auch im Verhalten der Bewohner der Stadt gegenüber den prominenten Gefangenen: Passanten bekreuzigten sich, wenn sie am Haus der Zarenfamilie vorbeigingen; manche versuchten, ihr durch den in einem anderen Haus untergebrachten Hausarzt oder Bedienstete frische Lebensmittel zu schicken.

Auf diese Weise konnten die Gefangenen manchmal Briefe erhalten; verschlüsselt kamen Ankündigungen von Befreiungsaktionen, die allerdings nie in die Tat umgesetzt wurden. Russen in der Hauptstadt, auch ausländische Diplomaten, hatten große Summen für die Befreiung der Zarenfamilie gesammelt. Doch einer der sich als »Retter« ausgebenden Männer namens Solowjow, der durch seine Heirat mit Rasputins Tochter das blinde Vertrauen Alexandras gewonnen hatte, behielt den Großteil des in die Hunderttausende Rubel gehenden Vermögens für sich; die Aktion wurde nie durchgeführt. Er schlug sich nach Europa durch und eröffnete mit dem Geld in Berlin ein Restaurant.

Erst am 17./30. November finden sich in Nikolaus' Tagebuch Hinweise auf die neue politische Lage:

»Es bricht einem das Herz, wenn man in den Zeitungen liest, was sich vor zwei Wochen in Petrograd und Moskau abgespielt hat! Das ist noch schlimmer als in der Zeit der Wirren!«*

In einem Brief zeigt sich Nikolaus informierter, als er das seinem

---

* Besonders unruhige und grausame Ära in Rußland Anfang des 17. Jahrhunderts

. 10 191 7
eben in _____ Uhr ____ mit. AS 3761
etommen in Berlin
= 6 Uhr 30 M. 11 min.

Telegraphie
des
Deutschen Reichs.

ss gr hqu s a - ausw 73 6/10 6,15 nm = auswaertig berlin =

nr 1493 ,r

        fuer herrn staatssekretaer .r

    auf tel .. nr 1610 . < AS 3640 R. 371518

    general ludendorff laesst drahten : absatz .

    " . dass das auswaertige amt nicht nur durch seine
beratende mitwirkung bei der frontpropaganda des obost ,
sondern auch durch die der minierarbeit der sektion politik
gewaehrte unterstuetzung , namentlich an reichlichen geld=
mitteln , dazu beigetragen hat , den erfolg der militaerischen
operationen an der ostfront durch die staerkung zersetzender
elemente , vor allem auch in finnland , zu vertiefen ,
erkenne ich dankbar an .-

                    K056912

    eine foerderung der finnischen unruhen halte ich nach
wie vor fuer sehr wichtig . ich habe daher die aufstands =
vorbereitungen finnlands dauernd mit allen mir zu gebote
stehenden mitteln unterstuetzt . ich verschliesse mich auch
keinesweges der grossen uns guenstigen wirkung , die eine
besetzung der aalandsinseln in finnland wie in schweden
haben wuerde , und habe mit dem herrn chef des admiralstabes
die moeglichkeit einer unternehmung gegen die aalandsinseln
seit laengerem eingehend geprueft . sie kann indessen nur in
frage kommen , wenn der nachschub ueber schweden sicher =
gestellt ist . inwieweit euere exzellenz in der lage sind
uns diese moeglichkeit zu schaffen , darf ich der erwaegung
anheimgeben , = berckheim .+

Telegramm vom Hauptquartier des deutschen Generalstabs an das Berliner
Außenamt mit Dank Ludendorffs für die Unterstützung der russischen
Revolution mit weiteren Anregungen für destabilisierende Aktivitäten

Tagebuch gegenüber preiszugeben bereit war. Am 5./18. November 1917 legt er einem Schreiben an seine Schwester Xenia, mit der er gelegentlich durch einen vertrauenswürdigen Überbringer korrespondieren konnte, kommentarlos eine Liste der echten Namen der (unter Pseudonymen auftretenden) neuen bolschewistischen Machthaber bei:

»Lenin	– Uljanow (Zederbluem)
Stjeklow	– Nachamkes
Sinowjew	– Apfelbaum
Trotzkij	– Bronstein
Kamenjew	– Rosenfeld
Gorjew	– Goldmann
Mjechowskij	– Goldenberg
Martow	– Zederbaum
Suchanow	– Himmer
Sagorskij	– Krachmann
Meschkowskij	– Hollender«

Indessen festigte Lenin seine Macht in Petrograd und Moskau durch Zwangsverordnungen. Das Ergebnis der Wahlen zur Konstituierenden Versammlung, die abzublasen er nicht gewagt hatte, wurde einfach für ungültig erklärt, die Delegierten gewaltsam verjagt, das Tagungsgebäude versiegelt. Die kaum erst lebensfähige Demokratie in Rußland war zu Ende.

Lenin gab dem Oberbefehlshaber der Armeen, General Duchonin, die Anweisung, an allen Frontabschnitten Waffenstillstand zu erklären und Friedensverhandlungen mit dem Feind anzubieten. Duchonin weigerte sich, indem er erklärte, daß er dies nur im Auftrag einer von Volk und Armee gewählten Zentralregierung tun könne. Ihm war klar, daß das sein Todesurteil war. Doch er nahm wie viele Patrioten in jenen Tagen auch den Tod in Kauf, bevor er sich selbst zum Instrument einer für Rußland demütigenden Handlung machen ließ. Obwohl er die Möglichkeit zu fliehen gehabt hätte, blieb Duchonin an seinem Dienstort, wo er schließlich im Auftrag Lenins vor den Augen seiner Frau erstochen wurde.

Die Alliierten Rußlands boten hohe Summen, Lebensmittel,

Waffen, Militärberater und Erhöhung der Solde an, um Rußland auch unter Lenin im Krieg gegen Deutschland zu halten. Doch Lenin ignorierte alle Angebote. Er konnte es sich leisten: Außer von Deutschland erhielt Lenin nun auch von den Vereinigten Staaten hohe Beträge. Diese waren den Revolutionären von seiten sympathisierender Kreise schon zuvor zugeflossen; Trotzkij selbst kam ja im Frühjahr 1917 direkt aus Amerika angereist, wo er mit Hilfe seiner Kontakte überhaupt erst Ein- und Ausreisepapiere erhalten hatte.

An früherer Stelle wurde erwähnt, daß über das Amerikanische Jüdische Komitee in New York der revolutionären Bewegung in Rußland Geldmittel zuflossen. Die an die Macht gekommene bolschewistische Regierung, die ja fast ausschließlich aus Juden bestand, sollte es jedoch nicht danken: Das Sowjetregime behandelte die Juden noch schlechter als das zarische.

Doch auch nichtjüdische Amerikaner unterstützten das Sowjetregime. Es war ein gewisser William Thompson, der, ursprünglich an der Spitze einer Rotkreuzdelegation in Rußland unterwegs, zu dem Schluß kam, die Ziele der bolschewistischen Regierung seien entgegen ihren Kritikern idealistisch, demokratisch, friedliebend und folglich in höchstem Maße unterstützungswürdig. Zu den weltanschaulichen Motiven seiner Hilfsbereitschaft gesellte sich seine Absicht, die Verbreitung des Bolschewismus wäre nicht nur in ganz Rußland, sondern auch in Deutschland und Österreich-Ungarn »nützlich«, weil sie »den deutschen Einfluß schwäche« und »dem deutschen Militarismus ein Ende bereite«. Außerdem entziehe amerikanische Finanzhilfe an Rußland den Markt »deutschem Zugriff«. Diesem Argument waren dann auch jene Banken und Unternehmen an der New Yorker Wall Street zugänglich, die nun als Sponsoren der über die City Bank nach Petrograd fließenden Gelder auftraten und über Thompson den amerikanischen Außenminister Lansing zur baldigen Anerkennung der Regierung Lenins bewogen.

Die Friedensverhandlungen von Brest-Litowsk waren für Lenin schwieriger als erwartet. Seinem Programm im Falle seiner Machtergreifung, das er über seine Vermittler noch in Zürich dem deutschen Außenamt und Generalstab zur Kenntnis gebracht hatte, wurden von deutscher Seite zusätzliche Bedingungen auferlegt. Hatte er bereits 1915 neben seinen innenpolitischen Maßnahmen den Friedensschluß unter Verzicht auf Ansprüche am Bosporus, auf die Dardanellen und auf Konstantinopel sowie die Gewährung von Autonomie für alle Republiken (etwa die Ukraine, die baltischen Staaten, Finnland usw.) in deutschem Interesse in Aussicht gestellt, wurde er nun mit härteren Forderungen konfrontiert.

Von Russen bereits erkämpfte Territorien mußten aufgegeben werden, Estland, Livland waren verloren, Finnland, die Ukraine selbständig geworden. Ein Viertel der Erdölförderungen von Baku sollte an Deutschland abgeliefert und Batumi der Türkei zugewiesen werden. Deutschem Anspruch auf das besetzte Donbas-Becken und dessen Kohleförderung mußte Lenin nachgeben.

Gemäß dem Zusatzabkommen hatte Rußland an Deutschland auch noch sechs Milliarden Mark (heute etwa sechzig Milliarden) zu zahlen, davon etwa ein Viertel in Gold sofort, den Rest bis Herbst 1918. Deutschland übte Protektoratsrecht über die Ukraine aus, und laut Vertrag wurden Rußland außerdem noch Lebensmittellieferungen an Deutschland abverlangt, die bis Frühjahr 1920 andauern sollten.

Rußland lag wirtschaftlich am Boden. Mit dem Territorium verlor das Land durch den Vertrag auch ein Viertel seines nutzbaren Agrargebietes, ein Viertel seiner Eisenerz- und Kohlebergwerke, die erwähnten Erträge aus der Erdölförderung, ein Drittel seiner Textilindustrie und ein Viertel seines Eisenbahnnetzes.

Lenin selbst war in Brest-Litowsk nicht anwesend. Sein Unterhändler war erst Joffe, dann Trotzkij. Die deutsche Seite wurde erst vom Diplomaten Kühlmann, dann von General Hoffmann angeführt, flankiert von den Vertretern Österreich-Ungarns und der Türkei.

Die Partner begegneten einander mit Verachtung und Zynismus. Wußte die russische Seite doch, daß sie, nachdem sie den deutschen Gegner zuvor zum Zweck ihrer Machtergreifung benutzt hatte, im Geiste schon zu dessen Vernichtung ansetzte, denn die nächsten Ziele der bolschewistischen Weltrevolution waren Deutschland und Österreich-Ungarn.

Die deutsche Seite wiederum genoß es sichtlich, den bisher militärisch nicht endgültig besiegten russischen Feind, dem sie zur Macht verholfen hatte, nun durch ihr Diktat in die Knie zwingen zu können: Die nun propagandistisch zersetzte, politisch geschlagene russische Armee – das wußte man – war nicht imstande, die unzumutbaren Bedingungen militärisch anzufechten. Selbst der Verbündete Deutschlands, Österreich-Ungarn, war der Lächerlichkeit preisgegeben:

Im April 1917 – zu einem Zeitpunkt also, da die deutschen Aktivitäten zur Förderung eines Umsturzes zugunsten Lenins ihren Höhepunkt erreichten – war das österreichische Kaiserpaar Karl und Zita bei Kaiser Wilhelm in dessen Generalstab zu Besuch. Aber der deutsche Kaiser dachte überhaupt nicht daran, seinem Verbündeten gegenüber Andeutungen über seine Pläne zu machen, durch die er einen Separatfrieden mit Rußland zu erreichen suchte.

Ebenso im dunkeln über diese Aktivitäten ließ auch der deutsche Außenminister seinen österreichischen Amtskollegen Graf Czernin, der ihm drei Tage nach dem Putsch Lenins im November 1917 einen naiven Brief mit Anregungen zur weiteren Vorgangsweise in Hinblick auf einen Friedensschluß schrieb. Derselbe Czernin saß nun, über die Hintergründe der deutsch-russischen Beziehungen ahnungslos, am Verhandlungstisch von Brest-Litowsk.

So sind die Tagebuchnotizen der Teilnehmer beider Seiten aufschlußreich, da sie deren Einstellung zueinander und auch die Taktik der sowjetischen Vertreter widerspiegeln.

Von Kühlmann: »Im Sitzungssaal, dem ehemaligen Offizierskasino der Brester Garnison, war ein hufeisenförmiger Tisch errichtet. Mir vis-à-vis saß der russische Vorsitzende – zu Beginn Joffe, der sein Gegenüber durch einen Zwicker wie mit dem Blick eines Kurzsichtigen betrachtete; später war es Trotzkij, der wichtigste Mitarbeiter und Berater Lenins, ein nicht zu verachtender Diskussionspartner; neben ihm der blonde Kamenjew und der Historiker Pokrowskij. Danach anschließend an beiden Flügeln

Deutsche und Russen, die zu den Diskussionen zugelassen wurden ...«

Graf Czernin über sein Gegenüber, die Revolutionärin Bisenko, die einen zarischen Minister erschossen hatte und von den Revolutionären aus dem Gefängnis geholt worden war:

»Sie erinnert an ein Raubtier, das sein Opfer bereits vor sich sieht und sich auf den Sprung vorbereitet, über es herzufallen ...«

Von Hoffmann amüsierte sich sichtlich über die gemischte Gesellschaft – auf russischer Seite, entsprechend der Parole vom »Arbeiter- und Bauernstaat«, wurden ein Arbeiter und ein ebenso spontan von der Straße auf dem Weg zum Bahnhof aufgelesener Bauer als Delegationsmitglieder mitgenommen. Der deutsche General beschreibt die Szenerie so:

»Ich werde nie das erste Diner mit den Russen vergessen. Ich saß zwischen Joffe und Sokolnikow, dem damaligen Kommissar für Finanzwesen. Mir gegenüber saß der Arbeiter, dem das viele Besteck und Geschirr der Tafel sichtlich Probleme bereitete. Er versuchte dies und jenes damit anzufangen, nur die Gabel verwendete er ausschließlich zum Reinigen seiner Zähne. Schräg gegenüber von mir saß neben dem Fürsten Hohenlohe die Terroristin Bisenko, an deren Seite ein Bauer, eine echt russische Erscheinung mit langen grauen Locken und urwaldähnlichem Vollbart. Er nötigte dem Personal ein Lächeln ab, als er auf die Frage, ob er Rot- oder Weißwein zum Diner nähme, antwortete: ›Den stärkeren.‹

Joffe, Kamenjew, Sokolnikow machten einen intelligenteren Eindruck. Voller Begeisterung sprachen sie von der vor ihnen liegenden Aufgabe, das russische Proletariat zu Höhen des Glücks und Wohlstandes zu führen. Daß es dazu kommen müsse, wenn das Volk sich auf der Grundlage der Lehre des Marxismus selbst regiere, daran zweifelte niemand auch nur einen Augenblick. Es schwebte ihnen zumindest vor, daß es allen Menschen gutgehen würde und einigen – damit meinte Joffe vermutlich sich selbst – etwas besser. Allerdings verhehlten alle drei nicht, daß mit der russischen Revolution erst der erste Schritt zum Glück aller Völker getan sei. Da sich kein kommunistischer Staat halten könne, wenn die anderen um ihn herum kapitalistisch regiert werden,

sei das von ihnen verfolgte Ziel die Weltrevolution. Im übrigen eröffneten die Russen die Verhandlungen gleich mit einer Flut von Propagandareden und Angriffen auf die ›Imperialisten‹ ...«
Eine Änderung der Atmosphäre trat ein, als sich die Russen zunächst nicht mit den deutschen Forderungen abfinden konnten; da aber eine militärische Lösung ausschied, erfand Trotzkij gegen den Willen Lenins, Stalins, Bucharins, Kamenjews und Sinowjews die Formel »Weder Krieg noch Frieden« und spielte auf hart: Er wolle den Krieg vorerst ohne Friedensvertrag beenden. Czernin:
»Am Vormittag trafen die Russen unter der Leitung Trotzkijs ein. Sie ließen sofort mitteilen, man bitte, sie bei den Mahlzeiten zu entschuldigen. Auch sonst sieht man sie nicht, und es scheint ein ganz anderer Wind zu wehen als letztes Mal ...«
Kühlmann über Trotzkij:
»Schon am nächsten Morgen fand die Plenarsitzung der Friedensdelegation statt. Das Bild hatte sich völlig verändert. Trotzkij war aus ganz anderem Holz geschnitzt als Joffe. Seine nicht sehr großen, aber stechenden Augen hinter den scharfen Brillengläsern sahen das Gegenüber ständig durchdringend und kritisch an. Trotzkijs Gesichtsausdruck verriet deutlich, daß er am liebsten den ganzen, ihm höchst unsympathischen Verhandlungen durch ein paar Handgranaten über den grünen Tisch ein rasches und gründliches Ende bereitet hätte, wenn sich dies mit seiner politischen Gesamtlinie einigermaßen vertragen hätte. Da ich wußte, daß Trotzkij auf seine Dialektik besonders stolz war, war ich erst recht entschlossen, alles zu vermeiden, was ihm Stoff zu Agitation unter den deutschen Soldaten hätte liefern können ...«
Und hier Trotzkij:
»Kühlmann war ein klügerer Kopf als Czernin und – wie ich glaube – auch als die anderen Diplomaten, die ich kennenzulernen Gelegenheit hatte. Man bemerkte an ihm Charakter, einen praktischen, erheblich über dem Durchschnitt stehenden Geist und ein gut Teil Bosheit, die er nicht nur uns, wo er damit auf Widerstand stieß, sondern auch seinen Verbündeten gegenüber an den Tag legte.

Als man das Problem der besetzten Gebiete erörterte, warf Kühlmann sich in die Brust und rief: ›Gott sei Dank haben wir in Deutschland kein besetztes Gebiet!‹ Daraufhin zuckte Czernin zusammen und wurde grün im Gesicht: Offenbar hatte es Kühlmann auf ihn abgesehen. Ihre Beziehung waren weit von der einer Freundschaft entfernt.

General Hoffmann dagegen brachte eine erfrischende Note in die Konferenz. Er zeigte keine Sympathie für die Hinterlist der Diplomatie und setzte mehrmals seinen Soldatenstiefel auf den Verhandlungstisch. Wir begriffen sofort, daß die einzig wirklich ernst zu nehmende Realität bei diesen unnützen Redereien der Stiefel Hoffmanns war.

Manchmal unterbrach der General jedoch rein politische Diskussionen, doch er tat dies auf seine Art. Aufgebracht durch das langweilige Gerede über das Selbstbestimmungsrecht der Völker, kam er mit einer Mappe russischer Zeitungsausschnitte, mit denen er seine Beschuldigungen, die Bolschewiken hätten die Freiheit des Wortes unterdrückt und die Prinzipien der Demokratie verletzt, belegte. Es waren Artikel dieser terroristischen Partei der Sozialrevolutionäre* und russischer Gruppierungen, die er anscheinend billigte, und entrüstet erklärte er, unsere Regierung stütze sich auf Gewalt. Es war herrlich, ihm zuzuhören ... Ich antwortete Hoffmann, daß sich in einer Klassengesellschaft jede Regierung auf Gewalt stütze. Der Unterschied bestehe nur darin, daß General Hoffmann die Unterdrückung zur Verteidigung der Großgrundbesitzer ausübe, während unsere Gewaltmaßnahmen das Ziel hätten, die Arbeiter zu verteidigen ...«

Dazu Czernin:
»Hoffmann hat eine unglückliche Rede gehalten. Er hatte einige Tage daran gearbeitet und war auf den Erfolg sehr stolz ...«

Hoffmann über Trotzkij:
»Trotzkij, redegewandt, gebildet, energisch und zynisch, machte den Eindruck eines Mannes, der vor keinem Mittel zurückschreckt, um etwas Gewolltes zu erreichen. Manchmal habe ich

---

* In Wahrheit die gemäßigte Fraktion der russischen Sozialrevolutionäre, die nicht die maximalistische Position der Bolschewiken »Macht durch jedes Mittel, auch Gewalt« teilten

mich gefragt, ob er überhaupt mit der Absicht gekommen ist, einen Frieden zu schließen, oder ob es ihm nur auf ein Podium ankam, auf dem er die bolschewistischen Anschauungen propagieren konnte. Dennoch glaube ich, obwohl diese so sehr im Vordergrund standen, daß er versuchte, zu einem Abschluß zu kommen, und als ihn die ihm ebenbürtige Dialektik Kühlmanns in die Enge trieb, er auf den Regieeinfall verfiel, Rußland könne sich nicht auf die Friedensbedingungen der Mittelmächte einlassen, er erkläre jedoch hiemit den Krieg für beendet, und daß er so die Verhandlungsrunde zunächst beschloß.«

Kühlmann zu dieser Wende und Trotzkijs Taktik:

»Der Beschluß Trotzkijs, abrupt Kontakte zwischen unseren Delegationsmitgliedern zu unterbinden, machte mir meine Aufgabe als Wortführer unserer Delegation nicht leicht. Dazu hatte er darauf bestanden, daß alle Verhandlungen mitstenographiert und zur Veröffentlichung freigegeben wurden. Dadurch bestand keine Möglichkeit für eine Fühlungnahme oder Absprachen. Ohne Überprüfungs- und Korrekturmöglichkeit des Stenogramms wurde dieses sofort in alle Welt hinaustelegraphiert. Dies bedeutete eine schwere Belastung für das Klima, denn wir sprachen ja für die vier verbündeten Mittelmächte, mit deren Vertretern man ebenfalls in den Verhandlungen keine Meinungen austauschen konnte.

Trotzkij wollte mich offenbar zu diktatorischem Auftreten provozieren, etwa auf den Tisch zu schlagen und auf die Kriegskarte zu setzen. Ich konnte ihm diesen Gefallen jedoch nicht tun, der ihm die gefährliche Waffe, nämlich mir die Linksparteien in Deutschland auf den Hals zu hetzen, geliefert hätte. Mein Verhandlungsspielraum zwischen den Forderungen der Heeresleitung auf glatte Annexionen und des Reichstags auf Frieden ohne Annexionen und Kontributionen war ohnehin schmal. So konnte ich nur Trotzkij in Diskussionen über das Selbstbestimmungsrecht der Völker verstricken und daraus territoriale Zugeständnisse ableiten. Wie ihm das zu schaffen machte, zeigte sich, als einer seiner Vertrauten mir übermittelte, ich solle doch ›diese furchtbare Quälerei‹ endlich beenden und einfach die deutschen Forderungen bekanntgeben ...«

Trotzkij über Hoffmann:

»Als ich in einer Replik auf die üblichen Angriffe Hoffmanns unbewußt die deutsche Regierung erwähnte, unterbrach mich der General mit vor Wut heiserer Stimme: ›Ich repräsentiere hier nicht die deutsche Regierung, sondern das Oberkommando der deutschen Armee!‹ – Ich antwortete, es stehe mir nicht zu, über die Beziehungen zwischen der Regierung des deutschen Kaiserreiches und seinem Oberkommando zu urteilen, und ich hätte nur die Vollmacht, mit der Regierung zu verhandeln. Kühlmann pflichtete mir zähneknirschend bei ...«

Trotzkij hatte geglaubt, durch seine gebluffte Unnachgiebigkeit, aus der er gar nicht die militärische Konsequenz zu ziehen imstande war, so lange eine Entscheidung hinausschieben zu können, bis die nun von Rußland aus angezettelten revolutionären Unruhen auf Deutschland übergreifen und die deutschen Bedingungen mildern würden. Doch Ludendorff wartete nicht länger und ließ die Front im Bewußtsein der augenblicklichen russischen Schwäche durchbrechen. Die moralische und disziplinäre Auflösung der russischen Armee wurde nun für die russischen Revolutionäre zum Bumerang. Lenin mußte am 3. März 1918 die deutschen Bedingungen annehmen und den Vertrag unterzeichnen. Anstelle von Trotzkij tat dies Sokolnikow. Lenin hatte es immer wieder verstanden, den Sowjet bei problematischen Entscheidungen zu umgehen. Nun war er in Zusammenhang mit der Unterzeichnung dieses für Rußland im Grunde unzumutbaren Vertrages in einer delikaten Situation und mußte auch in den eigenen Reihen mit energischem Widerstand rechnen. Er löste das Problem, indem er kurzfristig eine Sitzung des Sowjets für drei Uhr früh der darauffolgenden Nacht einberief, zu der erwartungsgemäß nur wenige Abgeordnete erschienen. Bei dieser Sitzung wurde kein Protokoll geführt. Nachträglich erklärte Lenin, daß seine Entscheidung der Frage »von einem überwiegenden Teil der Abgeordneten« gutgeheißen worden sei.

Nikolaus erfährt von den Friedensverhandlungen in Brest-Litowsk freilich nur, was offiziell an die Öffentlichkeit dringt; am 7. Februar 1918 schreibt er in sein Tagebuch:

»Nach den Telegrammen zu urteilen, ist der Krieg erneuert worden, nachdem die Frist zur Annahme der Friedensbedingungen ausgelaufen ist; aber an der Front haben wir scheinbar niemanden mehr, die Armee ist demobilisiert, Waffen und Munition sind dem Schicksal und der Willkür des eindringenden Feindes preisgegeben! Schande und Schmach!«

Und am 12. Februar:

»Heute kamen Telegramme mit der Mitteilung, daß die Bolschewiken oder das »Sownarkom«* gezwungen ist, den Frieden zu erniedrigenden Bedingungen anzunehmen angesichts der Tatsache, daß sich die feindlichen Truppen im Vormarsch befinden und sie niemand aufhalten kann! Ein Alptraum!«

Am 2. März heißt es schließlich:

»Ich denke in diesen Tagen an Pskow und die Tage, die ich dort im Zug verbracht habe!** Wie lange wird unsere unglückliche Heimat noch von inneren und äußeren Feinden gequält und zerrissen? Manchmal scheint es, daß mehr zu ertragen die Kräfte nicht reichen, und man weiß nicht mehr, worauf man hoffen, was man wünschen soll ...«

Kurze Zeit später tauchte ein neuer Mann in Tobolsk bei der Zarenfamilie auf: der Außerordentliche Bevollmächtigte Jakowlew aus Moskau. Er war von Swerdlow, dem Vorsitzenden des Exekutivkomitees der neuen Regierung Lenins, hierhergesandt worden, um den Exzaren nach Moskau zu bringen.

Der deutsche Botschafter Graf Mirbach hatte im Auftrag der Kaiserlichen Regierung bei Swerdlow vorgesprochen. Mirbach hatte Grund, Entgegenkommen zu erwarten. Nach mehreren persönlichen Gesprächen mit Lenin, deren Inhalt er jeweils seinem Außenminister in Berlin mitteilte, ließ er angesichts der prekären Lage des Revolutionärs (dessen Partei durch Austritte nach der Unterzeichnung des Brest-Litowsker Vertrages stark kompromittiert und dezimiert war) Millionenbeträge zu dessen Unterstützung lockermachen. Die Erhaltung der politischen

---

* Sowjetisches Volkskomitee
** Ein Jahr zuvor, am 2. März 1917, hatte Nikolaus dort abgedankt.

Moskau, den 16. Mai 1918.

Heute hatte ich mit Lenin eine längere Aussprache über die Gesamtlage.

Lenin glaubt in Allgemeinen felsenfest an seinen Stern und bekennt sich immer wieder in fast etwas aufdringlicher Weise zu schrankenlosesten Optimismus. Immerhin räumt auch er ein, daß, wenn auch sein System noch unerschüttert dastehe, die Zahl der Angreifer doch zugenommen habe, und die Situation "gespanntere Aufmerksamkeit erfordere, als noch vor etwa einem Monat."

Seine Zuversichtlichkeit gründet er vor allen darauf, daß die herrschende Partei als einzige über die organisierte Macht verfüge, während alle anderen sich nur in der Negierung des jetzigen Systems zusammenfänden, sonst aber nach allen Richtungen auseinander liefen und keinerlei, den bolschevistischen gleichwertige Machtmittel hinter sich hätten.

Dies ist in mancher Beziehung gewiß zutreffend: immerhin ist der Ton, in dem Lenin von der Ohnmacht seiner Feinde spricht, doch vielleicht etwas zu geringschätzig.

Lenin gibt des Weiteren unumwunden zu, daß seine Gegner nicht mehr ausschließlich in den rechts von ihm stehenden Parteien zu suchen sind, sondern

Gespräch mit
Lenin.

Exzellenz

den Herrn Reichskanzler,
Berlin.

354

sondern sich jetzt auch aus den eigenen Lager rekrutier

wo sich eine Art Linke gebildet habe. Diese Opposition (

eigenen Hause mache ihm hauptsächlich den Vorwurf, daß d

Vertrag von Brest-Litowsk, den er nach wie vor mit äußer

ster Zähigkeit zu verteidigen gedenke, ein Fehler gewese

sei: immer neue zu Rußland gehörige Gebiete würden beset

die Friedensschlüsse mit der Ukraina und mit Finnland se

noch immer nicht getätigt; die Hungerkrise sei nicht nur

nicht beschworen, sondern in Zunahme begriffen, kurz ein

Friedenszustand, der diesen Namen wirklich verdiene, ste

anscheinend noch in weitem Felde.

Er müsse seinen Widersachern leider zugeben, daß g

wisse Ereignisse der jüngsten Vergangenheit ihre Angriff

scheinbar rechtfertigten. Darum seien alle seine Wünsche

sein ganzes Bestreben darauf gerichtet, daß baldmöglichs

Nord und Süd Klarheit geschaffen werde, vor allen unter

serer Mitwirkung und unter unserer Einflußnahme Friede z

Helsingfors und Kiew zu Stande komme.

Lenin sprach nicht etwa klagend, oder gar beschwer

führend, vermied auch jede Anspielung, als ob er sich be

längerer Dauer des gegenwärtigen Zustandes, genötigt seh

könnte, sich der anderen Mächtegruppe wieder zuzuneigen.

war ihm offenbar darum zu tun, die Schwierigkeiten seine

Lage möglichst plastisch herauszuarbeiten.

Lageberricht des deutschen Botschafters Mirbach nach Berlin über die Situation in Petrograd aufgrund eines Gespräches mit Lenin im Mai 1918

Telegramm.

den 16., aufg.
Moskau,/den 17. Mai 1918 10 Uhr 30 Min. Nm.

Ankunft: 18. "   1 " 30 " Vm.

Der K.Gesandte an Auswärtiges Amt.

Entzifferung.

Im Anschluß an Telegramm Nr.66.

Ganz geheim.

Die Situation in Petersburg nach
guter Quelle abermals prekär. Die Entente soll sehr viel Geld ausgeben, um
Rechtssozialrevolutionäre zur Macht zu
bringen und Kriegszustand zu erneuern.
Die Matrosen der Schiffe Res Publica
und Sarja Rossija und der nach Ino
gefahrenen Kreuzers Oleg angeblich
hoch bestochen, desgleichen das frühere
Preobraschenski-Regiment, Waffenvorräte
der Sestrofelsker Gewehrfabrik in Händen der Sozialrevolutionären. Bolschewiki können die Zentrale der offenbar
gut geleiteten Organisation nicht finden. Bewegung soll Verbindung Dutoff
und sibirischer Bewegung aufgenommen
haben. Auswärtou verstärkte Agitation.
Ich bleibe weiterhin beobachte, Versuche der Entente zu contrecarrieren und
Bolschewiki zu stützen wäre indessen

für

für Weisung dankbar, ob/nach Gesamtlage unser hin
den Einsatz
eses/eventuell größerer Mittel rechtfertigt und ..

eventuelle Unhaltbarkeit der Bolschewiki, welche

Rfchtung zu unterstützen. Bei eventuellem Sturz ..

c) (x) Gr. fehlt. Bolschewiki haben zur Zeit Ententisten/Nachfolge

meiste Aussicht.

Mirbach.

Mirbach zwei Tage später über »prekäre Lage« und Notwendigkeit größerer Geldmittel zur Stützung Lenins

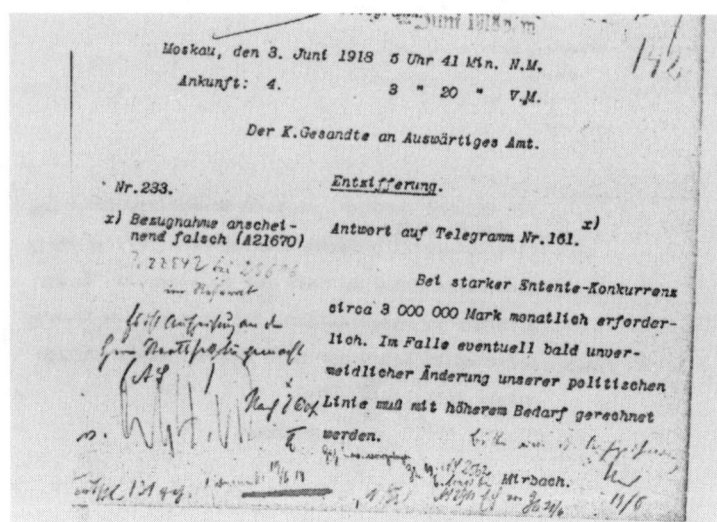

Im Telegramm vom 3. Juni 1918 fordert Mirbach für Lenin drei Millionen Mark. Kurz darauf wird Mirbach ermordet

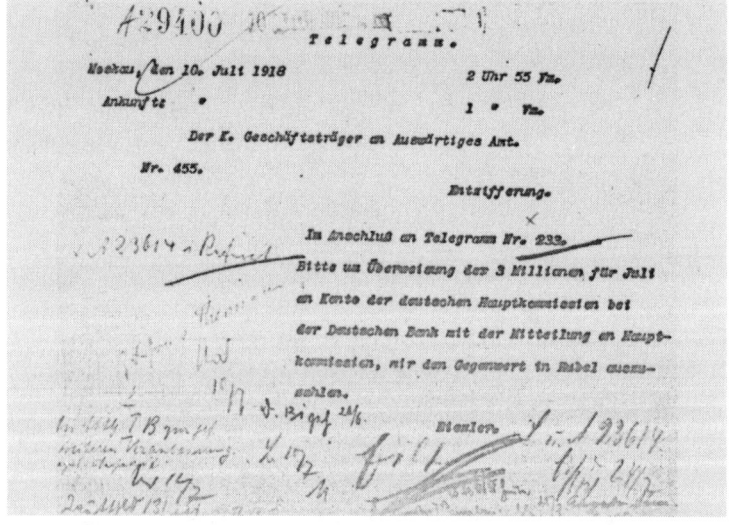

Bestätigung über Anweisung der im Telegramm vom 3. Juni 1918 geforderten drei Millionen Mark zur Unterstützung der Regierung Lenins. Den Betrag nimmt bereits Riezler als Nachfolger des ermordeten Botschafters Mirbach entgegen.

Der Staatsfekretär
des Reichsschatzamts.

isheim Z.B. 965.
----

rd gebeten, in der Antwort Tag, vor-
n Geschäftszeichen und Gegenstand
dieses Schreibens zu bezeichnen.

Berlin W. 66, den   11. Juni 1918.
Wilhelmplatz 1.

157

Lieber K ü h l m a n n !

Auf Jhr Schreiben vom 8. d.M., mit dem Sie mir
die Aufzeichnung zu A.S. 2562 betreffend Rußland
übersenden, erkläre ich mich bereit, einem ohne An-
gabe von Gründen gestellten Antrag auf Bereitstellung von 40 Mill. Mark für den fraglichen Zweck zuzustimmen.

Seiner Exzellenz
Herrn Staatssekretär des Aus-
tigen Amts
Herrn Dr. v o n K ü h l m a n n

Persönlich .

Bestätigung des Reichsschatzamtes an das Berliner Außenamt über die Gewährung von weiteren 40 Millionen Mark (gegenwärtig etwa 400 Millionen
Mark), die zur Unterstützung der Sowjetregierung bestimmt sind

Existenz Lenins war so lange von Bedeutung, bis der Friedensvertrag ratifiziert und die Bedingungen erfüllt waren.

Nun kam Mirbach mit einem Anliegen. Man wünsche den Exzaren zu sehen. Den Grund verschwieg der Botschafter: Kaiser

Wilhelm wollte den Friedensvertrag noch zusätzlich durch die Unterschrift des ehemaligen Zaren absichern und aufwerten lassen, da das junge Sowjetregime auch in Deutschland schon stark diskreditiert war. Wilhelm prophezeite Lenins Regierung auch angesichts der Intervention durch die Armeen der Verbündeten und der russischen »Weißen« Armee aus zarentreuen Soldaten und Kosaken keine lange Lebensdauer mehr. »Er ist am Ende«, meinte er im Generalstab. Außerdem wurde in Deutschland befürchtet, daß der »Bazillus der Revolution«, mit dem Rußland infiziert (worden) war, auch auf Deutschland übergreifen könnte.

Wilhelm wollte dem Exzaren die Wiedereinführung der Monarchie in Aussicht stellen. Daß Nikolaus niemals darauf eingehen würde, kam dem deutschen Kaiser dabei nicht in den Sinn.

Swerdlow ging scheinbar auf den Wunsch Mirbachs ein und versprach, Nikolaus nach Moskau bringen zu lassen.

Als Swerdlows Agent in Tobolsk aufgetaucht war, ahnte Nikolaus, dem Jakowlew gar nicht das Ziel der bevorstehenden Reise mitteilte, sofort, wozu er benötigt würde. Gegenüber Gilliard äußerte er: »Wenn die Aktion etwas mit dem Friedensvertrag zu tun hat, dann lasse ich mir eher die Hand abhacken, als ein so schamloses Papier zu unterzeichnen!«

Im Haus in Tobolsk, wo die Zarenfamilie untergebracht war, herrschte Bestürzung. Man fürchtete, daß Nikolaus zur Exekution gebracht werden würde. Die Kinder waren verzweifelt, sie teilten diese Befürchtung. Alexandra befand sich in einer schier ausweglosen Situation: Einerseits wollte sie Nikolaus in keinem Fall allein gehen lassen, andererseits war Alexej krank und nicht transportfähig. Schließlich entschied sie, ihren Mann zu begleiten und nur die Tochter Maria mitzunehmen, während die älteren Töchter mit Anastasia und den wenigen Bediensteten mit Gilliard und einem Arzt bei Alexej bleiben sollten. Der zweite Arzt, Doktor Botkin, den Nikolaus bei dieser Gelegenheit überreden wollte, zu seiner Familie zurückzukehren, lehnte ab: »Ich stehe bis an mein Lebensende in Ihren Diensten.« – »Aber denken Sie doch an Ihre Kinder!« wandte

Nikolaus ein. »Mein Platz ist an Ihrer Seite, solange ich lebe«, erklärte Botkin.

Als sich der Konvoi der Pferdewagen mit umfangreicher Bewachung in den frühen Morgenstunden in Bewegung setzte, wandte sich Botkin noch einmal um und blickte zum erleuchteten Fenster des Hauses hinauf, an welchem seine Tochter Tatjana mit ihrem Bruder stand, um noch einen Blick auf ihren scheidenden Vater werfen zu können. Sie waren ihm nach Tobolsk gefolgt, jedoch unter Hausarrest gestellt worden und durften sich weder von ihm verabschieden noch ihn begleiten. Nun hob der alte Mann seine Hand und formte in ihre Richtung ein Kreuz.

Alle hatten das Gefühl, daß es kein Wiedersehen geben würde. Auch Nikolaus ahnte, auch wenn es zunächst scheinbar nach Moskau ging, daß sein Ende nahe war. Seinen Kindern hatte er gesagt, er hoffe nur, daß man sie nicht lange quälen würde. Und hinzugefügt, daß er seinen Mördern schon jetzt vergeben hätte.

Als der Konvoi in der Nacht verschwunden war, kehrte Gilliard ins Haus zurück. Alexandra hatte ihn noch ersucht, gleich nach ihrer Abreise Alexej aufzusuchen. Als er dessen Zimmer betrat, fand er ihn in seinem Bett, der Wand zugekehrt: Noch nie hatte Gilliard den Jungen so bitterlich weinen sehen.

Nach der Abreise Nikolaus' rechnete der Sowjet mit jenen ab, die der Familie des Exzaren während ihres Aufenthaltes in dieser kleinen Stadt Loyalität bewiesen hatten. So wurde der Bischof von Tobolsk, der ihnen trotz Verbotes von seiten des Rayonssowjets weiter die Messe gelesen hatte, lebend an das Rad eines Dampfers gebunden.

Nikolaus gelangte nicht nach Moskau. In Omsk wurde die Bahnlinie blockiert, sein Zug mußte in einer anderen Richtung weiterfahren – Richtung Jekaterinburg. Swerdlow hatte veranlaßt, daß der Zug nach seiner Umleitung in Jekaterinburg von Einheiten der Roten Garde umstellt wurde. Nikolaus, Alexandra und deren Tochter Maria wurden in das von den Sowjets requirierte Haus Ipatjews gebracht, das von diesem Zeitpunkt an »Haus für besondere Bestimmung« genannt wurde. Es stand von vornherein fest, daß in diesem Haus, unter der Kontrolle des

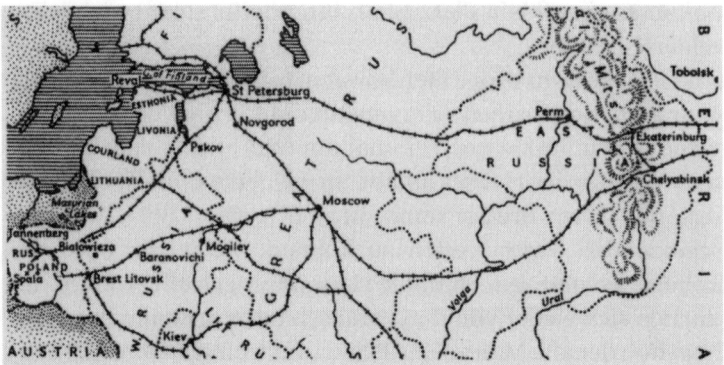

Hier sind die Bahnlinien in Sibirien ersichtlich. Swerdlow ließ den Zug mit dem Exzaren auf dem Weg von Tobolsk Richtung Moskau in Jekaterinburg anhalten und umstellen. Dort wurde er in das »Haus für besondere Bestimmung« gebracht und kurze Zeit später mit seiner Familie erschossen.

moskaufreundlichen Jekaterinburger Sowjets, die Ermordung der Zarenfamilie geplant war.

Mirbach gegenüber zuckte Swerdlow hilflos die Schultern. »In diesen turbulenten Zeiten«, seufzte der ZK-Sekretär, »habe ich wirklich keine Macht über das, was in Sibirien passiert ...«

Ab dem Zeitpunkt, da der Exzar nicht mehr für den von Kaiser Wilhelm verfolgten Zweck in Frage kam, erlosch jedes weitere deutsche Interesse an seinem Schicksal. Als noch Ende Juni, etwa zwei Wochen vor der Ermordung der Zarenfamilie, russische Monarchisten den deutschen Botschafter bestürmten, eine Demarche zur Rettung der immerhin deutschstämmigen Familie zu unternehmen, ließ Mirbach sie kalt abblitzen:

»Der Zar ist mit seiner Familie in Jekaterinburg. Jetzt ist er in der Hand seines Volkes«, und während der Botschafter sich (so beschreiben es die Bittsteller) die Hände wusch, fügte er hinzu: »Wehe den Besiegten! Wären wir besiegt worden, würde es uns auch nicht besser ergehen ...«

Eine Woche später wurde Mirbach von gemäßigten Sozialrevolutionären ermordet.

Und kaum mehr als ein halbes Jahr danach mußte Kaiser Wilhelm ebenfalls abdanken.

Im April 1918 war somit die Entscheidung über das Schicksal der Zarenfamilie in Moskau getroffen worden. Doch vor der Ausführung des Beschlusses, die Dynastie Romanow auszulöschen, vollzog Lenin noch einige Schachzüge, um die Reaktion der Öffentlichkeit im In- und Ausland zu testen.

Lenin und Swerdlow waren sich einig darüber, was mit der Familie des Exzaren und den noch in Rußland befindlichen Angehörigen der Familie Romanow geschehen sollte. Die Sowjets dagegen forderten, den Exzaren und seine Frau vor ein »Volkstribunal« zu stellen, das beide zum Tode verurteilen sollte. Trotzkij wollte diese Aktion zu propagandistischen Zwecken nutzen und über Rundfunk im ganzen Land übertragen. Doch daraus wurde nichts.

Die von Kerenskij gesammelten Unterlagen über die Regierungszeit von Nikolaus II. hatten ebensowenig die Grundlage für eine Anklage wegen schuldhaften Verhaltens ergeben wie die Verhöre der ehemaligen Minister des Zaren, die jetzt in der Peter-und-Pauls-Festung inhaftiert waren.

Nun drängte die Zeit; der Exzar mußte so rasch wie möglich deutschem Zugriff entzogen werden, die militärische Lage für die Regierung Lenins wurde prekär: Die sogenannte »Weiße Armee« aus Freiwilligen der zarischen Armee, Patrioten, die sich unter General Alexejew am Don zum Widerstand gegen die »Rote Armee« Lenins gesammelt hatten, kontrollierte bereits riesige Territorien im Süden und im sibirischen Nordwesten des Landes. Diesen Weißen durfte kein Mitglied der Zarenfamilie als lebendes Symbol gelassen werden. Es wäre jedoch falsch, die Entscheidung zur Ermordung nur damit in Zusammenhang zu bringen: Diese wurde am 12. April gefällt.*

Jekaterinburg war eine Hochburg der Sowjets. Kaum ein Gebiet oder Bezirk des Landes war der bolschewistischen Propaganda

---

* Das berichtet ein Sowjetkommissar, der an der Sitzung teilgenommen hatte. Er mußte am 27. April dem Besitzer des »Ipatjew«-Hauses in Jekaterinburg erklären, daß dieses nun requiriert sei und er innerhalb eines Tages ausziehen müsse. Dort wurde die Zarenfamilie einquartiert und erschossen.

gegenüber so aufgeschlossen gewesen wie dieses Zentrum von Industriebetrieben mit jener Arbeiterschaft, für die Lenins Parolen bestimmt waren. In Jekaterinburg hatte Swerdlow seine zuverlässigsten Rayonssowjets, denen wiederum eine rigorose Tscheka-Organisation als Instrument diente. »Tscheka« war die »Außerordentliche Kommission« zum Kampf »gegen Konterrevolution«, und ihre Angehörigen waren gedungene Mörder im Dienste der Säuberung des Landes von »revolutionsfeindlichen Elementen«.

Vorsitzender des Uraler Gebietssowjets war Swerdlows Jugendfreund Schaja Isaakowitsch Goloschtschokin; Jankel Isidorowitsch Weisbart (Pseudonym: Beloborodow) war der Vorsitzende des Exekutivkomitees, und Jankel alias Jakow Chaimowitsch Jurowskij war als dessen Mitglied auch Chef der örtlichen Tscheka. Auf sie alle konnte sich Swerdlow verlassen. Wie sich aufgrund des später von der Weißen Armee aufgefundenen Telegrammverkehrs zwischen Jekaterinburg und Moskau herausstellte, handelten die Genannten bis ins Detail nach Anweisungen Swerdlows in Absprache mit Lenin. So ist es auch kein Zufall, daß fast alle Familienmitglieder Nikolaus' in den Orten Perm und Alapa-jewsk ermordet wurden, die wie Jekaterinburg dem Uraler Sowjet unterstanden.

Swerdlow mangelte es nicht an Raffinesse, wie bereits an seinem Täuschungsmanöver zu beobachten war: Schon den deutschen Botschafter Mirbach hatte er an der Nase herumgeführt, als er den Zug des Exzaren, statt ihn nach Moskau fahren zu lassen, nach Jekaterinburg umleiten ließ. Nun veranlaßte Swerdlow im Vorfeld der Planung der Ermordung der Zarenfamilie zunächst die Verhaftung von Nikolaus' Bruder Michail. Er wurde nach Sibirien gebracht und in Perm erschossen (seine drei ihm freiwillig folgenden Bediensteten mit ihm). In Moskau ließ Swerdlow das Gerücht verbreiten, Nikolaus sei getötet worden; so wollte der ZK-Generalsekretär die Reaktion im In- und Ausland auf die Probe stellen und zugleich die Aufmerksamkeit von den Mordopfern – Nikolaus und seine Familie – ablenken. Es gab jedoch keine Reaktion.

Die anderen Familienmitglieder waren ebenfalls nach Sibirien gebracht worden. So auch die Schwester der Exzarin, die bisher in Moskau lebende Elisawjeta Fjodorowna – sie war Nonne und ihrer karitativen Tätigkeit wegen angesehen, nachdem ihr Mann Großfürst Sergej Alexandrowitsch ermordet worden war. Mehrmals war ihr eine Flucht ins Ausland angeboten worden, aber sie hatte abgelehnt. Einer der prominentesten Hilfesteller war Kaiser Wilhelm gewesen, der sie in ihrer Jugend in Deutschland sehr verehrt und ihr bis zum Schluß nicht verziehen hatte, daß sie ihn, den deutschen Kaiser, abgewiesen und einen Russen geheiratet hatte. Nun wurde sie gemeinsam mit Cousins von Nikolaus, den Fürsten Iwan Konstantinowitsch, Wladimir Pawlowitsch Palej, Sergej Michajlowitsch und Konstantin Konstantinowitsch, einem Bediensteten und einer Nonne erst nach Alapajewsk bei Jekate-rinburg gebracht, und nach einem Monat im Gefängnis nachts an eine Waldlichtung geführt. Nur Sergej Michajlowitsch wurde durch einen Kopfschuß getötet, weil er versucht hatte, sich auf einen der Mörder zu stürzen, alle anderen starben einen qualvoll langen Tod; erst mit Gewehren geschlagen, wurden sie schwerverletzt in eine aufgelassene Erzgrube geworfen, in der dann Handgranaten explodierten, doch fast niemand starb auf der Stelle.

Ein Bauer hatte die Szene jedoch von weitem beobachtet und konnte später den Angehörigen der Weißen Armee alles berichten. Er hatte noch bis zum nächsten Abend Betgesänge von der Grube her vernommen. Später zeigte er den Angehörigen der Weißen Armee die Hinrichtungsstätte. Der Kopf von Iwan Konstantinowitsch war mit dem Taschentuch von Elisawjeta Fjodorowna verbunden, die ungeachtet ihrer eigenen Verletzungen bis zuletzt versucht hatte, anderen zu helfen.

In Petrograd wurden in der Peter-und-Pauls-Festung andere Verwandte Nikolaus', die Großfürsten Pawel Alexandrowitsch, Dmitrij Konstantinowitsch, Nikolaj Michajlowitsch und Georgij Michajlowitsch, erschossen. Die Schwestern des Exzaren, Xenia und Olga, waren mit ihrer Mutter bereits in der Ukraine und so für Swedlow unerreichbar; von dort gelangten sie ins Ausland. Bis zu ihrem Tod wollte Maria Fjodorowna nicht glauben, daß Nikolaus ermordet worden war, und wartete auf ein Lebenszeichen von ihm.

Nun wurden die anderen Mitglieder der Zarenfamilie, Olga, Tatjana und Alexej, mit den verbliebenen Begleitern von Tobolsk nach Jekaterinburg geholt. Der Weg führte an Pokrowskoje vorbei, wo Rasputin gelebt hatte, ehe er nach Petersburg gekommen war. Der Zufall wollte es, daß ausgerechnet in der Nähe seines Hauses der Pferdewechsel des Konvois stattfand. Vielleicht mag Alexandra, als sie dieses Haus passiert hatte, sich bei dieser Gelegenheit an eine von Rasputins ominösen Prophezeiungen erinnert haben: etwa an seine Warnung an den Exzaren im Sommer 1914, daß der Krieg Rußland ins Unglück stürzen würde. Nikolaus hatte das Telegramm noch in Anwesenheit des Überbringers zerrissen. Oder an die drohenden Zeilen Rasputins an Alexandra 1916, kurz vor seiner Ermordung: »Wenn mir etwas zustößt oder Du mich im Stich läßt, wirst Du innerhalb von sechs Monaten Deine Krone verlieren, und Dein Sohn wird sterben ...« Auch wenn diese Prophezeiung für den Fall von Rasputins Tod gelten sollte, hatte sie sich nicht vielmehr durch sein Leben erfüllt und durch all das, was er angerichtet hatte?

Die Begleiter der nachkommenden Familienmitglieder, Tatischtschew, Dolgorukow, Tschermodurow und die Gräfin Hendrikowa, wurden unmittelbar nach der Ankunft in Jekaterinburg von den anderen getrennt und in ein Gefängnis gebracht. Sie wurden alle erschossen. Tatischtschew, dessen Vorfahren zwei Jahrhunderte zuvor die Stadt Jekaterinburg gegründet hatten, war in der Ahnung mitgekommen, daß er Sibirien nicht mehr lebend verlassen würde. Gilliard gegenüber hatte er geäußert: »Ich fürchte das Ende nicht, ich bete nur darum, daß ich nicht von meinem Herrn getrennt werde.«

Gilliard, der gemeinsam mit dem Englischlehrer Gibbes wieder zur Familie stoßen wollte, wurde zurückgehalten und vermutlich seiner ausländischen Staatsbürgerschaft wegen von der Exekution verschont. Er versuchte noch, bei den in Jekaterinburg akkreditierten britischen und schwedischen Konsuln (der französische war auf Urlaub) für die Zarenfamilie zu intervenieren, mit dem Hinweis darauf, daß nun eindeutig ein gewaltsames Ende bevorstünde. Doch diese winkten ab: »Was soll ihnen schon passieren?«

Gilliard und Gibbes konnten, als sie ein letztes Mal das festungsmäßig gesicherte Haus der Zarenfamilie passierten, sehen, wie ein Küchenjunge und der Betreuer Alexejs, der Matrose Nagornyj, auf einem Wagen abgeführt wurden. Nagornyj hatte protestiert, als die Wachesoldaten die Ikone Alexejs, die für das Abendgebet über seinem Bett hing, wegnahmen. Das war Nagornyjs Todesurteil, kurz darauf sollte er in seiner Zelle erschossen werden. Als er weggebracht wurde, gingen gerade Gilliard, Gibbes und der Arzt Derewjenko, damals die einzigen Verbindungspersonen zwischen der Zarenfamilie und der Außenwelt, am Ipatjew-Haus vorbei. Nagornyj ließ sich mit keinem Laut und keiner Miene anmerken, daß er sie kannte, um sie nicht zu gefährden, und sah sie nur lange stumm an, bis sich sein Wagen entfernt hatte. Gilliard schrieb später, daß er diesen Blick nie vergessen konnte.

Er selbst, der zwar nicht mehr zur Zarenfamilie zurückdurfte, aber ein freier Mann war, begab sich erst in die Stadt Tjumen, die sich bereits in der Hand der Weißen Armee befand und von General Koltschak (dem ehemaligen Admiral der Schwarzmeerflotte) verwaltet wurde. Als die Weiße Armee wenige Tage später auch Jekaterinburg einnahm, fand sie das Ipatjew-Haus, wo die Zarenfamilie zuletzt gelebt hatte, leer vor. Der Anblick der verwüsteten Zimmer und des Kellerraumes mit seinen Einschußlöchern und Blutspuren ließ das Schlimmste vermuten.

Zur Klärung des Schicksals der Zarenfamilie setzte Koltschak einen Untersuchungsrichter ein; erst dessen Nachfolger, der Jurist Sokolow, war im Laufe von Monaten in mühevoller Kleinarbeit imstande, das Lebensende des letzten Zaren und seiner Familie und den Verbleib der sterblichen Überreste zu ermitteln. Dabei waren Identifizierung und Zuordnung der im Mordhaus aufgefundenen Gegenstände nur durch Gilliards und Gibbes' Hilfe möglich.

Die Sowjets von Jekaterinburg, Mitglieder der Tscheka und somit auch des Mordkommandos waren angesichts der Einnahme von Jekaterinburg geflohen. Dennoch konnten noch einige an der Mordtat Beteiligte ausgeforscht und gefaßt werden. Aufgrund ihrer Aussagen wurde der Tathergang der Ermordung

ВОСПОМИНАНИЯ

коменданта Дома Особого назначения в г.Екатеринбурге ЮРОВСКОГО Якова Михайловича, чл.партии с 1905 года о расстреле Николая II и его семьи.

16/VII была получена телеграмма из Перми на условном языке, содержавшая приказ об истреблении Романовых 16-го в 6 ч.веч. Филипп Голощекин предписал привести приказ в исполнение. В 12 часов ночи должна была приехать машина для отвоза трупов. В 6 часов увели мальчика Седнева (поваренка), что очень обеспокоило Романовых и их людей. Приходил д-р Боткин спросить, чем это вызвано? Было об"яснено, что дядя мальчика, который был арестован, потом бежал, теперь опять вернулся и хочет увидеть племянника. Мальчик на следующий день был отправлен на родину /кажется, в Тульскую губернию/. Грузовик в 12 часов не пришел, пришел только в 1/2 второго. Это отсрочило приведение приказа в исполнение. Тем временем были сделаны все приготовления: отобрано 12 человек /в т.ч. 7 латышей/ с наганами, которые должны были привести приговор в исполнение. 2 из латышей отказались стрелять в девиц. Когда приехал автомобиль, все спали. Разбудили Боткина, а он всех остальных. Об"яснение было дано такое: "ввиду того, что в городе неспокойно, необходимо перевести семью Романовых из верхнего этажа в нижний!" Одевались с 1/2 часа. Внизу была выбрана комната, с деревянной отштукатуренной перегородкой/ чтобы избежать

Eigenhändiges Manuskript des Jekaterinburger Tscheka-Chefs Jakow Jurowskij, der die Ermordung der Zarenfamilie organisierte und daran teilnahm; hier beschreibt er selbst genau den Tathergang.

der Zarenfamilie klar; mit Hilfe von Bauern konnte auch die Stelle an der Waldlichtung in der Nähe des Dorfes Koptjaki gefunden werden, wo die sterblichen Überreste der Familie in einen aufgelassenen Schacht geworfen worden waren.

Der Mordkommandant, Tscheka-Chef Jurowskij, hatte nach der Tat mit Schreibmaschine eine Art Protokoll verfaßt. Jedes Detail der Ermordung bis zu den Maßnahmen, die Spuren der Tat zu verwischen, die Leichen wegzuschaffen, unkenntlich und unauffindbar zu machen, hat er darin beschrieben. Die Namen der Betroffenen hat er erst nachträglich händisch eingesetzt. Angesichts der politischen Lage hatte Jurowskij vorsichtshalber dieses Dokument nie an eine offizielle Stelle weitergegeben (seinen Auftraggebern in Moskau hatte er ohnehin in einem chiffrierten Telegramm die Ausführung der Tat gemeldet); es ging nach seinem Tod in die Hände seines Sohnes über, der es aufbewahrte, bis er im Jahre 1991 in Leningrad, das nun wieder Petersburg heißt, verstarb.

Somit ist allen Zweifeln und Mystifikationen über die Ermordung der Zarenfamilie der Boden entzogen, wie sie nicht nur von angeblichen Überlebenden des Massakers in die Welt gesetzt worden sind. In letzter Zeit war selbst von Moskau aus versucht worden, den Publikationen über den tatsächlichen Hergang der Ermordung der Zarenfamilie und die zweifelsfrei erwiesenen diesbezüglichen Anweisungen Lenins und Swerdlows entgegenzuwirken, um die dadurch diskreditierte erste Sowjetregierung zu rehabilitieren. Es wurde entweder versucht, die Schuld auf den Jekaterinburger Sowjet abzuwälzen, der angeblich eigenmächtig gehandelt hatte (was unter anderem durch die hier abgebildeten Dokumente widerlegt wird), oder durch angebliche Zeugenaussagen der Eindruck erweckt, daß einzelne Mitglieder der Familie noch nach dem Zeitpunkt der Ermordung in Sibirien gesehen worden seien. Erstaunlicherweise fanden diese Versuche Moskaus auch in jüngster Zeit noch durch westliche Publikationen Unterstützung.* Tatsache ist, daß der mit der

---

* So auch in der 1990 in Paris erschienenen Biographie »Nicholas II« von Marc Ferro

Ermordung beauftragte Kommissar nichts ohne Rücksprache mit dem Moskauer Zentralkomitee und Swerdlow unternommen hat. Das beweisen die Telegramme, die nach der überstürzten Flucht der Gebietssowjets im Telegraphenamt von Jekaterinburg gefunden wurden.

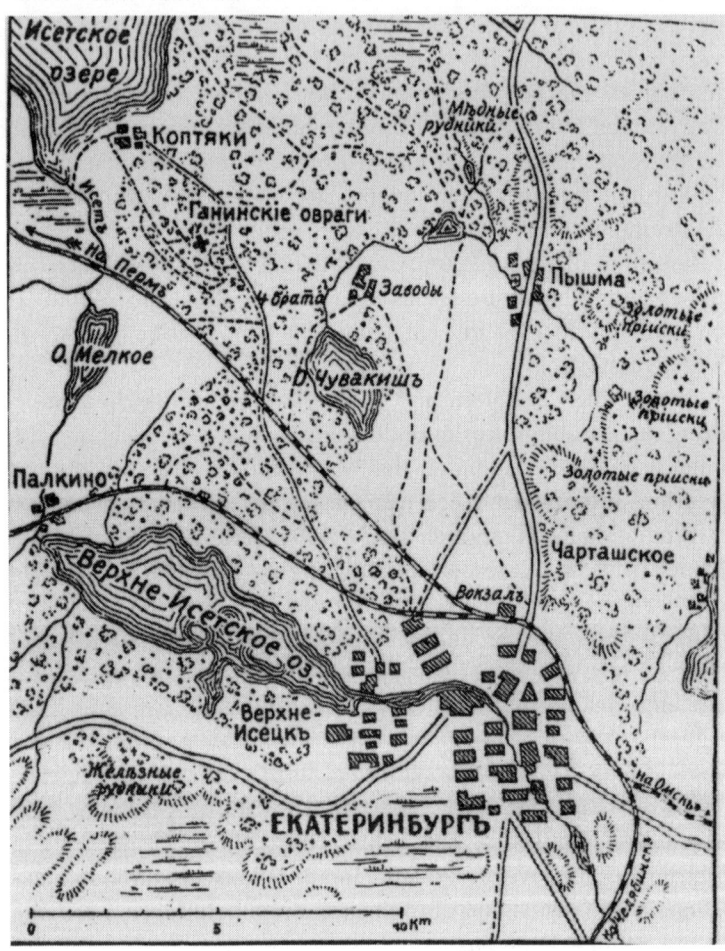

Übersichtsplan von Jekaterinburg; nach der Erschießung wurden die sterblichen Überreste der Zarenfamilie zu einem Schacht bei Koptjaki (links oben neben dem See) gebracht, zerstückelt, verbrannt, und die Reste wurden vergraben.

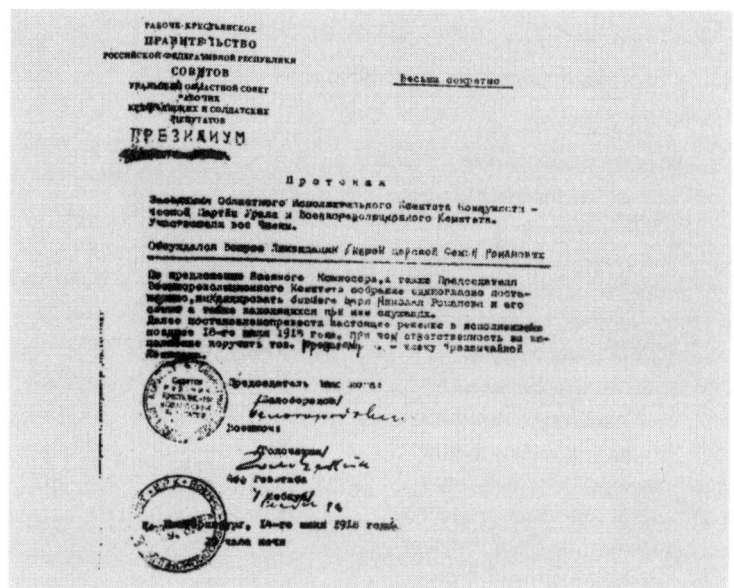

Protokoll der Sitzung des Uraler Sowjets mit dem Beschluß über die Ermordung der Zarenfamilie »spätestens am 18. Juli 1918«

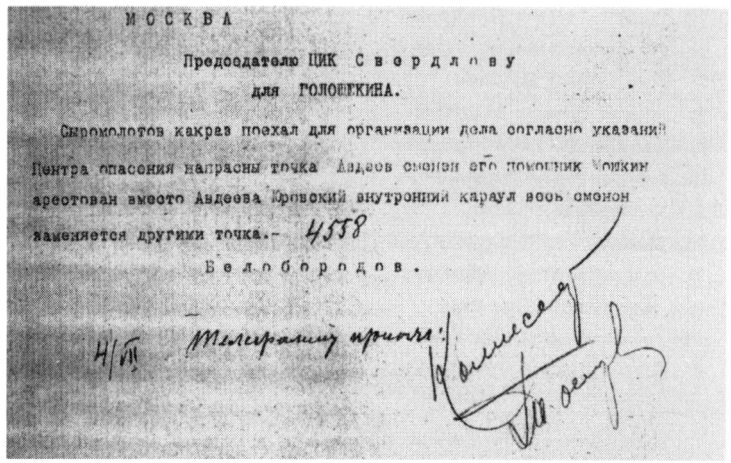

Telegramm vom 4. Juli 1918 an das Moskauer ZK/Swerdlow über den Wechsel des Wachekommandos der Zarenfamilie, über die Festnahme des bisherigen Kommandanten und dessen Ersatz durch Jurowskij »laut Anweisung vom Zentrum« (Moskau)

СПИСОК КОМАНДЫ ОСОБАГО НАЗНАЧЕНИЯ.

1. Талапов Иван Семенов
2. Летемин Михаил Иванов
3. Луговой Виктор Константинов
4. Сафонов Вениамин Яковлев
5. Никифоров Алексей Никитич
6. Прооскуряков Филипп Полиев
7. Столов Егор Алексеевич
8. Котлов Иван Павлович
9. Дроздов Егор Васильевич
10. Емельянов Федор Васильевич
11. Вяткин Степан Григорьевич
12. Беломоин Семен Николаевич
13. Котлов Александр Алексеевич
14. Алексеев Александр Кронидов
15. Подкорытов Николай Иванов
16. Шевелев Семен Степанович
17. Садчиков Николай Степанович
18. Турыгин Семен Михайлович
19. Семенов Василий Семенович
20. Стрекотин Александр Андреевич
21. Котов Михаил Павлович
22. Русаков Николай Михайлович
23. Медведев Павел Спиридонович
24. Летемин Петр Ефимович
25. Теткин Иван Романов
26. Заславский Константин Васильевич
27. Стрекотин Андрей Андреевич
28. Старков Иван Андреевич
29. Орлов Александр Григорьевич
30. Чуркин Алексей Иванович

Liste der kurz vor dem Mord neu eingestellten 30 Wachposten für das Haus, in dem die Familie des Zaren zuletzt lebte und ermordet wurde; die Ziffern bezeichnen ihren teils ansehnlichen Sold

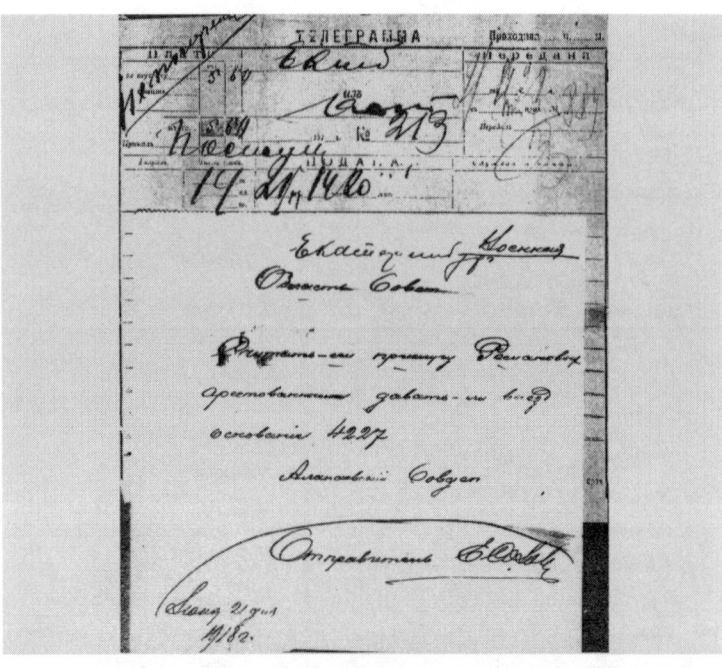

Anfrage aus Jekaterinburg nach Moskau, ob Bedienstete der »Romanows«
freigehen sollen

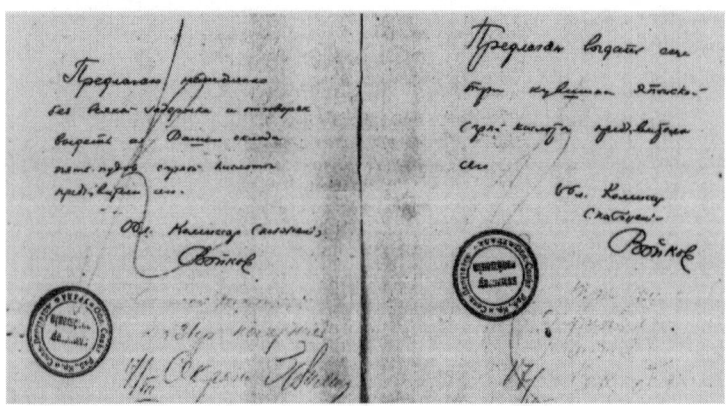

Anweisung des Rayonskommissars Wojkow an den Drogisten in Jekaterinburg zur Aushändigung von Salzsäure, die besorgt wurde, um die Gesichter der ermordeten Familienmitglieder unkenntlich zu machen

374

Der zum Mordkommandanten bestimmte Tscheka-Chef, der gelernte Uhrmacher Jankel Jurowskij, war nach gründlicher Vorbereitung an die Ausführung der Tat herangegangen. Er war einer der zuverlässigsten Männer der neuen Sowjetregierung in Jekaterinburg, wo er aufgrund seiner Freundschaft mit Swerdlow politische Karriere gemacht hatte. Es ist daher kein Zufall, daß ein wertvoller Ring einer der Großfürstinnen kurz nach der Ermordung der Familie die Hand der Schwester Trotzkijs zierte. Die meisten der den Ermordeten abgenommenen Wertgegenstände und Kleidungsstücke landeten, sofern Jurowskij nicht andere Verfügungen getroffen hatte, bei den Mitgliedern des Mordkommandos, die ganze Lager bei sich angelegt hatten, wie die Auflistung der Funde Sokolows zeigt.

Jurowskij hatte die zwölf Mitglieder des Mordkommandos sorgfältig zusammengestellt. Sie erhielten ihren Lohn für die Ausführung der Tat im voraus. Die Mörder wurden hauptsächlich aus Tschekisten, darunter auch Kriegsgefangenen, rekrutiert. Zusätzlich zu ihren Gewehren und Bajonetten erhielten die Angehörigen des Mordkommandos am Vortag Nagan-Revolver. Jurowskij selbst behielt zwei Pistolen, eine der Marke Colt, die andere der Marke Mauser, bei sich (später schenkte er sie dem Polytechnischen Museum in Moskau, zu dessen Direktor er von Swerdlow nach der Tat befördert wurde; heute sind sie allerdings verschwunden).

Bei der Vorbesprechung mit den zwölf am Mord Beteiligten wurde festgelegt, wer auf wen schießen würde. Jurowskij behielt sich vor, den Exzaren und den Thronfolger selbst zu töten. Erst danach hatten die Mörder auf ihre jeweiligen Opfer zu zielen, in der Reihenfolge erst auf die Zarin, dann den Arzt, die Töchter ... Einige Russen hatten sich bei der Vorbesprechung geweigert, auf die Großfürstinnen zu schießen. Vielleicht liegt der Grund dafür darin, daß sich unter den Mördern auch einige Männer nichtrussischer Abstammung ermitteln ließen. Das geht nicht nur aus den Namen der Mörder hervor, sondern auch aus den Aussagen der gefaßten und für Verhöre zur Verfügung stehenden Russen, die angaben, daß einige Männer des Mordkommandos nicht rus-

Fragment der Tapete in jenem Raum des Ipatjew-Hauses, in dem die Familie ermordet wurde. Die Aufschrift stammt von einem Mitglied des Mordkommandos, offenbar einem österreichischen oder deutschen Kriegsgefangenen, und ist ein Zitat aus einem Heine-Gedicht, das hier makabre Bedeutung erhält:

>»Und Belsatzar ward in selbiger Nacht
von seinen Knechten umgebracht.«

sisch sprachen. Es wurden deutschsprachige Zeitungen im Ipatjew-Haus gefunden, was auf die Mitwirkung deutscher oder österreichischer Kriegsgefangener (unter denen sich auch Ungarn befanden) hinweist. Bemerkenswert ist auch ein auf die Tapete des Mordraumes gekritzelter Spruch (s. o.).

Die Namensliste der Mörder liest sich wie folgt: Imre Nagy, Horvat Laons, Anselm Fischer, Isidor Edelstein, Emil Fekete, Viktor Grünfeld, Andras Verházy*, Sergej Waganow, Pawel Medwjedjew, Nikulin sowie als Kommandant Jankel Jurowskij.

Die Wachesoldaten sowohl im Ipatjew-Haus als auch an den Außenposten wurden auf Anweisung Swerdlows ausgetauscht. Es durfte nicht riskiert werden, daß womöglich einzelne Soldaten der Zarenfamilie zu Hilfe kommen würden.

---

* Von ihm wurde an der Mauer des Terrassenausgangs eine ungarische Notiz an der Wand gefunden, mit der er sich offenbar verewigen wollte: »Andras Verházy, Posten Nr. 2, Wache ...«

Den Straßenwachen nahm man die Waffen ab, und es wurde angeordnet, auf Schüsse nicht zu reagieren. Die Wachtposten der umliegenden Häuser wurden teils abgezogen, teils für den Abend dienstfrei gestellt. Am Tag vor der Mordnacht wurde die minderjährige Küchenhilfe Sednjew weggeschickt. Eine größere Lebensmittelsendung – angeblich für die Zarenfamilie – wurde bestellt, um Verdacht abzulenken. Tatsächlich waren die Vorräte für das Mordkommando bestimmt. Frauen wurden in das Ipatjew-Haus gesandt, die Fußböden aufzuwaschen. Sie berichteten später dem Untersuchungsrichter, die Großfürstinnen hätten ihnen dabei geholfen. Die Exzarin habe eine stolze und reservierte Haltung eingenommen und einen verbitterten Eindruck gemacht. Der Zar, erzählt später ein Wachtposten, sei ruhig und freundlich zu allen gewesen; sein Bart war grau geworden.

Die Familie hatte nichts von den Vorbereitungen zur Mordtat bemerkt – außer der noch feindlicheren Atmosphäre, die seit der Übernahme des Wachekommandos durch Jurowskij, der auch an der Spitze des Mordkommandos stehen sollte, herrschte. Über die Entfernung Sednjews war sie zwar verwundert, akzeptierte jedoch die gegebene Erklärung. Im Grunde war die Familie auf ein gewaltsames Ende gefaßt und hatte im gemeinsamen Ertragen der Lage und in ihrer Religiosität moralische Stärke gefunden. In einem Gebet, das später auf einem Blatt Papier gefunden wurde, bittet Nikolaus' älteste Tochter Olga um »Geduld, das Bevorstehende zu ertragen« und um »die übermenschliche Kraft, für die Henker zu beten«.

Eine der letzten – selten gewordenen – Tagebucheintragungen Nikolaus' zeigt, daß er nicht ahnte, daß nun sein Ende gekommen war. Seine Gedanken waren allein auf den Krankheitszustand seines Sohnes Alexej gerichtet, der mit Umschlägen im Bett lag: »Alexej hat heute sein erstes Bad seit Tobolsk genommen ...« Bald darauf kam es Nikolaus seltsam vor, daß plötzlich die Fenster der von seiner Familie bewohnten Räume vergittert wurden. In Nikolaus' letzter Tagebucheintragung ist zu lesen: »Heute hat man ohne Vorwarnung Gitter bei unseren Fenstern angebracht. Dieser Jurowskij gefällt mir immer weniger.«

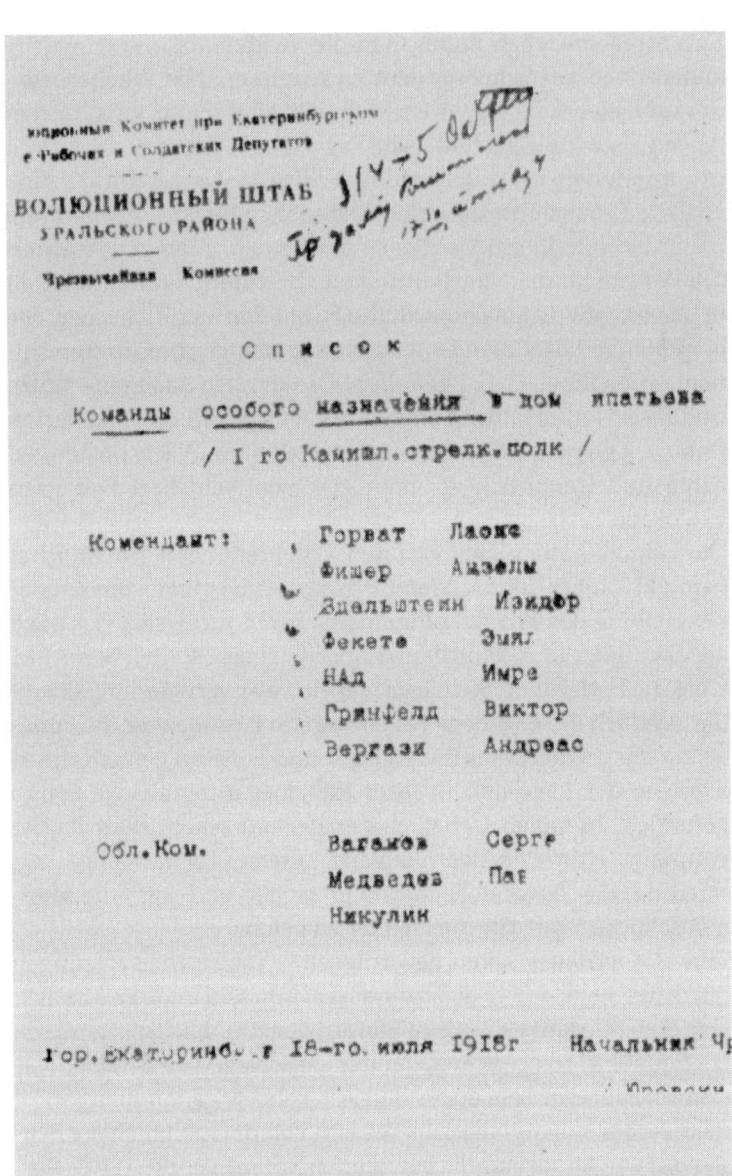

Liste des Mordkommandos vom 18. Juli 1918; in fünfter Reihe ist der Name
Imre Nagy zu sehen (siehe Übersetzung der Abbildung)

378

Liste der Tschekistenmannschaft, die zur Ermordung der Zarenfamilie unter der Führung von Jurowskij bestimmt wurde

Revolutionskomitee der
Jekaterinburger
Arbeiter- und Soldatendeputierten

REVOLUTIONSSTAB
des Bezirks Ural

Tscheka
(Außerordentliche Kommission)

Liste
des Sonderkommandos im Ipatjew-Haus
der I. Kamyschower Schützenbrigade

Kommandant: Horvat Laons
Fischer Anselm
Edelstein Isidor
Fekete Emil
Nagy Imre*
Grünfeld Viktor
Verházy Andras
Rayonskomitee Waganow Sergej
Medwjedjew Pawel
Nikulin

Jekaterinburg, 18. Juli 1918

Chef der Tscheka
Jurowskij

---

* Imre Nagy befand sich unter den österreichisch-ungarischen Kriegsgefangenen, die im Dienste der Tscheka standen. Geboren 1898 in Kaposvar, war er wie Béla Kun während des Ersten Weltkriegs als Kriegsgefangener in Rußland Kommunist geworden und in die Rote Armee eingetreten. In Sibirien diente er im I. Kamyschower Regiment der Internationalen Brigaden und blieb bis 1921 in der Sowjetunion. Er nahm mit einigen anderen Ungarn an der Ermordung der Zarenfamilie teil. Später gehörte er der ungarischen Räteregierung an. Unter der Horthy-Diktatur emigrierte Nagy in die UdSSR. 1944 kehrte er nach Ungarn zurück und bekleidete hohe Partei- und Staatsämter. Nach Stalins Tod und der Dezentralisierung des Ostblocks übernahm Nagy anstelle von Rakosi das Amt des Ministerpräsidenten und ging auf Liberalisierungskurs, bis sich die Gruppe um Rakosi 1955 wieder formieren konnte und Nagy stürzte. Während des Ungarnaufstandes 1956 wurde Nagy als Symbol eines national gefärbten Sozialismus zum Ministerpräsidenten ernannt. Am 4.11.1956 durch die Invasion der Sowjettruppen gestürzt, floh Nagy in die jugoslawische Botschaft in Budapest. Als er sein Exil verließ, wurde er verhaftet und nach einem Geheimprozeß in Rumänien hingerichtet.

379

Um Mitternacht des 16. auf den 17. Juli 1918 wird die Familie geweckt. Sie müsse sofort woandershin gebracht werden, erklärte man ihr. Eine halbe Stunde später ist die Familie reisefertig. Alexej ist so verschlafen, daß Nikolaus ihn in seinen Armen trägt.

Treppe, über welche die Zarenfamilie in den Kellerraum zur Erschießung geführt wurde

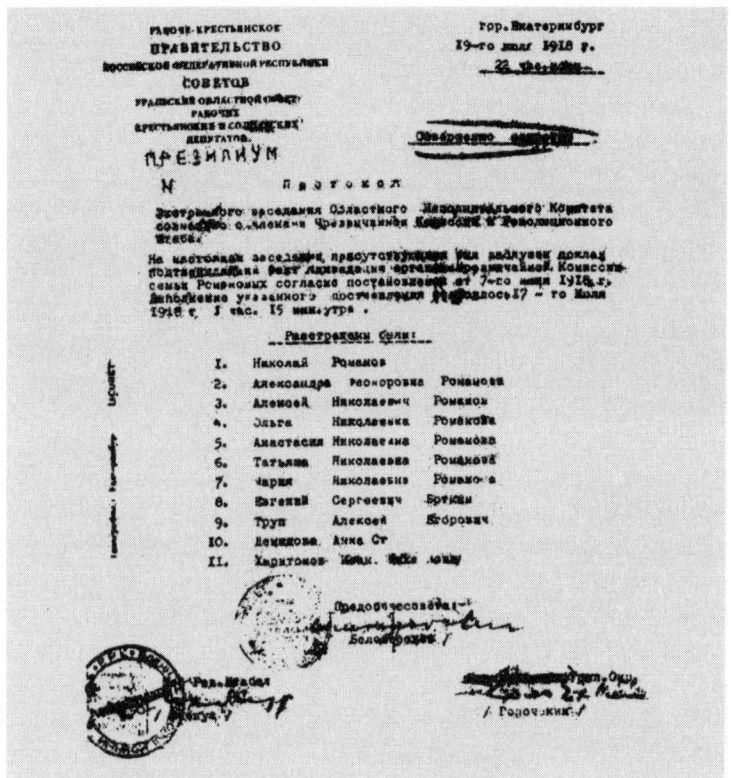

Protokoll des Jekaterinburger Rayonssowjets vom 19. Juli 1918 über die vollzogene Ermordung der Zarenfamilie mit Auflistung der einzelnen Namen der Ermordeten, zu denen auch vier Getreue gehörten

Alle werden in den Kellerraum hinuntergeführt, wo man sie warten läßt. Nach einer Weile ersucht Nikolaus um einen Stuhl für die Exzarin. Es werden Stühle gebracht, auf denen das Ehepaar – Nikolaus Alexej in den Armen haltend – Platz nimmt. Alle anderen – die vier Töchter, Doktor Botkin, Alexej Trupp, das Kammermädchen Anna Demidowa und der Koch Charitonow bleiben hinter dem Zarenpaar stehen.
Plötzlich trampelt die Tschekagarde herein.
»Wir haben den Auftrag, Sie zu erschießen!« erklärt Jurowskij, und ohne eine Reaktion abzuwarten, drückte er ab.

Verschlüsseltes Telegramm von Beloborodow aus Jekaterinburg an Swerdlow über Ausführung der Ermordung. »Offiziell kommt die Familie bei einem Fluchtversuch um«

»Der Zar war aufgestanden und wollte etwas sagen«, gab Medwjedjew später zu Protokoll. »Er hatte seinen Körper der Familie zugewandt und blickte auf Jurowskij. Die linke Hand hielt er schützend vor die Zarin, mit der rechten hatte er noch immer Alexej im Arm. Da zielte Jurowskij auch schon auf den Zaren und dann auf Alexej; der Zar stürzte sofort zu Boden. Daraufhin begannen alle anderen zu schießen; erst auf die Zarin und Doktor Botkin. Als die Töchter ihre Eltern sterben sahen, begannen sie zu schreien. Einige von ihnen machten noch rasch ein Kreuzzeichen, bevor auch sie unter den Kugeln zusammenbrachen. Schließlich wurde auf Trupp, Charitonow und die Demidowa geschossen. Diese konnte sich am längsten am Leben halten, da sie die Kissen hielt, die sie für die Zarin zur vermeintlichen Reise mitgenommen hatte; die Kugeln prallten von ihr ab, während sie schreiend hin und her rannte. Schließlich wurde sie mit Bajonetten erstochen. Anastasia wurde mehrmals angeschossen, da sie nicht gleich tot war; schließlich stachen alle wild auf sie ein, bis sie kein Lebenszeichen mehr von sich gab. Alexej hatte zunächst das Bewußtsein verloren, wachte wieder auf und begann zu stöhnen. Da trat ihm Jurowskij auf den Kopf und schoß ihm ins Ohr. Sein Hund wurde von einem Gewehrkolben zerstampft ...«

Nikolaus war in seinem fünfzigsten Lebensjahr gemeinsam mit seiner Familie gestorben. Seine Haltung angesichts seines bevorstehenden Todes, in welcher Form er ihm auch begegnen mochte, geht aus einem Brief seiner ältesten Tochter Olga hervor. Er war kurz vor der Ermordung an Freunde der Familie geschrieben worden:
»Vater bittet mich, all jenen, die Ihm ergeben geblieben sind, und all jenen, auf die diese einwirken können, zu sagen, daß sie Ihn nicht rächen mögen: Er hat allen verziehen und betet für alle; sie mögen auch für sich selbst keine Rache nehmen; sie sollen daran denken, daß sonst das Übel, das jetzt auf der Welt herrscht, nur noch größer würde. Denn nicht Böses werde über das Böse siegen, sondern nur die Liebe ...«

EPILOG

Die Körper der Zarenfamilie wurden erst umgedreht und auf Lebenszeichen untersucht. Schmuck und Uhren wurden ihnen abgenommen. Auch Kostbarkeiten, die in Kleidungsstücke eingenäht waren. Dann hüllte man sie in Tücher und verlud sie auf einen wartenden Lastwagen, dessen Motor die ganze Zeit hindurch gelaufen war, um den Lärm der Schüsse zu dämpfen. Mit Sägemehl versuchten die Mitglieder des Mordkommandos, die Blutspuren aufzufangen. Einigen zur Reinigung des Raums abgestellten Soldaten wurde übel.

Die Leichen wurden noch in der Nacht auf eine vorher inspizierte Waldlichtung in der Nähe des Dorfes Koptjaki gebracht; an der Stelle befinden sich drei Bäume, die von den Ortsansässigen »die drei Brüder« genannt werden. Die Leichen wurden zerstückelt und verbrannt, ihre Gesichter mit Salpetersäure unkenntlich gemacht. Die Prozedur bis zum Vergraben der sterblichen Überreste der Ermordeten dauerte zwei Tage. Das Ipatjew-Haus »zur besonderen Bestimmung« wurde noch weiter bewacht, um in der Bevölkerung keinen Verdacht aufkommen zu lassen, daß die Zarenfamilie nicht mehr da sei.

Jurowskij erstattete seinem Sowjet Bericht und sandte durch den Kommissar Beloborodow ein Telegramm an Swerdlow nach Moskau:

»Generalsekretär mitteilen, daß Zar das gleiche Schicksal trifft wie seine Familie. Offiziell kommen alle bei einem Fluchtversuch um.«

Der für die Beseitigung der Leichen verantwortliche Kommissar Wojkow meinte nach getaner Arbeit, noch an der erwähnten Waldlichtung, stolz: »Jetzt wird die Welt niemals herausfinden, was in dieser Nacht geschehen ist.«

Er sollte sich irren, aber zunächst einmal erhielt Wojkow eine Position als sowjetischer Botschafter in Warschau. Dort wurde er von einem russischen Patrioten im Jahre 1925 erschossen. Swerdlow zu Ehren wurde in Anerkennung seiner Leistung, die Romanow-Dynastie ausgelöscht zu haben, die Stadt Jekaterinburg in Swerdlowsk umbenannt. Seit 1991 heißt Swerdlowsk jedoch wieder Jekaterinburg.

In Absprache mit Moskau ließ der Jekaterinburger Sowjet in einem Extrablatt verlautbaren:

EXTRAAUSGABE
Entsprechend der Verfügung
des Rayonsexekutivkomitees des Uraler
Arbeiter-, Bauern- und Soldatensowjets
wurde der ehemalige
Zar und Selbstherrscher
Nikolaus Romanow
erschossen [gemeinsam mit seiner Familie]*
am 17. Juli 1918
Die Leiche[n] wurde[n] zum Begräbnis freigegeben:
Der Vorsitzende des Exekutivkomitees
Beloborodow

Jekaterinburg, den 20. Juli 1918
10 Uhr morgens

Die Zarenfamilie – im In- und Ausland war zunächst nur die Ermordung des Exzaren bekannt – spielte noch einige Zeit die Rolle eines politischen Pfandes, mit dem Generalsekretär Swerdlow in Lenins Auftrag mit der deutschen Regierung pokerte. Das zeigen die Aktivitäten im Juli 1918 noch nach dem Mord von Jekaterinburg. Sie hatten im Juni eingesetzt, als man im Ausland meinte, die gesamte Familie noch retten zu können. Interessant dabei die Gleichzeitigkeit der Aktivitäten der deutschen Regierung, Lenin (noch) zu halten.

---

* Diese Passagen, die verraten, daß nicht nur der ehemalige Zar, sondern auch seine Familie erschossen wurde, sind hier nachträglich gestrichen (s. Abb.)

ЭКСТРЕННЫЙ ВЫПУСК

По распоряжению Обласного
Исполнительного Комитета Советов
Рабочих, Крестьянских и Солдатских
Депутатов Урала и Рев, Штаба бывший

Царь и Самодержавец
Николай Романов

расстрелян ~~по решению совещания~~
17 июля 1918 года.

~~при аресаны утгрозило~~

Председатель ~~Исполкома~~
Белобородов

г. Екатеринбург, 20 - июля 1918 г.
10 асов утра

Im folgenden eine Zusammenfassung der Ereignisse von Juni bis Juli 1918:

9. Juni 1918: Der dänische Gesandte in Moskau übermittelt offenbar aufgrund einer entsprechenden Anfrage der dänischen Regierung die Versicherung Joffes, des Nachfolgers von Trotzkij als Volkskommissar für Äußeres, daß der Zarenfamilie keine Gefahr drohe und es ihr gut gehe (zur Erinnerung: die Mutter des Exzaren entstammte dem dänischen Königshaus).

11. Juni 1918: Der Staatssekretär im Deutschen Reichsschatzamt, Rödern, bestätigt Staatssekretär Kühlmann die Genehmigung von weiteren vierzig Millionen Goldmark (derzeit etwa vierhundert Millionen Mark) zur Unterstützung Lenins und seiner bolschewistischen Regierung, die sich gegen die von der Entente unterstützte Opposition behaupten muß (s. Dokumente an früherer Stelle).

20. Juni 1918: Nicht chiffriertes Telegramm aus Moskau von Sekretär Bontsch-Brujewitsch an den Kommissar des Uraler Sowjets, Bjeloborodow (Weisbart), zur Irreführung der Öffentlichkeit: Ob der Zar tatsächlich erschossen worden sei, wie Gerüchte verbreiteten. Antwort: Alles Lüge (s. Aktion um die Ermordung von Nikolaus' Bruder Michail).

21. Juni 1918: Der deutsche Botschafter in Moskau, Graf Mirbach, telegraphiert an seinen Vorgesetzten in Berlin, angesichts der an Jekaterinburg heranrückenden Einheiten der Weißen Armee und der tschechischen Legion sei die Zarenfamilie in Gefahr.

22. Juni 1918: Von Kühlmann telegraphiert aus Berlin an die deutsche diplomatische Vertretung nach Dänemark, er sei beunruhigt, da Joffe eine Gefährdung der Zarenfamilie »durch die Bevölkerung« nicht ausschließe, vor der er, Joffe, sie nicht schützen könne.

24. Juni 1918: In Ziffern codiertes Telegramm aus Moskau an den Rayonssowjet in Jekaterinburg zur Registrierung der Bewohner um das Ipatjew-Haus, in welchem die Zarenfamilie festgehalten wird.

25. Juni 1918: Botschafter Mirbach stellt in einem Schreiben nach Berlin die Situation der Bolschewiken als »prekär, wenn nicht aussichtslos dar« und empfiehlt Umorientierung zugunsten der

Kadettenpartei (Abkürzung für »Partei der Konstitutionellen Demokraten«).

26. Juni 1918: Mirbach meldet nach Berlin, laut Aussage von ZK-Mitglied Tschitscherin sei die »Konterrevolution« im Ural niedergeschlagen worden, und es bestehe somit keine Gefahr mehr für die Zarenfamilie.

Ebenfalls am 26. Juni 1918: Kommissar Beloborodow telegraphiert aus Jekaterinburg an Swerdlows Sekretär Gorbunow, Gold und Platin des Ural seien nach Perm verladen worden (offenbar erste Maßnahmen in Anbetracht der heranrückenden Weißen Armee).

4. Juli 1918: Beloborodow kabelt nach Moskau, laut Anweisung sei die gesamte Bewachung der Zarenfamilie ausgewechselt worden (Swerdlow hatte dies in Vorbereitung der Ermordung der Zarenfamilie zuvor in einem chiffrierten Telegramm angeordnet), das Kommando habe Jurowskij übernommen. Er ersuche Swerdlow um »letzte Anweisungen«.

Tagebucheintragung von Nikolaus am selben Tag: »Wir haben einen neuen Kommandanten bekommen. Unsere Wertgegenstände wurden zur Inventarisierung weggeschafft. Der neue Kommandant macht einen beunruhigenden Eindruck.«

6. Juli 1918: Der deutsche Botschafter Mirbach wird in Moskau ermordet. Motiv: die deutsche Hilfe für die Machtergreifung Lenins (die immer noch fortgesetzt wird). Sein Nachfolger Helferich flieht nach nur zehn Tagen aus Moskau. Die Moskauer Regierung erhält vierzig Millionen Mark aus Berlin. Danach kommt Riezler.

15. Juli 1918: Jurowskij bestellt größere Mengen Lebensmittel, angeblich für die Exzarin. Tatsächlich sind sie für das Mordkommando gedacht. Im voraus werden auch die hohen Löhne für die Mordnacht beschafft.

16. Juli 1918: Die Wachmannschaft wird mit Pistolen ausgestattet. Nach dem Abendessen wird der Küchenlehrling weggebracht. Nach Mitternacht wird die Zarenfamilie geweckt, mit dem Arzt und den Bediensteten in einen Kellerraum geführt und erschossen.

17. Juli 1918: Beloborodow telegraphiert in Ziffern verschlüsselt

an das ZK Moskau die Ausführung der Tat. Am gleichen Tag bestellt er größere Mengen Schwefelsäure zur Zerstörung der Gesichter der bereits in einem Wald befindlichen Leichen.

18. Juli 1918: Beloborodow telegraphiert an Swerdlow und Lenin nach Moskau sowie an Sinowjew und (Tscheka-Chef) Uritzkij nach Petrograd, die in Alapajewsk inhaftierten Mitglieder der Zarenfamilie seien gekidnappt worden. Diese Desinformation ist im Unterschied zu den anderen Telegrammen nicht codiert, sondern für jeden lesbar.

19. Juli 1918: Der deutsche Geschäftsträger in Moskau nach Mirbachs Ermordung, Riezler (bis 1917 in Berlin in der Organisation und Finanzierung Lenins tätig), teilt nach Berlin mit: Swerdlow habe auf der Sitzung des ZK am Vortag bekanntgegeben, es sei ein Komplott der Weißen aufgedeckt worden, woraufhin der Uraler Sowjet entschieden habe, den Zaren zu erschießen (lange Zeit die offizielle Begründung für die Ermordung); seine Familie sei »an einen sichereren Ort« gebracht worden. Seine Tagebücher und Briefe seien unterwegs nach Moskau.

Tatsächlich war der angebliche Fluchtplan des Zaren eine plumpe Fälschung; der zur Erhärtung dieser Behauptung vom Moskauer ZK publizierte Briefwechsel zwischen dem Exzaren und »einem Offizier der Weißen Armee« ist auf dem gleichen Briefpapier geschrieben (er befindet sich im Moskauer Archiv CGAOR).

Zugleich plädiert Riezler gegenüber Berlin für einen neuen Vorstoß zugunsten der Zarin als deutschstämmiger Prinzessin, spricht sich jedoch dagegen aus, auch für Alexej zu intervenieren: »Das wäre zu gefährlich, da die Bolschewiken wissen, daß die Monarchisten hier gerne den Thronfolger als potentiellen Regenten sehen würden; sie würden uns gegenüber mißtrauisch werden; nach den unverhohlenen Bekenntnissen von General Krasnow in dieser Richtung ist das Mißtrauen der Bolschewiken hinsichtlich der deutschen Unterstützung einer Konterrevolution noch gewachsen.«

20. Juli 1918: Beloborodow telefoniert mit Swerdlow (die Aufzeichnung des Gespräches wird später gefunden): Jekaterinburg werde bald fallen, was zu tun sei. Ein Kurier mit heiklen Dokumenten sei bereits unterwegs nach Moskau.

Am gleichen Tag, die Nachricht über die Ermordung des Exzaren ist veröffentlicht, kabelt Riezler aus Moskau nach Berlin: »Habe gestern Radek und Worowskij erklärt, daß die ganze Welt die Erschießung des Zaren scharf verurteile und daß weiteren Übergriffen in dieser Richtung zuvorzukommen sei. Worowskij sagte, der Zar sei erschossen worden, weil er sonst den Tschechen in die Hände gefallen wäre. Radek brachte seine persönliche Ansicht zum Ausdruck, daß man die Frage der Ausreise der Prinzessinnen deutschen Blutes prüfen könne; vielleicht gelinge es, die Exzarin und ihren gesundheitlich an sie gebundenen Sohn in Kompensation zu deutschem Entgegenkommen in humanitären Fragen zu befreien.«

Das war vier Tage nach der von Moskau angeordneten und durchgeführten Ermordung der Zarenfamilie.

Zusätzlicher Aspekt der offiziellen Darstellung durch die Sowjets: Nach der Ermordung Mirbachs drohten die Deutschen, Bataillone nach Moskau zu bringen. Sie stellten ein Abgehen von dieser Maßnahme in Aussicht, wenn dafür die Exzarin und ihre Kinder von einer Ermordung verschont würden. Swerdlow durchschaute die Absicht. Er sprach deshalb auch bewußt von der »Todesstrafe für den Zaren«, um den Eindruck zu erwecken, der Rest der Familie lebe noch und werde verschont, somit sei die Bedingung für die Zurücknahme der militärischen Gegenmaßnahmen zur Ermordung Mirbachs gegeben. Die Ermordung der Schwester Alexandras, der deutschen Prinzessin Elisabeth von Hessen-Darmstadt, nunmehr Jelisawjeta Fjodorowna, wurde in Hinblick auf deutsche Reaktionen totgeschwiegen. Die Version, Weißgardisten hätten sie umgebracht, hätten Swerdlow nicht einmal die Deutschen geglaubt.

Ebenfalls 20. Juli 1918: Aus Berlin trifft ein offizieller Auftrag für eine Demarche zugunsten der Exzarin ein.

23. Juli 1918: Riezler berichtet nach Berlin:
»Bin entsprechend zugunsten der Zarin und Prinzessin deutschen Blutes vorstellig geworden und habe auf die Wirkung der Ermordung des Zaren auf die öffentliche Meinung hingewiesen. Tschitscherin hat meine Demarche für die Zarin schweigend entgegengenommen; er bestätigte nochmals, die Zarin und ihre Kinder seien in Perm ›in Sicherheit‹.«

25. Juli 1918: Die »Iswestija« meldet fünf Tage nach der Jekaterinburger Zeitung, der Zar sei erschossen worden, da tschechische Truppen die »rote Hauptstadt des Ural« [Jekaterinburg] bedroht hätten und er dem Gericht der Volkskommissare hätte entkommen können. Die Familie sei »an einen sichereren Ort« gebracht worden.

28. Juli 1918: Staatssekretär Bussche (seinerzeit in die Unterstützung der russischen Revolutionäre involviert) meldet Prinz Heinrich von Preußen, die Familie des Zaren sei in Sicherheit.

Trotzkij kommt von der Front zurück. In einem Gespräch mit Lenin, Swerdlow und Kamjenjew will er für die sofortige Einberufung eines Volkstribunals plädieren, bevor die Weiße Armee das durch ihren Vorstoß nach Jekaterinburg verhindern kann. »Wo ist der Zar?« fragt er. – »Natürlich erschossen«, antwortet Swerdlow. – »Und die Familie?« – »Auch.« – »Was – alle?« fragt Trotzkij überrascht. – »Sie alle! Na und?« erwidert Swerdlow. Nach einer Pause fragt Trotzkij weiter: »Wer hat das entschieden?« – »Das haben wir hier entschieden«, antwortet Swerdlow ruhig, »Iljitsch [Lenin] meinte, wir sollten niemandem ein lebendes Symbol lassen ...«*

Die Weiße Armee hat indessen Jekaterinburg eingenommen, General Koltschak setzt den Juristen Sergejew und danach Sokolow als Untersuchungsrichter für die Recherchen um das Schicksal der Zarenfamilie ein. Die beiden werden von den Augenzeugen der letzten Lebensphase der Familie unterstützt, vor allem durch Gilliard und Gibbes. Spuren werden gesichert, Fundgegenstände registriert und identifiziert und aus dem Schacht einige eindeutige Identifikationsmerkmale geborgen. Auf diese Weise kann der Tathergang lückenlos rekonstruiert werden.

Die Unterlagen seiner Recherchen will Sokolow nun durch den britischen Hochkommissar in Sibirien über Harbin nach Europa – speziell nach England zu den Verwandten der Zarenfamilie – senden lassen, um die wertvollen Dokumente und Fundgegenstände von seinem eigenen unsicheren Schicksal zu trennen. Der Hochkommissar glaubt, nach London um die Genehmigung kabeln zu müssen. Die Antwort kommt prompt: »We cannot.« (»Wir können nicht.«) Was den Mitgliedern der Zarenfamilie nicht gewährt wurde, ein Refugium in England, und den Zeugnissen ihres Todes nicht, das wurde ihren Schätzen zuteil: Die kostbarsten Stücke des zarischen Juwelenschatzes, darunter eine Tiara und ein Collier der Zarin, sind heute gemeinsam mit anderen Schmuckstücken der Zarenfamilie und Erzeugnissen von Fabergé dem britischen Kronjuwelenbestand einverleibt: Die Schwestern des ehemaligen Zaren, Xenia und Olga, waren mit ihrer Mutter über die Ukraine ins westliche Ausland gelangt; nach deren Tod wollten sie die nun in ihrem Besitz befindlichen Juwelen versteigern lassen, um ihren Lebensunterhalt zu sichern; König Georg hatte geraten, sie nach London zu bringen; noch vor der Versteigerung hatte jedoch Queen Mary** die Tiara (Zarinnenkrone) und die wertvollsten Colliers für sich selbst ausgewählt; sie versprach, den Erbinnen den Gegenwert zu bezahlen; diese haben jedoch nie das Geld erhalten und starben beide in einfachsten Verhältnissen im Jahre 1960.

Sokolow übergibt die Truhe mit den Untersuchungsergebnissen und Funden nun dem französischen Hochkommissar General Janin; dieser bringt sie (allerdings unvollständig) nach Frankreich. Sokolow forscht auch in Europa weiter. 1921 spricht er in Berlin vor. Er will wissen, welche Demarchen die deutsche Regierung durch ihren Botschafter in Moskau unternommen hatte, und erhält einige der vorhin zitierten Schreiben zur Ansicht. Er weiß nicht, welche Rolle sein Gesprächspartner Riezler bei der Unterstützung der Bolschewiken zuvor gespielt hatte. Am Abend desselben Tages wird Sokolows Hotelzimmer in Berlin ausgeraubt und verwüstet.

Unermüdlich rekonstruiert Sokolow das Verlorene neu und stirbt nahezu mittellos drei Jahre später im Alter von zweiundvierzig Jahren in Frankreich. Kopien seiner Arbeit verblieben in einem amerikanischen Archiv und bei der Familie Orlow in Paris, bei welcher der mittellose Exilrusse Quartier und Unterstützung gefunden hatte. Eine Erbin der Familie verkaufte im April 1990 die bis dahin in einem Pariser Safe aufbewahrten

---

* Zit. nach den Erinnerungen Trotzkijs (s. Quellen)
** Großmutter von Königin Elisabeth II.; Nikolaus hatte 1894 die Patenschaft von Marys und Georgs Sohn Edward (VII.) übernommen.

Fragmente gemeinsam mit einer Photosammlung der Zarenfamilie bei Sotheby's in London. So konnten die Untersuchungsergebnisse Sokolows noch Jahrzehnte später von der großen russischen Tragödie und ihrem politischen Hintergrund unwiderlegbar Zeugnis geben.

Das Ipatjew-Haus in Jekaterinburg wurde bald zur Pilgerstätte, nachdem das so streng gehütete Geheimnis um das Schicksal der Zarenfamilie den Weg ins Bewußtsein der Bevölkerung gefunden hatte. Delegationen der UNESCO wollten kommen, um das Gebäude hinsichtlich eines Denkmalschutzes zu inspizieren. Das war in den siebziger Jahren. Der Stadtsowjet kam dem zuvor und beschloß, das Haus zu schleifen. Das konnte man nicht vor den Augen der Bevölkerung tun. So kam der Bulldozer um zwei Uhr morgens. Ein Augenzeuge erinnert sich noch an die gespenstische Szene jener Nacht:

»Während der Bulldozer mitten in der Nacht das Haus abtrug, standen Menschen im Halbkreis um den unheimlichen Schauplatz herum und sahen schweigend zu ...«

Heute steht ein weißes Kreuz an jener Stelle, wo Nikolaus II., der letzte Zar von Rußland, umgekommen ist.

CHRONIK 1868–1918

1868
6./18. Mai, 14 Uhr 30 – Nikolaus Alexandrowitsch als ältester Sohn von Thronfolger Alexander und Maria Fjodorowna und Enkel des regierenden Zaren Alexander II. in Petersburg geboren

1873
Drei-Kaiser-Abkommen zwischen Österreich, Rußland und dem Deutschen Reich – sieht für den Fall eines Angriffs von anderer Seite wechselseitige Verständigung vor

1881
Zar Alexander II., Reformer und »Bauernbefreier«, ermordet
Regierungsantritt seines Sohnes als Zar Alexander III.

1883
Erste Fabrikarbeitergesetzgebung in Rußland

1884
Nikolaus begegnet erstmals seiner späteren Frau Alix von Hessen

1887
Rückversicherungsvertrag zwischen Rußland und dem Deutschen Reich auf drei Jahre abgeschlossen: Anerkennung der historischen Rechte Rußlands auf dem Balkan und seines Einflusses in Bulgarien; Verpflichtung Deutschlands zum Beistand für russischen Zugang zum Schwarzen Meer
Bismarck veranlaßt Ausschluß russischer Wertpapiere von Beleihung durch deutsche Reichsbank – Rußland geht auf den französischen Kapitalmarkt
Beginn von Nikolaus' Militärdienst im Preobraschenskij-Regiment

1888
Regierungsantritt von Kaiser Wilhelm II.
Nikolaus wird Kommandant der Leibgarde
900-Jahr-Feier der Christianisierung Rußlands
Zugunglück bei Charkow aufgrund eines Attentatsversuchs auf Alexander III., der seine Familie vor dem einstürzenden Waggon rettet

1890

Bismarcks Entlassung. Nichterneuerung des deutsch-russischen Rückversicherungsvertrags trotz Bereitschaft Rußlands – Aufnahme russischer Verhandlungen mit Frankreich

Nikolaus tritt via Wien und Triest seine Nah- und Fernostreise an

1891

Nikolaus wird bei einem Attentat in Otsu, Japan, verletzt

Grundsteinlegung für östlichste Station der Transsibirischen Eisenbahn in Wladiwostok, Baubeginn

1892

Graf Sergej Juljewitsch Witte wird Finanzminister und bleibt in dieser Funktion auch unter der Regentschaft von Nikolaus II.

Russisch-französisches Militärbündnis

1893

Nikolaus wird Kommandant des 1. Bataillons des Preobraschenskij-Regiments und erhält den Oberstrang verliehen

Teilnahme an der Hochzeit seines Cousins, des Herzogs von York (später König Georg V.), mit Prinzessin Mary von Teck in England

Lenin übersiedelt nach Abschluß seines Studiums nach Petersburg

1894

April: Verlobung von Nikolaus mit Prinzessin Alix von Hessen anläßlich der Hochzeit ihres Bruders Großherzog Ernst Ludwig von Hessen und bei der Rhein mit Prinzessin Viktoria von Sachsen-Coburg-Gotha

Juni: Nikolaus reist zu Alix, Königin Victoria, dem Prinzen und der Prinzessin von Wales sowie Prinz und Prinzessin von Battenberg auf der »Poljarnaja swjesda« (»Polarstern«) nach England

Juli: Hochzeit von Nikolaus' Schwester Xenia mit Großfürst Alexander Michajlowitsch (»Sandro«)

August – September: Jagd der kaiserlichen Familie in Bjelowjesch und Spala, Erkrankung von Zar Alexander III.

Oktober: Zar Alexander stirbt in Liwadia – Nikolaus übernimmt die Regentschaft als Zar Nikolaus II.

November: Hochzeit von Nikolaus und Alix, seit ihrem Übertritt zum orthodoxen Glauben Alexandra Fjodorowna, im Winterpalais

1895

17./29. Januar: Ansprache von Zar Nikolaus an Adels- und Semstwo-Versammlung, Ablehnung der Mitbestimmung

April – August: Nikolaus nimmt die ersten Paraden und Manöver als Zar ab

November: Geburt des ersten Kindes, der Tochter Olga

Lenin, Potresow und Martow gründen den Petersburger »Kampfbund zur Befreiung der Arbeiterklasse«

1896
Mai: Krönung von Zar Nikolaus II. und Zarin Alexandra Fjodorowna in Moskau
August: Staatsbesuch in Wien und Breslau bei Kaiser Franz Joseph und Kaiser Wilhelm
September: Reise Nikolaus' nach Dänemark zu seinem Großvater mütterlicherseits
September/Oktober: Staatsbesuch in Frankreich
Russisch-chinesischer Geheimvertrag gegen japanischen Angriff, Genehmigung Chinas an Rußland für Bahnlinie durch Mandschurei
Russisch-japanischer Vertrag über Kondominium in Korea ohne Abgrenzung der Einflußsphäre

1897
Staatsbesuche von Kaiser Franz Joseph, des Königs von Siam, des Kaisers Wilhelm und des Präsidenten von Frankreich
Rußland erhält in Fernost Port Arthur
Geburt des zweiten Kindes – der Tochter Tatjana
Verhaftung Lenins in Petersburg und Verbannung nach Sibirien

1898
Friedensinitiative von Zar Nikolaus: Er läßt am 24. August in Sankt Petersburg durch seinen Außenminister Graf Murawjow an alle in der Hauptstadt akkreditierten ausländischen Vertreter ein Friedensmanifest übergeben, in welchem zu allgemeiner Abrüstung zur Erhaltung des internationalen Friedens aufgerufen wird
Gründung der russischen Sozialdemokratischen Arbeiterpartei in Minsk

1899
18. Mai (westlichen Kalenders): Eröffnung der Ersten Haager Friedenskonferenz, die auf Initiative von Zar Nikolaus zustande gekommen und ihm zu Ehren an seinem Geburtstag angesetzt war (Teilnahme von USA, Mexiko, Japan, China u. a.); Kommissionen über Abrüstung, Regelung des Kriegsrechtes und des Schiedsgerichts
Aufhebung der Autonomie Finnlands durch Nikolaus führt zu Unruhen
Geburt des dritten Kindes – der Tochter Maria
Tod von Nikolaus' Lieblingsbruder Georgij

1900
Rückkehr Lenins aus der Verbannung und Emigration in die Schweiz

1901
Neugründung der Partei der »Sozialrevolutionäre« mit Terror als erklärtem Kampfmittel
Neue Welle von Attentaten und Anarchismus in Rußland
Reisen von Zar Nikolaus nach Dänemark, zu Manövern zur See in Deutschland und nach Frankreich
Hochzeit von Nikolaus' Schwester Olga mit Fürst von Oldenburg
Geburt des vierten Kindes – der Tochter Anastasia

397

1902

Staatsbesuche des Präsidenten Frankreichs und des Königs von Italien
Marinemanöver in Reval, denen auch Kaiser Wilhelm beiwohnt
Große Manöver in Kursk, denen auch der Schah von Persien beiwohnt

1903

Zweiter Parteitag der russischen Sozialdemokraten in Brüssel und London
mit Spaltung in kompromißlose »Bolschewiken« unter Lenin und kompro-
mißbereite »Menschewiken«
Plan Nikolaus' zur Eroberung Koreas und der Mandschurei
Inoffizielles Treffen von Zar Nikolaus und Kaiser Franz Joseph in Mürzsteg,
Österreich, zur Bestätigung des Status quo (Stillhalteabkommen) auf dem
Balkan

1904

Überfall der Japaner auf Port Arthur und Ausbruch des russisch-japani-
schen Krieges
Ausbruch erster Unruhen
Attentat auf Innenminister Plewe und den Gouverneur in Finnland, Bobri-
kow
Geburt des fünften Kindes – des Sohnes und Thronfolgers Alexej

1905

9.1. – »Blutiger Sonntag« – gewaltsam niedergeschlagene Demonstration
von Arbeitern mit sozialen Forderungen – der Zar erfährt erst nachträglich
davon; Hunderte bis Tausende Todesopfer
Entfachen weiterer Aufstände und Unruhen:
14.6. auf dem Panzerkreuzer »Potemkin« (Schwarzmeerflotte) u. a.
Ermordung von Großfürst Sergej Alexandrowitsch, Gouverneur von
Moskau
Treffen von Nikolaus und Wilhelm in Björkö, Unterzeichnung einer
deutsch-russischen Allianz (später annulliert)
Friedensschluß mit Japan im Frieden von Portsmouth
17.10. – der Zar bewilligt eine neue Verfassung mit Verbriefung bürgerlicher
Rechte und Einsetzen der Reichsduma, eines Parlaments als gesetzgebende
Körperschaft
Entstehung des Petersburger Sowjets (Rates) als Vertretung der Petersbur-
ger Arbeiterschaft mit Trotzkij als Vorsitzendem
Vorübergehende Rückkehr Lenins nach Rußland und seine erste Begeg-
nung mit Stalin in Finnland

1906

27. April – Eröffnung der Ersten Duma im Winterpalais (von nun an tagt sie
im Taurischen Palais)
Iswolskij wird Außenminister (bis 1910): sucht Annäherung an England zur
Unterstützung der russischen Politik auf dem Balkan und bei den Dardanellen
Stolypin wird Innenminister und Ministerpräsident (bis 1911): Agrarreform
zugunsten privaten Grunderwerbs der Bauern und deren Besserstellung,

Landumverteilung, zugleich straffe innenpolitische Führung mit starkem Zentralismus und Russifizierung der Randgebiete; Erleichterung der Lage der diskriminierten Juden; rigoroses Vorgehen gegen Anarchisten

1907

Nach Auflösung der Zweiten Duma Einberufung der Dritten Duma
Russisch-englisches Abkommen zwischen Edward VII. und Nikolaus II. mit Abgrenzen der Interessensphären in Persien und Afghanistan sowie Tibet; von England Sicherung der indischen Grenzen, von Rußland englische Unterstützung in Meerengenfrage (Bosporus) erhofft
Teilnahme an deutschen Marinemanövern in Swinemünde

1908

Treffen des Zaren mit dem englischen König Edward VII. und später mit dem französischen Staatspräsidenten auf See bei Reval. Bei der Begegnung von Nikolaus II. und Edward VII. wird die Tripel-Entente zwischen Rußland, Frankreich und nun auch England Realität
Annexion von Bosnien und der Herzegowina durch Österreich-Ungarn führt zu außenpolitischer Krise zwischen Rußland und Österreich-Ungarn

1909

Besuch bei Prinz Heinrich von Preußen sowie Reise nach Frankreich und England und zum König von Italien

1910

Tod des Schriftstellers Lew Tolstoj; soziale Kundgebungen anläßlich des Begräbnisses

1911

Ermordung des Ministerpräsidenten Pjotr A. Stolypin in Kiew
Finanzminister Kokowzow wird Ministerpräsident
Hochzeit von Nikolaus' Bruder Michail mit Natalja Wulfert, geb. Scheremetewskaja, in Wien, da nicht dem Familienkodex entsprechend (die Braut ist bereits mehrmals geschieden; sie erhält von Nikolaus zur Heirat mit dem Großfürsten den Adelstitel Gräfin Brasowa)

1912

Wahlen zur Vierten Duma ergeben Stärkung des rechten Flügels
Nikolaus setzt das Flottengesetz durch, wodurch der Ausbau und die Erneuerung der Schwarzmeer- und der Ostseeflotte möglich wird
Russisch-japanischer Geheimvertrag über die Mongolei und die Mandschurei mit endgültigem Interessenausgleich
Treffen des russischen Zaren mit dem deutschen Kaiser im baltischen Hafen am Golf von Finnland
100-Jahr-Jubiläum der Schlacht von Borodino, in welcher Napoleons Armee aufgehalten wurde
Konstituieren der bolschewistischen als eigener Partei in Prag mit Alleinanspruch auf Vertretung der Sozialdemokraten (hat Spaltung der Partei zur Folge)

1913

300-Jahr-Jubiläum der Romanow-Dynastie; Feierlichkeiten in Petersburg, Moskau und Reise der kaiserlichen Familie durch Städte, die in ihrer Geschichte eine Rolle gespielt haben
Zar Nikolaus erläßt eine Amnestie für politische Gefangene
Der Zar reist nach Berlin zur Hochzeit der Tochter von Kaiser Wilhelm, Prinzessin Viktoria Luise, mit dem Herzog von Braunschweig-Lüneburg

1914

Hochzeit der Nichte des Zaren, Irina Alexandrowna, mit Fürst Felix Jusupow (dem späteren Mörder Rasputins)
Reise der Zarenfamilie auf die Krim und nach Rumänien
Besuch des Königs von Sachsen
Neue russische Rüstungsanleihen in Frankreich
Erhöhung der russischen Heeresstärke
Forcierung der Rüstungsindustrie
Maistreiks in den Marinearsenalen
Besuch des französischen Staatspräsidenten Poincaré in Petersburg
28.6.: Ermordung des österreichischen Thronfolgerpaares in Sarajevo
23.7.: Ultimatum von Österreich-Ungarn an Serbien
25.7.: Der russische Kronrat beschließt die Unterstützung Serbiens
28.7.: Kriegserklärung Österreichs an Serbien
30.7.: Der Zar entschließt sich zur Generalmobilmachung
31.7.: Die deutsche Regierung erklärt den »Zustand drohender Kriegsgefahr«
Der deutsche Generalstabschef Moltke fordert den österreichischen Generalstabschef v. Hötzendorf zur Mobilisierung gegen Rußland auf
Deutsches Ultimatum an Rußland, innerhalb von zwölf Stunden die Mobilmachung einzustellen
Deutsches Ultimatum an Frankreich bezüglich Neutralität im Falle eines deutsch-russischen Krieges
1.8.: Kriegserklärung des Deutschen Reiches an Rußland und Generalmobilmachung
2.8.: Deutsche Besetzung Luxemburgs
3.8.: Kriegserklärung des Deutschen Reiches an Frankreich
Umbenennung von Sankt Petersburg in die russische Form Petrograd
19.–20.8.: Die russische Armee gelangt bis zur Weichsel und räumt Ostpreußen
26.–30.8.: Schlacht bei Tannenberg: Die Russen werden eingekreist
6.–15.9.: Schlacht an den masurischen Seen: Ostpreußen verloren, dagegen können sich die Russen in Ostgalizien gegen die Österreicher behaupten
2.–5.11.: Rußland, England und Frankreich erklären der Türkei den Krieg

1915

4.–22.2.: Winterschlacht bei den Masuren: russische 10. Armee geschlagen
23.5.: Kriegserklärung Italiens an Österreich-Ungarn
5.–8.9.: Konferenz der sozialistischen Pazifisten in Zimmerwald
Lenins These von Umwandlung des »imperialistischen Krieges« in einen Bürgerkrieg

400

März: Kontaktaufnahme des Exilrevolutionärs Parvus mit deutschen Behörden mit Organisationsprogramm für einen Umsturz in Rußland – Beginn der deutschen Aktivitäten zur Organisation und Finanzierung der Revolution in Rußland
Zar Nikolaus übernimmt selbst das Oberkommando

1916
Der Zar im Generalstab zu Mogiljow
Juni – September: Brusilow-Offensiven scheitern, Demoralisierung
Tod von Kaiser Franz Joseph
Der Zar begibt sich in die Duma und den Staatsrat und ruft zu vereinten Anstrengungen für den Krieg auf
Ermordung Rasputins

1917
22. Februar: Der Zar verläßt die Hauptstadt und reist in den Generalstab nach Mogiljow
Streiks und Demonstrationen in Petrograd für Brot und Frieden
28. Februar: Der Zug des Zaren auf dem Weg vom Generalstab in die Hauptstadt wird nach Pskow umgeleitet
2. März: Durch Telegramme von Duma-Mitgliedern aus Petrograd und Generälen von der Front unter Druck gesetzt, dankt Nikolaus zugunsten seines Sohnes ab
Am gleichen Abend ändert er die Abdankungsurkunde zugunsten seines Bruders Michail
Provisorische Regierung unter Fürst Lwow gebildet
3. März: Großfürst Michail nimmt die Krone nicht an und dankt ab
Rückkehr des Exzaren in den Generalstab zur Verabschiedung
Abschiedsbefehl Nikolaus' an die Armee; von Provisorischer Regierung nicht veröffentlicht
4. März: Nikolaus sieht zum letzten Mal seine Mutter
8. März: Die Zarenfamilie wird in Zarskoje Sjelo unter Hausarrest gestellt, der Exzar in Mogiljow für verhaftet erklärt und nach Zarskoje Sjelo geleitet
April: Einreise Lenins in Petrograd
Verstärkte Agenten- und Finanzierungstätigkeit Deutschlands zum Ziel eines Umsturzes in Rußland
Mai: Erste Koalitionsregierung in Rußland
Kerenskij Kriegs- und Marineminister, ab Juli statt Lwow auch Ministerpräsident
Juni: Erfolglose Frontoffensive Kerenskijs
Juli: Putschversuch der Bolschewiken unter Lenin in Petrograd (unter Ausnutzung der Demoralisierung) gescheitert
Kompromittierende Papiere über Lenins Agententätigkeit für Deutschland gefunden; Lenin entgeht durch vertrauliche Warnung der Verhaftung und flieht nach Finnland
31. Juli: Abreise der gefangenen Zarenfamilie nach Tobolsk
Oktober: Bolschewistischer Umsturz unter Lenin, Kerenskij flieht
Oktober – November: Revolutionen in Wien, München und Berlin
November: Beginn von Waffenstillstandsverhandlungen

Gründung der »Weißen Armee« zum Widerstand gegen das neue Regime –
Beginn des Bürgerkriegs 1918–1921

1918

Der westliche (gregorianische) Kalender tritt in Rußland in Kraft: auf den
31. Januar folgt in Rußland der 14. Februar
Januar: Erste Sitzung des russischen Parlaments von Lenin gesprengt und
damit die parlamentarische Republik in Rußland endgültig zu Fall gebracht
März: Friede von Brest-Litowsk unterzeichnet
Verlegung des Regierungssitzes nach Moskau
April: Auf Wunsch von Kaiser Wilhelm wird Exzar Nikolaus aus Tobolsk
abgeholt, um in Moskau den Friedensvertrag mit zu unterzeichnen, er wird
jedoch in Jekaterinburg aufgehalten und im »Haus für besondere Bestimmung« interniert
Mai: Ankunft der restlichen Familienmitglieder in Jekaterinburg
Juni – Juli: Ermordung von Nikolaus' Bruder Michail, einigen seiner Cou-
sins, seinem Onkel und seiner Schwägerin Elisabeth in Petrograd, Perm und
Alapajewsk
16. auf 17. Juli: Ermordung von Nikolaus und seiner Familie
November: Ausrufung der Republik sowohl in Österreich-Ungarn als auch
im Deutschen Reich
Kaiser Karl von Österreich geht ebenso wie Kaiser Wilhelm II. von Deutschland ins Exil

SCHRIFTANALYSE

Der französische Graphologe Bernard Leroy sieht in einer Schriftprobe des 38jährigen Nikolaus aus dem Jahre 1906 Anzeichen für folgende Eigenschaften:
– Sensibilität
– Introvertiertheit
– Durchschnittliche Intelligenz
– Systematik bei Schlußfolgerungen
– Großzügigkeit
– Dominanz der Intuition vor intellektuellem Erfassen
– Abhängigkeit von Stimmungen
– Naivität
– Menschliche Kultur, ritterliche Erziehung
– Festhalten an höheren Werten wie Treue, Glaube, Patriotismus
– Hierarchiebewußtsein
– Fähigkeit, langfristige Ziele zu verfolgen
– Zugleich Mangel an Fähigkeit zur Abstraktion, zum Entwurf von Strategien und Konzepten
– Sinn für Ästhetik
– Neigung, Form und äußerem Erscheinungsbild große Bedeutung beizumessen
– Fragilität
– Gering ausgeprägte Vitalität
– Festhalten an vorgegebenen Rahmen wie Erziehung und Konventionen; Konformismus setzt sich gegenüber unkonventionellem Verhalten und Spontaneität durch
– Stark ausgeprägte moralische Stärke
– Gering ausgeprägte Sinnlichkeit
– Verschlossenheit
– Minderwertigkeitskomplex
– Aufgrund innerer Unsicherheit mitunter schroffe Art, sich oder Entscheidungen durchzusetzen
– Ehrlichkeit
– Neigung, beeindrucken zu wollen
– Vorsichtigkeit
– Stark ausgeprägtes Bedürfnis nach menschlicher Nähe
– Kontaktfreudigkeit

Insgesamt entsteht das Bild eines Mannes, der sich innerhalb eines vorgegebenen Rahmens bewegt und nicht willens oder stark genug erscheint, diesen zu durchbrechen; die positiven Charaktereigenschaften ergeben eine eher idealistische Persönlichkeit, die zwangsläufig mit der Realität kontrastiert.

75.

Въ 6 час. принялъ Гершельмана — Москов.
Ген. губ. и командующаго войсками.
Обѣдали втроемъ. ——

12го Августа. Суббота.

Холодный день съ проходящимъ дождемъ.
Въ 10ч. поѣхалъ въ большой дворецъ; гдѣ
принялъ 90 офицеровъ Стрѣлковой
школы. Затѣмъ имѣлъ три доклада.
Въ 4ч. поѣхали въ Ораниенбаумъ; пили
чай у Михень. Вернулись другою
красивою дорогою чрезъ д. Ижоры и
по Гостилицкой назадъ. Читалъ.
Узналъ о взрывѣ въ домѣ Столыпина;
онъ слава Богу остался невредимъ, но
сынъ и дочь изранены. Много уби-
тыхъ и раненыхъ, полдома разрушено.

Schriftprobe aus dem Jahre 1906

404

HOROSKOPE

Die Wiener Astrologin Eva Vaskovich-Fidelsberger sieht bei Nikolaus II. aufgrund von Geburtsdatum und -stunde folgende Konstellation: Hervorstechend ist in diesem Horoskop die starke Besetzung des 10. Feldes (Erfolg, Karriere) und des 7. Feldes (Öffentlichkeit, Popularität).
Im 10. Feld, dem Tierkreiszeichen des Krebses, steht Venus in einer Konjunktion zum Uranus (die Planeten stehen im selben Tierkreiszeichen in einem Winkel von 0 bis 5 Grad). Die Venus als Geburtsgebieter befindet sich hier in einer hervorragenden Position. Das bedeutet sehr gute Aufstiegsmöglichkeiten, Erfolg und Anerkennung.
Uranus im 10. Feld stimuliert Ehrgeiz, Aufgeschlossenheit und das Bedürfnis, etwas Besonderes leisten zu müssen.
Ständiges Streben nach Veränderungen mit wechselndem Erfolg, da die Konjunktion von Venus und Uranus im Erfolgsfeld Spannungsaspekte von Jupiter, Mond und Neptun aus dem 7. Haus erhält.
Jupiter ist im 7. Haus sehr gut gestellt: große Popularität und Glück in öffentlichen Angelegenheiten. Starker Optimismus führt zu großer Erfolgserwartung und Erwartungen von anderen. Der Mond im 7. Feld weist wiederum auf Wirkung der Person in der Öffentlichkeit hin. Diese günstigen Konstellationen stehen jedoch in Quadraten – also Spannungsaspekten – zu Venus und Uranus im 10. Feld.
Weiters wirkt sich Neptun im 7. Feld mit seinen Spannungsaspekten zu den Planeten im 10. Feld aus, was Gefahren durch Intrigen, Heucheleien, Verschleierungen oder Übertreibungen bedeutet.
Zusammenfassend weisen die Konstellationen im 7. und 10. Feld auf eine Persönlichkeit hin, die ständig Täuschungen, Bedrohungen und Gefährdung ausgesetzt ist.
Die Spannungsaspekte der laufenden Planeten (vor allem Saturn, Uranus und Pluto) zu diesen Konstellationen im Geburtshoroskop verschärfen diese Tendenz. Solcherart begünstigte Krisenzeiten sind in den Jahren 1892 (ab September) bis 1893 (Oktober) zu beobachten, ferner 1885 und 1886, Februar 1900 bis Dezember 1901 und – bedingt durch Neptun im Krebszeichen (begünstigend Täuschungen, Intrigen und Illusionen) – von Juni 1902 bis Juli 1910; Spannungsaspekte des Uranus zwischen Januar 1905 und 1909 sowie von Saturn vom April 1908 bis Januar 1910 verschärfen die Lage noch zusätzlich.
Der Eintritt Plutos in das Krebszeichen im Juli 1913 (wo er bis 1939 verbleiben sollte) spielt in diesem Horoskop eine besondere Rolle. Pluto steht ab diesem Zeitpunkt an der Spitze des 10. Feldes – des Erfolgsfeldes in Spannungsaspekt zum 7. Feld (Öffentlichkeit, Popularität) und zum 1. Feld (Persönlichkeit), das begünstigt die Gefahr falscher oder erzwungener Entscheidungen. Ein beginnender Untergang oder Vorgang der Zerstörung nimmt

405

seinen Anfang. Zwischen Juni 1915 und Mitte 1916 steht zusätzlich der laufende Saturn im Krebszeichen, was eine Periode größter Schwierigkeiten bedeutet.

Weitere markante Konstellationen in diesem Horoskop:

Die Sonne steht im Stierzeichen. Das charakterisiert einen willensstarken Menschen, der zur Sturheit neigt. Sein Sicherheitsbedürfnis ist stark ausgeprägt.

Der Merkur im Zwillingszeichen ist in einem günstigen Winkel zum Waageaszendenten plaziert, was auf geistige Begabung und Vielseitigkeit schließen läßt. Durch den Spannungsaspekt des Saturn mangelt es jedoch an Systematik; er begünstigt die Neigung zu Zersplitterung von Kräften und ihrem Einsatz an falscher Stelle.

Der Saturn im 3. Feld begünstigt Störungen in familiären Beziehungen, Fehlentscheidungen und Hindernisse bei Vorhaben.

Der Waageaszendent im Geburtszeichen bringt Charme und Liebenswürdigkeit in das Wesen ein. Problematische Aspekte dabei sind die Abhängigkeit von der Meinung anderer, das Bedürfnis, es anderen recht zu tun, und mangelnde eigene Entschlußkraft.

Der Mars steht in starker Position im Widderzeichen. Das weist auf Führungsqualitäten hin, auf die Bereitschaft, an der Spitze zu stehen, auf Eigenwilligkeit und Initiative sowie auf Mut. Die Stellung im 8. Feld kann die Gefahr eines gewaltsamen Todes bedeuten.

Insgesamt ergibt sich das Bild einer vielschichtigen Persönlichkeit, die ständig an der Realisierung ihrer Ideen und Projekte gehindert wird und sie nicht zu Ende führen kann.

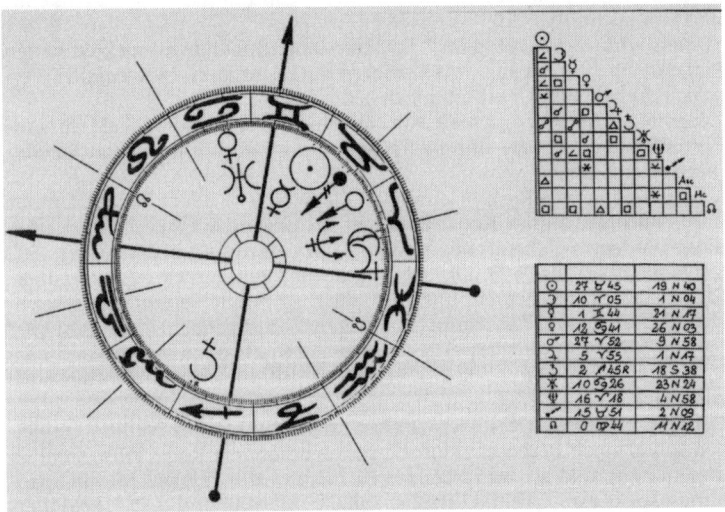

Astrologische Konstellation von Nikolaus II. aufgrund seiner Geburt am 6./18. Mai 1868, 14.30, in Sankt Petersburg (Zeichnung: Leon Zarwacki)

Der polnische Astrologe Leon Zarwacki gibt der Konstellation des von ihm angefertigten Horoskopes von Nikolaus II. (wie abgebildet) folgende Interpretation:

Persönliche Eigenschaften, die durch die Position der Gestirne zum Zeitpunkt der Geburt gefördert werden:

– Neugier und Interesse, jedoch von oberflächlicher Art, da auf rasch erworbenem Wissen begründet

– Intuitive Erkenntnis der Vorbestimmtheit zu einem Schicksal, gegen das auch mit persönlicher Macht nicht angekämpft werden kann, Bewußtsein um Entgleiten der Kontrolle über den Lauf der Ereignisse

– Das Subjekt dieses Horoskopes ist nicht nur zum Leid vorbestimmt, sondern auch Ursache für das Leid anderer

– Prädestination für höhere öffentliche Position

– programmiert für Ende, Endpunkt einer Epoche, hier einer Dynastie und einer Herrschaft, und für gewaltsamen Tod zwischen dem 50. und 53./54. Lebensjahr

Die Position der Gestirne

Sonne in sensibler Position, in 27 Grad 12', auf Linie zwischen Sternen Algol und Plejad, seit alters her verantwortlich gemacht für Leid, gewaltsamen Tod, Unglück – betrifft vor allem Persönlichkeiten in öffentlichen Ämtern (Parallele zu dem 1920 geborenen Johannes Paul II.)

Stern »Plejad« als »weinende Schwester« bezeichnet

Merkur fast in Konjunktion zur Sonne im Anfang der Zwillinge: Künder der Welt, macht Träger des Horoskopes berühmt

Saturn im 10. Haus des Horoskopes mit Steinbockaszendent – Ruhm und Macht, jedoch schwieriger Weg, hartes Schicksal vorgezeichnet

Haupthorizontallinie des Horoskopes weist darauf hin, daß der Träger des Horoskopes innerhalb eines starren Systems gefangen ist, aus dem sich zu befreien er nicht imstande ist, so sehr er sich auch anstrengt

Position von Mond, Jupiter, Neptun und Mars zueinander:

Der Mensch führt einen ständigen inneren Kampf und steht unter dem Druck der vorgegebenen Erziehung und der Neigung oder besseren Erkenntnis; starke Gebundenheit an Pflicht – er fühlt sich zur Durchführung dessen gezwungen, von dem er sich gerne lösen würde. Vorherrschen der Kraft, das Schicksal anzunehmen

Lage der Venus im 10. Haus – ungünstige Einflüsse verfolgen den Träger des Horoskopes

Venus im Spannungsaspekt mit Uranus – der Mensch steht in ständiger Spannung mit revolutionären Ereignissen und muß dagegen ankämpfen

Mond in Konjunktion mit Neptun – begünstigt Krankheit und Tod, unterstützt vom Mars im 8. Haus – führt zu dramatischen Ereignissen

Merkur im 9. Haus im Zeichen der Zwillinge – breite, aber oberflächliche Kenntnis über Staatsführung

Saturn fast versteckt im 3. Haus in Opposition zum Merkur – gesetzgebende Entscheidungen geraten nicht zum Wohl der Öffentlichkeit

Persönliche und öffentliche Vorbestimmtheit, Unausweichlichkeit der

Handlungen und ihrer Folgen: auch bestgemeinte Entscheidungen nicht erfolgreich

Pflichtgefühl und Erziehung als treibender Motor für Handeln

Persönlichkeit – sympathisch, gebildet, hervorragend erzogen und Haltung in allen, selbst extremen Situationen bewahrend, Intuition, jedoch Mangel an Entscheidungsfreudigkeit und Neigung, der Eingabe durch andere zu folgen und sich Einflüssen zu ergeben

Neigung zu Melancholie

Bereitschaft, etwas zu bewahren und zu erhalten – weniger zur Erneuerung oder Veränderung radikaler Art

Realitätsferne, Idealismus

Sendungsbewußtsein

Neigung zu Ruhe in engerer Umgebung bringt weiches Verhalten mit sich, »Aristokratismus« – hätte sich bei Privatmann ohne öffentliche Funktion nicht ausgewirkt

Uranus und Venus im 7. Haus: geringe Anerkennung als Autorität

Nur gute Ratgeber können den Betreffenden führen

Dynamik des Horoskopes

Bis zum 35. Lebensjahr (1901) herrschen noch positive Aspekte von Jupiter und Saturn so weit vor, daß der Träger des Horoskopes mit den ihm gestellten Problemen und Situationen fertig wird; danach jedoch werden alle Versuche zum Bumerang – die Wirkung der Bemühungen verkehrt sich ins Gegenteil der Absicht

Verhältnis zur Ehefrau: Ausgleichsprinzip der Temperamente

Alexandra Fjodorowna – starke Persönlichkeit, Nikolaus unterwirft sich ihr intuitiv und ist dadurch ihrem Einfluß ausgesetzt; Unterschied in Charakter, Temperament und Kultur; Nikolaus empfindet unbewußt das Gefühl der Unterlegenheit

Ab dem 38. Lebensjahr (1906) Begünstigung gesundheitlicher Probleme im Bereich der Wirbelsäule; Neigung zu starken Kopfschmerzen, die mit modernen Mitteln behebbar gewesen wären

Abnehmender Mond zur Geburtsstunde bringt bei Personen mit öffentlichen Positionen allmählich Verfall der Popularität mit sich

Zusammenfassung

Person dieses Horoskopes trägt Ende in sich

Entscheidend für diesen Menschen war das 30. Lebensjahr (1908): zu diesem Zeitpunkt Hebel in Bewegung gesetzt, der alle weiteren Vorgänge ausgelöst und die Person und seine Umgebung mitgerissen hat – historisch dafür keine Verantwortung zu geben

Träger des Horoskopes glaubte in der Folge nur, Gang der Dinge beeinflussen oder prägen zu können, in Wirklichkeit war dieser wie durch einen Mechanismus bereits in Gang gesetzt

Sein Machtverständnis war nationalrussisch geprägt – die zu Ende gehende

Machtform hätte durch eine andere, zeitgemäßere ersetzt werden müssen,
die unter ein neues Ideal hätte gestellt werden sollen
Ab seinem 33. Lebensjahr (1901) war dieser Mensch einsam
Wenn dieser Mensch noch leben würde, müßte ich ihm einen gewaltsamen
Tod zwischen seinem 50. und 54. Lebensjahr voraussagen.
Wenn Nikolaus bis zu seinem 63. Lebensjahr hätte leben können, hätte er
alles verwirklichen können, was er vorhatte; dazu hätte er sich aber von
Anfang an mit allen seinen Handlungen beeilen müssen; das hat er nicht
getan, und deshalb – und nicht nur durch den tatsächlichen Verlauf der
Dinge – hat er sein Ziel nicht erreicht.
(Nach der Analyse von Leon Zarwacki)

QUELLEN

Primärquellen
für wörtliche Zitate und Textabbildungen

GGAOR (Staatliches Zentralarchiv der Oktoberrevolution), Moskau Fond
Nr. 601, Inventarvzs. (opis) Nr. 1
Dnjewnik Imperatora Nikolaja II. (Das Tagebuch des Kaisers Nikolaus II.),
Slowo, Berlin 1922
Wojenno – istoritscheskij Archiv (Militärhistorisches Archiv)
Moskau – Putewoditel Nr. 1, S. 651 – Der russisch-japanische Krieg

Archiv des Auswärtigen Amtes in Bonn

Geheimes Staatsarchiv Preußischer Kulturbesitz, Berlin – Briefe von Nikolaus II. an Wilhelm II.

Serbiens Außenpolitik 1908–1918 (Diplomatische Akten des serbischen
Ministeriums des Äußeren), III. Bd. 26.5.–6.8.1914 – Veröffentlichungen
des Reichsarchivs Wien, 1945

Davidoff, Alexandre (1881–1955) – Mémoires (Hrg. von Olga Davidoff),
Albatros, Paris 1982 – Verhandlungsversuche von Zar Alexander III. mit
den Familien Rothschild, Paris und London, sowie Schiff, New York, über
Einstellen der Förderung der revolutionären Bewegung

The Romanovs – Documents and Photographs relating to the Russian Imperial House – Auktion bei Sotheby's, London, 5.4.1990 – Telegrammwech-
sel betreffend die Ermordung der Zarenfamilie

Gibel zarskoj sjemi (Der Untergang der Zarenfamilie) – Hrsg. Nikolaj Ross,
Posew, Frankfurt/Main 1987 – Verhörprotokolle und Untersuchungsergebnisse des Juristen N. Sokolow, betreffend die Ermordung der Zarenfamilie

Jakow Jurowskij – Wospominanija (Erinnerungen) – 5seitiges Gedächtnisprotokoll des Anführers der Mordbrigade mit genauem Tathergang
der Ermordung der Zarenfamilie, nach 1918 verfaßt und bis 1989 im Privatarchiv des Sohnes verwahrt

Gespräche mit Augenzeugen

Awerino Wladimir Semjonowitsch
Botkina Tatjana Jewgenjewna

410

Bulgakow Alexander Wladimirowitsch
Burowa Nina Fjodorowna
Dubenzew Boris Fjodorowitsch
Genischta Georgij Wladimirowitsch
Kriwoschejn Igor Alexandrowitsch
Nolde Andrej Borisowitsch
Sacharowa Polounine Jelena Viktorowna
Stolypin Arkadij Petrowitsch

Sekundärliteratur

Alferjew, E. E. – Imperator Nikolaj II. kak tschelowjek silnoj woli (Kaiser Nikolaus II. als Mann von starkem Willen), Rurik, Moskau 1991
Brasol, B. L. – Zarstwowanie imperatora Nikolaja II. 1894–1917 (Die Herrschaft von Zar Nikolaus II. 1894–1917), Polymja, New York 1958, 1991
Buchanan, Sir George William – My Mission to Russia, London 1923
Diterichs, M. K. – Ubijstwo zarskoj sjemi i tschlenow Doma Romanowych na Urale (Die Ermordung der Zarenfamilie und anderer Mitglieder des Hauses Romanow im Ural), Skify, Moskau 1991
Ernst Ludwig Großherzog von Hessen und bei Rhein – Erinnertes, Eduard Roether Verlag, Darmstadt 1983
Foreign Office Papers, Great Britain Foreign Office File No. 371/2999 (The War – Russia), Oct 23th, 1917, File No. 3743
Gibbes, Charles Sidney – The House of Special Purpose, N. Y. 1975
Gilliard, Pierre – Imperator Nikolaj II. i jewo sjemja (Kaiser Nikolaus II. und seine Familie), Knigoisd-wo. Rus., Wien 1921
Gilliard, Pierre – Trinadzatj ljet pri russkom dworje (Dreizehn Jahre am russischen Hof), Lew, Paris 1978
Hamann, Brigitte – Bertha von Suttner – Ein Leben für den Frieden, Piper, München 1986
Heresch, Elisabeth – Blutiger Schnee – Augenzeugenberichte der Oktoberrevolution, Styria, Graz–Wien–Köln 1987
Heresch, Elisabeth – Das Zarenreich – Glanz und Untergang, Langen Mueller, München 1991
Hoover Institution of War and Revolution, Russ. Sec., Stanford, Cal.
Iswolsky, Alexandre – Mémoires de Alexandre Iswolsky, Payot, Paris 1923
Journal secret d'Anna Viroubova (Wyrubowa), Payot, Paris 1928
Kaiser Wilhelm II. – Aus meinem Leben, Koehler, Berlin 1927
Kaiser Wilhelm II. – Ereignisse und Gestalten, Koehler, Berlin 1922
Kerenskij, Alexander F. – Die Kerenskij-Memoiren, dt. Ausgabe Paul Zsolnay Verlag, Wien – Hamburg 1966
Krasnyj-Archiv, Bd. 21–64, Moskau 1934
Knoth, Alfred – Ernst Ludwig, Großherzog von Hessen und bei Rhein, H. L. Schlapp, Darmstadt 1978
Kokowzow, Wladimir N. – Is mojewo proschlowo (Aus meiner Vergangenheit), Sowremennik, Moskau 1991
Library of Congress, State Dep. Decimal Act Nr. 861.00/961, Washington, D. C.
Massie, Robert K. – Nicholas and Alexandra, Garden City, New York 1967

Metternich, Tatjana – Bericht eines ungewöhnlichen Lebens, Molden, Wien 1978

Metternich, Tatjana (Hrsg.) – Verschwundenes Rußland. Die Memoiren der Fürstin Lydia Wassiltschikow, Molden, Wien 1980

Millar, Lubov – Grand Duchess Elizabeth of Russia, Nikodemos O. P. Society, Redding, California 1991

Neue Freie Presse, Wien 1914

Oldenburg, S. S. – 25 Ljet pered rewoljuzii (25 Jahre vor der Revolution), Obsch.-wo raspr-ja russkoj naz-j patr-oj lit-y, München 1949, Washington 1981

Otretschenije Nikolaja II. – Wospominanija otschewidzew, dokumenty (Die Abdankung von Nikolaus II. – Erinnerungen von Augenzeugen und Dokumente), Krasnaja gasjeta, Leningrad 1927

Paléologue, Maurice – An Ambassadors Memoirs, London 1973

Pearson, Michael – The Sealed Train (Der plombierte Waggon), Berlin 1977

Pisma Zarskoj Sjemi is satotschenija (Briefe der Zarenfamilie aus der Gefangenschaft), Holy Trinity Monastery, Jordanville, N.Y. 1974

Ploetz, Karl – Auszug aus der Geschichte, Ploetz, Würzburg 1962

Polnoe Sobranie Retschej Imperatora Nikolaja II. 1894–1906 (Vollständige Sammlung der Reden von Kaiser Nikolaus II. 1894–1906), Knigoisd-wo. Drug Naroda, Sankt-Peterburg 1906

Puschkarjew, S. G. – Rossija w XIX wjeke (Rußland im 19. Jahrhundert) 1801–1914, Isd-vo Tschechowa, New York 1956

Sazonov, Sergej D. – Les années fatales – Souvenirs, Payot, Paris 1927

Sethe, Paul – Europäische Fürstenhöfe – damals, Societas, Frankfurt/Main, o. J.

Sokolow, Nikolaj A. – Ubijstwo zarskoj sjemi (Die Ermordung der Zarenfamilie) – Sow. Pisatel, Moskau 1991

Spiridovitch, General Alexandre – Les dernieres années de la Cour de Tzarskoie-Selo, Payot, Paris 1928 (2 vol.)

Stoekl, Günther – Russische Geschichte, Kröner, Stuttgart 1983/84

Sutton, C. Anthony – Wall Street and the Bolshevik Revolution, Princeton University Press, Princeton 1984

Tarsaidze, Alexandre – Czars and Presidents, McDowell/Obolensky, New York, o. J.

Trotzkij, Leon – Istorii russkoj revoljuzii (Geschichte der russischen Revolution), New York 1976

Viroubova, Anna – Souvenirs de ma vie, Payot, Paris 1927

Vinogradoff, Igor – Some Russian Imperial Letters to Prince v. P. Meshchersky – Oxford Slavonic Papers, Vol. X., 1962

Volkov, Alexis – Souvenirs d'Alexis Volkov, Valet de chambre, Payot, Paris 1928

Vorres, Ian – The Last Grand Duchess Finedawn Publishers (Psaropoulos), London 1985[3]

Witte, Sergej Juljewitsch – Wospominanija (Erinnerungen), Bd. I–III, Moskau 1960

Yazykoff, Nicolas – La vérite, Union des Fideles a la Mémoire de l'Empereur Nicolas II., Paris o.J.

Zemann, Z. A. B./Scharlan, W. B. – Germany and the Russian Revolution, Oxford University Press, London 1965

NAMENSREGISTER

Abkürzungen: NII. – Nikolaus II., A. F. – Alexandra Fjodorowna
M. F. – Maria Fjodorowna
Pb. – Petersburg (russ. Sankt Peterburg, 1914 in Petrograd, 1924 in Leningrad und seit 1991 wieder in Sankt Peterburg umbenannt)
Pg. – Petrograd
dt. – deutsch, russ. – russisch, sowj. – sowjetisch

Deljanow Georgij, russ. Unterrichts-
minister und Gestalter des Unter-
richtsprogramms für NII. als Schüler
22
Demidowa A. St., Kammerfrau von A.
F. 381, 383
Derewjenko P., Matrose und Betreuer
des Thronfolgers Alexej Nikolaje-
witsch bis Frühjahr 1917 320
Derewjenko W. N., Arzt der Zarenfa-
milie in Jekaterinburg 367
Dimitrij Konstantinowitsch, Onkel
von NII. 365
Dolgorukij (a. Dolgorukow) Fürst
W. A., Angehöriger der Suite von
NII. 302, 307, 309, 315, 335, 366
Dostojewskij Fjodor M., russ. Schrift-
steller 83
Doyle C. G., engl. Schriftsteller 320
Dschugaschwili s. Stalin
Duchonin N. N., russ. General und
Oberbefehlshaber 344
Ducky s. Victoria Melita
Dunant Henry, Begründer des Roten
Kreuzes 95

Eckhardt Baron Friedrich, dt. Gesandter in Serbien 182
Edelstein Isidor, österr.-ungar. oder
dt. Kriegsgefangener in Sibirien,
beteiligt an Ermordung der Zarenfa-
milie 376, 379
Eddy s. Eduard
Eduard (Edward VII., »Eddy«) König
von England (1901–1910) 42, 48
Eduard, Herzog von Windsor (späte-
rer König Eduard VIII., der wegen
Wallis Simpson abdankte), Taufpa-
tenkind von NII. 59
Eisenstein Sergej, russ./sowj. Filmre-
gisseur 133
Elisabeth (»Ella«, Jelisawjeta Fjodo-
rowna) Prinzessin von Hessen-
Darmstadt, ältere Schwester von
A. F., verheiratet mit Großfürst Ser-
gej Alexandrowitsch (Onkel von
NII.) 37, 49f, 76, 97, 137, 240, 365
Ella s. Elisabeth
Ernst Ludwig, Großherzog von Hes-
sen und bei der Rhein, Bruder von
A. F., bedeutender Landesfürst und
Kunstmäzen 50, 52, 97, 165

Eulenburg Graf F., dt. Diplomat, Berater von Wilhelm II, preuß. Gesandter in München (1891–94) und Wien
(1894–1901) 115
Ewert Alexej, General und Frontkommandant 269

Fabergé Carl Peter, Hofjuwelier der
Zaren Alexander III. und NII. 59, 71
Fekete Emil, österr.-ungar. oder dt.
Kriegsgefangener in Sibirien, betei-
ligt an Ermordung der Zarenfamilie
376, 379
Fischer Anselm, Kriegsgefangener in
Sibirien, beteiligt an der Ermordung
der Zarenfamilie 376, 379
Fjodor Michajlowitsch, russ. Oberst
unter Alexander II. 13
Fjodorow S. P., Arzt von NII. 270
Franz Joseph Kaiser von Österreich
und König von Ungarn 29f, 77, 109,
125, 173, 176, 227
Fredericks Graf W. B., Hofminister
von NII. 190, 237f
Fröhlich R., dt. Diplomat 233, 234
Fürstenberg s. Hanetzki
Fykow (Falschschreibung auf Flug-
blatt) s. Rykow

Gapon Vater Georg, russ. Priester und
Anführer einer Demonstration mit
sozialen Anliegen 138
Georg Prinz von Griechenland,
Jugendfreund von NII., rettete ihm
beim Attentat in Otsu das Leben 40
Georg(e) Herzog von York, später
König Georg V. von England, Cou-
sin von NII. 21, 49, 59, 86, 172, 236,
316, 332
George Lloyd David, brit. Premiermi-
nister 332
Georgij Alexandrowitsch, jüngerer
Bruder von NII. 14, 17, 40, 57
Georgij Michajlowitsch, Onkel von
NII. 365
Georgij Pobjedonosjez (der Sieges-
bringer), Schutzpatron 298
Gibbes Sidney, engl. Lehrer der Kin-
der von NII. 161, 318, 336f
Giers A. K., russ. Außenminister 87
Giesl Freiherr Wladimir, österr.
Gesandter in Montenegro 177, 182

415

Joffre Josef, franz. General 212

Johann (»Vater Johann«) – Johannes von Kronstadt, russ. Priester, dessen Gebeten man Wunderwirkung zuschrieb; nahm sich besonders der Armen und Kranken an 60, 141

Jurij s. Botkin Jurij

Jurowskij Jakow (Jakob), eig. Jankel Chaimowitsch – ausgebildeter Uhrmacher, Bolschewik, organisierte als Mitglied des Uraler Rayonssowjets und Chef der Uraler Tscheka die Bewachung und Ermordung der Zarenfamilie 364, 368f, 371, 375ff, 379, 381ff

Jusupow Fürst Felix, Abgeordneter der Duma des monarchistischen Flügels, Neffe von NII., ermordete Rasputin 241, 251f

Kamenjew (Pseudonym f. Rosenfeld) Lew W., russ. bolschewist. Führer, Revolutionär 325, 338, 344, 347ff

Karinskij N. J., russ. Staatsanwalt 325

Karl Erzherzog, 1916–18 Kaiser von Österreich 227, 347

Katharina die Große, russ. Zarin 68

Kaulbach Wilhelm von, dt. Maler 83

Kerenskij Alexander F., russ. Politiker, Sozialrevolutionär, Justiz-, Kriegsminister, Ministerpräsident 10, 198, 227, 266, 268, 280ff, 285, 311ff, 314ff, 322f, 325, 328f, 331, 333f, 338f, 363

Keskuela Alexander, estn. Agent, antiruss. Separatist 233

Kokowzow (gespr.- ew) W. N., russ. Finanz- und Premierminister 85, 125, 147, 153, 169, 253

Koltschak A. W., russ. General, Admiral der Schwarzmeerflotte, Oberbefehlshaber der Weißen Armee in Sibirien, Oberhaupt der sibir. Exilregierung, setzte nach Eroberung von Jekaterinburg Untersuchungsrichter Sokolow für Recherchen betreffend die Zarenfamilie ein, von Tschech. Division verraten und an die Rote Armee ausgeliefert 367

Kolyschko A. I., russ. Publizist und Agent (betrieb mit deutschen Geldern Zeitungsverlag in Pg. mit prodt. Propaganda) 234

Konstantin Konstantinowitsch, Cousin von NII. 365

Kornilow Lawr G., russ. General 307, 322, 328

Kornilow, Tobolsker Kaufmann, in dessen Haus die Suite der Zarenfamilie untergebracht wurde 335

Korowitschenko P. A., Oberstleutnant, Militärjurist, von Kerenskij eingesetzter Palastkommandant zur Bewachung von NII. 315

Koslowskij M., russ. Agent 325

Kotenjew, russ. Revolutionär und Agitator 322

Kotschubej Prinz, Jugendfreund von NII. 40

Krachmann s. Sagorskij

Kradek s. Radek

Kriwoschejn A. K., russ. Minister 252

Krymow A. M., russ. General, Adjutant Kornilows 328

Kschesinska (ja II.) Mathilde, russ. Ballerina, Freundin von NII. 35ff, 41f, 46, 58f

Kudaschow, russ. Gesandter in Wien um 1914 179f

Kühlmann Baron Richard von, dt. Staatssekretär und Außenminister, Unterhändler in Brest-Litowsk 232, 346f, 349ff

Kun Béla, ungar. Politiker 379

Kuropatkin A. N., russ. General, Kriegsminister, Oberkommandierender der russ. Armee in der Mandschurei 118, 123

Kutusow M. I., russ. Feldherr 217

Kyrill Wladimirowitsch, Cousin von NII., nach dessen Ermordung Chef des Hauses Romanow, nach seinem Tod im Pariser Exil gefolgt von dessen Sohn Wladimir Kyrillowitsch († 1992) 267f

La Fayette Marquis de Marie Joseph Paul, Revolutionsgeneral zur Zeit Ludwigs XVI. 50, 83

Lambsdorff Graf W. N., russ. Außenminister 132

Lejer, Professor an der Militärakademie Pb., Lehrer von NII. 27

Lenin (eig. Uljanow) Wladimir Iljitsch, russ. Revolutionär und Vorsitzender

der ersten Sowjetregierung 10, 231,
233, 235, 316f, 318f, 321f, 324ff, 330,
332, 338f, 341, 344ff, 349, 352f, 355,
357ff, 363f, 369
Leskow Nikolaj, russ. Schriftsteller
83, 320
Lewitan E., russ. Maler 81
Leyden Prof. E., Arzt, auch als Uni-
versitätsprofessor in Königsberg,
Straßburg und Berlin tätig
Lichnowsky Fürst Karl Max, 1914 dt.
Botschafter in London 175, 179
Lobanow(-Rostowskij) Fürst A. B.,
1895–96 russ. Botschafter in Wien
92, 114
Lockhart, Bruce, brit. Konsul in
Moskau 207
Lucius, dt. Botschafter in Stockholm
318, 342
Ludendorff Erich, dt. General und
Generalstabschef 212, 219, 232, 342,
352
Ludwig Großherzog von Hessen und
bei Rhein, Vater von Alix (A. F.) und
Ernst Ludwig 50, 83
Ludwig XVI. König von Frankreich
78, 83, 268
Luise Königin von Preußen 130
Lukomskij von A., russ. General 198
Lunatscharskij Anatolij, erster sowj.
Kulturminister 341
Lwow Fürst Georgij Jewgenjewitsch,
russ. Ministerpräsident, Vorsitzen-
der der Provisorischen Regierung
1917 268, 272, 311, 331

Makarow S. O., russ. Admiral, Flot-
tenkommandant, Ozeanograph 120
Makkio Baron, österr. Diplomat 179f
Maklakow W. A., russ. Politiker, Mit-
glied der Duma 202
Maklakow N. A., russ. Innenminister
239
Mannerheim Carl, russ. General, Gou-
verneur in Russ.-Finnland 334
Manus J. P., russ. Bankier und Spon-
sor 242
Margarete Prinzessin von Preußen,
von Zar Alexander III. und M. F. als
Braut für NII. in Betracht gezogen
49f
Maria Fjodorowna (Prinzessin Dag-

mar von Dänemark), Zarin, Ehefrau
von Zar Alexander III., Mutter von
NII. 13, 18, 20f, 34, 49, 53, 68, 70, 75,
257, 305f, 336, 365
Maria Nikolajewna, älteste Tochter
von NII. (*1899) 83, 161, 360f
Marie-Antoinette Königin von Frankreich, mit Ludwig XVI. während der
Franz. Revolution hingerichtet 83f,
268
Martow (Pseudonym für Zederbaum
Julij Osipowitsch) L., einer der Füh-
rer der Menschewiken 344
Mary (»May«) von Teck, Prinzessin
von Hessen-Darmstadt, Schwester
von Alix (A. F.), verheiratet mit
Georg (Cousin von NII.), dem späte-
ren König Georg V. von England 49,
59
Mathilde s. Kschesinska(ja)
Medwjedjew Pawel, Tschekist, einer
der Mörder der Zarenfamilie 376,
379, 387
Meierhold Wsewolod, russ. Regisseur
155
Meller-Sakomelskij Baron A. N., russ.
General 135
Mereschkowskij Dmitrij S., russ.
Schriftsteller 320
Meschkowskij (Pseudonym für Hol-
lender), Revolutionär 344
Meschtscherskij Graf W. P., russ.
Publizist, Herausgeber der Zeitung
»Graschdanin«, verschaffte sich
durch promonarchistische Publika-
tionen die Gunst von Zar Alexander
III. und NII. 44
Metternich Fürst Clemens Wenzel,
österr. Kanzler 109
Michail Alexandrowitsch, Bruder von
NII., am 3./20.3.1917 für einen Tag
Zar Michail II. 14, 19, 124, 270f, 274,
279ff, 290, 297, 333f, 364
Michail Fjodorowitsch, erster Zar der
Romanow-Dynastie (ab 1613) 73,
280
Miljukin (falsche Schreibweise auf
Flugblatt) s. Miljutin
Miljukow Pawel N., russ. Außenmini-
ster 266, 268, 280f, 286, 317
Miljutin (Miljukin) W.P., erster sowj.
Landwirtschaftsminister 341

Mirbach Graf Wilhelm, dt. Diplomat, erster Botschafter in Moskau zu Lenins Regierung 232, 353, 357ff, 362, 364

Mischa s. Michail Alexandrowitsch Mjechowskij (Pseudonym für Goldenberg), bolschewist. Kommissar 344

Moltke Helmuth von, dt. General, Flügeladjutant von Wilhelm II. 108, 114, 183, 212, 232

Monkewitz, Direktor der Deutschen Bank 236

Mountbatten Lord Louis (ursprgl. Ludwig Battenberg, mußte sich in England zur Zeit des Krieges gegen Deutschland umbenennen), First Sea Lord (britischer Marineminister, wurde von Churchill abgelöst), verheiratet mit Prinzessin Victoria von Hessen 333

Mussorgskij Modest, russ. Komponist 73

Nachamkes s. Stjeklow

Nagornyj K. G., Matrose des Gardekorps, Betreuer von Alexej Nikolajewitsch bis zu seiner Erschießung 367

Nagy Imre, ungar. Ministerpräsident, mit 20 Jahren als Kriegsgefangener in Sibirien, wurde Kommunist, diente in der Tscheka und nahm an der Ermordung der Zarenfamilie teil 11, 376, 378

Napoleon I. Kaiser von Frankreich und Feldherr 28, 165, 168, 211

Naryschkina E. A., Hofdame von A. F. 315, 335

Nepenin A. S., russ. Admiral, Kommandant d. balt. Flotte 269

Nikolascha s. Nikolaus Nikolajewitsch

Nikolaus I., Zar, Urgroßvater von NII. 130

Nikolaus Michajlowitsch, Onkel von NII. 365

Nikolaus Großfürst Nikolajewitsch, Onkel von NII., Oberkommandierender der russ. Armeen 1914–15 141, 202, 212, 216ff, 269, 272

Nikulin, Tschekist, einer der Mörder der Zarenfamilie 376, 379

Nilow, K. D., russ. Admiral, Flügeladjutant von NII. 306

Nogin W. P., russ./sowj. Handels- und Industrieminister 341

Oboljenskij Fürst N. D., Flügeladjutant von Alexander III. und Freund der Familie 46

Obruchtin (a. Obrutschew) N. N., russ. General und Generalstabschef (–1898) 111

Olga Alexandrowna, jüngere Schwester von NII. 14, 19f, 125, 157, 222, 305, 365

Olga Nikolajewna, älteste Tochter von NII. 75f, 83, 161, 205, 366, 377, 383

Ollengrehn, Kinderfrau von NII. und Georgij 21

Oppokow (Lomow) G. J., russ./ sowjet. Justizminister 341

Orjechow Wasilij, russ. General 279, 322

Osten-Sacken P. D. Graf von der, russ. Botschafter in Berlin 132

Owsejenko (Antonow) W. D., Revolutionär, erster russ./sowjet. Kriegsminister 339, 341

Paću, serb. Finanzminister 177, 179

Palej Wladimir Pawlowitsch, Cousin von NII. 365

Paléologue Maurice, franz. Botschafter in Pb./Pg. 98, 100, 115, 151, 172f, 183, 191, 199, 202, 220, 242, 254, 259

Parvus Alexander (Pseudonym für Helphand bzw. Helfhand Lazar Israel), russ. Revolutionär, zog die Fäden in der Vorbereitung des Umsturzes in Rußland in Verbindung zwischen den Revolutionären und dem deutschen Außenamt (»Kaufmann der Revolution«) 229, 231ff, 246, 286, 317f, 323, 325

Pasić Nicola, serb. Ministerpräsident 177, 179

Pawel Alexandrowitsch, Onkel von NII. 47, 290, 365

Perewersew P. M., russ. Justizminister 324

Peter (»Onkel Peter«) s. Botkin Pjotr

Peter der Große, Zar von Rußland 68, 82, 254

ter der Semstwo, Mitglied des Staatsrates 252

Samsonow A. F., russ. General (erschoß sich nach der Niederlage von Tannenberg) 208

Sandro s. Alexander Michajlowitsch

Sascha (»Onkel Sascha«) s. Botkin Alexander

Sasonow Sergej Dmitriewitsch, russ. Außenminister um 1914 156, 175, 177f, 181f, 185ff, 190, 202, 212, 252, 285

Sednjew Leonid, Küchengehilfe in Jekaterinburg 377

Seligman, Ehefrau von Wilenkin 152

Sergej Alexandrowitsch, Onkel von NII., Gouverneur in Moskau, dort ermordet 37, 50, 75, 97, 137

Sergej Michajlowitsch, Cousin von NII. 58, 306, 365

Simpson Wallis, Ehefrau von König Eduard VIII. von England (Patensohn von NII.), ihretwegen nahm er den Thron nicht an 59

Sinowjew (Pseudonym für Apfelbaum Owsej Hersch Aronow) G. J., Revolutionär, Mitglied des Präsidiums des Exekutivkomitees des ZK 325, 344, 349

Skworzow Stepanow I.I. Revolutionspublizist, erster sowj. Finanzminister 341

Sokolnikow G. J., Mitglied des Moskauer Rayonskomitees des ZK, später sowj. Volkskommissar für Finanzwesen 348, 352

Sokolow N. A., russ. Jurist, Untersuchungsrichter nach der Ermordung der Zarenfamilie in Jekaterinburg 367, 375

Solowjow B. N., Schwiegersohn Rasputins, ging mit dem Vermögen zur Befreiung der Zarenfamilie durch 342

Solschenizyn Alexander, russ. Schriftsteller 317

Sophie Paléologue, »purpurgeborene« Prinzessin aus Byzanz, Ehefrau von Zar Iwan III. 70

Spaljakovic Miroslav, serb. Gesandter in Pb. um 1914 180f

Spiridowitsch Alexander, russ. General und Chef der Sicherheitsgarde von NII. 31, 81f, 156

Suchanow (Pseudonym für Himmer) K. A., einer der Führer des Arbeiterdeputiertensowjets 344

Suchomlinow W. A., russ. General, Kriegsminister 202, 217, 225

Sumenson Jewgenija, russ. Revolutionärin und Agentin 325

Susanin Iwan, nach der Legende Retter der Romanows vor polnischen Usurpatoren, Held der gleichnamigen Oper von Glinka 72f

Suttner Bertha von, Begründerin der österr. und ungar. Friedensbewegung 95

Swerdlow Jakow, russ. Politiker, Vorsitzender des Exekutivkomitees des russ. ZK, veranlaßte (gemeinsam mit Lenin) Ermordung der Zarenfamilie 353, 360ff, 369ff, 375f, 382

Szapary Graf Friedrich, österr. Botschafter in Pb. um 1914 181

Szögyény Graf Ladislaus, österr. Gesandter in Berlin 174f

Schiff, amerik. Bankiersfamilie, deren Mitglied Präsident des Amerikanischen Jüdischen Komitees war 152

Schiwin s. Weiss

Schlieffen Graf Alfred, dt. General und Urheber des »Schlieffen-Plans« 183

Schljapnikow A. G., erster sowj. Arbeitsminister 341

Schmidt, russ. revolutionärer Leutnant, Aufrührer auf dem Panzerkreuzer »Potemkin« und Held des gleichnamigen sowj. revolutionären Epos 135

Schneider Jekaterina A., Lehrerin am Zarenhof, wurde in Sibirien erschossen 315

Schnitzler Arthur, österr. Schriftsteller 223

Schtscheglowitow I. G., russ. Justizminister, Mitglied des Staatsrates 242

Schulgin W. W., russ. Politiker, liberaler Abgeordneter der Duma 266, 270, 272f, 278, 280f

Es konnten nicht alle in Briefen oder Dokumenten erwähnten Personen ermittelt werden.

Bildnachweis

CGAOR (Centralnyj Gosudarstwennyj Archiv Oktjabrskoj Revoljuzii/Zentrales Staatsarchiv), Moskau: 1–9, 11–13, 17, 22, 23, 26, 27, 38, 41, 44
Musée de la Leibgarde des Cosaques de Sa Majesté (Museum der Kosakenleibgarde Seiner Majestät), Asniéres bei Paris: 10, 18, 19, 24, 25, 28, 32–37, 39, 42, 43
Schloßmuseum Darmstadt: Textseite 39
Privatarchiv Stolypin, Paris: 29, 30
Archiv der Autorin, Wien: 14–16, 20, 21, 31, 40, 45